U0457192

电力营销稽查岗位

培训教材

云南电网有限责任公司　编

中国电力出版社
CHINA ELECTRIC POWER PRESS

内 容 提 要

为了不断提高供电单位电力营销稽查工作人员的稽查工作水平，以及营销管理系统中营销稽查模块的应用水平，充分利用好在线稽查和常态稽查工具，及时发现电力营销差错，分析问题产生的原因，提出整改意见，制定防范措施，不断提高营销稽查管理水平，云南电网有限责任公司市场营销部根据中国南方电网有限责任公司《营销稽查工作管理办法》和云南电网有限责任公司《营销稽查工作管理实施细则》等规定及要求，组织编写了《电力营销稽查岗位培训教材》一书。

本书对电力营销稽查的意义、对象、目的、作用及重要性、电力营销稽查原理及基本程序、电力营销稽查案例分析等作了翔实的介绍，结合业扩报装、抄核收、用电检查、计量管理、客户服务、停电管理、管理线损等专业领域的稽查程序，为电力营销稽查人员提供了一些具体、实用、可供操作的稽查方法。

本书可作为供电企业营销稽查部门工作人员的岗位培训教材，也可供供电企业领导、营销人员参考，为实现供电企业营销工作的标准化、规范化提供依据。

图书在版编目（CIP）数据

电力营销稽查岗位培训教材/云南电网有限责任公司编. —北京：中国电力出版社，2017.9
ISBN 978 - 7 - 5198 - 1108 - 2

Ⅰ. ①电… Ⅱ. ①云… Ⅲ. ①电力工业-市场营销学-稽查-中国-岗位培训-教材 Ⅳ. ①F426.61

中国版本图书馆 CIP 数据核字（2017）第 217906 号

出版发行：中国电力出版社
地　　址：北京市东城区北京站西街 19 号（邮政编码 100005）
网　　址：http：//www. cepp. sgcc. com. cn
责任编辑：安小丹（010 - 63412367）
责任校对：闫秀英
装帧设计：左　铭
责任印制：蔺义舟

印　　刷：北京天宇星印刷厂
版　　次：2017 年 9 月第一版
印　　次：2017 年 9 月北京第一次印刷
开　　本：787 毫米×1092 毫米　16 开本
印　　张：20.5
字　　数：487 千字
印　　数：0001—2000 册
定　　价：65.00 元

本书编委会

组 编 单 位　云南电网有限责任公司市场营销部

主 任 委 员　杨　卓

副主任委员　杨　强　严　军　王奎华　黄　炜

执 行 主 编　李亚林　肖　榕

编　　　委　张　岚　木世舟　杜朝波　王雪晋

李昭文　段维营　李润江　许文星

李顺富　李文恩　施卫国　黄照良

李国周　曾　智　吕志远　罗仕娟

前　言

　　电力营销稽查是电力营销环节内控约束机制的主要组成部分，是电力营销风险管理的重要内容和有效途径。通过有效开展电力稽查工作，可以达到规范营销行为，堵塞漏洞，挖潜增效，提高营销一体化、规范化、标准化的执行，减少营销事故差错的目的。为解决电力营销稽查培训教材缺乏的问题，提高电力营销稽查岗位培训的针对性和实用性，云南电网有限责任公司市场营销部组织编写了《电力营销稽查岗位培训教材》一书。

　　本书编写注重实用性，从营销稽查工作实际出发，立足于"加强营销工作质量监督，提高经营管理水平和经济效益"，紧紧围绕电力营销稽查基本知识和技能，从报装接电、电价管理、供用电合同管理、收费及票据管理、电费核算、线损管理、资产管理、服务工作质量、计量管理、电能信息采集、铅封管理、客户档案资料管理、反窃电查处等方面做了全面介绍，同时按照营销工作流程结合案例分析，为营销稽查工作提供了一些具体、实用的方法。掌握这些知识和方法有助于提高营销稽查工作人员的实际操作能力和管理水平，同时对供电企业其他人员了解电力营销稽查业务知识有一定的帮助。

　　本书由李亚林、肖榕任执行主编，参与编审人员主要有张岚、木世舟、杜朝波、王雪晋、李昭文、段维营、李润江、许文星、李顺富、李文恩、施卫国、黄照良、李国周、曾智、吕志远、罗仕娟。

　　本书在编写过程中，收集和参阅了大量相关资料及文献，在此向相关作者一并表示衷心的感谢。

　　由于时间紧迫、经验不足、水平和资料有限，虽经反复修改，仍难免会有疏漏和不足之处，恳请读者批评指正。

编　者

2017 年 3 月

目 录

第一章

概　述

第一节　电力营销稽查意义及重要性

一、电力营销稽查的产生

电力营销稽查的产生和存在是由供电企业的发展和经营的特殊性所决定的。

首先，电力营销稽查是供电企业管理的需要。一个企业在战略确定之后，管理就是企业发展的决定性因素。管理通常可以划分为计划、组织、领导、控制四个基本职能，而控制是保证企业良好运作的重要手段。控制是为了保证实际作业动态与企业计划相适应的管理职能，是管理过程中不可分割的一部分，是企业各级管理人员的一项重要工作内容。无论计划制订得如何周密，制度制定得如何严谨，由于各种各样的原因，在实施的过程中都会发生许多意外情况，在执行计划的过程中总是会或多或少地出现与计划、标准、规范不一致的偏差现象。因此，必须采取有效的控制手段进行监督、检查，对产生的偏差及时采取措施加以修正。电力营销稽查正是监督、检查、控制营销工作全过程及各环节的工作情况，主动、及时地发现问题、解决问题，使得执行过程尽可能地与计划的理想状态趋于一致。电力营销稽查形成有效的监督机制和激励机制，不断完善内部管理，促使营销各环节工作按时、有序、保质完成。

其次，电力营销稽查是为了适应客户需求。不同的客户有不同的用电需求，客户现场也千差万别，业扩流程、电价标准、计量方式等也都各不相同。这些差别变化给日常营销工作带来难度，必然要求电力企业对各项业务工作进行适时的检查、调整。营销稽查通过对营销业务的检查，可以发现系统性、趋势性的变化，帮助管理层及时调整营销策略和修改相关规章制度，以适应客户需求的变化。

如果把电力营销部门比作是一个系统，各项业务工作便是这个系统中的元素，就像是一条流水线上的不同作业，而稽查则为这个系统把了一道检验关。建立完整的营销监督体系，实现营销稽查工作常态化、规范化、制度化管理，是企业发展的需要，也是"以市场为导向，以客户为中心"营销理念的真正体现。

二、电力营销稽查的意义

为加强营销工作质量监督，提高经营管理水平和经济效益，供电企业在不断完善经营管理的过程中，强化企业经济行为的行政监督系统建设，实现企业决策、执行、监督科学一体化的现代管理体系，有必要设立营销稽查机构，并开展营销业务质量监督。营销稽查机构不但要稽查营销业务，还要针对营销服务的全过程进行稽查，这涵盖规划、生产、基建、物资等工作中涉及客户服务的各个方面，还要提升营销服务全过程的质量，起到质量监督、考核、传递作用。营销稽查工作对稽查人员的素质要求更强、更高，发挥营销专业内部审计作用，有些营销专业工作问题要通过稽查来纠正。营销稽查主要是运用国家法律法规、行业准则、技术规范和营销稽查方法对供电方案是否合理、供电是否及时、计量方式的确定和表计安装是否准确、电价执行情况是否正确、电费是否及时足额回收，供用电合同的签订是否保护双方合法权益、客户安全合理用电的各项措施是否落实、供电企业营销内部手续传递是否畅通等企业经营管理实施行为进行稽查，稽查结果逐级反馈到班组、部门、决策机构，用于改进工作质量，调整经营行为规范，以达到使企业整体机制健康运行的目的。依法开展营销稽查工作，是企业自我发展的需要和社会进步的要求。

三、电力营销稽查的重要性

电力营销工作质量是衡量供电企业电力营销管理水平的重要标志，是供电企业经营成果、服务质量的综合体现。近年来，电力营销工作通过企业内部管理规范化建设，营销管理体制逐步健全，营销管理工作经验总结日益丰富。但员工营销基础工作熟练程度有待加强，基础管理水平有待提高。员工的岗位责任心和对企业忠诚度，对企业营销工作质量好坏也至关重要。目前，还存在部分供电企业对营销工作质量要求不高、管理无序、多口对外、有章不循、缺少监督、内部职责不明、业务关系不顺、欠费情况不清、考核工作不严、奖惩制度不兑现，暴露了营业报装、营销管理、电能计量和抄表收费等方面的大量漏洞，电量、电费方面的"跑、冒、滴、漏"现象相当普遍，营销工作责任事故时有发生，给企业造成经济损失，影响了供电企业的形象。因此，加强电力营销管理水平，加大监督力度，全面开展电力营销稽查工作，是供电企业有效防范经营风险、提高企业经济效益的有力措施。

第二节　电力营销稽查目的及作用

一、电力营销稽查的特点

电力营销稽查作为电力营销工作中独立的监督和评价活动，具有以下基本特点或特征。

1. 具有相对独立性

具有相对独立性是电力营销稽查工作的明显特征，稽查组织独立于被稽查单位，以相对独立的第三者身份对被稽查单位电力营销工作的开展情况进行监督。相对独立性是稽查结论和评价的客观、准确、真实、可靠的前提和基础，必须保持在人员管理、专业判断等方面具有相对的独立性，既不受制于本单位市场营销部门，也不受制于被稽查单位。电力营销稽查部门和稽查人员只有保持了相对独立性，才能站在客观公正的立场上发表稽查意见、做出稽查结论。

2. 具有客观公正性

电力营销稽查始终是以第三者的身份开展工作，既不存在与本单位市场营销部门的利益关系，也不存在与被稽查单位的利益关系，其做出的稽查意见和建议要在一定范围内进行通报或公告，要经得起管理部门和被稽查单位的检验和监督。因此，稽查必须保持客观公正性，揭示的问题要有充分的事实依据，做出的评价要实事求是，不能掺杂稽查人员的主观意愿和个人情感。如果稽查工作偏离了客观公正的原则，稽查工作将无法进行，所做出的稽查结论和意见也无法获得管理部门的信任。

3. 具有强制性

电力营销稽查工作具有较高的强制性。第一，稽查事项具有强制性，在实际工作中，稽查项目从选择到实施一般要经过严格的审核、审批、批准执行的程序，在确立稽查任务或计划时均得到本单位市场营销部门的批准，而被稽查单位是无权拒绝的。第二，稽查人员获取稽查事项所涉及的相关信息资料具有强制性，稽查人员按照稽查方案和审计事项需要提供的资料，被稽查单位必须如实提供，并且不得拒绝、拖延、谎报。第三，稽查的结论具有强制性，经过规定程序做出的稽查结论，被稽查单位必须接受并整改到位。

4. 具有风险性

电力营销稽查本身是一个连续性的工作，但对单个的稽查项目而言，却是一个阶段性的工作，具有时点性，稽查结论在很大程度上依赖于稽查人员的专业判断，客观上造成了稽查工作的高风险性。稽查的风险主要表现为存在的问题或风险不能发现，做出的稽查结论出现偏差甚至错误。一方面，稽查所获取的资料可能是被稽查单位整个经济活动期间的部分资料，造成稽查人员所了解的信息存在缺陷从而形成风险；另一方面，由于稽查人员专业的局限，对一些经营管理业务存在职业判断的风险，如供电企业既可能有一般企业执行国家财经法规方面存在的问题，也可能有电网企业特有的问题和风险点，包括电价执行、电量抄表结算等具有较强专业性的具体业务，没有具体业务操作经历的稽查人员是难以做出准确的职业判断的。

二、电力营销稽查的目的

电力生产的特点决定了电力产品不能像其他商品一样进行大量储存，只能以电力网络在发电企业与用电客户之间瞬间完成发、供、用流程。作为电能销售的流通渠道，电网是一个不可分割的整体，它直接决定了电力能源市场与用电企业需求的不可替代的业务关系。电力企业生产的产品是否符合各类客户对电能的质量标准要求，关系到客户的生产和生活，也关系到供电企业的经济效益和安全运行。供电企业的电力营销管理机构在电力产品的供应中，必须依靠一系列专用设备为保障，通过电力网络与客户的用电设备相联的发、供、用一次完成的产销业务，供电企业所生产产品的性质体现了自然垄断的属性和技术规范要求。因此，电力营销管理部门在开展业务接洽时，必须站在客户的角度，为客户提供"优质、方便、规范、真诚"的服务，做到简化手续，及时供电。同时，又要注意供电企业安全生产所必需的技术条件和用电要求，保证电网稳定运行，充分发挥供用电的整体作用。

电力营销稽查是电力营销工作主要内容之一，不仅关系到供电企业的自身利益和形象，也关系到客户的切身利益。由于营销业务办理的申报环节职能管理细化，客户用电种类多，为了维护供电企业和客户的利益，根据国家相关政策和行业内部制度要求，必须对内部各个环节进行稽查监督，督促供电企业在营销的客户业扩工程报装、工程设计、设备选型准确、用电种类确认、电价电费执行、供用电合同签订等加强管理，以减少各种工作差错和责任事故，使电力营销工作适应市场经济的需求，达到加强电力销售环节的监督管理，促进行风建设，完善自我约束机制，严肃电力营销经营纪律，提高工作效率和社会服务效果的目的。

三、电力营销稽查的作用

电力营销是供电企业的核心经营环节，稽查从最初的电费、电价开始，扩展到对整个电力营销工作全过程监督，主要起到对经营过程中资金运行安全和制度执行到位的保障作用。

电力营销稽查是建立在合理怀疑的基础上，通过电力营销稽查监督机制的作用发挥，防范企业内部规章制度在执行过程中存在的差错，以达到电力营销稽查工作服务企业经营发展、对营销工作及制度执行及时性审查和评价的目的。

电力营销稽查对企业经营管理监督的具体作用主要表现在监督控制、咨询建议、风险预警、信息鉴定等四个方面。

1. 监督控制作用

监督控制就是促进电力营销单位与个人在电力营销活动中的合法性、规范性，加强电力营销管理，提高企业经济效益，完善营销环节内控机制，减少营销环节差错，防范企业经济损失。对监督检查发现的问题和差错，提出整改意见，督促差错单位和个人完善内控机制纠正工作中的偏差，以保证企业经营活动的良性循环。

2. 咨询建议作用

电力营销稽查参与了供电企业电力营销过程检查监督，对供电企业各项营销制度执行和风险防范方面有较为全面的了解。其工作具有综合性强和接触面广的特点，加之电力营销稽查工作对监督人员的要求，在法律法规制度的执行中不受市场环境的影响，电力营销稽查人员有能力和有必要为被稽查单位和人员提供咨询、建议、协调、程序或业务等培训工作。

3. 风险预警作用

供电企业的电力营销作为一种有目的的经营活动，在现代市场经济条件下要依靠人去完成，营销规划和内部控制制度要通过人去制定。在自然垄断的经营环境中，供电企业经营风险主要是内部控制制度的失控而产生。电力营销稽查有必要充当风险管理自我评估者，检查发现问题并揭示产生问题的各种原因，提示供电企业潜在的经营风险。

4. 信息鉴定作用

在市场化经济过程中，企业管理体制按照集团化、集约化、精益化和标准化不断完善和规范。因此，做好电力营销工作，就是要减少工作差错，降低失误率，避免发生人为调节线损电量、电费回收不到位、报表不真实等情况发生。电力营销稽查就是通过监督检查揭示营销管理中的差错，对营销差错进行查证，防范经营风险，为企业管理层提供可靠的信息和依据。

第三节 电力营销稽查机构及其工作职责

一、管理机构设置

各地市供电局应建立和完善本单位营销稽查组织体系，明确营销稽查管理机构和人员，并按照电网公司人力资源配置标准，及时补充配备人员，组织开展营销稽查工作。

以中国南方电网有限责任公司为例，电力营销稽查管理机构如图1-1所示。

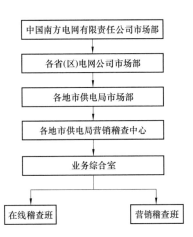

图1-1 电力营销稽查管理机构图

二、管理机构职责

1. 中国南方电网有限责任公司市场交易部的主要职责

（1）中国南方电网有限责任公司（以下简称"公司"）市场部是公司营销稽查工作的归口管理部门。

（2）负责制订营销稽查相关制度、标准，并组织实施。

（3）负责组织考核、评价各子公司营销稽查工作。

（4）负责不定期地组织全网性的营销专项稽查。

（5）负责牵头处理、通报稽查过程中发现的或客户投诉的特大营销差错，监督整改情况。

2. 各省（区）电网公司市场部主要职责

（1）各省（区）电网公司市场营销部门（以下简称"省公司"）是本省（区）营销稽查工作的归口管理部门。

（2）负责贯彻落实公司营销稽查有关制度和工作要求。

（3）负责制定本单位营销稽查实施细则。

（4）负责监督检查所属各供电局营销稽查工作情况。

（5）不定期地组织本省（区）的营销专项稽查活动。

（6）负责本省（区）营销稽查工作人员资格管理工作。

（7）牵头处理稽查过程中发现的或客户投诉的重大、较大营销差错，监督整改情况。

（8）负责协助省公司教育培训部门开展好对营销稽查工作人员的培训、考核、发证工作。

3. 各地市供电局市场营销部主要职责

（1）各地市供电局市场营销部门是本单位营销稽查监控归口管理部门。

（2）负责贯彻落实上级营销稽查监控有关制度和工作要求。

（3）负责监督检查本单位营销稽查监控工作情况。

（4）负责每半年组织开展一次对客户服务中心、计量中心、县（区）供电企业营销工作质量评估工作，按期发布营销工作质量评估报告，并将营销工作质量评估报告提供给本单位及县级供电企业人事部门作为考核依据。

（5）负责不定期地组织本单位的营销专项稽查。

（6）负责牵头处理稽查过程中发现的或客户投诉的较大营销差错，监督整改情况。

4. 各地市供电局营销稽查中心主要职责

（1）负责贯彻落实上级营销稽查监控有关制度和工作要求。

（2）参与本单位营销相关制度的编写审查工作。

（3）负责开展本单位及所辖县级供电企业在线稽查监控，按工作计划或稽查方案开展常态稽查、专项稽查等营销稽查日常工作。

（4）在本单位市场营销部的组织下，负责开展对客户服务中心、计量中心、县（区）供电企业的营销工作质量评估工作，并在质量评估工作结束后及时将评估报告提交给市场营销部。

（5）负责本单位及所辖县级供电企业 10kV 线路及 0.4kV 台区管理线损工作监测、数据发布，并督促线损管理单位落实线损异常的处置。

（6）参与客户投诉及营销事故（差错）的调查处理，并监督整改完成。

5. 各供电单位其他相关部门/单位主要职责

（1）参与、配合客户投诉及营销事故（差错）的调查处理，并按质按量整改完成。

（2）相关部门、单位、客户服务中心、计量中心、各县（区）供电企业负责配合营销稽查工作，落实整改措施。

（3）各县（区）局、供电所负责 10kV 线路及 0.4kV 台区管理线损的异常处置，并将处置结果及时上报稽查中心。

6. 各供电单位人力资源部门在营销稽查环节中的主要职责

对重大营销责任事故中所涉及的单位和个人按省公司相关规定进行处罚。

7. 省公司教育培训部门在营销稽查环节中的主要职责

负责组织公司营销稽查工作人员的培训考核工作。

8. 省公司和供电单位监察部门在营销稽查环节中的主要职责

（1）协助调查重大营销责任事故。

（2）查处营销服务工作人员的违纪、违法行为。

第四节　营销稽查人员资格管理及工作内容

一、稽查人员资格管理

（1）营销稽查实行持证上岗管理，无证不得从事在线、常态、专项稽查工作。

（2）营销稽查工作人员应具备的基本条件：

1）坚持原则、遵纪守法、秉公执法、廉洁奉公。

2）熟悉电力法律法规，电力营销有关规章制度及其他相关法律法规知识。

3）熟悉电力营销业务，具有一定的电气技术知识、财务知识。

4）安规考试必须合格。

（3）营销稽查证有效期为三年，到期后须重新提出申请，并参加培训，考试合格后，才能领取营销稽查证。

二、稽查工作纪律

（1）营销稽查人员开展现场稽查工作时，应随身携带稽查证，以小组形式开展工作，每组人数不少于两人。

（2）营销稽查人员应严格执行工作规定，认真履行稽查职责，按照规定项目和内容进行检查。稽查人员在进行营销稽查时可以行使下列职权：

1）询问当事人或者有关人员，并要求提供与稽查对象有关的资料。

2）查询、复制与稽查对象有关的单据、凭证、文件及其他资料。

3）在证据可能灭失或者难以取得的情况下，可以先行登记保存，当事人或者有关人员不得转移、隐匿或者销毁。

（3）现场核查或档案资料核查时，要实事求是，真实记录各项数据和资料情况并如实上报，不得弄虚作假。

（4）营销稽查人员必须严格遵守保密规定，对举报案件要严格为举报人保密；对稽查案件中可能涉及的有关单位及人员采取回避制度；不向无关人员透露稽查案件的有关信息，保证案件稽查客观公正地进行。

（5）营销稽查人员应模范遵守国家法律、法规以及公司有关规定，如有违反者，经查实可视情节轻重采取批评教育、责成改正、通报批评、调离稽查工作岗位等行政的以及经济的处分，触犯刑律的，依法追究其法律责任。

（6）相关单位对营销稽查工作应认真对待，全力配合协助稽查部门开展工作，不得弄虚作假、相互推诿，否则视情节轻重追究有关人员责任。

三、营销稽查工作内容

营销稽查工作内容包括营销稽查监督和检查业扩报装、电能计量、电费抄核收、客户服务、电价执行、用电检查、营销管理线损、营销系统基础信息、客户停电管理等工作的规范性、质量和时效性。重点稽查的关键风险点如下：

（1）业扩报装工作是否按业扩工作相关管理规定执行。

（2）新装、增容、减容、停（复）用专用变压器客户装表接电后其执行电价、计量方式和计量装置安装、基本电费计算的正确性。

（3）《供用电合同》的签订、履行、变更、续签等情况以及合同条款的准确性。

（4）用电检查过程中是否严格遵守用电检查程序和相关法规进行，在发现问题时是否能做到有据可依，现场取证是否合法有效并突出问题的重点，是否按规定合法处理违约用电、窃电客户。

（5）抄表监督机制建立和执行情况和各抄表区的实抄率、抄表的准确性。

（6）电能计量装置领用、安装、验收、更换、故障、报废处理等工作是否按照计量工作管理相关规定开展。

（7）国家电价政策及各项业务收费规定的执行情况。

（8）电费账务和电费资金安全管理及风险控制情况。

（9）客户用电档案的建立、归档、变更、销毁是否合理，用电档案记录是否与现场情况相符。

（10）服务窗口和从事有关营销服务工作人员的服务质量。

（11）客户投诉和举报案件的处理情况。

（12）计划停电、临时停电公告、通知的管理是否满足相关要求；停、限电管理及客户停电时间统计数据质量管理是否按相关规定执行。

（13）线损资料及线损四分工作开展情况的稽查；管理线损涉及的计量、抄核收等营销服务环节工作质量的稽查。

（14）电力需求侧管理及科学用电、节约用电、有序用电等工作质量及效益统计准确性和真实性的稽查；节能技术、节能知识方法及终端能效水平的跟踪稽查。

（15）电力营销活动中的以电谋私、内外勾结窃电以及严重违反有关用电营业规章制度行为。

（16）查处营销事故（差错）调查工作过程中发生的隐瞒、欺骗、造假等行为。

第二章

电力营销稽查原理及基本程序

第一节 电力营销稽查原理

一、电力营销稽查的定义及主要内涵

1. 电力营销稽查的定义

根据中国南方电网有限责任公司电力营销稽查管理办法给出的定义："电力营销稽查是指依据国家有关政策、法律、法规和公司相关规章制度，对公司营销制度建设与执行、营销行为规范和营销工作质量等进行内部专业监督检查。"电力营销稽查是电力营销环节内控约束机制的主要组成部分，是电力营销风险管理的重要内容和有效途径。通过有效开展电力稽查工作，可以达到规范营销行为、堵塞漏洞、挖潜增效、提高营销政策执行力、减少营销事故的目的。稽查的对象和内容涵盖了电力营销工作的全过程。

同时，电力营销稽查也是一种独立、客观的保证和咨询活动，其目的是增加供电企业的价值和改善供电企业的营销管理，它通过系统、规范的方法评价和改善电力企业营销风险管理、控制和管理过程的有效性，并通过独立监督和评价本单位及所属单位电力营销活动的真实、合法和效益的行为，以促进加强营销管理和实现供电企业经营目标。

2. 电力营销稽查监督的主要内涵

营销业务模型说明书中对电力营销稽查的主要内涵做出了规定："主要对新装增容及变更用电的在办情况及超时限情况、供用电合同的签订情况、用电检查的执行情况、抄表管理、核算管理、电费收缴及账务、线损管理、95598业务处理、客户关系管理、客户联络、资产管理、计量点管理、计量体系管理、客户档案资料管理等方面工作质量管理进行稽查"。

二、电力营销稽查业务类别

电力营销稽查业务根据工作缓急程度不同有计划、有目的、有步骤地开展。在日常稽查业务方面，大量工作侧重于案头文本文件及营销管理系统资料的审阅，如供用电合同签订情况、用电检查执行情况、抄表管理、客户关系管理、客户联络、计量点管理、电能信息采集等方面。营销稽查具体业务主要通过在线稽查、常态稽查、专项稽查对营销工作质量及经营成果中不正常现象以及营销管理系统中不符合规范的数据进行监控与稽查。对发现的可疑问题，通过现场稽查，确定差错，实现档案修正、营销制度完善、营销工作规范、跨部门配合的目的。

1. 常态稽查

常态稽查是指营销稽查人员定期按照随机抽样、人工挑选方式生成稽查样本，组织和安排相关人员开展检查，对发现的问题由营销稽查人员下达整改通知书进行整改的过程。

2. 在线稽查

在线稽查是指营销稽查人员通过对电力营销信息管理系统和计量自动化系统中的业务数据进行分析，发现营销服务工作流程和工作质量中存在的问题，督促问题所属责任部门进行限期整改，从而提高营销服务管理水平和工作质量。

3. 专项稽查

专项稽查是指根据上级部门的安排布置、营销重点工作需要或常态、在线稽查中发现的薄弱环节不定期组织开展的检查工作。专项稽查工作安排布置的顺序为：网公司市场营销部门、省公司市场营销部门、地（市）供电局市场营销部门、地（市）供电局营销稽查中心，由上到下的方式进行。

4. 危险点分析及预控措施

以上各种稽查都存在一定的危险点，必须相应的采取预控措施。

（1）可能存在的危险点有：

1）相关人员不按规章制度工作造成营销服务事故。

2）事故发生后隐瞒不报、谎报或在调查中随意改动原始资料、记录等，使资料失去真实性，弄虚作假、隐瞒真相。

3）当事人阻挠或无正当理由拒绝事故调查、拒绝或阻挠提供有关情况和资料。

4）营销稽查内部人员违纪违法或存在不正当交易行为的。

（2）应采取的预控措施为：

1）做好员工的专业培训，学习相关制度要求。

2）配合人力资源部和监察审计部严厉惩罚弄虚作假、隐瞒真相的行为。

3）劝说当事人配合事故调查，劝说无效后采用强制手段，必要时报警。

4）加强营销稽查人员思想教育工作，从源头上杜绝其违纪违法行为的发生。

三、电力营销稽查的方法

在电力营销稽查过程中使用的工作方法主要有审阅法、抽查法、核对法、逆查法和比较分析法。稽查工作必须遵循科学的方法，要根据稽查内容的风险性大小选择适当的方法。稽查工作方法使用得当，可以使稽查工作在监督过程中有的放矢，起到事半功倍的作用。这几种方法一般用在营销管理规范的单位。对于问题较多、营销管理混乱的营销单位或营销环节必须详查。

1. 审阅法

审阅法主要是对电力营销阶段性工作完成的记录、合同文本、报表等进行审阅稽查。电力营销稽查部门按照稽查工作计划，分阶段对企业营销部门的业扩报装记录、业务变更资料、供用电合同的续签及新签情况、用电检查执行情况、客户关系管理及档案资料、企业营销报表与电费收缴管理等文本资料进行审阅，从审阅中检查营销管理制度的执行情况。审阅法主要用在日常稽查工作当中，对阶段性工作完成的记录要及时进行例行稽查，以便对工作差错进行及时处理。

2. 抽查法

抽查法主要是对覆盖面广、工作量大的营销环节进行抽查。如抄表管理、95598业务处理流程及结果、计量点管理中的计量点记录与现场计量点状况的抽查，对核算管理、电费收缴及账务、线损管理、资产管理的抽查等。根据抽查结果，确定稽查工作的优先等级和进一步稽查的工作重点。抽查法主要用于电力营销稽查现场例行检查的工作中。

3. 核对法

核对法主要是对营销管理过程中，工作记录及报表数据与现场计量装置或在例行稽查工作中发现问题后作进一步的核对工作。营销环节中的业扩报装、业务变更、计量故障、电量电费抄核收等与企业经济利益密切相关的重要业务内容必须应用核对法进行营销稽查。通过核对，加强对计量点管理、计量体系管理、电能信息采集、能效管理、有序用电管理等环节的监督和评价。核对法的工作量较大，一般只对重要的营销环节进行。在专项营销稽查工作中对营销单位和个人评价起关键性作用，问题较多、管理薄弱的环节也使用核对法。

4. 逆查法

逆查法主要是指在运用审阅法和抽查法开展对营销管理稽查过程中发现工作差错时，从差错发生环节逐步向上一个工作环节稽查。这种方法的作用一是查清差错损失大小和原因，二是落实差错的工作责任。逆查法也常用在获得举报后稽查或专项营销稽查工作中。

5. 比较分析法

比较分析法主要是指在对资料、报表中电量、电费和线损等数据与历史资料数据对比，从中发现营销工作异常和差错。比较分析法常用于专项营销稽查工作中，用于测试企业内部控制制度执行的健全性，查找和发现工作重点。比较分析法对营销稽查资料管理完善程度要求较高，资料不完整的企业一般较难开展此项工作。比较分析法在日常例行营销稽查工作中不常用。

四、电力营销稽查基本程序

电力营销稽查工作（这里通常主要指的是常态稽查），一般按照年度或月度工作计划进行实施，通常要经历：从准备开始，到下达稽查通知单、实施稽查、整改及反馈、营销事故（差错）处理、资料归档等。从以上程序来看，可以大致分为准备阶段、实施阶段、整改及反馈阶段和资料归档阶段。

1. 准备阶段

准备阶段主要包括制定计划、样本抽取、审批计划、计划下达四个阶段。一般来说，实施阶段的工作按以下几个步骤进行：

（1）制定计划。稽查工作计划由稽查部门的专责负责制定，稽查工作计划应有具体的时间安排、被稽查单位、稽查样本量。稽查内容应涵盖营销业务的所有业务分类。抽样比例应根据业务类别的不同用电性质客户数量确定。

（2）样本抽取。常态稽查按照规定（《中国南方电网公司营销稽查管理办法》）确定抽样范围，各单位可根据实际情况，对营销业务进行过程抽样，但业扩、计量管理、用电检查、抄核收、优质服务类业务从前 1 个月（或当月）已完成的业务总量中不重复抽取。

（3）审批计划。对制定完成的年度《营销稽查工作计划》由本单位市场营销部门审核同意后发文下达，对制定完成的月度《营销稽查工作计划》由稽查部门负责人审核同意后下发执行。对于审查不通过的计划提出修改意见，要求计划制定人员修改完善直至审查通过，审查通过的计划下发实施。

（4）计划下达。制定好的常态稽查工作计划及抽样方案经审批通过后，计划制定人应按要求及时将该计划及方案下达给指定执行人。

2. 实施阶段

实施阶段主要包括派工、现场稽查、结果录入三个阶段。一般来说，实施阶段的工作按以下几个步骤进行：

（1）派工。根据《营销稽查工作计划》中的工作内容，确定每项稽查任务的工作负责人及工作人员。

（2）下发稽查通知单。在开展现场稽查之前，营销稽查人员应向被稽查单位发出《营销稽查通知单》，被稽查单位应事先准备好所需材料以供检查。

（3）收集资料。按照稽查通知单的要求，收集被稽查单位的与稽查内容有关的报表、台账、凭证等资料，办理相应的借阅手续。

（4）实施稽查。稽查人员按照稽查计划开始实施稽查，先查阅有关业务基础资料，考证各业务工作质量，分析资料，找出工作质量差错的原因，对有疑问的可以赴现场核实，并将有关差错记录在案。

（5）形成工作底稿。完成资料的审阅后，要认真梳理稽查记录，并就发现的差错分类汇总，形成工作底稿，将差错产生的原因分析清楚，并指出定性的依据，提出整改建议。

（6）结果录入。营销稽查人员完成现场稽查后，须在 3 个工作日内把每个样本的稽查结果准确录入电力营销管理信息系统。同时，营销稽查人员应对问题样本按照营销差错级别标准进行差错初步定性。

3. 整改及反馈阶段

被稽查单位依据稽查整改通知单的要求，组织有关人员抓好整改落实，在规定的时限内，形成稽查整改报告送稽查部门，稽查部门再依据稽查整改通知单和被稽查单位的稽查整改报告进行核对。对营销工作中发生的营销事故（差错）应限时调查、整改、逐级上报。

4. 资料归档阶段

随着被稽查单位稽查整改报告的完成，一个稽查项目就告一段落，稽查组工作人员须将稽查过程中形成的工作底稿、小结等资料进行收集、归纳、整理、装订，并结合稽查通知单、稽查报告、稽查整改通知单以及被稽查单位的整改报告一并汇总，建立资料目录，立卷归档。

五、电力营销稽查档案管理

1. 电力营销稽查档案

电力营销稽查档案是指稽查部门在对电力营销经营管理的稽查活动过程中直接形

成的，具有保存价值的以纸质、磁质、光盘和其他介质形式存在的工作记录。电力营销稽查档案是企业经营管理的重要部分，供电企业应完善和加强电力营销稽查档案管理。

电力营销稽查档案管理工作是指电力营销稽查部门按照企业档案管理要求，对电力营销稽查过程中形成的资料进行收集、整理、保管、利用、统计、鉴定和移交的过程。档案的组成有电力营销稽查工作计划、经领导批准的稽查工作方案、稽查工作形成的纸质记录、摄影摄像录音形成的影像声音资料以及稽查通知报告等。

2. 电力营销稽查档案的建立

电力营销稽查档案按照稽查工作项目分项立卷。档案制作与管理按照企业档案管理要求执行，当年完成的稽查任务形成的档案应在次年年初移交企业档案管理机构。电力营销稽查部门对移交档案应做好工作记录，对在稽查工作中需比较分析的报表数据、电量数据、电费数据和线损分析数据等应做好备份资料保存在本部门。一个项目应独立立卷，可以装订为一卷，也可装订成若干卷，但若干项目不能合并为一卷。

档案整理后由本部门主任复查，并经档案管理机构或者档案管理工作人员检查后，依照有关规定进行编目和装订。传真件、圆珠笔迹、易锈的大头针、装订针、塑料等不得为档案介质或存在档案中。

3. 电力营销稽查档案的立卷

电力营销稽查档案卷内文件材料按结论性文件材料、证明性文件材料、立项性文件材料和其他备查文件材料四个单元进行按序装订。封面及扉页目录按档案管理要求制作。结论性文件材料，采用逆稽查程序并结合文件材料的重要程度进行排列；证明性文件材料，按与稽查方案所列稽查事项或者按报告顺序排列；立项性文件材料和其他备查文件材料均按文件材料形成的时间顺序，并结合文件材料的重要程度进行排列。

4. 电力营销稽查档案的保管

电力营销稽查档案应根据国家对档案管理要求确定档案保管期限。保管期限的确定原则，按卷内文件的最高密级及其保密期限确定。

电力营销稽查档案的借阅和利用，仅限于企业电力营销稽查部门及管理机构，除此之外其他任何人不得查阅。在特殊情况下，经企业领导签字批准后方可借阅。

对毁损、丢失、涂改、伪造、出卖、擅自提供稽查档案或者玩忽职守造成稽查档案损失的人员，由主管部门对直接责任人和其他有关责任人依法追究行政责任；构成犯罪的，依法追究刑事责任。

第二节　电力营销稽查抽样

一、总则

为推进营销稽查常态化工作，在中国南方电网有限责任公司（以下简称"公司"）范围内统一抽样标准，指导基层单位科学建设营销稽查信息管理系统，高效开展对营销业务重点环节、重点流程的抽样稽查。

二、定义

公司对营销稽查抽样的定义："营销稽查抽样是指按照科学的原理和计算，从若干单位组成的营销业务总体中，抽取部分样本单位来进行调查，用所得到的调查标志的数据以代表总体，推断营销业务总体工作质量。"

三、主要抽样方法概述

常见的抽样方法有简单随机抽样、系统抽样、分层抽样、不等概率抽样和两极或多级抽样五种。

1. 简单随机抽样

简单随机抽样，就是在总体单位中不进行任何分组、排队等，完全排除任何主观的有目的的选择，采用纯粹偶然的方法从母体中选取样本。这种方法的基本原则是每个抽样单元被抽中选人样本的机会是相等的，优点是简便易行，缺点是在抽样范围较大时，工作量太大难以采用，以及抽样比例较小而样本含量较小时，所得样本代表性差。

2. 系统抽样

此法是按照一定顺序，机械地每隔一定数量的单位抽取一个单位进入样本。每次抽样的起点必须是随机的，这样系统抽样才是一种随机抽样的方法。例如，拟选一个5％的样本（即抽样比为1/20），可先从1～20之间随机选一个数，设为14，这就是选出的起点，再加上20，得34，34加20得54…这样，14、34、54、74、94就是第一个100号中入选的数字，以后依次类推。系统抽样代表性较好，但必须事先对总体的结构有所了解才能恰当地应用。

3. 分层抽样

这是从分布不均匀的单元中抽取有代表性样本的方法。先按照某些特征或某些标志（如营销业务划分为业扩类、计量类、抄核收类、用电检查类，业扩类可进一步划分为永久性高压用电、永久性低压用电、临时用电等）将调查总体分为互不交叉的若干组（统计学上称为层），然后从每层随机抽取样本。分层抽样又分为两类：一类叫按比例分配分层随机抽样，即各层内抽样比例相同；另一类叫最优分配分层随机抽样，即各层抽样比例不同，内部变异小的层抽样比例小，内部变异大的层抽样比例大，此时获得的样本均数或样本率的偏差最小。分层抽样要求层内变异越小越好，层间变异越大越好，因而可以提高每层的精确度，而且便于层间进行比较。

4. 不等概率抽样

不等概率抽样，就是调查者根据自己的方便或主观判断抽取样本的方法，分为有放回和不放回两种。它不是严格按随机抽样原则来抽取样本，事先需确定一个辅助变量。针对不同业务可设计不同的辅助变量。如业扩类辅助变量可为报装容量，抄核收类辅助变量可为用电量。

5. 两级或多级抽样

按照元素的隶属关系和层次关系，把抽样过程分为几个阶段进行。适用于总体规模特别大，或者总体分布的范围特别广时。从总体中先抽取范围较大的单元，称为一级抽样单元（抄核收业务的抄表员），再从抽中的一级单元中抽取范围较小的二级单元（如该抄表员所抄的某条线路），这就是两级抽样。还可依次再抽取范围更小的单元，即为多级抽样。多级抽样常与上述各种基本抽样方法结合使用。

四、抽样范围与比例

（1）营销业务可划分为业扩报装、计量管理、抄核收、用电检查、客户服务及其他六大类。常态稽查每月抽取各类业务样本进行检查。其中：

1）业扩报装、计量管理、用电检查类业务，开展常态稽查应从前 3 个月业务总量中不重复抽取。

2）抄核收、客户服务类业务由于业务量相对较大，开展常态稽查应从前 1 个月业务总量中抽取，其他类业务的抽样期由各单位自行确定。

（2）已纳入营销信息管理系统管理的营销业务，各单位在建设营销稽查系统时，应按照下列标准进行抽样：

1）业务分层。业扩报装、计量管理、用电检查、客户服务类业务应根据实际情况划分为不同的层。要求层与层之间互不交叉，且层间变异越大越好，层内变异越小越好，以提高每层抽样的精确度。如客户服务类业务可直接分为营业窗口、95598、故障抢修三层。

2）常态稽查样本数量采用分层抽样方法确定。对业扩报装、计量管理、用电检查、客户服务类业务采取分层抽样方法进行抽样分配，再采取随机抽样和不等概率抽样方法抽取样本。对抄核收业务可采取多级抽样方法进行抽样。各项业务每年抽样比例（抄核收业务为每月抽样比例）不得低于表 2-1 的规定。

表 2-1　　　　　　　　　　　　　抽　样　比　例

业扩报装		抄核收			计算管理		客户服务	用电检查	
大工业、趸售客户	其他	大工业、趸售客户	居民客户	其他客户	大工业、趸售客户	其他客户		大工业、趸售客户	其他客户
5%	5%	1%	0.01%	0.05%	5%	0.05%	0.1%	2%	0.05%

注　其中管理线损、营销系统基础信息与客户停电管理视实际工作需要设置样本抽取条件。

五、抽样步骤及流程

稽查抽样作业流程如图 2-1 所示，图中采用的是两种抽样方式流程：由步骤 1 直接跳转到步骤 5 的是简单随机抽样流程；由步骤 1 一直到最后的步骤的是引入置信度进行评价的抽样流程。这两种流程的区别在于是否建立稽查结果推断总体情况科学评价系统。

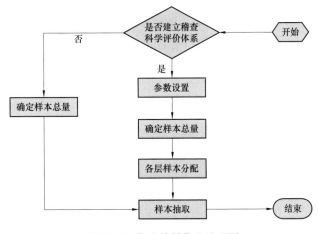

图 2-1　稽查抽样作业流程图

15

1. 简单随机抽样流程

简单随机抽样流程是指未建立稽查结果推断总体情况科学评价系统的流程。

（1）应根据业务量按照《中国南方电网有限责任公司营销稽查监控管理办法》中对应的业务的样本比例（如表 2-1 所示）要求确定样本总量。

（2）确定各类业务的样本总量后，再按照简单随机抽样和不等概率抽样方法选取样本。

2. 引入置信度进行评价的抽样流程

引入置信度进行评价的抽样流程是指已建立稽查结果推断总体情况科学评价系统的流程。

（1）参数设置。根据样本调查结果科学推断总体情况，在抽样时需要设置置信度和相对误差（通常默认为 10%）两个参数。在抽样对总体参数做出估计时，由于样本的随机性，其结论总是不确定的。NCL 为采用一种概率的陈述方法，也就是数理统计中的区间估计法，即估计值与总体参数在一定允许的误差范围以内，其相应的概率有多大，这个相应的概率称作置信度。置信度也称可靠度、可信度，是人们对某种事物和结论的可信程度，通常用百分比表示。置信度高低说明估计的把握程度，具有统计意义的置信度通常设置为 95%，一般不低于 90%。

（2）确定样本总量。根据历史抽样调查结果（主要是考虑均值和方差），采用 Neyman 分层抽样（根据实际情况可自定是否考虑稽查人力成本）计算出各类业务调查结果可推断总体业务工作质量的最优样本数量。

（3）各层样本分配。确定各类业务的样本数量后，再根据各层的权重和历史样本标准差采用 Neyman 方法计算各层分配的样本数。样本分配也可进一步考虑不同业务，其业务总量和调查成本的差别，设置工作重心比例进行分配。专项稽查也可通过工作重心比例的设置实现抽样。

（4）样本抽取。在完成样本分配后进行样本抽取。抽样方法主要可采用简单随机抽样和不等概率抽样。

（5）抄核收业务抽样。考虑抄核收业务量较大，常态稽查的样本区域可相对集中，在确定抄核收样本数量后，可采用多级抽样方法抽取具体样本。如：第一级对抄表员进行抽样，第二级对抄表员的抄表线路进行抽样，第三级抽取抄表员所抄线路的电能表来确定样本。

六、危险点分析及预控措施

作业中可能存在的危险点有：

（1）抽取的样本不能反映整体的情况。

（2）参数设置的不合理。

对此，应该采取的预控措施为：

（1）了解被稽查单位的实际情况，对各项业务有针对性地抽取样本。

（2）按工作重心比例，合理设置参数。

（3）负责人审核。

第三节　电力营销稽查的内容及依据

电力营销稽查的依据包括国家有关法律、法规、政策和电力企业有关规章制度等。电力营销稽查的内容主要是对电力营销稽查工作管理制度的建立、执行和完善情况以及对电力营销报装接电、抄表、电价管理、供用电合同管理、收费及票据管理、电费核算、电费回收上缴管理、线损管理、95598业务处理、客户关系管理、资产管理、服务工作质量、计量点管理、电能信息采集、铅封管理、客户档案资料管理、反窃电查处缴工作管理等方面的行为以及工作质量进行内部稽查。

稽查人员应熟悉中国南方电网有限责任公司电力营销业务流程。稽查人员应能熟练操作稽查管理信息子系统，熟悉在线稽查阈值设置和稽查规则，通过稽查管理信息子系统自动筛查出可以数据，并对数据进行准确判断后，向相关部门发出整改通知单。通过开展常态稽查（也即现场稽查），及时发现电力营销工作中的差错，对涉及用电客户重要信息的，必要时可以延伸到外部（用电客户）稽查。

下面简要介绍中国南方电网有限责任公司对电力营销工作的主体流程和主体工作要求。

一、总体流程图

电力营销稽查监控总体流程如图2-2所示。

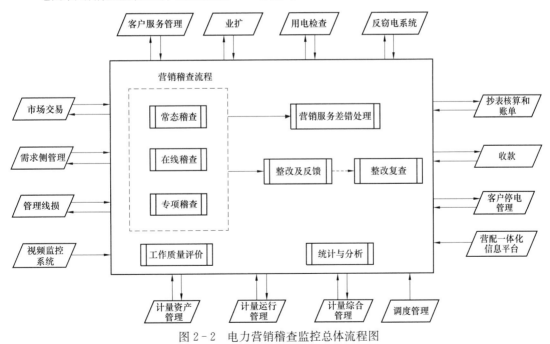

图2-2　电力营销稽查监控总体流程图

（1）营销稽查由在线稽查、常态稽查、专项稽查、营销事故（差错）处理、整改及反馈、整改复查、工作质量评价、统计与分析流程组成。

（2）营销稽查在业务处理中与其他业务存在关联关系：

1）向客户服务管理、业扩报装、抄核收、客户停电管理、计量管理、管理线损、市场交易、用电检查等业务提供发现的异常情况和整改要求信息，并接收整改结果信息。

2）向客户服务管理、业扩报装、抄核收、客户停电管理、计量管理、管理线损、市场交易、用电检查等业务提供工作质量评价信息。

3）从调度管理、营配一体化信息平台、视频监控系统、业扩报装、抄核收、客户停电管理、计量管理、管理线损等业务接收统计信息。

二、总体工作要求

电力营销稽查总体工作要求是指通过电力营销稽查工作提高电力营销工作质量，建立起责任到部门、责任到人的营销工作机制。通过建立电力营销稽查的常态工作机制，对电力营销工作质量建立考核机制，严格按规定考核。

三、稽查依据

电力营销稽查依据有《中华人民共和国电力法》《中华人民共和国合同法》《中华人民共和国消费者权益保障法》《中华人民共和国计量法》《电力供应与使用条例》《供电营业规则》等国家及地方有关电力的法律法规、网、省公司营销类管理办法、实施细则等。

第四节　电力营销事故差错的分级处理

一、电力营销事故差错的分级标准

营销人员在工作中由于失误、失职、渎职、违规、违纪、违法等原因发生工作过失的事件，都列为营销差错。营销差错全网统一标准，分级处理。根据影响程度，营销差错分为特大差错、重大差错、较大差错、一般差错、轻微差错等五种。

根据营销差错后果及影响程度，相应等级根据表2-2进行划分，其中业扩报装、电能计量、抄表核算收费、用电检查四类差错按可量化结果进行分级，客户服务差错根据其影响程度进行分级。

在一个月内，若同一部门重复发生同一类型差错，之后发生的差错，级别提升一级。

表2-2　　　　　　　　　　营销差错分级标准表

内容	特大	重大	较大	一般	轻微
经济损失（万元）	≥500	50～500	1～50	≤1	<0.1
差错电量（万 kWh）	≥2000	200～2000	20～200	≤20	<2
差错金额（万元）	≥1000	100～1000	10～100	≤10	<0.6
不良影响	在全国范围内产生恶劣影响的	在全省范围内产生重大不良影响的	在地市范围内产生重大不良影响的	在地市及以下范围内产生不良影响的	出现过失，但未产生影响的

注　经济损失是指给供电企业（或客户）造成的直接经济损失，包括电费损失、损坏设备价值、债权损失、债务增加等可以直接用货币衡量的损失。

二、营销差错分类

根据专业工种分类，营销差错类分别为业扩报装类、电能计量类、抄表核算收费类、用电检查类、客户服务类。

（一）业扩报装

1. 业扩报装差错的描述

未按规定处理新装、增容、变更用电、签订供用电合同等用电业务，实际或潜在造成供电企业或客户损失、产生不良影响的事件。

2. 业扩报装差错的分类

（1）业务办理存在"三指定"行为或变相"三指定"行为。

（2）营业厅上墙资料、宣传单、业务办理指引等存在涉嫌"三指定"内容。

（3）答复供电方案、设计图纸审核、中间检查、竣工检验等环节人为制造门槛，变相"三指定"。

（4）擅自为不具备资质的设计、施工单位办理客户受电工程竣工检验或接火送电。

（5）未按规定时限进行答复供电方案、图纸审核、中间检查、竣工检验、装表接电等业务，并产生不良影响。

（6）未按规定向客户公布具备资质的设计、施工单位。

（7）未按规定核验设计、施工单位的资质。

（8）未按规定审核客户提供的相关文件、资料，违规批准客户用电。

（9）未按规定收取相关业扩费用。

（10）未按规定审核设计图纸。

（11）未按规定编制供电方案。

（12）未按规定正确执行计量、计价方式。

（13）未按规定配置客户各类计量装置。

（14）未按规定组织客户用电工程中间检查、竣工检验导致工程存在安全隐患或计量差错。

（15）未按规定签订供用电合同。

（16）未按规定收集、保管、维护客户的档案信息。

（17）未按规定时限进行归档。

（18）其他差错。

（二）电能计量

1. 电能计量差错的描述

未按规定进行电能计量装置选型、配置、校验、安装、运行维护、故障处理、封印管理等业务，以及未按规定进行标准计量器具的检定或校准，致使供电企业计量装置不准或失效，实际或潜在造成供电企业或客户损失、产生差错的事件。

2. 电能计量差错的分类

（1）未按规定保管、运输电能计量装置。

（2）电能计量装置选材、安装不符合技术规范。

（3）未按设计方案配置、安装电能计量装置。

（4）电能计量装置接线错误。

（5）电能计量装置参数设置错误。

（6）未按规定轮换、抽检、校验电能计量装置。

（7）未按规定处理电能计量装置故障。

（8）未按规定进行退补电量计算。

（9）未按规定对标准电能计量器具进行检定或校准。

（10）未按规定使用或保管封印、封钳、资产条码。

（11）未按规定加封或开启封印。

（12）其他差错。

（三）电费抄核收

1. 电费抄核收责任事故差错的描述

未按规定进行抄录、数据上传、核实、确认、上报、收费等工作，实际或潜在造成供电企业或客户经济损失、产生不良影响的事件。

2. 电费抄核收责任事故和差错的分类

（1）抄表。

1）未按规定例日抄表；

2）未按规定时限交回抄表本或做好数据上传；

3）漏抄、估抄、错抄等；

4）因客户原因不能抄表到位，但未注明原因并汇报；

5）未按规定对新装或换装电能表抄表；

6）对当月电能表异常、电量异常、存在窃电或违约用电情况，未按规定汇报；

7）私自更改抄表卡、户名、户号、表号、容量等内容；

8）远程抄表发现数据异常，未进行核实导致电量差错；

9）未按规定发放电费通知或催费；

10）未按规定程序或时限对欠费客户停、复电；

11）其他差错。

（2）核算。

1）未在规定时限完成计算和审核已抄表区域客户电费；

2）未按规定核对录入系统的抄表数据；

3）未按规定核对计量计费方式及参数；

4）未按规定执行有关电价电费政策；

5）未按规定流程进行电量、电费调整；

6）未按规定核对新装、增容、业务变更等计量、计费信息；

7）未按规定维护电费系统数据；

8）对客户电量电费波动异常情况，未按规定提交处理；

9）其他差错。

（3）收费。

1）违规坐支；

2）未经批准退款，造成款项差错；

3）电费多收、少收；

4）未按规定核对款项；

5）未按规定处理长短款；

6）未按关规定对预付费客户售电；

7）未按规定开具发票；

8）虚报、漏报电费回收数据；

9）未按规定核对处理银行账单；

10）未按规定履行与银行电费款项交接手续；

11）未按规定核对银行托收电费信息；

12）擅自减免客户电费、违约金；

13）未按规定进行销账、抹账；

14）其他差错。

（四）用电检查

1. 用电检查差错的描述

不按相关管理规定开展用电检查业务，造成供电企业或客户经济损失、产生不良影响的事件。

2. 用电检查差错的分类

（1）内外勾结窃电，或对直接管理范围内存在窃电行为知情不报。

（2）未按规定开展日常和专项用电检查。

（3）未按规定检查计量装置，导致计量差错没有及时发现。

（4）未按规定检查客户电气设备或提出安全整改建议。

（5）未按规定要求开展保供电工作。

（6）未按规定查处违约用电、窃电案件。

（7）未按规定程序对查处的违约用电、窃电客户进行停电。

（8）未按规定指导督促客户有序用电。

（9）其他差错。

（五）客户服务

1. 客户服务差错的描述

因失误、失职、不到位、责任心不强、服务态度不好等原因，引起客户不满意、投诉、举报等行为后果，给客户造成不良影响、损害企业形象的事件。

2. 客户服务差错的分类

（1）存在违反服务承诺、服务制度、流程，以及优质服务规定的行为。

（2）违反"首问负责制"，推诿客户诉求处理、延误处理或为客户提供错误引导、给客户办理用电业务造成障碍或不便。

（3）服务态度蛮横，故意刁难客户，无正当理由拒绝办理各类用电业务。

（4）未按规定时限处理投诉、举报；投诉处理未能100%回访客户，或未如实记录客户满意度调查情况。

（5）未按停、限电管理规定执行停、限电（造成客户经济损失或产生不良影响的，视程度相应提高差错级别）。

（6）未按规定时限到达抢修现场，抢修过程存在"三指定"或变相"三指定"行为。

（7）计划检修涉及客户停电，由于人为责任造成不按时停电和延时送电。

（8）为客户提供服务（现场或电话），工作出现疏漏、错误，处理客户事件或为处理部门提供错误、不全的信息引起处理延误、失误。

三、营销差错的报告

（1）轻微差错以月报形式上报责任部门主管领导；一般差错，5个工作日内上报至责任部门主管领导；较大差错，两个工作日内上报至供电局市场营销部主管领导；重大营销责任事故，24小时内上报至省公司市场营销部主管领导；特大营销责任事故，24小时内上报至中国南方电网有限责任公司市场营销部主管领导。

（2）任何单位和个人对发现的营销差错不得迟报、漏报、谎报或者瞒报，如发生以上行为则进行通报，并追究相关部门和人员责任。

四、营销事故差错调查处理

（1）特大营销事故差错，由网公司市场营销部牵头组织调查处理，5个工作日完成差错事件调查，并形成书面调查报告。特大营销差错在网公司范围内通报。

（2）重大营销事故差错，由省公司市场营销部组织调查处理，7个工作日完成差错调查，形成书面调查报告并上报公司市场营销部备案。重大营销差错在各省公司范围内通报。

（3）较大营销事故差错，由地市供电局市场营销部组织调查处理，7个工作日内完成差错调查，形成书面调查报告并上报省公司市场营销部备案。较大营销差错在所在地市供电局范围内通报。

（4）一般事故差错，由所在供电单位稽查部门调查处理，7个工作日内完成差错调查，结论上报至供电局市场营销部。一般营销差错在所在供电单位［客户中心、计量中心、县（区）供电局］范围内通报。

（5）轻微事故差错，由所在单位［客户中心、计量中心、县（区）供电局］营销工作负责人牵头组织调查处理，月度内上报至供电局市场营销部，并在本单位范围内通报。

五、营销事故差错责任追究

（1）营销差错的处理应按照"四不放过"（事故差错原因不清楚不放过，事故差错责任者和应受教育者没有受到教育不放过，没有采取防范措施不放过，事故差错责任者没有受到处罚不放过）的原则，查清原因和损失，查明性质，认定责任，总结教训，提出整改措施。涉及违法的依法处理，涉嫌行风事件的按网公司监察有关规定处理，涉嫌违反财务纪律的按财务规章处理。

（2）营销差错进行责任追究，处理结果上报上一级营销部备案。

（3）对工作人员违规、违纪、存在不正当交易或涉嫌行风事件的，转纪检监察部门查处，涉嫌违反财务纪律的按财务规章处理，涉及违法移交公安机关处理，触犯刑法的移交司法机关处理。

（4）特大营销责任事故，所属供电局责任部门主管领导，需向公司市场营销部执行"说清楚"制度。

（5）重大营销责任事故，所属供电局责任部门主管领导，需向省公司市场营销部执行"说清楚"制度。

（6）对查明的营销差错，应对直接责任人和应受教育者进行处理。特大、重大、较大营销差错，对相关负责人进行问责。

六、对于营销稽查所发现的问题实行约谈机制

（1）对于以下问题，由公司市场营销部负责人约谈所在供电局市场营销部负责人：发生重大营销责任事故；发生被审计部门、物价管理部门通报的事件；营销稽查、电力监管机构供电检查发现的"屡查屡犯"的问题。

（2）对于以下问题，由分管营销工作的公司领导约谈所在供电局分管营销工作的局领导：发生特大营销责任事故；被电力监管机构立案调查处理的事件。

第三章

电力营销稽查标准

电力营销的核心是供电企业必须面向市场、消费者，必须适应不断变化的环境，及时做出正确的反应，使供电企业真正成为客户满意的电力提供者和服务者，并要争取以最少的费用、最快的速度、最好的质量将电力送到客户处。因此，营销管理工作具有很强的政策性、社会性，广泛的服务面，高要求的实效性，技术性和经营的统一性、生产和经营的整体性等。

电力营销工作的基本内容如下：

（1）办理业务扩充。解决客户新装、增容用电。

（2）办理变更用电业务。方便客户，做好日常营销工作的管理。

（3）做好电费、电价的管理。认真落实和执行电价政策，及时、准确地抄录、核算，强化电费回收工作。

（4）加强电能计量装置管理。安全、准确、可靠地计量供、用电量。

（5）做好用电检查、违章（约）用电及反窃电管理工作工作。

（6）树立市场意识，大力开拓市场，努力增加销售电量。

（7）加强供用电合同管理。

（8）做好用电基础资料及数据的统计、分析、上报等。

电力营销稽查的内容主要涵盖业扩报装、抄核收、用电检查、计量管理和客户服务五个方面，每个方面的风险点都必须作为重点稽查，下面分述五个方面的稽查标准。

第一节　业扩报装稽查标准

一、业扩报装在电力营销中的作用

任何单位或个人要使用电能，都需事先向供电企业提出申请，依法办理规定手续签订供用电合同后，即成为电力客户。

业扩报装是指为新装、增容和变更业务客户办理各种必需的登记手续和业务手续的过程，是电力企业向用电客户销售电力商品的受理环节。由于每一个客户的建立和发展都是从业扩报装开始的，电力营销服务与用电客户的第一次接触也是从业扩报装开始的，所以在整个电力营销过程中，业扩报装占据了首要位置。

业扩报装是供电企业进行电力供应和销售的重要环节，属供电企业的售前服务行为。业扩报装包括高、低压客户新装、增（减）容、变更用电等事宜。

业扩报装一般组成的基本流程步骤为客户申请、客户资料审查、现场勘察、供电方案制订、业务收费、设计资料审查、工程施工检查、工程竣工验收、供用电合同签订、装表接电、审核归档等。

二、业扩报装术语和定义

（1）用电业务扩充（简称业扩）：是指为客户办理新装、增容、变更用电等相关业务手续，包括业务受理、现场勘查、供电方案确定及答复，对客户受电工程进行设计资料审核、中间检查和竣工检验，以及签订供用电合同、装表接电、建立客户档案等环节的全过程管理。

（2）客户：也称用电客户，指依法与供电企业建立供用电关系并签订供用电合同的组织或个人，不同用电地址应视为不同的用电客户。

（3）低压零散居民报装客户：专指以单一居民用户身份申请报装用电，采用 220/380V 供电且无接入工程（接入工程指需立杆、地埋敷线或接户线长度超过 30m），报装容量 10kW 及以下的居民报装客户。

（4）装见总容量：客户受电电压等级变压器（含电动机）的总容量。

（5）业扩费用：指按国家明确规定收取的高可靠性供电费用、临时接电费等费用。

（6）物业权属证明资料：一般指《房地产权证》《房产证》《国有土地使用证》《集体土地使用证》，经房管部门备案的《购房合同》，含有明确房屋产权判词且发生法律效力的法院法律文书（判决书、裁定书、调解书等），房管部门的租簿（《租用房屋凭证》），银行《按揭合同》、土地开发证明、规划开发证明、用地批准等有出具物业权属证明权限的政府部门出具的有效证明文书。

（7）客户身份证明材料。

1）公司、企业：指《企业法人营业执照》《营业执照》《组织机构代码证》。

2）社会团体：指《社团法人执照》《组织机构代码证》。

3）机关、事业单位、其他组织：指上级单位（组建单位、主管单位等）证明文件；政府、行业主管部门批准其成立文件；政府、行业主管部门颁发的有关证照、证明；《组织机构代码证》。

4）居民客户：主要指居民身份证、户口簿、军人证（现役）、护照和回乡证（台胞证）。

（8）经办人身份证明材料：主要指居民身份证、户口簿、军人证（现役）、护照和回乡证（台胞证）。

（9）预受理：供电企业通过营业厅、95598、网上营业厅、自助服务终端等渠道获知客户用电意向后，至正式受理用电申请前，主动为客户提供的用电咨询及相关服务。

（10）绿色通道：对重点项目、保障性住房项目、重要客户项目等办电项目，采取快受理、快勘查、快答复、快审查、快验收、快送电的服务，实现优先办理、便捷服务、特事特办、即来即办，力求以最快的速度满足客户的用电需求。

（11）高压客户：供电电压为 1kV 及以上的客户。低压客户：供电电压为 220/380V 的单/三相客户。

（12）业扩配套项目：为满足客户报装用电需求，根据业扩工程投资界面的有关规定，由电网企业投资的位于产权分界点电源侧的供电设施项目。

（13）专线：指由变电站间隔出线的客户专用供电线路。在变电站出线间隔紧张时，变电站内开关站或开闭所出线可视为专线。

三、业扩报装工作内容

（1）按照中国南方电网有限责任公司营销一体化工作要求，业扩报装工作执行"一口对外、内转外不转、高效快捷、流程公开、三不指定"的原则，坚持信息化全过程闭环管理，业务流程工作传单实行电子化，一律取消内部纸质工作任务流转单，使业扩工作程序标准化、业务流程规范化，缩短报装周期，实现精益化管理。

（2）按照"工作流程公开"的原则，在营业场所、网上营业厅、宣传资料上，公布业扩报装流程、服务制度、业扩费用收费标准和收费依据以及客户用电申请的办理进度和时限等信息，确保客户知晓业务办理内容以及在办理业务过程中的权利和义务；对业扩进程能够方便查询，接受客户和社会的监督。

（3）办理业扩业务有关的收费，必须严格执行国家和政府价格部门的有关规定，除国家和政府价格部门有关规定的项目外，不得自立收费名目或者自定收费标准向客户收取相关费用。同时，供电企业应在营业场所公告办理各项用电业务的程序、制度和有关的收费标准。

（4）业扩报装工作的主要内容包括以下几七个方面：

1）客户新装、增容的用电业务受理。

2）根据客户和电网的情况，制订供电方案。

3）组织业扩工程的设计、施工和验收。

4）对客户内部受电工程进行设计审查、中间检查和竣工验收。

5）签订供用电合同。

6）安装电能计量装置、办理接电事宜。

7）资料存档。

首先是客户用电业务受理，收集客户用电需求的有关信息资料，并深入客户用电现场了解客户现场情况、用电规模、用电性质以及该区域电网的结构，进行供电可能性和供电合理性调查，然后根据客户的用电要求和现场调查情况以及电网运行情况制订供电方案。根据确定的供电方案，一方面组织因业务扩充引起的供电设施新建、扩建工程的设计、施工、验收、启动；另一方面组织客户内部工程的设计、施工审查，以及针对隐蔽工程进行施工中间检查。而后组织客户内部工程的竣工验收，竣工验收后负责与客户签订供用电合同，组织装表接电。装表接电后立即将客户有关资料传递相关部门建立抄表、核算等卡账。最后建立客户业务档案，进行日常营业管理。

（一）预受理

（1）对有意向办理用电的客户，供电企业应主动为客户提供"预受理"服务，在客户报装咨询环节，提前响应客户用电需求，根据需要组织开展现场勘查，拟定初步供电方案，并一次性告知客户业扩报装各环节所需提供资料和注意事项。

（2）"预受理"服务流程是：客户提出用电意向→供电企业形成预受理报装单→现场

勘查→答复是否满足用电需求→客户正式提出用电申请。以上流程必须在客户技术支持系统中进行记录流转，主要内容为：

1）客户提出用电意向：客户通过实体营业网点、95598、网上营业厅、自助服务终端等渠道向供电企业提出用电意向后，在正式受理用电申请前，业务受理人员应向客户说明办理该项业务所需提供的全部资料、服务范围及办理手续等相关程序、注意事项；同时，根据用电意向确认客户预报装信息、形成预受理报装单。

2）现场勘查：根据需要安排现场勘查，现场勘查工作应在《预受理现场勘查工作单》上记录，现场勘查记录应完整、翔实、准确；若未能联系上客户或因为客户的原因不能进行勘查，应做好书面记录；业扩勘查人员应在现场核实、收集客户申请资料。

3）答复是否满足用电需求：现场勘查完成后，依据现场确认的情况，答复客户现场供电条件是否满足其用电需求；现场情况不具备供电条件时，应按照供电方案答复期限的规定，出具《暂缓用电受理通知书》，向客户做出解释，并提出合理的措施或建议，取得客户的理解。业扩人员在 5 个工作日内出具《预受理现场勘查工作单》，告之预勘估结果。

4）客户正式提出用电申请：具备供电条件的，通知客户补齐报装资料，赴营业厅办理正式用电手续。

（二）受理用电申请

（1）任何单位或个人需新装用电、增加用电容量等，都需要到供电企业办理用电手续。供电企业的用电营业机构的实体营业网点、网上营业厅、95598、自助服务终端等渠道的报装业务受理、审核和信息系统录入流转，均由营业厅营业人员负责同步、一次性完成，严格业扩各环节起始时间管理，客户业扩报装有关信息应当天录入客户服务系统，并严格按照工作职责进行工单流转和派工，禁止业扩人员私压业扩报装申请单。

（2）95598 报装业务，由 95598 客服人员负责电话受理。零散居民的电话报装，用电需求经过核实的，由 95598 人员启动业务流程，由业扩人员现场收集客户办电资料、签订供用电合同和装表接电。其他用户的电话报装，由 95598 人员启动预受理流程。

（3）客户申请办电或咨询用电时，业务受理人员应主动向客户提供《用电报装业务办理告知书》（附录七），一次性告知客户业务办理流程、办电时限、服务标准、用电申请和设计审查及竣工检验须准备的资料清单、注意事项以及在办理业务过程中的权利和义务。客户已明确用电需求的，应引导并协助客户进行办电。

（4）申请受理人必须认真查验客户提供的各类证明材料，受理增容、销户和过户申请还需核查客户是否欠缴电费。材料齐全的，应及时受理并同步录入客户服务系统，并于当天流转至下一个流程。用电申请审核时间应在服务承诺时限内完成。材料不全的应提供"预受理"服务，并积极协助客户补齐。

（5）对重点项目、保障性住房项目、重要客户项目、新建住宅供配电设施建设项目、专变及以上项目，应安排客户经理提供业扩报装全过程服务，缩短办电周期。

（6）对以下项目实施"绿色通道"办电：

已列入政府年度计划并向社会公示的重点建设项目；当地政府有承诺时限的重大招商引资项目；政府督办的或当地举办重大活动的项目。

1）救人、救灾、抗洪、抗震、抗冰、抢险等社会影响力较大的用电项目；

2）保障性住房及安居工程项目；

3）重要客户和重点关注客户的报装项目；

4）用电量较大、对公司效益有重要影响的项目；影响公司形象与品牌的项目。

（7）答复新建住宅小区临时施工用电方案时，应同时考虑永久用电方案，明确永久用电的时间，并预留上级电源供电能力，不满足供电能力的应向计划部门传递用电需求信息，应采取业扩配套项目的形式加强电网建设。

（8）积极响应客户用电申请，实现业扩报装"无限制"接入，任何单位和个人不得人为阻碍客户报装，未经省公司市场部同意，不得停止受理客户报装用电。因电网或设备受限造成无法满足客户用电需求时，各级营销部门要及时向本单位计划部门传递解决，并报省公司备案。

（三）用电报装业务办理

1. 用电报装业务办理告知书

用电报装业务办理告知书见附录七。

2. 填写用电申请表

用电申请表一般分为居民用电申请表、低压用电申请表、高压用电申请表和双电源用电申请表。同时，根据云工信电力〔2012〕801 号《云南省工业和信息化委员会关于加强全省重要电力用户供用电安全管理工作的通知》、GB/Z 29328—2012《重要电力用户供电电源及自备应急电源配置技术规范》的要求，对用电性质符合上述两个文件要求的客户，在填写用电申请时，应按重要客户进行申报。

用电申请表是供电企业制订供电方案的重要依据，客户应如实填写，包括用电地点、用电性质、用电设备清单、用电负荷（负荷特性）、保安电源、用电规划、工艺流程、用电区域平面图及对供电的特殊要求等。

（四）现场勘查

用电业务受理后，负责业扩报装的工作人员应根据客户用电申请信息、地理信息，使用营配信息系统辅助制定供电方案，并根据需要牵头组织现场勘查，确认供电方案可行性；开展现场勘查工作不得少于两人；必要时由营销部门组织生产、计划、基建等相关部门到现场勘查，填写现场勘查工作单，提出初步供电方案，并按审批权限上报审批。

（五）现场勘查工作规范

（1）现场勘查前，勘查人员应预先了解待勘查地点的现场供电条件，与客户预约现场勘查时间，组织相关人员进行勘查。申请增容的项目，应查阅客户用电档案，记录客户信息、历次变更用电情况等资料。

（2）现场勘查时，应重点核实客户负荷性质、用电容量、用电类别等信息，结合现场供电条件，初步确定供电电源、供电方式、计量和计费方案。勘查的主要内容应包括：

1）根据客户用电报装的有关信息资料，核实、了解客户现场情况、用电规模、用电性质以及负荷等级、该区域电网结构，进行供电可行性和合理性调查。协助增容客户根据原有负荷、原有电量、发展状况，确认增加容量大小的合理性。新建住宅供配电设施项目应现场调查小区规划，初步确定供电电源、供电线路、配电变压器分布位置、低压线缆路径等。

2）初步确定供电电源点名称、开关编号：供电变电站名称、电压等级、线路名称、T接点杆号、电缆分接箱（环网开关）的编号、供电台区等。

3）核实供电线路运行情况：供电变电站主变压器容量、目前运行最大电流、线路允许载流量和最大运行电流、电流互感器变比、导线或出线电缆型号、线径、长度等。

4）界定产权分界、资产权属及维护责任，以及自备应急电源的配置。

5）确定计量方案和计费方案。

6）用电资质审核。

7）如客户存在基本电费，业扩报装人员必须向客户介绍基本电费的计算办法、暂停的政策，并协助客户正确评估负荷大小、合理选择变压器大小和台数。

（3）因项目暂不具备供电条件的，应在勘查意见中说明原因，并向客户做好解释工作。

（4）勘察中发现客户存在违约用电、窃电嫌疑等异常情况，勘查人员应保护好现场记录，及时报送用电检查部门，并暂缓办理该客户用电业务，在违约用电、窃电嫌疑排查并处理完毕后，重新启动业扩报装流程。

（5）具备供电条件的，应根据现场勘查结果、电网规划、用电需求及当地供电条件因素，经过技术经济比较、与客户协商一致后，提出初步供电方案。

（六）供电方案的确定

确定供电方案是业务扩充工作的一个重要环节，其供电方案合理与否，将直接影响电网的结构与运行是否合理、灵活，客户的供电可靠性能否满足，电压质量能否保证，客户与供电企业的投资和运行费用是否经济合理等。

客户供电方案主要是依据客户的用电要求、用电性质、现场调查的信息以及电网的结构和运行情况来确定。确定供电方案的主要内容是：确定客户供电的容量；确定客户供电的电压等级；确定客户供电的电源点；确定客户供电的供电方式（即单电源还是双电源）以及供电线路的导线选择和架设方式；确定为满足电网安全运行对客户一次接线和有关电气设备选型配置安装的要求；根据客户的用电容量、电压等级、用电性质、用电类别等明确客户执行的电价标准，从而确定计量方式、计量点设置、计量装置选型配置。

1. 供电方案的答复时间、有效期和内容

（1）供电企业应根据客户要求的用电容量、电压等制定合理的客户用电审批制度。在符合电网规划要求、满足电网安全条件的基础上，尽可能减少审批环节，将审批权限尽可能下放。供电企业对已受理的用电申请，应尽快确定供电方案，在下列期限内正式书面通知客户：

1）居民客户不超过 3 个工作日。

2）低压供电客户不超过 7 个工作日。

3）高压单电源客户不超过 15 个工作日。

4）高压双电源客户不超过 30 个工作日。

在不能如期确定供电方案的情况下，供电企业应向客户说明原因。客户对供电企业答复的供电方案有不同意见时，应在 1 个月内提出意见，双方可再行协商确定。客户应根据确定的供电方案进行受电工程设计。

（2）供电方案的有效期，是指从供电企业出具供电方案答复通知书之日起，至客户受电工程开工之日为止。高压客户供电方案的有效期为1年，低压客户供电方案的有效期为3个月，逾期注销。用户遇有特殊情况，需延长供电方案有效期的，应在有效期到期前10天向供电企业提出申请，供电企业应视情况予以办理延长手续；但延长时间高压供电方案不得超过1年、低压供电方案不得超过3个月。

（3）在答复供电方案的同时，需向客户提供电子化移交资料模板，由客户按照电子化移交资料模板采集、整理电子化移交资料，并要求客户在申请竣工报验时按要求提交客户工程电子化移交的完整资料，具体参照《云南电网公司营配信息集成电子化移交管理办法》。

（4）各供电单位客户服务中心在答复供电方案时，应根据用电负荷性质甄别和确认用户重要等级，在供电方案中答复用户供电电源及自备应急电源配置要求，并将重要用户报市场营销部，由市场营销部审核后报当地工信部门进行审批。客户不按要求进行电源配置的，须由客户报请电力监管机构或当地政府主管部门书面同意后，供电企业才能继续受理报装。

（5）10kV及以下供电的业扩新装、增容工程，应告知客户参考中国南方电网有限责任公司《10kV及以下业扩受电工程典型设计图集（2014版）》进行设计，提高客户设计速度和降低设计费用。

（6）对于以下供电环境简单的，免费提供典型设计图纸给客户，客户可以直接进行施工，减少客户的设计费用和时间：

1）供电单元免设计范围：单电源、单台315kVA以下变压器供电；临时施工用电采用单一箱式变压器。

2）线路单元免设计范围：外线部分为架空线路，线路长度不超过200m，且与高低压线路及建筑物没有交叉跨越；或外线部分为电缆，线路长度不超过100m，且不穿越公路、铁路、桥梁管道等。

3）符合免设计范围的，在供电方案答复通知书中明确"可以免于设计，参考中国南方电网有限责任公司《10kV及以下业扩受电工程典型设计图集（2014版）》施工"。

（7）供电方案基本内容：

1）客户基本用电信息，包括户名、用电地址、行业、用电性质、负荷分级，核定的用电容量，拟定的客户分级。

2）客户接入系统方案应包括供电电压等级、供电容量、供电电源位置、供电电源数（单电源或多电源）、供电回路数、出线方式、供电线路架（敷）设方式。

3）客户受电系统方案应包括进线方式、受电装置容量、客户电气主接线型式、运行方式、无功补偿标准、主要受电装置电气参数，并明确自备应急电源及保安措施配置要求及谐波治理、继电保护、调度通信要求。

4）计量方案应包括计量点设置，电能计量装置配置类别及接线方式、计量方式、用电信息采集终端安装方案等。装见容量100kVA及以上，用电性质为大工业或一般工商业及其他的客户必须安装多功能表，执行分时电价。

5）计费方案应包括用电类别、电价分类及功率因数考核标准等信息。如有自备电源，须明确系统备用费及基金缴纳事宜；如为多电源，须明确高可靠性费用。

6）其他事宜。明确划分供电设施产权分界、资产权属及维护责任，以及供电方案的有效期；明确告之客户受电工程的设计、施工、试验均由客户自行委托具备相应资质的单位实施；客户受电工程所选用的设备、材料，必须是经国家质量监督部门认证的合格产品，设备材料供应由客户自行选择；无法按照供电方案开展工作，需重新制定供电方案，不得私自更改供电方案；向客户提供电子化移交资料模板；下一环节需要注意的事项等。

2. 制订客户供电方案时需要掌握的信息

制订客户供电方案时，需要了解客户的信息包括用电地点、电力用途、用电性质、用电设备清单、用电负荷、保安电力、特殊用电需求情况等。

业扩报装工作人员应该根据客户的用电申请，主动到客户处了解上述有关的信息。新建大型用电项目在立项阶段，供电企业与客户之间应主动联系，就项目供电的可行性等达成意向性协议。如因供电企业供电能力不足或政府规定限制的用电项目，供电企业可通知客户暂缓办理。

3. 供电电压等级的选择

（1）客户的供电电压等级应根据当地电网条件、客户分级、用电最大需求量或受电设备总容量，经过技术经济比较后确定。除有特殊需要，供电电压等级一般按以下原则确定：

1）客户用电容量在 15kW（不含）以下且无需三相供电的，应采用 220V 供电。

2）客户用电容量在 15kW（含）至 100kW（不含）不需专用变压器供电的，应采用 380V 供电。

3）客户用电容量在 10kW（含）至 100kW（不含）需专用变压器供电的，宜采用 10kV 专用变压器供电。

4）客户用电容量在 100kW（含）至 8000kW（不含）的，应采用 10kV 专用变压器供电。

5）客户装见总容量在 8000kW（含）至 20MW（不含）的，应采用 10kV 专线或 35kV 供电；其中，需两回及以上 10kV 线路进行供电的，至少一回为专线。

6）城市大型综合体的供电电压一律采用 10kV 供电。

7）客户装见总容量在 20MW（含）至 100MW（不含）的，宜采用 110kV 电压等级供电。

8）客户装见总容量在 100MW 及以上时，宜采用 220kV 及以上电压等级供电。

9）新增工业用电客户 5 年内最大用电负荷预计达到 20MW 及以上的，应由 110kV 及以上电压等级供电。

10）原有用电客户增容改造或就地新增负荷，如总负荷在 30MW（含）至 150MW（不含）的，原则上应改由 110kV 电压等级供电；原有用电客户增容改造或就地新增负荷，如总负荷超过 150MW 及以上的，原则上应改由 220kV 及以上电压等级供电。

11）具有冲击负荷、波动负荷、非对称负荷的客户，宜采用由系统变电站新建线路或提高电压等级供电。

12）供电半径超过本级电压规定时，可按高一级电压供电。

13）供电电压等级选择与规定范围不一致的，需由县级及以上单位分管领导签字确认后方可实施，领导签字确认的原件需作为重要材料存入客户档案中。

（2）需要采取过渡性供电的，临时供电方案在受电工程可行性研究报告中一并论证。

（3）原则上根据受电工程接入点依法确定供电主体。

1）以主供接入点的归属权确定供电方，用电客户受电设施接入哪个供电企业所辖的电网，就由哪个供电企业负责供电；特殊情况需要变更供电主体的，需报公司审查批准。

2）合理确定直供和趸售供电方式：220kV及以上客户由供电局进行直供电；县（市、区）营业区内新增的用电客户，新增供电电压等级为35kV及以下，原则上由县级供电企业供电，县（市、区）供电单位供电能力受限不能满足客户用电需求的，可由供电局供电；新增供电电压等级为110kV的客户，由所在区域的供电局和县（市、区）供电单位协商确定供电方，并报省公司市场部批准。

（4）各单位要积极推行营配信息集成，通过营配信息集成辅助制定供电方案，规范供电方案制定，提高供电方案制定效率。

4. 高压客户的供电方案

高压客户采用高压供电方式，即以10kV及以上电压实施的供电。

我国从20世纪60年代开始对电力系统进行改造，除发电厂仍保留3、6kV电压外，逐步淘汰了3、6、15、22、44kV供电电压，简化了电压等级，减少了输变电设备重复容量，减少了线路损耗，提高了供电能力。因此，电力网形成0.22、0.4、10、20、35、（66）、110、220、330、500、750、800、1000kV系列电压等级。当用电客户需求的电压不在0.22、0.4、10、20、35、（66）、110、220、330、500kV范围时，应自行采取措施解决。

（1）高压客户的供电方案应包括的内容。

1）允许客户用电的容量。

2）为客户供电的供电电源点、供电电压等级及每个电源的供电容量。

3）对客户供电线路、一次接线和有关电气设备选型配置安装的要求。

4）客户计费计量点的设置，计量的方式，计量装置的选择配置。

5）供电方案的有效期。

6）其他需说明的事宜。

（2）制订供电方案应遵循的原则。

1）在满足客户供电质量的前提下，方案要经济合理。

2）考虑施工建设和将来运行、维护的可能和方便。

3）符合电网发展的规划，避免重复建设。业扩工程的实施应注意与改善电网运行的可靠性和灵活性结合起来。

4）考虑客户的发展前景。

5）特殊客户要考虑用电后对电网和其他客户的影响。对谐波源用电负荷应考虑注入电网的谐波电流不得超过国家标准《电能质量公用电网谐波》（GB/T 54549—1993）的规定；对冲击负荷、波动负荷应采取措施达到国家标准《电能质量　电压允许波动和闪变》（GB 12326—1990）的规定；对非对称负荷应达到国家标准《电能质量三相电压允许不平衡度》（GB/T 15543—1995）的规定。

5. 低压客户的供电方案

低压客户采用低压供电方式，即以 0.4kV 及以下电压实施的供电，低压供电方式分为单相和三相两类。

单相低压供电方式主要适用于照明和单相小动力，单相低压供电方式的最大容量应以不引起供电质量变劣为准则。当造成的影响超过标准时，需改用三相低压供电方式。

三相低压供电方式主要适用于三相小容量客户。

《供电营业规则》规定，客户用电设备容量在 100kW 及以下或需用变压器容量在 50kVA 以下的，可采用三相低压供电。

确定低压客户供电方案时，应考虑本身线路的负荷、本站变压器的负荷、负荷自然增长因素以及冲击负荷、谐波负荷、不对称负荷的影响。

确定供电电源和进户线时，应注意以下几点：

（1）进户点应尽可能接近供电电源线路处。

（2）容量较大的客户应尽量接近负荷中心处。

（3）进户点应错开泄雨水的水沟、墙内烟道，并应与煤气管道、暖气管道保持一定的距离。

（4）一般应在杆上或墙外地面上看到进户点，便于检查、维修。

（5）进户点的杆上或墙面应坚固，能牢固安装进户线支持物。

对于居民客户的供电，原云南电力公司发布的《城镇一户一表改造的若干规定》（简称《规定》）已有明确说明，其中：

工程改造的原则：要有利于适应住宅用电的增长，有利于居民方便用电和安全用电，有利于今后用电营业的改革；统一标准，合理规划，规范施工，分步实施，逐步推进；"一户一表"的改造应与城市配电网的改造相结合，进户线的改造应与户内配线的改造相结合。

工程改造的范围：公用配电变压器供电的合表用电的居民住宅、物业管理的居民住宅小区、企事业单位自己供电的职工住宅及转供电的居民住宅。

工程改造的目标与标准：工程改造应满足居民用电在 30～50 年内增长达到中等电气化水平的目标。

住宅用电中等电气化水平是在普及电视机、洗衣机、电冰箱、电饭煲等家用电器的基础上，考虑冷暖空调和蓄热式电热器进入居民家庭，炊事用能初步电气化，每户住宅日均用电水平达到 4～16kWh。

对于居民住宅用电，1999 年 6 月 1 日实施的国家标准《住宅设计规范》（GB 50096—1999）中有明确规定，制订供电方案时应以参考。

6. 其他供电方式

（1）趸售供电。

向趸购转售电能的供电企业实施的供电称为趸售供电。趸售供电是一种管理关系特殊的供电方式。原则上，供电企业不采用趸售方式供电，以减少中间环节。

（2）委托供电。

委托供电是指公用供电设施能力不足或公用配电网未到达的地区，为解决该地区一些客户的用电，供电企业委托该地区有供电能力的直供高压客户，代理向其他客户实施的供电。

未经供电企业委托，客户不得自行转供电。当需要委托转供时，供电企业与委托转供户（简称转供户）应就转供范围、转供容量、转供期限、转供费用、计量方式、电费计算、转供电设施建设、产权划分、运行维护、调度通信、违约责任等事项签订协议。

委托代理转供电可发挥现有供电设备的闲置能力，缓解投资紧缺，及时解决客户的用电急需，但不利于客户的安全、经济、合理用电，用电关系也不顺，随着电网的改造和发展，供电企业应逐步将委托用电方式淘汰改为直接供电。

（3）临时供电。

向用电期限短暂或非永久用电，如基建施工、市政建设、抗旱打井、防汛排涝、集会演出等实施的供电。

临时供电期限一般不得超过 6 个月，逾期不办理延期或永久性正式用电手续，供电企业应终止供电。使用临时电源的客户不得向外转供电，也不得转让给其他客户，供电企业也不受理其变更用电事宜。如需改为正式用电，应按新装用电办理。因抢险救灾需要紧急供电时，供电企业应迅速组织力量，架设临时电源供电。架设临时电源所需的工程费用和应付的电费，由地方人民政府有关部门负责从救灾经费中拨付。

7. 供电方案的审批

（1）供电电压等级为 220kV 及以上和报装总容量（含分期建设）在 2 万 kVA 及以上的大型城市综合体项目，由州（市）供电单位转报省级电网公司审批供电方案。供电电压等级为 220kV 以下但为满足新装增容要求需要对上一级电压等级电网进行新建或改扩建、涉及供电方案论证的用电申请，由州（市）供电单位转报省级电网公司审批供电方案。初步确定供电电压等级为 110kV 及以上的客户用电申请，各供电单位应请客户委托有资质的设计单位开展受电工程可行性研究、污染治理及能效评价工作。220kV 及以上受电工程可行性研究报告完成后报省级电网公司，由省级电网计划发展部牵头组织审查并批复供电方案。各供电单位按公司计划发展部批复，将具体的供电方案书面告之客户。

（2）供电电压等级为 220kV 以下和报装总容量在 2 万 kVA 以下的城市综合体项目，原则上由州（市）供电单位及下属供电单位进行批复，特殊项目需提级审批的按照省级电网公司有关文件要求执行。供电方案审批实行分级管理：

1）零散居民生活用电供电方案由查勘员确认，不需审批。

2）城镇、农村公用变非居民低压客户，由供电所所长单级审批；无供电所建制的，由县（区）供电单位单级审批。

3）10kV 专用变压器供电方案，由县（区）供电单位组织审批。

4）为加强州（市）供电单位对县级供电单位专业化、规范化管理，容量 2000kVA 及以上的 10kV 专线，35kV 和 110kV 电压等级的供电方案（包括供电主体为县级供电单位、供电设施产权也属县级供电单位的客户），由州（市）客户服务中心组织审批，审批层级不超过两级。

5）根据"谁审批，谁上报"的原则，新增容量在 6300kVA 及以上的供电方案批复应抄报省级电网公司市场部。

（3）供电方案答复期限应满足公司服务承诺的时限。

（七）业务报装工程

业务报装工程包括工程设计、设计审查、设备购置、工程施工、中间检查、工程验收等几个阶段。按照"三不指定"的原则，供电企业的营业部门不得直接或间接指定设计单位、施工单位和设备材料供应单位；营销部门应对设计单位、施工单位和设备材料供应单位依照国家和行业规定进行资质查验和资料核实，符合资质的单位应在营业厅、网站上进行公布，方便客户查询。

对业扩报装工程中的客户工程的设计、施工和设备供应单位需具备的资质：设计资质应具备建设部或省级住房和城乡建设厅颁发的电力行业设计资质证书；施工资质应具备电力监管部门颁发的承装类承装（修、试）电力设施许可证或经其认可的承装类承装（修、试）电力设施许可证；设备供应资质应备具省级及以上电器质量监督检测认证机构的合格检测试验报告，高压电气产品应取得国家认定机构出具的《型式试验报告》，低压电气产品应取得国家强制性产品认证证书（即3C证书）。这其中，供电企业都要把住设计审查和施工验收两个关口。

1. 工程设计审核

客户在签收供电方案答复通知书后，依据供电企业提供的供电方案，自主选择具备资质的设计单位进行受电工程设计。任何供电单位不得直接或间接对客户受电工程指定设计单位、施工单位和设备材料供应单位，存在"三指定"行为的，省级电网公司将依照相关规定严肃查处。

各供电单位应积极推行业扩受电工程典型设计，提高业扩工程设计的通用性和先进性，提高设计的质量和效率。各供电单位对设计单位资质与设计图纸同步进行受理和审核，应一次性提出审核意见，不得对同一设计资料进行多次审核。

为了电网的安全经济运行，客户受电工程的设计必须由供电企业依照批复的供电方案和有关的设计规程进行审查，供电企业对客户受电供电工程进行设计审查时，高压客户应提供以下资料：

（1）受电工程设计及说明书。

（2）用电负荷分布图。

（3）负荷组成、性质及保安负荷。

（4）影响电能质量的用电设备清单。

（5）主要电气设备一览表。

（6）主要生产设备、生产工艺耗电以及允许中断供电时间。

（7）高压受电装置一、二次接线图与平面布置图。

（8）用电功率因数计算及无功补偿方式。

（9）继电保护、过电压保护及电能计量装置的方式。

（10）隐蔽工程设计资料。

（11）配电网络布置图。

（12）自备电源及接线方式。

（13）其他资料。

低压供电的客户应提供负荷组成和用电设备清单。

设计审核期限：自受理客户设计审核申请之日起，至出具客户受电工程设计文件审核意见书之日止，低压供电客户不超过 5 个工作日，高压供电客户不超过 15 个工作日。

供电企业对客户的受电工程设计文件和有关资料的审核意见应以书面形式连同审核过的一份受电工程设计文件和有关资料一并退还客户，以便客户据此施工。客户若更改审核后的设计文件时，应将变更后的设计再送供电企业复核。

客户受电工程的设计文件，未经供电企业审核同意，客户不得据以施工。否则，供电企业可不予检验和接电。

设计审查时应注意无功电力的平衡，无功电力应就地平衡。客户应在提高用电自然功率因数的基础上，按有关标准设计和安装无功补偿设备，并做到随其负荷和电压变动及时投入或切除，防止无功电力倒送。除电网有特殊要求的客户外，客户在电网高峰负荷时的功率因数，应达到下列规定：

（1）100kVA 及以上高压供电的客户功率因数为 0.90 以上。

（2）其他电力客户和大、中型电力排灌站、趸购转售电企业，功率因数为 0.85 以上。

凡功率因数不能达到上述规定的新客户，供电企业可拒绝接电。对已送电的客户，供电企业应督促和帮助客户采取措施，提高功率因数。对在规定期限内仍未采取措施达到上述要求的客户，供电企业可中止或限制供电。

2. 工程施工

业扩报装负责对客户受电工程实施监督管理工作。在受电工程施工期间，应根据审核同意的设计和有关施工标准实施监督。

负责审核设计、施工单位的该预算，对不符合标准的收费项目通知其进行调整；负责审查施工单位是否具备相应的施工资质，安全防范措施是否符合标准要求，对施工设备、施工工具、试验仪器等要随时进行抽查，发现违反安全规定的责令其更换；负责检查施工单位所用的材料、设备是否符合规定标准，有无偷工减料、以次充好的现象，制止使用国家明令淘汰的输变电设备、材料。

3. 中间检查和竣工检验

（1）中间检查和竣工校验工作规范详见中国南方电网有限责任公司《10kV 及以下电力客户受电工程中间检查和竣工检验规范（试行）》。

（2）中间检查和竣工检验范围：

1）中压专用变压器客户受电工程中间检查和竣工检验：从受电工程接入点开始至第一级低压配电柜（箱）出线开关。

2）低压电力客户及居民一户一表客户受电工程中间检查和竣工检验：从受电工程接入点开始至户表后出线第一道开关。

（3）中间检查和竣工检验对象：

1）中间检查主要对隐蔽工程进行检查，包括电缆线路、架空线路、户外开关箱、电缆分接箱、预装式变电站、柱上变压器、配电站土建及安装布置。

2）竣工检验包括电缆线路、架空线路、户外开关箱、电缆分接箱、高压柜、变压器、低压母线槽、低压柜、无功补偿装置、直流电源系统、电能计量装置、继电保护装置、预装式变电站、柱上变压器、电力滤波装置、配电站土建及安装布置。

(4)中间检查和竣工检验的检查方式：

1)采用三级检查，即施工单位自检，建设单位（监理单位）验收及供电企业检验；供电企业接到客户检验申请后，应由营销部门组织相关部门统一对客户受电工程进行检验，不得自行多次前往检验。

2)供电企业应规范审核客户申请材料的有效性和完整性。不符合申请条件的，供电企业应向客户一次性书面告知不符合申请条件的具体原因。客户应按照要求补全相关申请材料后，再次提交申请。

3)依据客户提交的报验资料，按照国家和电力行业颁发的技术规范、规程和标准，组织相关部门对客户受电工程的建设情况进行全面检验。对于特殊行业受电装置的检验，应按照相关行业标准执行。

4)依据经审核合格的图纸，检查是否按图施工，对于设备质量及施工工艺，应通过现场检查及查看施工记录、自检报告、试验报告等方法进行。检查时对相关实物质量、记录、自查报告等有疑问时，可采取询问、查证等方式，必要时可要求现场试验。

5)中间检查和竣工检验发现的问题，供电企业应一次性提出书面整改意见，整改完成后，客户须再次提出复检申请。检验合格的，由供电企业出具中间检查和竣工检验意见书。

(5)中间检查和竣工检验的期限：

1)中间检查期限，自受理客户中间检查申请之日起，至出具客户受电工程中间检查意见书之日止，低压电力客户不超过3个工作日，高压电力客户不超过5个工作日。

2)竣工检验期限，自受理客户竣工检验申请之日起，至出具客户受电工程竣工检验意见书之日止，低压供电客户不超过3个工作日，高压供电客户不超过5个工作日。

(6)客户在申请竣工报验时，需按要求提交客户工程电子化移交的完整资料，由供电单位审核、上传、录入、验收和发布，具体参照《云南电网公司营配信息集成电子化移交管理办法》。

(7)竣工验收（中间检查）的主要内容有以下几点：

1)输、变、配电工程建设是否符合原审定的设计要求，是否符合国家有关规程规定。

2)隐蔽工程施工情况，包括电缆沟工程、电缆头制作、接地装置的埋设等。

3)各种电气设备试验是否合格、齐全。

4)配电站（室）土建是否符合规定标准。

5)全部工程是否符合安全运行规程以及防火规范等。

6)安全工器具是否配备齐全，是否经过试验。

7)操作规程、运行值班制度等规章制度的审查。

8)作业电工、运行值班人员的资格审查。

对验收合格的客户，应在规定的期限内组织装表、接电。

(八)供用电合同

供用电合同是供电企业与客户就供用电双方的权利和义务签订的法律文书，是双方共同遵守的法律依据。

（1）客户工程竣工检验合格后，供电单位市场部门应根据《中华人民共和国合同法》《中华人民共和国电力法》《电力供应与使用条例》《供电营业规则》等法律、法规及有关政策的规定，按照公司《供用电合同》管理规定与合同范本，及时与客户签订《供用电合同》；未签订供用电合同的，原则上不得接火送电。

（2）低压居民客户供用电合同，采用背书形式签订，背书合同印于《居民客户用电业务申请表》背面，由业扩报装人员在现场与客户签订，无需审批。

（九）装表接电

接电是供电企业将申请用电客户的受电装置接入供电网的行为。接电后，客户合上自己的开关，即可开始用电。这是业务扩充工作中最后的一个环节。

电能计量装置原则上安装在供电设施与受电设施的产权分界处。电能计量装置的配置与安装应符合《电能计量装置技术管理规程》（DL/T 448—2000）及相关技术规程的要求。根据《云南省发展和改革委员会关于调整昭通市绥江县电力价格的批复》（云发改价格〔2004〕710号）文件，按照《云南省供用电条例》规定，用电计量装置应当安装在供电设施的产权分界处，不宜在产权处安装的，属公用、公共线路供电的高压用户可以安装在用户一侧，电价按用户侧相应电压等级的价格执行，不得再收取线损和变压器损耗等费用。因此，对于高压供电低压侧计量的用户，若低压侧有对应电压等级目录电价的，可以按低压侧电价计收电费，不收线损和变压器损耗；若低压侧无对应电压等级目录电价的，可以按高压侧电价计收电费，计收线损和变压器损耗。

当电能计量装置不安装在产权分界处时，线路与变压器损耗的有功与无功电量均须由产权所有者负担。在客户每个受电点内，应按不同电价类别分别安装电能计量装置。一般安装电能计量装置与接电同时进行，故又称装表接电。实施接电前，一般应具备以下条件：

（1）新建的外部供电工程已验收合格。

（2）客户受（送）电装置已竣工检验合格。

（3）工程款及其他费用结清。

（4）供用电合同及有关协议都已签订。

（5）电能计量装置已检验安装合格。

（6）客户电气工作人员考试合格并取得证件。

（7）客户安全运行规章制度已经建立。

上述条件均已具备，供电企业内部会签同意后，客户受电装置方可投入运行。接电前，电能计量运行部门应再次根据变压器容量核对表用互感器的变比和极性是否正确，以免发生计量差错；检查员应对客户变电站内全部电气设备再作一次外观检查，通知客户拆除一切临时电源，对二次回路进行联动试验。当电能计量装置安装完毕后，即可与调度部门取得联系（低压客户应与配电工区或城网班联系），将客户受电装置投入运行。对允许并解列操作的双电源客户还应核相。在客户受电装置投入运行后，应检查电能计量装置的接线及表计运转情况是否正常，相序是否正确，抄录电能表指示数作为计费起端的依据，并请客户在工作任务单上签章后接电任务完成。接电后，报装工作结束，供用电关系确立。

（十）资料档案

（1）各供电单位应加强业扩全过程相关资料的记录和保存工作，准确登记各个业务环节的起始时间和完成时间。

（2）工程竣工装表接电后，应在 4 个工作日内完成资料收集，核对无误后完成归档。

（3）业务人员应建立客户档案台账，在归档前全面进行资料审核，按客户容量大小、批量大小、业务种类等因素的不同，分权限由相关工作人员进行审核，重点对信息系统数据和客户状况的匹配性进行审核，以保障业务过程中的数据质量。纸质资料应重点核实有关签章是否真实、齐全，资料填写是否完整、清晰；纸质档案与信息系统档案必须一致，纸质资料信息填写不完整或与信息系统档案不一致的要核查原因，并进行相应责任追究。

（4）各供电单位要明确专人负责客户档案的维护和管理，确保客户档案完整、准确、安全、易于调阅。

（5）档案分类及归档要求：

1）客户档案分低、中、高压客户档案，临时用电客户档案以及销户客户档案。

2）中、高压客户档案，以每个客户为单位独立装存；低压客户档案以户号顺序或台区为单位，每个档案盒放置若干个低压客户资料，每个客户的资料分别装夹，按户号先后排序摆放。

3）临时用电客户档案以年度月份为单位，中、高压临时用电客户以每个客户为单位独立装存；低压临时用电客户资料采用集中存放方式，每个档案盒放置若干，每个客户的资料分别装夹，按户号先后排序摆放。当临时用电客户销户后，应将该客户档案与销户的申请资料一并转入销户客户档案存放。

4）销户客户档案应另行存放，须在档案袋或档案目录上注明"已销户"字样。为维护企业的合法权益，避免产生纠纷，已销户的中、高压客户档案 5 年内不得销毁，已销户的低压客户档案 3 年内不得销毁。

（6）客户档案的保管与借阅：

1）各供电单位应设置资料室保管客户档案，并派专人保管。

2）客户档案应使用统一规格的档案盒放置，档案盒的标签制作应清晰、规范，便于查找。

3）建立客户档案借阅登记制度，凡借阅有关资料的，必须由借阅人与档案保管员做好借阅登记手续。

（7）业扩报装资料和客户业务档案的内容应包括以下几点：

1）客户新装、增容用电或变更用电申请书；

2）客户用电设备登记表；

3）供电方案通知书及相关的答复客户通知单等资料；

4）业扩工程设计资料审查意见书；

5）客户外（内）部工程设计、施工委托单；

6）客户外（内）部工程施工中间及竣工检查请验申请书；

7）客户外（内）部工程施工中间及竣工检查结果通知书；

8）电气设备安装工程竣工报告单；

9）客户电气设施检查缺陷通知单；

10）供用电合同；

11）装表接电工作任务单；

12）客户产务档案的目录及客户用电申请、工作票及贴费、业扩、报装接电的台账报表等资料。

各种报装资料均要建立和装入客户业务档案袋，资料名称要记录在档案袋内的客户档案目录上。凡装入档案内的资料，要在该档案的用电资料记录栏中顺序逐项填写清楚。客户业务档案的资料内容，要与该户的电费账卡、计量室账卡、客户用电的现场实际情况相符。因工作需要借用档案中的资料时，应建立借阅手续，并当面核对资料内容及份数，防止丢失。凡在供电企业已办理撤表销户客户的户务档案，可合并在一起另行保管，不得销毁，并在档案目录上注明"已销户"字样。

（十一）零散居民新装

零散居民客户可以通过实体营业网点、95598、网上营业厅、自助服务终端等渠道报装用电，原则上从客户报装到装表接电城区1个工作日内实现、农村地区3个工作日内实现、边远山区5个工作日内实现。有条件的地区应开展零散居民报装"一日通"，工作人员在接到派工任务后1小时内与客户联系，明确告知其所需资料、并预约上门服务时间，现场确定供电方案、签订供用电合同和装表接电，实现1个工作日内通电。

（十二）变更用电业务

变更用电业务包括：减容、暂停、暂换、暂拆、迁址、移表、改压、改类、分户、并户、过户或更名、销户、基本信息变更等项目。

1. 减容业务的办理原则

（1）受理客户减容用电申请，应在5个工作日内答复客户。减容必须为整台或整组变压器的停止或更换小容量变压器用电。

（2）根据客户减容申请日期对设备进行加封。从加封之日起，按原计费方式减收其相应容量的基本电费。但客户申明为永久性减容的或从加封之日起满2年又不办理恢复用电手续的，其减容后的容量已达不到实施两部制电价规定容量标准时，应改为单一制电价计费。

（3）减少用电容量的期限，应根据客户所提出的申请确定，但最短期限不得少于6个月，最长期限不得超过2年。

（4）减容期限内，应保留客户减少容量的使用权。超过减容期限客户要求恢复用电时，应按新装或增容手续办理。

（5）减容期限内，客户要求恢复用电时，应及时办理用电手续，并在5个工作日内答复客户，基本电费从启封之日起计收。

（6）减容期满后的客户以及新装、增容客户，2年内不得申办减容或暂停。如确需继续办理减容或暂停的，减少或暂停部分容量的基本电费应按50%计算收取。

2. 暂停的办理原则

（1）受理客户暂停用电申请，应在5个工作日内办结。停电申请原则上一个月内不超过一次。

（2）基本电价可按变压器容量计算，也可按最大需量计算。具体采用哪种计算方法，由用户根据当年用电负荷变化情况自行选择，原则上半年内应保持不变。基本电价的计算办法在供用电合同或补充协议中予以明确。如遭受灾害等特殊因素影响，在半年内确需变更的，由用户提出申请，供电企业应允许用户变更基本电价计算方法，并在收到用户申请之后 10 日内予以变更且通知用户。

（3）按变压器容量计收基本电费的客户，暂停用电必须是整台或整组变压器停止运行。在受理暂停申请后，根据客户申请暂停的日期对暂停设备加封。从加封之日起，按原计费方式减收其相应容量的基本电费。

（4）暂停期满，不论客户是否申请恢复用电，应从期满之日起，按合同约定的容量计收其基本电费。

（5）在暂停期限内，客户申请恢复暂停用电容量用电时，应及时受理客户恢复用电申请，确保在受理申请后的 5 天内办结。

（6）按最大需量计收基本电费的客户，申请暂停用电必须是全部容量（含不通过受电变压器的高压电动机）的暂停。

（7）擅自使用已办理暂停手续或启用供电局封存的电力设备的，应按违约用电处理。属于两部制电价的客户，应补交擅自使用或启用封存设备容量和使用月数的基本电费，并承担 2 倍补交基本电费的违约使用电费。

3. 暂换的办理原则

（1）必须在原受电地点内整台的暂换受电变压器。

（2）根据客户申请结合具体规定确定暂换期限。暂换变压器的使用时间为，10kV 及以下不超过 2 个月，35kV 及以上不超过 3 个月。逾期不办理手续的，应中止供电。

（3）暂换的变压器经检验合格后方可投入运行。

（4）对两部制电价客户，应在暂换之日起，按替换后的变压器容量计收基本电费。

4. 暂拆的办理原则

（1）客户办理暂拆手续后，应在 5 个工作日内执行暂拆。

（2）暂拆最长不得超过 6 个月。暂拆期间，供电企业保留该用户原容量的使用权。

（3）暂拆原因消除，客户要求复装接电时，应指导客户办理复装接电手续，并收取规定交付的费用。在客户办理手续及交费后的 5 天内为该客户复装接电。

（4）超过暂拆规定时间要求复装接电者，按新装手续办理。

5. 迁址的办理原则

（1）受理客户迁址用电申请，应在 5 天内答复客户。

（2）原址按销户办理，新址用电按新装办理。

6. 移表的办理原则

（1）在客户用电地址、用电容量、用电类别、供电点等不变情况下，为客户办理移表手续。

（2）客户不论何种原因，不得自行移动表位。

7. 改压的办理原则

（1）在原用电地址改变供电电压等级。

（2）客户申请改变受电电压等级，根据用电容量的变化情况，相应按增容、减容办理。

8. 改类的办理原则

（1）在同一受电装置内，电力用途发生变化而引起用电电价类别改变时，允许办理改类手续。

（2）在供用电合同约定的总容量不变的条件下，全部或部分用电容量的用电类别发生变化，方可办理改类业务。

9. 分户的办理原则

（1）在用电地址、供电点、用电容量不变，且其受电装置具备分装的条件时，允许办理分户。

（2）原用户已向供电企业结清电费，再办理分户手续。

（3）原客户的用电按减容办理，分出后新客户的用电按新装办理。

（4）办理分户时，原户的用电容量由分户者自行协商分割。需要增容者，分户后应向供电企业办理增容手续。

10. 并户的办理原则

（1）在同一供电点，同一用电地址的相邻两个及以上用户允许办理并户。

（2）原用户已向供电企业结清电费，再办理并户手续。

（3）被合并户按销户办理，合并户按增容办理。

11. 更名或过户的办理原则

（1）在用电地址、用电容量、用电类别不变条件下，允许办理更名或过户。

（2）原用户已向供电企业结清电费，才能解除原供用电关系。

（3）不办理过户手续而私自过户者，应向新客户追偿原客户所负债务。经检查发现客户私自过户时，应通知该户补办手续，必要时可中止供电。

12. 销户的办理原则

（1）销户必须停止全部用电容量的使用。

（2）用户已向供电企业结清电费。

（3）在查验用电计量装置完好性后，拆除至客户产权分界点的接户线和用电计量装置。全部完成上述工作后，与原客户解除供用电合同关系。

（4）客户连续 6 个月不用电，也不申请办理暂停用电手续者，应以销户终止其用电。客户需再用电时，按新装用电办理。

13. 基本信息变更

（1）变更客户信息包括联系人姓名、联系电话、通信地址、邮箱、客户服务密码等。

（2）客户可以通过 95598 等渠道办理。

（3）受理人员通过客户身份验证后可直接办理。

（4）95598 坐席员通过对客户的身份证号码（企业客户：营业执照编号、机构代码）、户名、户号、联系人姓名、联系人电话等基础信息任意抽取三个进行客户身份验证。

（十三）业扩工程投资界面

1. 高、中压客户受电工程

（1）客户规划红线内的受电设施及内部各电压等级的供电工程由客户投资自建。

（2）客户规划红线外的供电设施，由各级供电企业承担自客户规划红线外的接入点至公共电网扩建、改造的建设费用。

（3）客户投资建设的电力设施由客户负责运行维护管理，并承担安全运行风险和责任。客户无力维护的，可委托有资质的企业进行维护管理，但双方必须签订电力设施委托运行维护管理协议，划清双方的权利、义务和责任。

2. 低压客户受电工程

其他低压用电客户及低压零散居民报装客户以低压计量装置为投资分界点。分界点电源侧供电设施由供电企业投资建设（含表箱），涉及的接户线、表计、表箱及工程费用均由供电企业承担；分界点负荷侧供电设施由客户投资建设。

3. 计量装置投资界面

（1）中、高压客户投资建设的计量柜、计量互感器及附件，须经供电企业校验合格、加封并移交供电企业维护管理。客户销户时，此类计量装置应交还客户。

（2）低压客户的计量装置（含电能表、互感器和低压集抄装置）由供电企业投资建设，由客户预留接线和安装位置。其中，零星报装低压用户的表箱由供电企业购置，统建住宅小区的电表箱，由客户投资建设。供电企业提供安装尺寸及预留空间要求，由客户预留电能表和低压集抄装置接线和安装位置。

四、业扩报装稽查标准

业扩报装稽查是检查业务扩充环节内部控制的规范性和有效性，业务受理的及时性和真实性，订立供电方案和供用电合同的规范性、技术合理性和合法性，业扩报装资料的完整性及真实性。

（一）规章制度

应制定业扩报装工作管理办法、供用电工程管理办法、业扩工程资产无偿移交管理办法、高可靠性用电和临时用电费用收取及管理办法和业扩各岗位的考核办法。

（二）用电业务受理

1. 受理前稽查

受理前，新建受电工程项目在立项阶段，客户应与供电企业联系，就工程供电的可能性、用电容量和供电条件等达成意向性协议，方可定址，确定项目。未按规定办理的，供电企业有权拒绝受理其用电申请；如因供电企业供电能力不足或政府规定限制的用电项目，供电企业应提前通知用户暂缓办理。

2. 受理书内容设置稽查

用电业务受理书、营业服务受理书内容设置应全面、合理，应与上级要求一致。

3. 业扩报装资料审查

营业接待人员应对客户所提供的业扩报装资料的完整性、真实性、合法性进行审查，应包括的内容有以下几点：

（1）低压、高压新装、增（减）容客户应提供的资料：

1）用电单位证明及用电地址工商营业执照复印件；

2）项目审批文件复印件；

3）用电地址产权证复印件；

4）产权主和法人身份证复印件；

5）国土规划部门批准的征地红线图复印件；

6）建设工程施工许可证复印件；

7）若土地属租用，需提供产权主身份证复印件、担保证明、租赁合同（协议）或缴纳供用电合同履约金。

（2）改类客户应提供的资料：

1）营业执照注销证明或其他相关证明文件；

2）新营业执照或其他相关证明文件。

（3）业务人员应检查签字、盖章情况：

1）属于单位性质的应在申请表中盖公章，经办人要签名；

2）属个人的应由客户本人在申请表签名，应提供身份证复印件；

3）业务部门受理客户的用电申请后，应将客户用电需求信息及时、准确写入工作单；

4）信息录入应有必要的复核；

5）应在规定时间内完成上述工作。

（三）现场勘察

（1）应在规定时间内到客户指定地点进行勘察，并填制统一表格。

（2）有关责任人审查签字，如地（市）市供电局、区（县）局分领导等。

（3）超过了审批权限，应会同上级市场部进行现场勘察，并经本单位本部门主管审核签字后转送至上级审批；客户报装采取分级审批制度，包括区（县）局、地（市）局和省公司，一般按照电压等级、新装或增容容量大小、应是双路电源、应是高耗能产品用电以及应是转供电等来区分；责任审批单位和部门应及时组织现场勘察，并按照规定时间及时制订和审批供电方案。

（4）规定时间内完成勘察工作。

（四）业务收费

（1）收取范围和标准应符合经物价管理部门批准的收费管理办法。

（2）出具正式发票。

（3）及时入账。

（4）专款专用。

（5）费用应纳入营销信息系统进行管理。

（五）制订供电方案

（1）应依据客户用电要求、用电性质、现场调查的信息以及电网的结构和运行情况来确定。

（2）应对供电方案按照规定权限进行审批，对于本级供电企业无审批权限的供电方案，应经市场部审核后，报送上级单位和部门进行审批。

（3）本级和上级审批部门应严格审查客户的用电设备及用电性质，结合电网规划进行技术、经济比较，并结合近期、远期的负荷发展情况，按照上级规定的审批原则进行审批和确定供电方案。

（4）应在规定时间内确定供电方案，并经客户签字确认。《供电服务监管办法》规定，居民用户最长不超过 5 天；低压电力用户最长不超过 10 天；高压单电源用户最长不超过 1 个月；高压双电源用户最长不超过 2 个月。若不能如期确定供电方案，供电企业应向用户说明原因。用户对供电企业答复的供电方案有不同意见时，应在 1 个月内提出意见，双方可再行协商确定。供电方案内容包括站名、馈线和开关房名称、接线方式、变压器设置点、变压器容量、变压器性质（公用变压器或专用变压器）、批出容量、用电性质、表位设置、电表容量、电价类别、计量方式、投资方式。

（5）供电方案的有效期应符合国家和公司规定，如果客户遇有特殊情况，需延长供电方案有效期的，应在有效期到期前规定时间内向供电企业提出申请，并得到批准。

（6）用电营业部门在与客户签订供用电合同、批复供电方案时，对电能计量点和计量方式的确定以及电能计量器具技术参数等的选择应有电能计量技术机构专责工程师会签。

（六）业扩工程管理

（1）审查是否存在指定多经企业介入受电工程的现象。

（2）应对设计、施工单位的资质进行审查。

（3）应对设计、施工单位编制的概预算进行审查。

（4）应对客户工程设计图纸进行审核，审核部门应具有相应审核权限，对重要客户用电工程审计应组织有关部门进行会审。

（5）审核应依据国家和电力行业有关标准、规程进行。

（6）审查不合格的依据应充分合理。

（7）审核时间应符合规定。

（8）对于高压用电客户，应根据审核同意的设计和有关施工标准，对客户受电工程进行检查。

（9）中间检查。对于不符合规定的情况，客户应及时改正。

（10）应严格按有关规程规定进行工程施工监督。

（11）接到客户的受电装置工程竣工报告及检验申请后，应及时组织检验。

（七）供用电合同签订

（1）应贯彻执行上级单位供用电合同管理制度，制定相关管理办法或实施细则。

（2）应监督、检查、指导直属下级供用电合同及其附属协议的签订、履行及管理工作，并对供用电管理工作进行考核。

（3）应划分供用电合同管理职责，实行分级负责。

（4）应设专人负责供用电合同管理工作。

（5）供用电合同签订、履行中出现的问题应向上级汇报。

（6）拟订合同内容后，应经另外专人审核。

（7）与客户协商拟订合同内容后，应经领导审核，报法定负责人或授权委托人审查、签字。

（8）标准格式合同与非标准格式合同的适用范围应明确、合理。

（9）除临时用电签订临时供用电合同外，其余用电应一律签订供用电合同。

（10）供用电合同应在送电前签订，检查是否存在"先装表接电，后补签合同"的情况。

（11）供用电合同应经双方法定代表人（负责人）或委托代理人签字，供电方应加盖供用电合同专用章，客户加盖合同专用章或单位公章。盖章名称必须与合同文本甲、乙双方名称一致。

（12）对于标的数额较大或对供电有特殊要求的供用电合同应到公证机关进行公证。

（13）供用电合同专用章、供用电合同废止章，供用电合同修改章应实行分级管理，应有统一规格、统一编号，由供用电合同承办人以外的专职人员进行保管。

（14）供用电合同的变更或解除应符合有关法律、法规。

（15）供用电合同及有关资料，应分级建档管理，长期保存，并制定供用电合同文本借阅管理制度。

（八）装表接电

（1）应建立装表接电的规章制度。

（2）装表接电人员应具有相应任职资格。

（3）装表接电前供电企业内部应先会签同意。

（4）装表接电传单内容应完整，要求应明确。

（5）装表后在传单上填写表号、TA/TV 变比、型号、编号、倍率、电能表额定电流、电压及计量器量数、封印号等。

（6）装表接电任务完成后应请客户在装表接电工作任务单上签章。

（7）对客户投资建设的供电设施应与客户签署资产移交协议，交供电企业运行维护管理。

（8）对拆回的旧表应正确填写止码。

（九）审核归档

（1）客户档案分类应合理、符合规范。

（2）应建立客户档案资料收集、审核标准，存档资料应真实、完整。

（3）应建立客户档案借阅登记制度，凡借阅有关资料的，应由借阅人与档案保管员做好借阅登记手续。

（4）各基层营业部门应设置资料室保管高、低压用户档案，并派专人保管。

（5）客户档案应使用统一规格的档案盒（袋）放置，档案盒（袋）的标签制作应清晰、规范，便于查找。

第二节　抄核收稽查标准

抄核收是抄表、核算、收费工作程序的简称，属于电力营销系统中电费管理机构的一个组成部分。根据电能的产、供、销同时性这一特点，销售电能不向销售其他商品一样一手交钱一手交货来实现交换，而是客户随时都可以用电，供电企业用电能表记录客户所消费的电能量，由抄表员定期抄回客户的月用电量，经过核算后，才能回收销售电能的货币款。电费管理基本工作程序分为以下三个步骤：

（1）立户。客户办妥业扩报装手续，装表接电后，应及时搜集、清点、整理各项资料，建立客户业务档案和客户分户账页（即电费卡片）。

（2）建立用电业务工作单运转程序。因客户用电而发生增加或减少用电设备容量，更换或效验电能表，迁移电能表安装位置，更改户名，暂停用电或拆表销户，以及电价变更等移动情况，各个工作环节都须凭用电业务工作单上的原始记录办理变更手续，并按一定程序运转。

（3）建立抄核收工作程序。抄核收工作是营业部门经常性的工作，对客户按周期进行电费结算，应根据机构设置与人员配备，确定工作岗位与分工，相应明确业务运转程序。

一、抄核收在电力营销中的作用

抄核收是指从系统形成抄表数据到收费销账的一系列业务过程，包括表计数据抄录、电量电费计算、核算、收费以及为保证电费及时准确回收的相关过程。

供电企业把生产的产品——电能销售给客户，并按照商品等价交换的原则，从客户处回收电费。收费是供电企业赖以生存和发展的必需，是供电企业销售的一个重要环节，也是最后一个环节，是供电企业生产、经营和经济效果的最终体现。

1. 抄表的作用

供电企业抄表人员定期抄录客户电能表记录的数据简称抄表，它是电费管理中的首要环节，所抄读的电量为收费提供了可依赖的数据支持。能否按时、准确抄表，关系到电量的正确统计，对供电企业的经济效益、线损统计、行业分类电量、客户用电情况分析及考核起着举足轻重的作用，也是进行用电检查的重要环节，对电力产品成本核算及价格也起着十分重要的作用。

2. 核算的作用

电费核算又称审核，是电费管理工作的中枢。必须根据国家核准的电价标准、电价制度、电价分类、电价实施范围、供用电规则、功率因数调整办法以及有关规定抓好电费核算工作。电费是否按照规定及时、准确地收回，账务是否清楚，统计数据是否准确，关键在于电费核算质量。

3. 收费的作用

电费回收工作是电业营业管理中抄核收工作中最后一个环节，也是供电企业资金周转的一个重要环节。收费时间拖长会直接影响收费的完成率，会造成客户占有供电企业的资金，影响资金的周转速度。因此，收费人员应努力做好各项工作，争得客户的支持，及时收回应收电费。

二、抄表工作内容

1. 抄表工作具体内容

（1）抄表周期和抄表日期。

1）抄表周期一般为每月一次，有的供电企业对居民用电客户实行每两个月抄一次表。

2）抄表日期一般事先做好安排，并公布于众，这样才能使当月售电量与供电量出入不会太大，现行执行的抄表日期：1～15 日对居民、农业、一般工商业及其他用电客户抄表；15日24：00对大工业用电客户抄表；遇有电价政策调整时，要及时安排增加抄表次数，保证电价政策执行准确到位。抄表日期安排后一般是要求不得变更。

（2）抄表方式。

1）现场手抄。现场手抄是指抄表人员到客户处上门抄录电能表的数据，是一种传统的抄袭方式。

2）现场微电脑抄表。现场微电脑抄表是指抄表员携带抄表器赴客户用电现场，将用电计量表记录数值输入抄表器内，回单位后将抄表器现场储存的数据通过计算机接口传入营销信息系统中进行计算的抄表方式。

3）远程遥测抄表。远程遥测抄表是指对负荷控制装置的功能综合开发利用，实现一套装置数据共享及其他远动传输通道，实现客户电量远程抄表的抄表方式。也可适量装用质量可靠，经电力部门质检中心抽检合格的自动集中抄表系统抄表。

4）低压居民客户集中远程抄表。对低压居民客户的电能计量装置读数通过远程通道传递本单位远程集中抄表系统主站，抄表人员只需在本单位的主站系统的终端即可集中采集抄录到低压居民客户的电能计量装置读数。

5）红外线抄表。抄表员使用红外线抄表器就可以不必进入到客户的实际装表处，只需要利用红外线抄表器在路经客户用电处，即可采集到该客户用电计量装置的读数。

6）电话抄表。对安装在供电企业变电站内或边远地区客户变电站内的用电计量装置可以用电话及报读进行抄表，但需要定期或不定期赴现场进行核对。

7）委托抄表公司代理抄表。通过与专业性抄表公司签订合同，委托抄表公司代理抄表或与煤气公司、自来水公司等单位联合，采用气、水、电一次性抄表的办法，以方便电力客户。

2. 抄表工作要求

抄表员每月抄录的客户用电量是供电企业按时将电费回收并上缴的依据，也是考核供电部门的线路损失，供电成本指标，客户的单位产品耗电量，计划分配用电量指标，各行业售电量统计和分析的重要原始资料。因此，保证定期抄表及抄表质量十分重要。

（1）抄表工作的要求。

1）抄表日期必须固定，按编排的抄表日程，按时完成抄表任务，保证抄表质量，做到不漏抄、不错抄、不估抄，严禁电话抄表或代抄。

2）对于确有某种原因抄不到表时，要尽一切努力设法解决。

3）现场抄表时，应仔细核对抄表机内部客户资料是否与现场一致。

4）抄表人员如发现客户用电量变化较大时，应及时向客户了解原因，并在账页上注明。

5）抄表时如遇卡盘（停转）、卡字、自走（自转）、倒转（倒走）或其他故障，致使电能表记录不准，当月应收电费原则上可按上月用电量计数，个别情况可与客户协商解决。

6）由于电能表发生故障致使计量不准时，可按追补电量计算并办理多退少补手续。

7）抄表完毕返回办公地点后，应逐户审核电能表是否正确，电费卡片是否完整，并填写电费核算单，以考核每日工作成果。

8) 到大工业客户处抄表时，应首先对客户的设备容量和生产情况进行了解，起到用电检查的作用。

9) 每位抄表员必须完成自己抄表范围内的欠费客户催收工作，居民客户的催收，停电措施按有关规定处理。

10) 对装设最大需量的客户，每月抄表时应会同客户一起核查，经双方共同签证后，打开表的封印，复位回零，并加新的封印。

11) 对实行峰谷电价的客户，应注意：①考核客户功率因数时，应分别计算不同时段的有功与无功电量之和，并按三个时段电能电费与基本电费之和调整应收电费；②对客户负担的变压器和线路损失电量，可与平段电量合并计费；③对有输出电量的客户，应在转供点出口处加装分时电能表，各算各账；④如分时电能表发生故障，应按照上月三个时段电量的比例计收电费；⑤生产与生活照明应从总有功电量与高峰电量中分别扣除，按照明电价计费。

(2) 使用抄表器抄表的要求。

1) 抄表员要树立高度的责任心，熟悉抄表器各项功能，正确使用抄表器。

2) 抄表员按例日领取抄表器，严格规定时间抄表。

3) 如抄表时发生抄表器损坏现象，抄表员应立即中断抄表，并返回单位由专人对抄表器进行检查，同时填写抄表器损坏报告，并领取备用抄表器继续完成当日抄表定额。

4) 使用抄表器需要现场填写电费通知单交客户。

5) 抄表员每天完成工作后，最迟在下班前 1 小时把抄表器送交计算机核算员，填写抄表器交接签收记录表，建立收发记录单。

三、核算工作内容

1. 电费核算的工作程序

(1) 严肃认真一丝不苟逐项审核。

1) 新装客户立片是在客户提出用电需求，经柜台受理，现场勘查设计，客户缴费，装表接电后，正式成为供电企业的客户进入抄表计费的过程。

2) 抄表管理员负责抄表机的发放与回收，以及电费发票的领取与管理，根据抄表员交回的电费卡片，首先核对卡片户数是否与电费卡片户数名相符，然后分户复核抄表卡。

3) 抄表机上装后，对计费清单的户名、地址、电量、电费、电价逐项审核，重点审核各类异常情况，如电量突增、突减、零度、动态信息等。

4) 如发现抄表有差错，除应改正电费卡片及核算单外，还应更换电费单据。

5) 由于电能表发生故障或其他原因必须推算电费，应按规定审核。

6) 按规定期限完成核算任务。

(2) 账务处理。

1) 注销应收电费时，不得自行冲抵，应根据注销理由报请有关领导审核。

2) 对补抄、结表、拆表等户的电费应另行处理，不得遗漏。

3) 对临时用电（包括装表户），应根据营业员填写的临时用电工作凭证，联络票进行核算，审核其计算方法是否正确，用电量及金额是否相符，并另立账目，在期限内处理完毕。

（3）核算汇总工作。

1）每日按分册的电费核算单，逐项进行审核并汇总做出总核算单。

2）全部电力客户卡片审核完毕后，应汇总并按不同用电类别做出统计，其电量数与金额必须与核算单相符。

3）全部审核工作在抄表次日完成，每日的电费核算单于次日转交给统计人员。

4）核算人员于每月月末按抄表手册内容计算出售电量、平均电价、实抄率、电费回收率等有关指标，对客户用电的波动情况进行统计分析，按时、准确填报有关业务报表。

2. 电费票据管理

（1）电费收据的发行。

1）电费收据是供电企业向客户收取电费的凭证，也是专为销售电能产品后直接开给消费者的账单。

2）各供电营业部门，一般均采用专门印制并统一编号的两联式电费收据，或对单一电价客户采用定额收据。

（2）电费收据的保管。

电费收据、其他业务收据和临时收据等均应分别由供电企业统一印制、统一编号，由专人保管，并按人员分工和工作运转程序制定出收据的领用和发行的清点、签收、登记制度，防止流弊发生。

3. 对计算机核算员和复核员的要求

（1）对计算机核算员的要求。

1）计算机核算员负责准备抄表数据，并打印抄表通知单。

2）计算机核算员必须严格把好工作质量关。

3）准确发送数据。

4）负责抄表器已抄收数据的接收工作。

5）转化完毕提供（打印）抄表指示数清单。

6）进行电费核算工作。

（2）对复核员的要求。

1）电费复核员工作认真负责，要具有高度的责任心，对客户清单的户名、地址、本月指数、上月指数、本月电量、电费、电价逐项审核。

2）熟悉《供电营业规则》及相关政策规定，熟悉电价政策及电价分类。

3）熟悉掌握各类客户的电量电费计算及动态处理、各类业务工作流程及审批程序。

四、收费工作内容

收费的工作内容应包括按期回收电费、电费结算、违约金计算、停（限）电催费等。

1. 按期回收电费作用

（1）可保证电力企业的上缴资金和利润，保证国家的财政收入。

（2）可维持电力企业再生产及补偿生产资料耗费等开支所需的资金，促进电力企业更好地完成发、供电任务，满足国民经济发展和人民生活的需要。

（3）按期回收电费是维护国家利益，维护电力企业和客户利益的需要。

2. 电费结算合同

（1）电费结算合同内容。

1）客户（即付款单位）名称、用电地址、用电分户账（即抄表卡片）户号、开户银行名称、存款户账号、供电管理部门（即收款单位）名称、开户银行名称、存款户账号等。

2）电费结算方式。

3）每月转账次数。

4）付款要求等。

（2）电费结算方式。

1）营业管理部门与客户同在一个城市，其电费可以特约委托的方式通过银行进行转账结算。

2）营业管理部门与客户不在同一城市的电费，常用的结算方式是采取在客户逐笔核对承认应付电费款后，由客户开具支票，委托银行按期电汇或信汇的方式进行电费结算。

（3）每月转账次数。

1）营业管理部门对一般客户均只在每月抄表后办理一次委托特约银行转账收款的手续。

2）对大客户，为了互不占用资金，在结算合同中明确每月与收电费的转账次数（一般连同抄表后的结算，每月不超过3次；对特大客户，有的为6次）。

（4）对付款要求。

一般按银行的有关规定，如委托收款的结算凭证到达银行后，因付款单位存款账户余额不足而延期转账时，则需由付款单位另缴滞纳金。

（5）电费结算合同管理。

营业管理部门与客户签订电费结算合同后，应建立委托收款户卡片进行管理。

3. 收费方式

（1）专人走收。抄表与收费分别由专责人员进行或交叉进行的收费方法。

（2）坐收。供电营业部门设立的营业站或收费站（点），固定值班收费。

（3）委托银行代收。抄表人员在每月抄表时应根据客户使用电量计算出客户的应付电费，并当时填写"电费收据"三联单交给客户，客户可持三联单到银行交款。

（4）银行托收电费。托收电费也称结算，划拨电费，是供电企业与客户之间通过银行拨付电费的方法，其手续简便，资金周转快，便利客户，账目清楚。

（5）电费储存。为了方便客户缴纳电费，保证收费的安全，提高现代化管理水平，开展通存通兑储蓄方式，方便客户就近储蓄，电脑划拨电费的方式。

（6）付费购电方式。客户先持购电卡前往供电企业营业部门售电微机购电，将其购电量存储于购电卡中，客户用电时将购电卡插入电能表，其电源开关就自动合上，即可用电。

（7）客户自助。客户通过电话、计算机等网络通信终端设备按语音提示完成的交费方式。

4. 电费违约金

客户在供电企业规定的期限内未缴清电费时，应承担电费滞纳违约责任。电费违约金从逾期之日起计算至缴纳日止。每日电费违约金按下列规定计算：

（1）居民客户每日按欠费总额的 1‰ 计算。

（2）其他用户：当年欠费部分，每日按欠费总额的 2‰ 计算；跨年度欠费部分，每日按欠费总的 3‰ 计算。

在停（限）电催费工作中，必须严格按照"一通知、二警告、三停电"的原则执行，禁止随意停（限）电。

（1）建立停（限）电催费工作日志，停（限）电催费人员应严格按照日志上记载的需停（限）电的客户名称、地址等内容进行，工作完成后，必须在停（限）电催费工作日志上签字确认。

（2）严禁发生对同一客户下发催缴（存）电费通知单的同时采取停电措施。

（3）停（限）电工作必须是针对发生电费超过 30 日，并经多次催缴后，仍未缴付电费的客户。

（4）一般客户逾期不能交电费的，3 天内应向客户送达催存款通知书或催费通知书。在规定期限内仍不能交付电费的，应下达催费停电通知书，通知客户缴费期限，应付电费违约金的金额以及将采取停电措施的期限（提前 7 天送达）。

（5）一般居民客户采取停电不拆表的方式，即在表箱内，将客户出线退出，并贴上"欠费停电，交款后恢复，严禁私自接电"的标示。

（6）对欠费大户催收电费时，要填写电费催收记录。第一次，下达欠费金额；第二次，下达停电警告、欠费金额及电费违约金额；第三次，下达停电期限（提前 7 天）。逾期仍不交付电费的，应按照停、限电文件规定的停电时限，必须分 3 次（7 天之前、1 天之前及停电之前）通知客户，采取停电措施。

（7）重要客户除按规定进行"一通知、二警告"外，在下达停电通知书时，仍须以便函的形式（必要时以文件的形式）抄报当地市政府，市经委或主管部门备案。送达时间须提前 7 天。

（8）客户结清电费后，24 小时内恢复供电（节假日同样）。

（9）发现客户有违约或窃电行为时，用电检查等人员应依据有关法规礼貌地向客户指出。

（10）对违章、窃电已中止的客户，接受处理后，若在当天恢复供电有困难的，在次日上午必须恢复供电。

五、抄核收稽查标准

抄核收稽查是检查抄核收制度的健全情况及实际执行情况，检查抄表工作质量，电费计算、审核、回收等工作的管理情况，以防止电费差错和流失，保证电费资金安全，确保抄表实抄率、抄表差错率的真实、可靠，确保各种统计报表数据的及时性、真实性和准确性。

1. 规章制度

应建立抄核收管理办法、规范，制定抄核收各岗位的考核办法。

2. 抄表工作

（1）抄表工作方法、手段、程序应健全、有效，应能保证抄表数据真实、可靠。

（2）抄表方式、区段、周期应有相关规定。

（3）抄表员应定期轮换。

（4）应有抄表计划，并按计划抄表。

（5）应规定抄表员抄表时要对电表定期检查，如发现计量装置失封、不符合技术规范要求、存在安全隐患或窃电隐患，计量表计异常，违约用电、窃电行为，客户用电量异常变化等情况时，应如实填写内部工作传单，并及时报送相关部门。

（6）应现场查核异常情况，并将正确信息输入系统。

（7）异常情况处理应经管理人员审批。

（8）抄表数据应经过审核，检查是否存在长期用电不抄表或人为漏抄情况。

（9）采用集抄、大客户负控系统抄表等的数据应定期进行人工抄表，并核对。

3. 电费核算

（1）核算时应列出异常用户清单进行电量分析复核。

（2）客户的电价、电量、电费的计收应正确，专用变压器客户的基本电费、变压器损耗电量、功率因数调整电费的计收应正确。

（3）专用变压器客户的变压器损耗电量分摊、基本电费分摊的依据应充分，计收应正确。

（4）客户电费的追收、退补应正确，追收、退补程序应规范，追收、退补计算依据应充分。

（5）应严格执行功率因数考核标准。

（6）电价调整期间的客户电价标准应按规定修改，电费计收应正确。

（7）计费参数的变更及程序修改应按规定权限及流程进行。

（8）核算员应在规定的期限内完成电费计算工作，并对各用户类别的用户进行电费复核。

（9）营销系统中的电费计收算法应正确，应将异常数据进行条件筛选和核查，对于异常数据进行相应处理。

（10）用户对电费提出异议时，应按规定到现场进行核查，提出复核意见并进行审批，根据复核意见和审批结果进行差异处理。

4. 电费发票管理

（1）应设立发票管理部门，电费发票应统一申购。

（2）应实行发票分级管理。

（3）对于农村走收电费方式的发票管理，不开发票者应出具有效收据凭证。

（4）应制订月度、季度、年度票据需用量计划，计划应合理、符合实际。

（5）发票购买后应将票据全部信息录入用电营销系统。

（6）发票的领出、使用应进行登记，有关进出、使用信息应在营销系统记录。

（7）对作废处理发票的作废原因应进行登记。

（8）发票的调配应实行统一管理。

(9) 电费发票应根据当月抄表员实际抄回的用电量及相应的电价开具，电费发票上填写的单价、用电量和总金额应核对一致。

5. 收费

(1) 应依据国家法律法规及上级部门规定制定关于电费资金安全管理、电费回收管理的法规、制度、规范及实施细则。

(2) 应实行"分级管理，逐级考核"。

(3) 应建立并认真执行县、市两级月度营销财务电费对账稽核联席会议制度，并将会议纪要以及对账结果、发现的问题、每个问题的具体原因及整改措施形成书面材料，在规定日期分别报营销部、财务部。

(4) 各收费网点应配备保安人员，并建立录像监控系统及110报警设备；收取的现金在向银行存缴的过程中，应聘请当地专业现金押运公司、有资质的保安公司负责保卫。

(5) 电费通知单格式应统一。

(6) 电费走收人员应不少于2人。

(7) 收费员当天电费应按时存缴银行，走收电费应在收费当天全额存入银行。

(8) 对于营业网点的留存现金，收费员应填写交班报表，并与核算员核对、签字确认，过夜存放的现金应符合规定存放限额。

(9) 收费员和核算员应每日办理交接手续，将实收日报表与银行进账凭证、收费票据存根进行核对，双方签字确认。

(10) 核算员应每月至少一次与财务部门核实电费到账情况，并双方签名确认。

(11) 当月实收电费和现金缴存存在差异的，营业部应立即查找原因，并形成书面材料，双方签名确认后上报市场部及财务部。

(12) 财务部应每月不定期地检查银行账户的电费情况，并每月至少一次与核算员对电费到账情况进行核对，确认一致后，双方签名确认，并把信息反馈给营业部。对账不一致时，财务部应立即跟进、查找原因，并形成书面材料，双方签名确认后同时把信息反馈给营业部门。

(13) 市场部与财务部销售报表应进行核对，确保营销与财务数据的一致。

(14) 所有银行账户必须纳入财务部门管理，其他部门和人员不能开设、管理银行账户和印鉴。

(15) 应核实每一笔未达账项的资金性质、金额和内容，并在下月对每一笔未达账进行跟踪核对，逐笔编制银行余额调节表，并经本单位财务部门负责人审核签字。

(16) 每周、每月实收报表及银行进账凭证应经核算员复核，并按时上缴上级财务和营销部门。

(17) 应对已缴纳电费客户及时销账，将实收电费日报和应收未收电费进行核对。

(18) 应对电费回收进行考核管理，电费回收指标应按要求分解落实。

(19) 电费回收款项应开立专户存放，并实行只进不出管理。

(20) 电费追收的程序应规范。

(21) 预付电费资金管理应规范，无变相收取电费保证金的现象。

(22) 违约使用电费、违约金应按标准收取，并按对应科目入账。

（23）不能将预收性质的电费冲抵应收，以此达到通过工作绩效考核目的。

（24）应按月编制应收账款账龄分析表，建立对大额欠费用户预警的机制。

（25）应按要求开展电费资金安全大检查工作，发现资金管理中的隐患，应立即采取措施进行整改，重大问题应及时向上级部门报告。

6．电费账务处理

（1）电费的财务处理应正确。

（2）应执行收支两条线和无挪用电费的现象。

（3）各专项基金应分开入账。

（4）电费账务处理应符合会计制度和税法的有关规定。

（5）电费坏账的核销申请应有确凿的证据。

（6）电费坏账的核销应分级进行审核。

（7）电费坏账的核销应账销案存，并积极催收。

（8）电费、电费违约金、违约使用电费的账务，处理应正确。

7．电价管理

（1）营销信息系统的电价执行应正确。

（2）不能擅自执行地方政府越权出台的电价政策。

（3）不能超过国家对特定用户优惠电价政策的规定，或扩大范围或降低标准执行电价优惠政策。

（4）电价政策调整时，不能提前或推迟执行新电价政策。

（5）分时计费的峰、平、谷时段电价应执行正确，分时时段的设置应正确，执行分时计费的适用范围应正确。

（6）各地方电厂执行的上网电价应正确。

8．欠费管理

（1）应制定电费欠费管理的相关规定。

（2）欠费停电、复电的程序应规范。

（3）应定期检索欠费用户，分析欠费原因，形成欠费账龄分析、欠费明细表等，将欠费资料通知追收人员追收。

（4）收回核销电费的账务处理正确。

9．营销报表管理

（1）应按照统一格式及时、准确填报报表。

（2）书面版营销报表应按要求签名、盖章。

（3）书面版营销报表应由专人保管并装订成册。

第三节　用电检查稽查标准

一、用电检查在电力营销中的作用

用电检查业务是指电力企业为了保障电网的安全、稳定、经济运行，维护正常供用电秩序和公共安全，保护供用电双方的合法权益，供电企业按照《电力法》《电力供应与使用条例》《供电营业规则》《用电检查管理办法》等对客户用电情况开展用电安全管理和供用电合同履行等情况的检查工作。

用电检查工作必须以事实为依据，以国家有关电力供应与使用的法规、方针、政策，以及国家和电力行业的标准为准则。

用电检查主要业务事项包括安全用电管理、重要客户安全用电管理、违章（约）用电和窃电查处、用电安全风险管理。

随着电力企业职能的转变，用电检查工作成为为客户服务的重要工作之一。通过用电检查可以了解客户执行国家有关电力供应与使用的法规、方针、政策、规章制度情况；可以发现客户送（受）电装置中电气工程的施工质量安全情况，客户的事故预防等措施，控制事故隐患；了解客户电工的资质和安全作业情况、有关供用电协议的执行情况、供电电能质量，以及客户有无违章用电和窃电情况。用电检查不仅是为了维护电力企业的合法权益，更是为了维护公共安全和社会公共利益，是企业合法权益与社会公共利益的结合。电力企业要从维护社会公共利益的角度依法加强用电安全与用电检查，防范和及时发现危害电网运行的各种行为，避免电网运行安全受到损害。

二、用电检查工作内容

客户的送（受）电装置是电力系统的重要组成部分，客户内部的电气事故可能会危及整个电力系统。因此，对客户的送（受）电装置和用电行为进行有效的检查、监督是十分必要的。

供电企业应按照规定对本供电营业区内的客户进行用电检查，客户应当接受检查并为供电企业的用电检查提供方便。用电检查内容如下：

（1）客户执行有关电力供应与使用的法规、方针、政策、标准、规章制度情况。

（2）负责安全用电知识的宣传、普及、教育工作。

（3）进行客户受电工程电气图纸审核，协调用电业扩工程和受电工程同步实施。

（4）进行客户受（送）电装置工程施工质量检验。

（5）检查客户受电设施及装置的安全状况、运行管理状况及反事故措施落实。

（6）检查客户保安电源和非电性质的保安措施。

（7）检查计量装置、负荷控制装置、继保和自动装置、调度通信等安全运行状况。

（8）检查客户进网作业电工的资格、进网作业安全状况及作业安全保障措施。

（9）检查客户执行计划用电、节约用电情况，引导客户主动参与需求侧管理。

（10）了解电能质量状况，听取客户的意见，查处影响电能质量的干扰源客户。

（11）了解、掌握客户用电情况及变更用电情况，并适时提供相应的服务。

（12）查处违章用电和窃电行为。

（13）参与重大电气事故调查分析，提出事故分析报告。

（14）组织并网电源和自备电源的安全检查和并网许可工作。

三、用电检查范围

用电检查主要范围是客户的受电装置，但被检查的客户有下列之情况之一者，检查的范围可延伸至相应目标所在处，客户对其设备的安全负责，用电检查人员不承担因被检查设备不安全引起的任何直接损坏或损害的赔偿责任。

（1）有多类电价。

（2）有自备电源设备（包括自各发电厂）。

（3）有二次变压配电。

（4）有违章现象。

（5）有影响电能质量的用电设备。

（6）发生影响电力系统事故需作调查。

（7）客户要求帮助检查。

（8）法律规定的其他用电检查。

四、用电检查稽查标准

用电检查稽查是检查用电检查工作执行国家相关法律、法规、标准情况以及企业内部的用电检查管理办法、业务标准是否规范，以确保用电检查工作有效运行。

1. 规章制度

应建立用电检查管理办法及规范，制定用电检查的考核办法。

2. 客户工程项目审核

（1）应在规定权限内对用户工程项目进行查验。

（2）应参与对客户受（送）电装置工程设计和有关资料的审查。

（3）应根据审核同意的设计和有关施工标准，对用户受电工程中的隐蔽工程进行中间查验。

（4）应参与对用户受电工程进行竣工查验。

（5）工程项目查验应在规定时限内完成。

3. 用电检查管理

（1）应定期制订用电检查计划，并经过审核。

（2）应对系统生成的年（季、月）度日常检查计划进行复核，检查人员应按计划开展检查工作。35kV 及以上电压等级或一级及以上重要客户，每半年检查一次；10kV 高压供电、装见总容量 1000kVA 及以上或二级重要客户，每年检查一次；10kV 高压供电、装见总容量 1000kVA 以下的客户，两年检查一次；0.4kV 及以下的居民客户每年按不低于 1％的比例进行抽查，其他客户每年按不低于 5％的比例进行抽查。

（3）应根据各时期、各季节的特点或政策要求，对特定用户进行专项的安全检查。

（4）应根据保供电任务的要求，对保供电线路上的用户进行用电检查，确保供电期可连续可靠供电。

（5）用电检查内容、范围应符合制度规定。

（6）用电检查人员到客户处进行用电检查时，用电检查员的人数应符合规定，不得少于 2 人。

（7）用电检查人员在执行查电任务时，应按规定携带和出示《用电检查证》。

（8）用电检查结果需客户签名的，应获得客户签名确认。

（9）工作表格应均加盖公章。

（10）需整改项目，应进行现场复查，并对复查结果进行记录。

4. 重要客户管理

（1）根据上级有关重要客户分级及认定原则，开展重要客户的梳理和确认工作。

（2）完善签订各项责任协议，明确供、用双方电力保障权利和义务。

（3）按期开展重要客户周期检查及上级下达的保供电专项检查。

（4）对于重要客户存在的用电安全隐患，及时通知并督促客户落实整改。

（5）制定重要客户电力保障措施、预案，提高重要客户用电安全突发事故的应急处理能力。

5. 违约用电处理

（1）如检查过程中发现客户确实存在违章用电（偷、漏电或计量不准确等）情况，应做好现场的详细记录和取证工作，取证应严格依法进行。

（2）用电检查工作单，用电检查结果通知书，客户违约用电、窃电通知书应经客户负责人或其业务主管人员签字确认。

（3）客户方拒绝签收用电检查结果通知书和违约用电通知书，需向公安机关报案的，应按规定程序审批同意后报案。

（4）违约金的计算应遵守国家法律、法规及企业管理制度规定，处理方案应经过审批，审批应符合权限。

（5）停电处理应符合法律规定。

（6）停电后，如客户做出相应整改措施并缴纳违约使用电费，应在规定时限内恢复供电并做好相应记录。

（7）对相关人员进行举报奖励应按规定程序审批。

6. 客户用电事故处理

（1）应对客户用电事故进行现场勘察，并形成现场勘察报告。

（2）勘察应及时，应做好对现场的保护工作。

（3）现场调查的人证、物证记录应客观、真实。

（4）勘察后应对事故进行充分分析，形成事故分析报告。

（5）应严格根据事故分析报告进行事故处理，事故处理涉及客户受电装置时，需通知客户委托施工的单位。事故报告应记录到该客户档案。

第四节 计量管理稽查标准

一、计量管理在电力营销中的作用

电能计量是电力生产、营销以及电网安全的重要环节，是依据电能计量装置来确定电能量数值的一组操作，是实现电量单位的统一及其量值准确、可靠的一系列活动。电能计量活动所产生的数据，是计收电费、经济核算和生产调度的依据，是制定国民经济发展计划和安排人民生活的依据，其管理水平的高低直接影响电能贸易结算的公平、公正性，关系到发电、供电、用电三方的经济利益。必须采用先进的电能计量管理方法才能获得可靠的电量数据，从而保证电力营销活动的正常进行。

电能计量管理主要是对电能计量器具、装置的管理，是电力市场交易结算中不可缺少的一项基础性管理工作，其作用是保证电能计量装置准确、可靠、客观、正确地计量电能的传输和消耗。计量管理的重要性体现在以下三个方面：

（1）电能计量包括发电量、上网电量、供电量、售电量的计量以及网损、线损、变损的检测和生产、经营中技术经济指标核算的计量等。从某种意义上说，电能计量工作是代表电力企业效益和质量水平的重要标志，是电力企业参与市场竞争的首要条件。没有准确的电能计量，就没有科学、合理且合法的电量数据，电力生产经营指标的监控，发电量、供电量、用电量的结算就缺乏牢固的基础。

（2）不可置疑现代工业生产的三大支柱分别为原材料、生产装备和计量检测。电力企业只有凭借准确、可靠地计量数据，才能保证电力系统安全、经济、可靠地运行，才能有优质、诚信的电力营销和良好的企业形象。

（3）"计量就是效益"，电力企业在激烈地市场竞争中，必须在降低成本和电量损耗下功夫，实现发电与供电、购电与售电的最小差值；提高电力营销水平，必须以科学、准确、可靠的电能计量数据为依据，加强购、售电量的核算及管理，杜绝估抄估算、假账真算、线损指标分摊等现象，用系统的、准确可靠的、最佳的电能计量方式及其计量所得数据来保证电力营销活动。只有加强电能计量工作，公正而诚信地进行贸易结算和参与市场竞争，电力企业才能获得最佳的经济效益。

二、计量管理工作内容

电能计量管理有许多环节，每一环节都会对电能计量装置的计量性能产生一定的影响。管理工作不仅仅限于对电能计量器具的检定、现场检验和周期轮换，而对电能计量方案的确定、电能计量器具的订货验收、电能计量装置的安装验收和运行质量监督抽检等环节的管理也是相当重要的。

为了加强电能计量装置各个环节的管理，DL/T 448—2000《电能计量装置技术管理规程》明确规定要对电能计量装置实施全过程管理，其工作内容包括计量方案的确定、计量器具的选用、订货验收、检定、检修、保管、安装竣工验收、运行维护、现场检验、周期检定（轮换）、抽检、故障处理、报废的全过程管理，以及与电能计量有关的电压失压计时器、电能计费系统、远方集中抄表系统等相关内容的管理。强调全面推行计算机技术在电能计量装置管理上的应用，建立电能计量装置微机管理信息系统。

1. 投运前管理

DL/T 448 将电能计量装置正式投入运行前的管理工作，按电能计量装置的设计到投运的先后顺序，规定了以下 5 项管理内容。

（1）计量方案的设计审查。规定了计量方案设计审查的依据、审查的内容、参加审查的人员及审查结果的处理。

（2）电能计量器具的订货。规定了电能计量器具订货计划的提出单位、订货的组织单位、订货的依据、订货注意事项等。

（3）电能计量器具的订货验收。规定了电能计量器具的验收部门、验收内容、验收方法和验收结果的处理等。

（4）电能计量装置资产管理。对电能计量装置资产档案的建立和管理、库房管理以及淘汰电能计量器具的原则和淘汰手续等做出了明确规定。

（5）电能计量装置的安装及安装后验收。明确了电能计量装置安装的负责部门、安装时应执行的有关规定及有关资料的存档和管理，提出了电能计量装置的验收部门、验收资料、验收内容、验收试验、验收程序和验收结果的处理等项工作的管理要求。

2．运行管理

DL/T 448 将电能计量装置的运行管理归纳为以下 8 项管理内容：

（1）运行档案管理。

应用计算机建立已投运的电能计量装置档案。运行档案要有可靠的各份和用于长期保存的措施，并能方便地按客户、类别和计量方式，以及计量器具的分类进行查询和统计。电能计量装置运行档案的内容包括用电客户基本信息及其电能计量装置的原始资料等，主要有以下几方面：

1）互感器的型号、规格、厂家、安装日期。

2）二次网络连接导线或电缆的型号、规格、长度。

3）电能表型号、规格、等级及套数。

4）电能计量柜（箱）的型号、厂家、安装地点。

5）Ⅰ、Ⅱ类电能计量装置的原理接线图和工程竣工图。

6）Ⅰ、Ⅱ类电能计量装置投运的时间及历次改造的内容、时间。

7）安装、轮换的电能计量器具型号、规格及轮换时间。

8）历次现场检验的误差数据。

9）故障情况记录等。

（2）职责划分。

1）安装在发、供电企业生产运行场所的电能计量装置，由运行人员负责监护，以保证其封印完好，不受人为损坏。

2）安装在用电客户处的电能计量装置，不论是客户资产或供电企业资产，客户都有保护其封印完好、装置不受损坏或丢失的责任。

3）客户不应在电能计量装置前堆放影响抄表或计量准确、安全的物品，如发现电能表丢失、损坏等情况，应及时告知供电企业采取应急措施。

4）因供电企业责任或不可抗力致使贸易结算用电能计量装置故障，由供电企业负责更换；其他原因，由客户负责承担修理费用或赔偿。

5）当发现电能计量装置故障时，变电运行人员或客户应及时通知电能计量部门处理。贸易结算用电能计量装置故障，应由供电企业的电能计量技术机构依照《中华人民共和国电力法》及其配套法规的有关规定处理。

6）电能计量技术机构应对运行中的电能计量装置，按周期进行现场检验和轮换，开展电压互感器二次回路压降测试，发现超差或接近超差的装置，要及时处理。DL/T 448

对电能表的现场检验和周期轮换已做出规定。

（3）故障处理。

电能计量装置故障由所辖供电企业的电能计量技术部门处理，包括故障差错种类处理、电量退补处理和预防措施。

（4）主、副电能表运行监测。

运行的主、副电能表应有明确的主、副标志，并不得随意调换；应同时抄录或传输两只电能表所记录的电量。主、副电能表的现场检验和周期检定的各项要求均相同，包括误差限等技术要求及检定周期、检定标准。

当主、副电能表所计电量之差与主表所计电量的相对误差小于电能表准确度等级值的 1.5 倍时，以主表所计电量作为结算电量；当主、副电能表所计电量之差与主表所计电量的相对误差大于或等于电能表准确度等级值的 1.5 倍时，应对主、副电能表进行现场检验。

经现场检验，主表不超差时，则仍以其所计电量为准；当主表超差而副表不超差时，则以副表所计电量为准；两者都超差时，以主表的误差计算退补电量，并及时更换超差表计。

（5）现场检验。

电能计量器具的室内检定是依据计量检定规程的要求，在规定的环境温度、相对湿度、防振、防尘、防腐、接地、防静电、防电磁干扰等条件的试验室内，使用合格的电能计量标准装置，确定电能计量器具的性能是否符合法定要求，能否安装使用。

电能计量装置的现场检验一般是用专用仪器仪表或标准设备，在安装地点定期对电能表或互感器实际运行状况的检验，并检查计量二次回路接线的正确性，其目的是考核电能计量装置实际运行状况下的计量性能，以保证在用电能计量装置准确、可靠地运行。

为查明和确认计量器具是否符合法定要求的程序称为计量器具的检定，包括检查、加标记和（或）出具检定证书。

为查明计量器具的检定标记或检定证书是否有效、保护标记是否损坏、检定后计量器具是否遭到明显改动，以及其误差是否超过使用中最大允许误差所进行的一种检查称为计量器具的检验。

在规定条件下，为确定测量仪器或测量系统所指示的量值，或实物量具或参考物质所代表的量值，与对应的由标准所复现的量值之间关系的一组操作称为校准。

电能计量器具的检定必须按照计量检定规程进行。对计量器具的检定要求、检定项目、检定条件、检定方法、检定周期以及检定结果的处理等检定规程都已做出了明确规定。

现场检验是电力企业为了保证电能计量装置准确、可靠运行，在电能计量器具检定周期内增加的一项现场监督与检验工作。

（6）周期检定（轮换）。

电能表、互感器的周期检定不同于现场检验，它是定期将运行中的电能表、互感器轮换拆回后在试验室进行的检定，电力行业约定俗称的专用语称为周期轮换。

确定检定周期的主要依据是《电能计量装置检定规程》和《电能计量装置管理规程》，同时参考计量器具的使用条件、使用频度、使用单位的维护保养能力、长期稳定性和可靠性以及历年周期检定合格情况等因素。

（7）抽样检定。

对于运行中的Ⅴ类单相电能表，在周期检定（轮换）的基础上增加的抽样检验工序，以此来保证此类电能表的准确、可靠运行，在选用优质电能表的前提下，即可减少工作量，提高工作效率。检定对象包括：国产单相感应式长寿命技术电能表；新装用的静止式单相电能表以及电子式智能预付费电能表等。

（8）运输。

1）防护措施。待装的电能计量器具和现场检验用的计量标准器、试验用仪器仪表在运输中应有可靠、有效的防护措施，如防振、防尘、防雨措施等。经过剧烈振动或撞击后，电能计量器具应重新检定。

2）运输工具。高、低压电能计量装置的安装、轮换和现场检验应配置具有良好减震性能的专用电力计量车。待装电能表应置于有防振特性的专用运输箱内，电能表不能叠放，电能表间应加一定的防振措施。在未采取防护措施前，严禁用自行车、摩托车运输已经检定合格的电能表。

3. 印证管理

检定后的电能计量器具，为标明检定结果，防止他人随意改动，必须采用一定形式的封印。只有破坏封印，才能触及计量器具内的部件，而一旦封印被改动，其标记就不能再被复原。电能计量器具的检定结果，应按照检定规程规定的格式填写检定证书，以保证其结论的完整性和严肃性。

（1）哪些计量器具应加封印，哪些控制或调试部位应封缄，以及封缄的材料如标签、焊料、线材、涂料等，都应由电能计量技术机构做出规定。

（2）封印有固定的位置，具有与"门"的"封条"类似的作用，不允许他人随意开启，只允许有资格者开启才具有合法性。因此，封印管理的目的，就是要保持其完整。

（3）电能表的封印部位一般是在其表盖左右或上下两端及接线端子盒盖的紧固螺栓上加铅封；互感器则是在其二次侧输出端子盒盖上施加封印。

（4）封印的种类一般有铅封、标签、焊料、线材、涂料等多种，应针对封印位置的不同状况，选择相应合适的封印形式。不论使用何种形式的封印，都要能够达到一经改变即明显可见的效果。

（5）标记类别应有"合格""准用""限用""禁用""计量标准""封存"等字样。

三、计量管理稽查标准

电能计量稽查是检查电能计量装置管理的全过程，主要包括电能计量方案审查，计划管理，资产管理，抽检、检定（轮换）制度的执行，封印管理等。

1. 规章制度

应建立计量管理办法、业务规范，制定计量各岗位的考核办法。

2．电能计量装置设计审查

（1）制定和审查应有专人负责。

（2）审查内容应全面，包括计量点、计量方式（电能表与互感器的接线方式、电能表的类别、装设套数）的确定，计量器具的型号、规格、准确度等级、制造厂家、主要技术参数和功能，互感器二次回路及附件的选用、电能计量柜（箱）的选用，安装条件等内容。

（3）电能计量装置的配置应符合规定，应充分考虑减少电能计量装置误差、提高计量安全性和可靠性的技术措施。

（4）电能计量装置的配置应符合节能降损的要求。

（5）电能计量装置设计应符合国家有关技术标准、管理规定及中国南方电网有限责任公司计量典型设计方案的有关要求。

（6）省级电网经营企业与其供电企业供电关口计量点的电能计量装置的设计审查应由电网经营企业的电能计量专职管理人员、电网经营企业电能计量技术机构和有关发、供电企业电能计量管理或专业人员参加。

（7）书面审查意见应由各方代表签字，审查中发现不符合规定的部分应在审查结论中明确列出，交由原设计部门进行修改设计。

3．投运前验收

（1）新建的电能计量装置投运前都应进行验收合格。

（2）验收程序应全面，包括审阅技术资料、现场核查、验收试验、验收结果的处理等环节。

（3）电能计量装置的安装应严格按照方案要求执行，应按照相关管理及技术规范要求进行检验。

4．计量标准配备和量值传递

（1）计量标准的配备应符合《电能计量装置技术管理规程》（DL/T 448—2000）要求。

（2）建立的计量标准，应经计量权威机构，如电力科研院（所）、电力试验研究所的审核。

（3）计量标准应经上级计量部门批准。

（4）计量标准需经检定合格并具有有效合格证。

（5）检定应具有符合规定所需的环境条件。

（6）检定人员应具有符合等级的、有效的检定员证。

（7）应具有完善的管理制度。

5．计量标准建标考核

（1）各省（区）公司新建各项最高等级计量标准，应向网公司计量办公室申请建标考核；各省（区）公司新建各项最高等级以下计量标准，应向省（区）公司计量办公室申请建标考核；各省（区）公司下属单位新建各项计量标准，应向省（区）公司计量办公室申请建标考核。

（2）申请资料的审查应全面，符合《计量标准考核规范》（JJF 1033—2008）及电网公司考核管理办法的规定。

（3）计量标准器具管理应符合规定，应按照周期检定计划进行送检，超期未检的，即认为失准，不得使用，由上一级量值传递机构查封。

（4）计量标准考评员应符合资格要求，应持证上岗。

6．采购

（1）上、下级选型权的划分应明确、合理；电能计量装置选型应符合相关选型要求和计量装置的配置原则。

（2）上、下级采购权、合同签订权的划分应明确。

（3）采购程序和时间要求应明确。

（4）各基层供电企业的计量部门应在规定时间内上报下季度电能表的新装和轮换用表需求量，应设专人进行复核，各单位和部门负责人应经过认真复核后签字盖章。

（5）应由权威机构验证样品的技术性能符合技术要求，验证厂家的计量器具许可证（CMC）和出厂检验合格证后，再进行招投标进行采购。

（6）对合同签订过程应有必要的程序进行监督，防止在招标外的选择自由度过大，出现权力寻租现象。

7．验收检测

（1）计量装置应全部进行检验。

（2）验收内容包括装箱单、合格证、使用说明书、铭牌、外观结构、安装尺寸、辅助部件、功能和技术指标测试等。

（3）验收应符合国家和电力行业相关标准，包括《2.0级交流电能表的验收方法》（GB/T 3925—1983）、《1级和2级直接接入静止式交流有功电能表验收检验规程》（GB/T 17442—1998）、《电能计量柜》（GB/T 16934—2013）等。

（4）应出具验收报告，办理入库手续，进行条形码管理，建立计算机档案。

8．库存管理

（1）应建立资产管理台账及档案。

（2）应授权专职负责档案管理，档案信息应全面真实，应定期进行账实核对，核对不符的情况应查明原因及时处理。

（3）应授权专职负责库存管理，库存管理与账簿档案管理职务应相分离。

（4）资产出入库、领用、转借、调拨应符合规定程序，手续应真实完整，应经过审批，且审批符合权限。

（5）计量器具及标准装置存放条件应符合国家相关技术标准。

（6）计量器具入库后，应按照制定的技术验收标准进行检定。

（7）资产报废应符合规定程序，并经过审批。

9．检定（轮换）管理

（1）应依据国家及单位相关技术标准，包括《电能计量装置检定规程》（SD109—1983）、《最大需量电能表检定规程》（JJG 569—2014）、《电子式交流电能表检定规程》（JJG 596—2012）、《分时记度（多费率）电能表检定规程》（JJG 691—1990）、《电能计量装置技术管理规程》（DL/T 448—2000）等，对计量器具性能、使用条件、使用频度、维护保养情况以及历年周期检定的合格情况，制订抽检、检定（轮换）、现场检定计划。

（2）计划应经负责人审批，审批应符合权限。

（3）抽检时采用的抽样方法和样本量应符合《孤立批计数抽样检验程序及抽样表》（GB/T 1528）技术规定，样本量一经确定不能随意变化。

（4）应建立本单位电能计量最高标准及相关档案，应符合相关技术管理规程，并经上级部门审核；各基层供电局不得新建高于管理规程规定的计量最高标准。

（5）计量器具检定过程应按照规定进行操作，检定结果应经复核，检定不合格的计量器具应按规定换回或降级使用。

（6）对受检率和合格率应制定考核标准，对未达标准的情况应有相应处罚措施。

（7）尽量装置应达到考核指标要求：①电能表，周期轮换率100%，现场检验率100%，现场检验合格率95%；②电压互感器二次回路电压降，周期受检率100%，周检合格率98%，计量故障差错率<0.8%；③电能计量标准，周期受检率100%，周检合格率98%。

（8）对于用户提出的检验申请，应及时进行检定，程序应符合规定，确定计量装置异常后，应按规定程序进行电量补（退）处理。

10.封印管理

（1）应定期制订本单位及组织下级单位制订各种封印购置计划，计划应经审批。

（2）对封印的采购、供应商的选择应符合规定程序。

（3）对各种封印的编码应符合单位相关规定和标准，编码应唯一。

（4）封印的保管、入库、发放、回收、报废应符合规定程序，应设专职负责。

（5）计量封印的遗失、作废应按相关规定、程序进行处理。

（6）应建立封印管理台账及信息档案，应定期进行账实核对，对不符情况应及时查明原因并处理。

（7）封印的持有和操作应符合权限规定，对封印持有人员的范围和人数的确定应经审核批准。

（8）计量封印的持有和保管职责应分离。

（9）应对下级单位计量封印管理情况进行监督，定期将本单位计量封印管理情况上报上级部门。

第五节　客户服务稽查标准

随着我国经济的快速发展和与国际市场间大范围的接轨，电力企业已经主动或被迫地进入了一个竞争相当激烈的国内外市场中，效益成为企业生存的前提和发展的源泉，而以优质的服务促进产品的销售，也日益成为实现企业效益最大化的重要手段。

一、客户服务在电力营销中的作用

客户服务在电力营销中的作用是促进电能交易和满足电力客户的需求。满足客户的需求主要包括：满足客户对电力产品的全部需求，满足客户不断变化的需求，满足不同客户的需求。从表面上看，服务是无形的也不发生实物所有权的转移，但是在供电企业中，客户服务部门担负着电力客户和企业之间的桥梁作用。

客户服务是整个电力营销管理系统对外的窗口，在与客户沟通并为其提供各种服务的同时，客户服务要接受客户电力需求信息，负责监督协调有关部门进行办理，将处理结果及时反馈给客户，使内、外部信息传递快，审批层次少，工作流程简捷、效率高。同时，还要使整个企业所有机构对客户负责，形成各部门协同配合的大服务格局。

在整个电力市场营销管理过程中，电力客户处于中心地位，与电力生产者和电力经营者之间有机联系在一起，组成了利益共同体，并成为电力市场中牵动一切电力活动的源头。做好电力客户服务工作，深化优质服务，有助于树立良好的企业形象，促进企业外部环境的优化，产生更大的经济效益。同时，电力企业作为社会公用事业和国有企业的地位和性质，决定了必须承担应有的社会责任，为国民经济和人民生活提供优质的电能和良好的服务，为社会做出应有的贡献。因此，电力客户服务工作是社会效益和经济效益的有机统一。

二、客户服务工作内容

客户服务按照顺序可以划分为售前服务、售中服务和售后服务。

1. 售前服务

售前服务的宗旨是得到客户的信任。服务工作内容包括用电咨询、用电宣传、业扩报装、施工安装、签订供用电合同等事宜。在此阶段，虽然电能交易还没有发生，但是事实上各项前期费用的交易已经发生了。一个大客户从网上购买电能并不是唯一的选择方式，例如，他们可以选择建自备电厂或者是选用其他能源，客户售前服务的效果会极大地影响客户对能源使用的选择性，即使客户在选择上采取分流的形式使得用电量下降，也相当于客户的流失。因此，在售前服务的每一个细节，包括方便的联系方式、提供可靠的信息、提出合理的建议和指导、方便而简捷的手续、热情的接待、及时的答复询问以及工程的进展等，都是得到客户肯定和信任的关键环节。

2. 售中服务

售中服务的宗旨是使客户得到满意。售中服务是指客户在使用电能的过程中，供电公司为其提供的服务。售中服务工作内容包括接电并可靠供电、保证电能质量、故障抢修及时、抄表收费准确、用电检查到位等项事宜。灵活的服务方式、良好的服务态度、必要的服务设施都是呵护客户并使其满意的保障。获得一个新客户的成本远比保留一个老客户的成本要大得多，因此做好售中服务，让老客户满意是企业获得长期利润的保证。

3. 售后服务

售后服务的宗旨是使客户感到愉悦。售后服务内容主要包括承诺兑现和投诉受理。

电力客户服务中心为电力客户提供综合性全方位售后服务，包含信息服务、营销服务、调度服务和抢修服务。通过营业厅、呼叫中心、客服电话95598和互联网站，为电力客户提供多层次、全方位远程电话服务和因特网服务的综合业务服务平台。全天24小时为广大电力客户提供电力信息查询、咨询、故障报修、业务受理、投诉等服务。即使电力客户足不出户，也能得到所需的一切供电服务。

（1）客户业务受理。通过营业厅或客户服务数字语音信息支持系统人工坐席应答或营业厅柜台服务，能够受理各类客户的新装、增容等用电业务，形成工作流，进入电力营销管理信息系统流程，以电子传票方式形成闭环流程处理。

（2）客户信息咨询查询。通过客户服务数字语音信息支持系统人工坐席应答、自动语音应答、Internet网上浏览、网上下载等方式，客户能够查询所需政策法规、业务办理程序、停电预告、电量电费、事务处理流程等信息及有关数据资料。人工咨询与自动查询能够方便切换。客户也可利用营业厅多媒体窗口进行自助查询。

（3）电力故障报修。通过呼叫中心的客户服务数字语音信息支持系统人工坐席应答，受理各类电力故障报修，并迅速进入系统业务流程。依据客户主叫号码或户号等数字信息，借助配电网管理信息准确进行故障性质判断与故障点定位，抢修指令通过计算机网络发送至相关抢修部门或流动服务快速反应系统进行抢修。电力故障处理完毕后，立即将恢复供电信息反馈给客户，并接受客户监督。

（4）客户投诉。通过客户服务数字语音信息支持系统人工坐席应答或营业厅、电子邮件等，受理客户对供电服务的各类投诉，通过计算机流程传递投诉情况，与职能管理部门形成闭环处理控制，并将处理结果反馈给投诉客户。系统应对客户投诉内容进行实时分析，向相关部门提出警示信息和改进建议。

（5）停电预告。主要通过供电特服电话，将停电预告的文本信息转化为语音信息自动呼出，或通过传真、网上发布、电子邮件等方式，按计算机流程控制向重要客户预告停电信息。

（6）客户欠费提示。通过供电特服电话自动呼出、传真、电子邮件等方式，按计算机流程控制对欠费客户进行自动、定时呼出，并播放催缴电费语音提示信息。

（7）业务监督。可查询所有受理业务的录音及相关业务办理资料。客户服务数字语音信息支持系统班长坐席能够实时监听其他坐席的话务受理过程；能够对正在办理的业务起督促作用；能够对完成办理的业务数据可进行自动考核、汇总、分析。

（8）电话缴费与网上缴费。通过与银行专网的实时联网，电力客户可方便快捷使用电话或登录因特网，经身份认证后，方便快捷地缴纳电费。

（9）市场信息和客户满意率调查。由客户服务数字语音信息支持系统自动播放引导式语音，客户利用按键与系统交互，完成各类业务信息的采集。客户也可通过与人工坐席代表的交谈，提出要求或建议，由系统对这些信息进行挖掘和分析，形成综合分析报告。

三、客户服务稽查标准

客户服务稽查是通过对信息流转是否顺畅、客户服务质量是否符合标准等的检查，促进企业员工牢固树立"以客户需求为中心"的服务理念，不断提高供电企业为客户服务的水平。

1. 规章制度

应建立客户服务管理制度、工作标准，制定客户服务考核办法。

2. 营业窗口

（1）营业场所设施的设置、摆放应标准、规范。

（2）营业环境应符合供电营业规范化服务标准。

（3）营业场所的 VI 标识应符合企业标准。

（4）营业场所应严格按照规定的营业时间营业。

（5）营业厅工作人员的着装、仪容、行为、语言应符合相关服务行为规范。

（6）营业时间内应严格遵守相关劳动纪律和规章制度。

（7）营业场所应按照相关规定公布电价、收费标准、业务办理程序、服务承诺等信息。

3. 受理、记录和结转

（1）客户向供电企业提出服务需求的渠道应多样和畅通，检查电话、传真、信函、互联网、现场、其他社会组织等多种信息渠道的设置和使用情况。

（2）应全天 24h 受理客户服务业务，客户平均等待接通时限应小于规定时间。

（3）答复客户的渠道应畅通，答复内容应全面、细致，如停电信息、电量电费、欠费、电表行度、报装进度、电价、电力法规等。

（4）对大客户和重要用户应直接以人工方式进行服务。

（5）客户服务信息中心坐席人员应能准确地分析客户需求信息，能够处理的则及时处理、答复客户，处理不了的应及时转入业务流程或其他部门处理。

4. 咨询

（1）客户服务信息中心坐席人员应对客户咨询信息比较熟悉，包括业扩报装、工程进度、电费、修试表、电价、停送电、一户一表改造、欠费复电、错峰用电、电力法规、缴费手续、违约金、公用电量摊分、抄表、电费单据派发等内容。

（2）对客户咨询不能即时答复的，应做好详细记录，并请客户留下联系姓名、地址及电话，并及时发送相关部门或单位限时解答，最后由客服中心按照规定时间及时回复客户。

5. 故障报修

（1）95598 客服中心应全天 24 小时不间断提供电力故障报修服务。

（2）客服人员应准确地询问基本情况，输入客户基本信息，确定停电原因，对属于抢修范围内的故障停电，填写故障时间、故障地点、故障范围，将业务工作单按照规定时间及时传递给抢修部门，并电话联系予以确认收到报修信息。

（3）抢修人员应按照规定时间及时到达现场。

（4）抢修人员应在规定时间内把到达现场时间、事故原因、预计复电时间及时报客户服务信息中。

（5）故障修复后抢修人员应立即口头回复 95598 客服中心，然后按要求填写工作传单反 95598 客服中心，内容包括抢修人员到达现场时间、事故原因、处理过程、现场处理结束时间、事故抢修人员名单。

（6）95598 客服中心应按照规定时间在不影响客户休息的前提下，电话回访客户（深夜除外），了解客户满意度，填写回访情况并归档。

（7）应跟踪故障报修处理情况，并对承办部门的服务质量、时限提出评议。

（8）如果是非故障停电，应按照规定时间及时转入其他业务部门。

6. 投诉与举报

（1）客户通过电话、传真、邮件、信件等方式向95598客服中心提出投诉、举报，或上级及其他单位转来的客户投诉举报，坐席人员应立即全面、准确记录客户投诉内容，形成工作单并转主管部门。

（2）主管部门应按照规定时间及时提出处理意见，并回传95598客服中心：属供电质量、服务质量、窃电行为、违章用电、盗窃电力设施和电力外力破坏的投诉或举报，应转相关业务部门；属行业作风、员工违纪的，应转纪检部门。

（3）业务、纪检部门应按照规定时间及时将处理情况反馈95598客服中心。

（4）95598客服中心收到相关部对投诉举报处理完成的信息后，应按照规定时间及时电话回访客户，了解客户满意程度。

（5）95598客服中心应及时将工作单存档。

7. 用电业务

用电业务包括电量、电费异议、报装、客户信息更改、计量装置故障、欠费停电、用电事故等方面的用电需求。

（1）坐席人员应能正确地给予答复和进行业务办理指导。

（2）坐席人员应按照规定时间及时将工作单转到相关部门。

8. 表扬建议

（1）95598客服中心接到客户通过电话、传真、邮件等方式的表扬建议后，应按照规定时间及时将相关信息录入工作传单，并转主管部门。

（2）建议信息应由相关部门按照规定时间及时研究处理，同时把处理意见回95598客服中心；表扬信息应按照规定时间及时转相关部门，同时进行通报。

9. 上级监管

（1）省级监管部门应及时全面跟踪客户服务处理结果。

（2）各95598客服中心应与省级监管部门实行全天24小时联网运行，联网实时监控信息至少每5分钟自动刷新一次。

10. 信息统计及分析

（1）95598客服中心每天的服务信息统计应到24：00。

（2）95598客服中心定期对服务信息进行统计、分析，编制客户信息周报或月报，并在规定时间内上报省监管中心。统计内容主要包括话务量，各类业务受理量，投诉举报内容、处理情况及办结率，客户信息回复率，客户满意度等。

（3）95598客服中心对上报的统计数据应有必要的核查程序。

（4）省级监管部门应每周、每月编制全省客户服务信息简报上报省公司领导和下发各供电局。

（5）省级监管部门应统计各95598客服中心客户服务信息受理情况，对客户咨询、投诉等进行统计分析，提出处理意见和建议，定期编写客户服务信息分析报告。

11. 信息发布

（1）停电信息。计划停电、临时停电应按照服务要求和期限提前通知客户。计划检修停电应提前7天公告停电区域、停电线路、停电时间，并通知重要客户。临时检修停电必须提前申请，并应提前 24 小时通知重要客户，在停电前 30 分钟应将停电时间再通知用户一次。重要客户计划停电应同时报送同级电力管理部门。

（2）错峰用电应提前通知需错峰的客户。

（3）缴费信息及欠费催缴等相关信息应按照规定时间，采取规定的方式发布。

12. 信息更新

（1）95598 客服中心应及时核实客户身份，包括客户联系人、联系电话、办公电话、联系地址、项目名称等。

（2）根据 95598 客服中心系统提醒功能，应及时填写客户信息更新工作单，传送相关业务处理部门。

（3）各业务部门应在接到工作单后应在规定时间内更新有关内容，并将更新结果返回 95598 客服中心。

13. 服务监督

（1）营业场所应设立客户意见箱或意见簿。

（2）客户提出的意见建议应及时跟踪回复。

（3）应按规定公示和披露相关信息。

（4）营业场所应严格执行所长接待日制度，接待时间应在营业场所公示。

（5）应按规定聘请服务质量监督员。

（6）应定期召开客户座谈会和走访客户。

第六节　停电管理稽查标准

一、停电管理概述

供电企业停电一般分为两个方面，一是企业内部，如厂站停电输变配电设备综合停电等；二是与营销相关的客户停电。

（一）定义

客户停电指因供电设施检修、依法限电、客户违法用电，需要中断供电，或因外力破坏、设备故障导致的客户供电中断。客户停电时间反映了供电企业的可靠供电水平，是衡量供电服务水平高低的重要指标。

（二）种类

1. 预安排停电

指凡预先已做出安排，或在 24 小时前得到批准（或按供电合同要求的时间）并通知主要客户的停电，分为计划停电、临时停电。

（1）计划停电：有正式计划安排的停电，包括计划检修停电、计划施工停电、客户申请停电。本规定的计划停电是指至少提前 7 天提交的停电申请。

（2）临时停电：事先无正式计划安排，但在 24 小时（或按供电合同要求的时间）以前按规定程序经过批准并通知主要客户的停电，包括临时检修停电、临时施工停电、客户临时申请停电。

2．故障停电

指供电系统因供电设备故障（不能继续使用）未能按规定程序提出申请并在 24 小时前（或按供电合同要求的时间）得到批准且通知客户的停电，分为内部故障停电好外部故障停电。

（1）内部故障停电：本企业管辖范围以内的电网或设施等故障引起的停电。

（2）外部故障停电：本企业管辖范围以外的电网或设施等故障引起的停电。

3．限电停电

指在电力系统计划的运行方式下，根据电力的供求关系，对于求大于供的部分进行限量供应，包括自觉错峰和强制错峰。

（1）自觉错峰是指根据政府批准的错峰计划，结合电力供应的缺口而安排客户在规定时间段的不拉闸限电。

（2）强制错峰是指因错峰计划执行不力或电力供应缺口加大，由供电企业对供电设施进行操作而实施的拉闸限电。

4．其他停电

指因用电客户违法用电、逾期未交付电费等违反法律法规的情况，供电企业依法采取的停电。

二、客户停电管理基本要求

1．预安排停电管理

预安排停电应尽量减少重复停电次数。计划施工、检修停电至少提前 7 天制订计划，临时施工、检修停电至少提前 24 小时上报；其中计划检修一般要求通过营业场所、供电企业网站等提前 7 天公告，并通知到重要客户、大客户、专用变压器客户和大型居民住宅区。临时检修提前 24 小时通知到重要客户、大客户、专用变压器客户和大型居民住宅区。

2．故障停电管理

"95598"服务热线 24 小时受理供电故障报修服务，供电企业工作人员到达现场抢修的时限，自接到报修之时起，城区范围不超过 45 分钟，农村地区不超过 90 分钟，边远、交通不便地区不超过 2 小时。因天气、交通等特殊原因无法在规定时限内到达现场的，向客户做好解释工作。

3．限电停电管理

供电企业要对错峰客户 100％提前告知，须按政府批准的错峰计划及有关规定和程序，根据电力供应缺口来执行。

4．其他停电管理

（1）客户逾期未交付电费的，供电企业可依据相关法律，按国家规定的程序停止供电。

（2）客户违反相关法律，危害供电、用电安全或者扰乱供电、用电秩序的，情节特别严重的，供电企业可按国家规定的程序停止供电。

（3）因道路建设、房屋拆迁等市政建设需要配合停电的，由政府部门出具正式函件，供电企业可按国家规定的程序停止供电。

三、客户停电时间管理

1. 概念

（1）客户平均停电时间。统计期间内客户的平均停电时间，单位以小时表示，计算公式如下：

$$客户平均停电时间＝\sum(每户每次停电时间)/总客户数$$
$$＝\sum(每次停电持续时间\times每次停电客户数)/总客户数$$

（2）客户平均预安排停电时间。统计期间内客户的平均预安排停电时间，单位以小时表示，计算公式如下：

$$客户平均预安排停电时间＝\sum(每户每次预安停电时间)/总客户数$$

（3）客户平均故障停电时间。统计期间内客户的平均故障停电时间，单位以小时表示，计算公式如下：

$$客户平均故障停电时间＝\sum(每户每次故障停电时间)/总客户数$$

（4）客户平均限电停电时间。统计期间内客户的平均限电停电时间，单位以小时表示，计算公式如下：

$$客户平均限电停电时间＝\sum(每户每次限电停电时间)/总客户数$$

（5）客户平均其他停电时间。统计期间内客户的平均其他停电时间，单位以小时表示，计算公式如下：

$$客户平均其他停电时间＝\sum(每户每次其他停电时间)/总客户数$$

（6）客户平均停电次数。统计期间内客户的平均停电次数，计算公式如下：

$$客户平均停电次数＝\sum(每次停电客户数)/总客户数$$

（7）客户平均预安排停电次数。统计期间内客户的平均预安排停电次数，计算公式如下：

$$客户平均停电次数＝\sum(每次预安排停电客户数)/总客户数$$

（8）客户平均故障停电次数。统计期间内客户的平均故障停电次数，计算公式如下：

$$客户平均停电次数＝\sum(每次故障停电客户数)/总客户数$$

（9）客户平均限电停电次数。统计期间内客户的平均限电停电次数，计算公式如下：

$$客户平均停电次数＝\sum(每次限电停电客户数)/总客户数$$

（10）客户平均其他停电次数。统计期间内客户的平均其他停电次数，计算公式如下：

$$客户平均停电次数＝\sum(每次其他停电客户数)/总客户数$$

2. 停电时间统计

停电时间统计对象是供电企业直抄到户、计量收费的终端客户。对当年新接管暂未完成变户关系清理的供电企业，在低压客户停电统计工作开展之前，原则上可以以 10kV 供电系统中的公用配电变压器作为一个统计单位，即一台公用配电变压器作为一个终端客户，其统计口径为客户停电时间统计口径，分直供直管供电企业和全口径〔包括直供直管供电企业、县级供电企业（子公司）〕两类，两类口径应同时统计填报。

在进行停电时间统计时，要求市场营销部门负责各类停电记录填报完整，并保证各类停电事件采集的准确性、及时性和完整性。

3. 停电时间管理

客户停电时间实行分级统计管理，各地市供电局应以自然月为周期对各类客户停电指标进行统计，每月初 5 个工作日内将上月客户停电时间统计数据报省公司审核汇总，省公司于每月初 7 个工作日内报网公司市场营销部，客户年平均停电时间按照《客户停电时间统计标准》规定取 12 个月客户累计停电时间以户数加权平均。

（1）预停电。

预安排的停电时间按生产技术部门制订的典型停电操作和工作时间标准进行审批。对于生技部门没有明确时间标准的停电工作或复杂的停电工作，每次停电时间安排原则上城镇客户不超过 8 小时，其他客户不超过 14 小时。

一般来说，每个客户预安排停电原则上每年不超过 3 次，预安排总停电时间不超过 24 小时。因客户供用电合同另有规定的，按合同要求执行。

预安排停电影响到重要客户供电的，由市场部门负责与客户协商停电时间，将停电对客户造成的影响降到最小。

（2）故障停电。

因供电设施发生故障而导致客户停电的，要及时隔离故障，优化调整运行方式，减少故障影响，并及时查找故障原因，组织修复，一般故障要求抢修不超过 12 小时。

因供电系统紧急缺陷而需要紧急安排的停电（24 小时以内）实行备案制，不需要审批。

对于重大故障、重大施工停电不能在 12 小时内恢复送电的，要尽可能通过发电车、临时转电等措施保证居民和重要客户的用电。

（3）限电停电。

当电网出现异常需要紧急限电时，调度部门应当按照政府批准的紧急预案表进行停电或者限电。引起停电或者限电的原因消除后，应当尽快恢复供电。

同时，要求调度部门在限电前和限电后应及时通知市场部门，由市场部门负责通知重要客户，并做好其他客户的解释工作。

四、停电管理相关规定

在停电管理方面，中国南方电网有限责任公司和云南电网有限责任公司都分别制定了一系列相关规定，现将部分主要规定进行简要介绍。

（1）《中国南方电网有限责任公司企业标准客户停电管理办法》（Q/CSG 214029—2014），从网公司层面对客户停电管理的术语、各方面的职责、评价指标及其计算、要求、统计、资料管理、考评等进行了规定和说明。

（2）《中国南方电网有限责任公司企业标准中国南方电网有限责任公司客户停电考核管理办法（试行）》（Q/CSG 214044—2011），从网公司层面对各省公司直供直管供电企业、县级供电企业（子公司）客户停电管理指标和工作质量的考核进行了规定。

五、停电管理稽查

1. 停电管理稽查的意义

进行停电管理稽查时，稽查部门人员应依法依规全面开展客户停电管理工作，对客户停电管理进行监督、检查，以起到进一步加强停电应急管理和抢修工作，提高工作效率和质量，确保按时停送电，不断提高供电可靠率，切实提升供电服务水平的相关和目的。

2. 停电管理稽查的内容

一般来说，停电管理稽查的主要内容有以下几个方面：

（1）客户综合停电管理制度和标准的建立及执行情况重点检查客户停电审批制度（标准）是否建立完善，是否严格执行。

重点加强客户综合停电管理，把停电关注点转向客户，尽最大可能为客户提供连续、安全、可靠的电力供应，减少客户停电时间。

通过回访客户的方法，了解供电企业规范停电程序的情况，了解欠费客户交清电费后是否及时送电等。

（2）客户停电管理的沟通协调工作。

检查是否主动向客户宣传电力供需形势，了解大客户的检修停电要求，并及时与客户协商安排公司供电设施、线路检修计划，尽量做到同步检修，避免重复停电。

（3）客户停送电工作情况。

检查相关工作部门、人员是否切实关注用电客户设备管理；有无主动与用电客户沟通，完善用电客户电气设备运行、检修、操作规程制度的编写与执行；有无协助用电客户开展反事故、违章工作，尽量减少或杜绝用电客户电气事故和因用电客户引起的电网安全事故发生。

检查是否存在不符合安全供电要求的情况，是否存在安全隐患，如有，且属于供电部门管理的资产，立即安排整改；若属于客户自行管理的资产，及时向客户书面进行反馈，并协助、督促客户限期整改，及时消除隐患。

（4）客户停电应急管理与抢修工作。

检查客户故障报修队伍是否做到 24 小时受理供电故障报修服务。

（5）客户停电统计与分析工作。

检查完善的停电管理考核办法。检查客户停电时间统计是否真实，各类停电事件采集是否准确、及时和完整。是否应用营配一体化平台实现停电事件信息化管理和客户停电指标自动统计。

（6）客户停电稽查工作的常态运行情况检查稽查队伍建设情况，停电管理工作各个环节能否形成闭环。

（7）客户停电通知情况。

检查客户预安排停电管理方面，计划施工、检修停电应至少提前 7 天制订计划；临时施工停电至少提前 24 小时按规定上报审批。

检查计划施工、检修停电能否做到提前 7 天在营业场所、供电企业网站等进行公告，对重要客户、一类客户和大型居民住宅区，告知率能否达到 100%；临时施工是否提前 24 小时通知，重要客户、一类客户和大型居民住宅区，告知率是否达 100%。

检查对外公告的方式是否科学、适用；对外公告的内容是否准确，有无遗漏，检查通知重要客户的记录是否完整。

（8）停、限电管理。

要检查当发、供电系统发生故障需要停电、限电或者计划限、停电时，是否严格按确定的限电序位进行停电或限电。检查是否制定了限电序位，限电序位是否已经事先对外公告。

（9）欠费停电管理。

重点检查是否制订了欠费停电审批制度，查阅催费通知单，检查欠费停电程序执行情况，工作人员是否提前3～7天通知客户。

六、案例

🔍 基本情况　未按规定停电，无端损失数万元。

2002年7月，××县政府下发"新政文49号"文件，决定成立××县二期农村电网改造领导指挥部。至此，××县二期电网改造工作全面开展。2002年12月15日，××供电所在县电视台作停电公告："因城网改造架设新线路，需对市场西门、花街（新临路西段）、周黄（潢）路北段停电，停电时间：2002年12月15～19日，早8点至晚19点。新临路停电时（间）：15～19日，望××企事业单位和居民做好停电准备。××供电所，2002年12月15日。"后因天气下雨，××供电所又于2002年12月19日在县电视台第二次做出延长停电公告："原通知新临路停电时间，因天气下雨，无法施工，停电时间继续延长。××供电所，2002年12月19日。"从12月16日起，某冷库开始停电，24日晚来电，25日白天又停电，到26日才正常通电。停电造成冷库直接损失为37251.40元。冷库承包方向××县法院提起赔偿诉讼，要求供电所赔偿因违法停电造成的损失59000元，并承担支付的代理费1600元及诉讼费用。

法院认为，原告在承包冷库期间，被告向原告所承包的冷库供电并按照国家核准的电价和用电计量装置的记录，向原告收取电费，原告按时交纳电费，被告出具收取电费的发票，双方虽未签订书面供用电合同，但已形成事实上的供用电合同关系。依照《合同法》的有关规定，依法成立的合同受法律保护。

2002年，县政府为了开拓城乡用电市场，保障电力供应，在全县区域内实施二期农网改造项目，并成立了专门指挥部，分期分批分片进行改造，此项工程属供电设施的计划检修。虽被告单位于2002年12月15日因电网改造发布了停电公告，但按照《中华人民共和国电力法》第二十九条第一款，国务院《电力供应与使用条例》第二十八条第（一）项之规定，供电设施计划检修需要停电时，供电企业应当提前7天通知用户或进行公告，但被告违反此规定，未依法定时间公告停电，对造成原告损失及发生此案纠纷被告应负主要责任。

法院根据《中华人民共和国合同法》第一百一十九条、第一百七十六条、第一百八十条，《中华人民共和国电力法》第五十九条第二款，《中华人民共和国民事诉讼法》第六十四条第一款之规定，做出如下判决：

（1）原告因停电造成损失37251.40元。被告电业局赔偿原告损失26075.98元，此款于判决书生效之日起10日内偿付。其下余11175.42元由原告自行负担。

（2）驳回原告其他诉讼请求。

案件受理费2330元，鉴定费2000元，其他费500元，合计4830元，原告负担1450

元，被告负担 3380 元。

经验教训 从案例情况可见，案例中法院判决供电所对案件纠纷负主要责任的依据就是"供电设施计划检修需要停电时，供电企业应当提前 7 天通知用户或进行公告"。如果供电所严格按照"提前 7 天通知用户或进行公告"的规定开展停电管理工作，供电所基本上可立于不败之地。

因此，在开展停电管理稽查工作时，应特别注意供电企业在规章制度的完善和执行情况方面下功夫，严查是否存在不按规章制度开展工作的情况。

第四章

电力营销稽查方法及实例

电力营销活动是供电企业的销售环节，是供电企业经营成果的综合体现。营销稽查工作必须遵循科学的方法，要根据稽查内容的风险性大小选择适当的方法。稽查工作方法使用得当，可以使稽查工作在监督过程中有的放矢，起到事半功倍的作用。对于问题较多、营销管理混乱的单位，必须详细稽查；对于营销管理规范的单位，可以使用常规方法稽查。常规稽查方法主要有审阅法、抽查法、核对法、逆查法和比较分析法，这五种方法可在不同的场合灵活采用。

第一节　业扩报装与变更用电稽查

一、用电申请受理稽查

（1）查看业扩报装台账与客户档案中客户填写的用电申请书、营销信息管理系统中建立的业扩信息及客户资料内容是否一致且完整、准确。受理的业务是否符合国家法律、法规、产业政策和公司相关制度的规定。稽查受理客户申请时是否将有关申请内容录入营销信息管理系统业扩子系统，使整个业扩流程从一开始就处于系统监管之下。在稽查流程时，先打开营销信息管理系统，输入该客户名称、户标识号或电表局号，再点击业扩信息及客户资料，比对原始工作传单，查看工作人员签署的结束环节日期，稽查该业务是否按时限要求进行流程流转，有无超时限。

（2）稽查用电申请受理资料是否全面、清晰、符合申请要求，客户联系人、联系电话、是否齐全，户名、用电地址、用电性质、用电设备容量的填写是否与现场一致，台账、营销信息管理系统中客户资料及供用电合同有关内容、原始工作传单与现场实际是否相符。重点稽查以下资料：

1）工业用电：用电工程项目批文、用电地点、用电负荷、用电性质及用途，用电设备清单，保安电力及供电可靠性要求，基建用电及用电区域平面布置图等。

2）商业用电：营业执照、组织机构代码证、工商许可证、立户人（产权所有者）居民身份证或户口簿、房产证或租房协议（租房协议必须明确电费缴纳义务），负荷组成和用电设备清单等。如有复印件，必须核对是否与原件一致。

3）居民用电：用电地址的产权证复印件，产权人的身份证复印件，用电报装单；若是租户则需有租用协议书，产权人需有供电电费担保书。

4）有关用电资料：涉及第三方的用电变更业务，应有第三方有效证件及相关资料。

5）其他与业扩报装有关的文件。

（3）稽查用电营业场所是否公布办理各项用电业务的程序、制度和收费标准；是否设立方便客户查询业扩报装工作进程的查询系统，并查验客户经理的有关记录台账。

（4）稽查发生业扩流程异常终止情况的原因，是否由于业务人员责任造成或者由于客户自身原因造成。

（5）稽查各项业务收费是否符合国家政策规定的项目及标准；是否存在自立业扩收费名目或擅自调整收费标准的现象；稽查业扩费用是否由客户服务中心统一收取。

（6）稽查举例。

稽查用电申请受理流程中是否存在某环节超时限，或擅自越权办理审批现象。业扩流程的时限稽查通常采用抽样方法，在已完成业扩报装流程归档的资料中，按高压、低压或居民客户类别抽样稽查某些客户资料。

1）按稽查程序首先检查该客户档案资料的完整性。

2）稽查业扩报装资料是否在客户用电申请的同时即被录入营销信息管理系统，是否存在未按业扩流程办理业扩报装的情况，是否按规定时限要求进行程序流转。

3）必要时可与客户联系，了解受理人员当时对所受理的业务是否履行了办理该项用电业务的程序、制度、收费标准以及告知义务，为客户办理用电业务的过程时间是否超时限及客户对服务的意见与建议。

二、供电条件勘查及供电方案确定的稽查

（1）稽查用电营业机构是否及时组织有关人员到客户用电现场进行勘查，核定客户用电容量及性质是否符合政策要求与客户需求，初步确定供电电源数、电源点位置、供电电压、供电线路及计量方式是否按照电网的实际供电能力与发展规划及相关技术标准执行，是否能满足供用电安全、经济、合理和便于管理的要求。

（2）通过查阅核对有关资料、现场查证方式，复核供电方案的确定和答复期限是否存在延期现象。首先查看原始工作单勘查意见勘查环节的移交日期及营销信息管理系统、供电企业确定的供电方案正式批复文件日期相互进行核查比对，确认是否超时限。

（3）稽查在不能如期确定供电方案的情况下，是否向客户说明了原因，如客户有不同意见时，是否在1个月内提出意见，双方再行协商确定，客户应根据确定的供电方案进行受电工程设计。

（4）稽查供电方案的有效期，是指从供电方案正式通知书发出之日起至受电工程开工日为止。高压供电方案的有效期为1年，低压供电方案的有效期为3个月，逾期注销。客户遇到特殊情况需延长供电方案的有效期时，应在有效期到期前10天向供电企业提出，供电企业视情况办理延期手续，但延长时间不得超过前款规定期限。

（5）稽查确定供电电压正确性，应根据客户的用电性质、用电容量、供电方式、供电距离以及当地的供电规划等因素考虑。

（6）稽查电能计量方式的正确性，计量点应在供电方案中予以明确，以便在工程设计时预留位置。原则上应设在客户与供电企业设施的产权分界处，如产权分界不具备安装条件，计量点可以协商安装在便于管理之处。

（7）稽查用电性质、电价及电价构成是否正确，工程费用是否合理、是否符合国家政

策和相关规定等。

（8）稽查供电方案的内部审批是否符合管理规定，稽查供电方式的确定是否符合供用电安全、经济、合理和便于管理原则。

（9）供电方案必须符合国家有关政策、地方经济、发展规划及电网发展规划的要求，对客户负荷增长的预测和供电能力增长预测要准确；对其他客户的影响必须最低；线路与设备的运行维护要安全、方便；功率因数须达到规定标准。

三、受电工程稽查

受电工程的稽查包括设计审查、中间检查、工程验收，其中隐藏工程中间检查、工程竣工验收由供电企业完成。

（1）稽查客户受电工程建设及投运主要是通过查阅核对有关资料、走访有关人员、现场查证受电工程设计单位有无相应设计资质；稽查资质是否报供电企业备案；重点稽查是否存在供电企业指定设计单位、指定施工单位、指定供货单位的"三指定"行为。

（2）稽查营销部门在审查客户受电工程设计文件和资料时，是否查验客户给设计、施工单位的委托书原件，是否对该原件进行复印并存档；查验记录、登记台账是否完善。

（3）稽查工程设计和施工单位是否存在擅自变更供电方案的情况，稽查工程施工及验收是否符合国家和电力行业颁发的技术规范、规程和标准。

（4）稽查各项监理签证是否规范、完整、有效，并符合监理管理规定。

（5）稽查工程设计方案是否经过供电企业审查，是否有书面审核意见，受电设计审查书签证记录及相关人员签章情况；查看原始工作单工程设计审查日期，录入营销信息系统日期，并与受电工程设计审核意见书上的签章日期进行核对，以确认时限是否符合规定要求。受电工程设计审核的时间，低压供电客户不超过5个工作日，高压供电客户不超过15个工作日。

（6）稽查对客户委托的受电装置电气试验，保护及遥信检验等工作时，用电营业机构是否在3个工作日内将工作安排计划答复客户。

四、供用电合同稽查

1. 供用电合同签订稽查

（1）稽查人员应当按照网省公司规定的各类供用电合同示范文本，对供用电合同形式与条款的完整规范性进行稽查。采用抽样方法在各类供用电合同中任意抽取，对供用电合同的签订主体及授权委托书、法定代表人身份证明书等合同附件稽查，有无未经授权的人员擅自签订或超越授权范围签订供用电合同，避免出现供用电合同因为主体不合法而导致无效的情形发生。合同条款是否正确完整，重点稽查供电方式、用电性质、用电容量、计量方式、电价、电量电费计算方式、用电机构比例、基本电费、功率因数调整、峰谷分时电价等条款，比对电力营销管理系统及业扩报装工单，看有无不一致的情形。

（2）稽查合同条款在双方权利义务方面的表述是否明确严谨，用词必须准确，不能使用会产生歧义的词语和字句。供用电合同中的必备条款不能缺省，可选条款可根据实际内容进行增减，不能留有待定内容、待填写的空格及不必要的可选条款，合同附件及有关资料要齐全。

（3）通过稽查合同档案确认供用电合同签订程序的规范性，供电企业与用电客户必须在工程竣工并经验收合格，提交各类必需的有关资料后，才可签订供用电合同。严禁先供电后签订供用电合同。客户受电装置在验收合格并签订供用电合同后，居民客户不超过3个工作日，低压供电客户不超过5个工作日，高压供电客户不超过7个工作日。签订时必须加盖供用电合同专用章，对签有担保条款或协议的供用电合同或其他需要进行登记或公证的供用电合同应到有关部门进行合同登记或公证。

（4）重点稽查高电压等级客户申请用电的批复权限执行情况是否符合规定。对专用变压器客户或用电量大的客户进行全面稽查或重点抽查，确认供用电合同内容是否严谨完整、正确规范。

（5）稽查未签订相应供用电合同的情况，如高压客户没有签订高压客户供用电合同，临时用电客户没有签订临时用电合同，低压客户没有签订低压客户供用电合同，居民客户没有签证居民供用电合同等。稽查人员还应对供用电合同的签订情况进行稽查。

2. 供用电合同形式与条款稽查

（1）供用电合同应采用书面形式，书面形式可分为标准格式和非标准格式两类。应优先采用国家、行业或公司的标准示范文本或参考文本。供电企业应该根据一定的规则对供用电合同进行编号，并实行信息化管理。

（2）格式合同的条款，凡是现有法律法规已做出规定的应按法律法规执行，现有法规未作规定的，由供用电双方根据实际情况确定。但对供电可靠性要求很高的客户，必须在合同中明确客户解决自备电源或多回路供电方案，并应有非电的保安措施，防止电网意外断电对其安全产生影响的条款。同时，还应明确因发电厂突然停机或第三方责任引起客户断电时，应追究相应责任人的责任等内容。当客户不同意签订上述条款时，供电公司应及时将安全隐患以书面形式向客户指出，并上报地方政府和其主管单位，明确供电部门不承担由此引起的后果与责任。

3. 供用电合同签订的主体资格稽查

客户在签订供用电合同时，如果是客户法定代表人亲自签订，该法定代表人应当出示法定代表人身份证明书，并将该证明书作为供用电合同的有效附件；如果是委托他人签订，该被委托人必须持有法定代表人的正式授权委托书以及法定代表人身份证明书，在其授权范围内签订供用电合同，并将该授权委托书和法定代表人身份证明书作为合同的有效附件。供电方如果是委托代理人签字的，必须向对方出示授权委托书。严格禁止非有权签字人在供用电合同书上擅自签字。

4. 供用电合同的签订程序稽查

客户申请新装或增加用电时，应提交用电申请报告或用电申请书、新建项目立项前双方供电意向协议书、经批复的供电方案、客户受电装置施工竣工检验报告、用电计量装置安装竣工报告、供电设施运行维护管理协议、电力调度协议及其他有关文件；供用电合同承办机构或人员起草供用电合同文书；供用电合同的内部审查与会签；将需要报请上级供电企业审批的供用电合同上报审批；法定代表人或法定代表人授权代理人签字；供用电合同管理人员加盖供用电合同专用章及骑缝章；对签有担保条款或协议的供用电合同或其他需要进行登记或公证的供用电合同，应到有关部门进行合同登记或公证；完成的合同应及时归档。

5. 供用电合同的履行稽查

（1）稽查对供用电合同的争议包括计量争议，价格争议和违约用电争议。

稽查供用电合同履行中违约用电事实认定的合规和电费差额、违约使用电费计算是否正确。供电企业或者客户违反供用电合同，给对方造成损失的，应当依法承担赔偿责任。供用电合同当事人的违约责任主要有用电人延期支付电费、用电人违约用电和供电人违约供电。

（2）稽查供用电合同履行过程中是否合理运用不当抗辩权、撤销权、代为权、担保等合同权利的情况。

6. 供用电合同变更或解除的稽查

（1）稽查供用电合同的变更是否及时。以下事项应及时变更供用电合同或签订补充协议：已经生效的供用电合同遗漏了重要内容；供电能力的变化或国家对电力供应与使用管理的政策调整，使订立供用电合同时的依据被修改或取消；当事人一方依照法律规定确实无法履行合同；由于不可抗力或一方当事人虽无过失，但无法防止的外因致使合同无法执行；用电人用电结构的变化导致需要重新核定用电结构比、供电方式、计量方式变化；客户申请办理增容及变更用电等。

（2）稽查供用电合同的续签是否及时。供用电合同一般都有约定的有效期限。履行期限为1～5年，居民供用电合同履行期限可以根据实际情况或双方的约定确定。在供用电合同将要到期前，供用电双方是否及时续签供用电合同，对分批次签订和个别签订的供用电合同，应稽查其续签的及时性。

（3）稽查供用电合同的解除是否及时规范。检查终止供用电合同时，供电企业是否按相关程序及时终止与用电人的供用电合同，解除供用电关系。

（4）稽查变更或解除合同的程序是否规范，其程序一般合同签订时的程序相同。

7. 供用电合同档案管理的稽查

（1）存档的正本合同是否与副本合同一致，稽查客户编号、客户名称、用电地址、用电类别、计量方式、电压等级、容量、产权分界点等。

（2）稽查是否建立供用电合同管理台账，分类登记供用电合同的签订、续签、变更、解除等事项。

（3）稽查供用电合同的档案是否妥善保管，有无丢失或擅自销毁合同文本或其他资料、证据的现象。

（4）稽查签订的各类供用电合同是否都及时录入电力营销信息管理系统。

（5）稽查供用电合同管理手段的现代化情况，是否采取措施实现供用电合同管理的信息化。

8. 稽查举例

例 4-1　**稽查供用电合同的签订内容有无缺失遗漏。**

对供用电合同的稽查通常采取抽样方法，如按合同分类，对高压供用电合同、低压供用电合同、居民供用电合同、临时供用电合同等按稽查计划抽查。

（1）首先对合同的签订主体资格依据及其附件进行稽查，确定合同主体的合法性。

（2）对合同中客户名称与用电地址进行稽查，是否详细并与客户档案中其他报装资料相符。

（3）针对合同中主要条款上供电方式、用电性质、用电容量、计量方式、电价、电量电费计算方式、用电结构比例、基本电费、功率因数调整电费、峰谷分时电价等条款，与电力营销管理系统及业扩报装工单核对，有无不一致的情形。

（4）对容易产生歧义的条款详细稽查，如供电方式条款表述的供电线路名称及搭接杆位置是否具体清楚，电费结算方式是否注明具体方式与具体时间，供电设施运行维护管理责任分界点的表述是否准确、详细等。

（5）合同双方是否加盖专用章及骑缝章，专用章名称是否与用电方单位名称一致。合同的有效期限有无注明，合同的正本是否仅限两份。

五、装表接电稽查

1. 装表接电的及时性稽查

稽查装表接电工作人员签署的日期录入和业扩信息系统的日期及接电登记卡上客户签章日期，确认是否超时限。稽查装表接电人员的签证记录情况。

2. 稽查实施接电前条件

稽查实施接电前是否具备以下条件：

（1）新建外部供电工程已验收合格。

（2）客户受电装置已竣工检验合格。

（3）客户相关费用已结清。

（4）供用电合同及有关协议已签订。

（5）电能计量装置已检验合格。

3. 稽查电能计量装置

稽查的电能计量装置包括电能表、计量用电压、电流互感器及其二次回路、电能计量屏（箱）等。电能计量装置的配置与安装应符合《电能计量装置技术管理规程》（DL/T 448—2000）及相关技术规程的要求。贸易结算用的电能计量装置原则上应设在产权分界处。

4. 稽查举例

例 4-2 稽查计量装置的配置是否合理。

对计量装置配置的稽查通常采取专项稽查。

在已完成业扩报装流程归档的资料中，按高压、低压或居民客户类别抽调某客户资料。

（1）按稽查程序首先检查该客户档案资料的完整性，排除其他差错的可能性。

（2）针对客户资料，稽查其计量配置的合理性。

（3）必要时，稽查人员应根据档案内容记录到客户用电计量现场检查配置是否一致，现场的计量表是否进行加封，并有客户在工作凭证上签字或盖章的确定凭据。

六、客户档案稽查

（1）稽查建档的及时性。稽查是否按照一户一档制度及时建立客户档案；稽查客户档案是否实现了电子化，档案信息是否及时更新、完整，文字档案内书面签字等各种备份文件保存是否完善。

（2）稽查客户业扩工程送电后的档案。首先查看送电工作单签署日期与原始报装台账工作传单装表接电日期进行核对，确认是否在 15 个工作日内建立客户档案，并采用电子版本录入营销信息管理系统，客户纸质档案应设专人管理。

（3）稽查档案信息是否完整。档案信息必须全面、准确。

（4）稽查档案的保管是否到位。检查送电后是否在规定的时间内收集了所有用电资料；检查档案的保存期限是否标注，相关部门或班组因工作需要借阅档案时，是否有借阅手续，是否建立了客户档案资料查阅权限，以及销毁办法是否符合相关规定。凡在供电企业已办理撤表销户的客户档案，可另行保管、不得销毁，只需在档案目录上注明"已销户"字样即可。

（5）查业扩报装资料和客户档案资料是否完整，是否具备以下内容：

1）客户新装，增容用电或变更用电申请书；

2）客户用电设备登记表；

3）供电方案及相关的答复客户通知单等资料；

4）业扩工程设计资料审查意见书；

5）客户给设计、施工单位的委托书原件的复印件；

6）电气设备安装工程中间检查及竣工检验报告单；

7）客户电气设施检查缺陷通知单；

8）装表接电登记卡或用电工作传单；

9）供用电合同；

10）客户用电档案的目录；

11）已抄录原始表码的抄表卡复印件；

12）客户用电申请、工作传单及业扩报装接电的台账表等资料。

（6）稽查建档的内容是否全面规范。各种报装资料均要建立和装入客户专用档案袋，资料名称要记录在档案袋内的客户档案目录上，凡装入档案袋内的资料，要在该档案的用电资料记录栏中按顺序逐项填写清楚。客户档案的资料内容要与该户的电费账卡、计量部门账卡、用电检查账卡、客户用电的现场实际情况相符。

（7）稽查客户服务中心是否执行信息共享制度，是否在客户用电设备接入电网后及时向相关部门提供客户业扩报装情况，包括客户用电地址、装接容量、正常所需预计最高负荷及平均负荷、电压等级以及现接入的供电线路等信息。

（8）稽查举例。

例 4-3 **查客户资料中有表未建卡的营业差错。**

对业扩报装受理的稽查通常采用专项稽查。在已完成业扩报装流程归档的资料中，按高压、低压或居民客户类别抽调某客户资料，检查该客户档案资料的完整性、供电方式的合理性、排除差错的可能性。例如，资料内容有缺失，则针对缺失内容、项目进一步追踪稽查。

（1）查看营销管理信息系统该客户的资料是否与纸质档案资料一致，判断该客户档案资料缺失是否影响客户正常用电与电费收取。

（2）如营销信息系统中有电费正常回收记录，表明只是单纯性缺失，如抄表卡缺失，也无电费收取记录，稽查人员应到客户用电现场核实情况，将档案资料与现场情况一一对照。

（3）检查该客户现场计量装置，如没有计量装置，则属于业务受理过程中，客户手续未完成便归档，稽查报装过程是否延时、延时原因等。

（4）如客户现场装有计量装置，却无电费交缴证据，应查计量装置是否由供电部门装接，判断属于下列哪种情况：

1）计量装置产权属供电部门装接记录遗失或未及时将工作单返回业务受理部门。稽查人员应根据现场调查情况查询装接环节与接收档案资料的有关人员，稽查无装接记录或无抄表原始记录却归档的原因及责任所在。

2）计量装置属客户私自装接用电。稽查人员应及时通知反窃电人员处理，同时向客户询问调查已报装却私自装表用电原因，向业务受理人员了解该客户业扩报装流程中断原因及责任所在。

例4-4 **稽查客户档案管理情况。**

对客户资料的归档管理稽查通常采用抽样稽查。在已完成业扩报装流程归档的资料中，按高压、低压或居民客户类别抽调某客户资料。

（1）首先检查档案资料信息是否完整，有无缺失遗漏，如有缺失，应记录在案并列为重点另案稽查。如档案完整则继续检查档案内容的正确性与清晰性，是否被擅自涂改。

（2）检查客户业务完成时间与建档时间的合理性，是否及时。

（3）检查该客户档案是否按照一户一档制度及时建立，并采用电子版本已被录入营销信息管理系统。

（4）检查该客户档案信息是否及时被更新，文字档案内书面签字等各种备份文件保存是否完善。

（5）检查档案的保管是否到位。检查送电后是否在规定的时间内收集了抄表卡片；检查档案的保存期限是否标注，相关部门或班组因工作需要借阅档案时，是否办理借阅手续。

七、变更用电业务稽查

变更用电业务的项目包括减容、暂停、暂换、改压、迁址、移表、暂拆、改类、更名、过户、分户、并户、销户等，全部采用专项稽查。

1. 减容业务的专项稽查

申请减容业务的客户一般是执行两部制电价的大工业客户。对于减容业务的稽查，主要是查看客户专用变压器减容手续是否规范。由于此项变更业务少，而面向对象又是供电企业的重要客户，因此变更减容业务稽查一般运用审阅法。

（1）对减容期限的稽查。

1）运用审阅法，查看原有客户专用变压器减容情况。审阅申请报告的填写是否规范、翔实，工作单是否按流程办理并经领导审批。看营销管理信息系统业扩变更情况和电费结算情况，对同一客户专用变压器减容期限是否符合规定。

对照抄表卡或大工业客户营销报表，按月全面稽查大工业客户营销管理信息系统登录情况。对发生了减容业务的大工业客户，查其减容时间有无违反《供电营业规则》关于减容最短期限不得少于6个月，最长期限不得超过2年的要求。有无违反从加封之日起期满2年又不办理恢复用电手续，或其减容后的容量已达不到实施两部制电价规定容量标准时，应改为单一制电价计费的要求。

2）采用核对法，对照用电检查记录，对同一客户减容调换专用变压器情况进行现场稽查，检查减容专用变压器现场是否真实、到位。然后看减容客户专用变压器的基本电费计收情况，电度电价调整情况是否符合《供电营业规则》的规定。

（2）对近2年内新装、增容和减容的稽查。由于工作量大，一般采用抽查法，对近2年内新装、增容和减容的用电客户，进行变更用电的稽查。

先查阅抄表卡或大工业客户营销报表，再登录营销管理信息系统，按月核查近2年内大工业客户营销管理信息系统登录情况。对发生了减容变更的大工业客户是否按《供电营业规则》减容期满后的客户以及新装、增容的客户，2年内不得申报减容，如确需继续办理减容，其减少部分容量的基本电费应按50％计收来确定该项工作是否规范。

（3）对大工业客户专用变压器减容后是否存在超负荷导致基本电费少计的稽查。采用审阅法，查看抄表卡或大工业客户营销报表，分期按月全面稽查减容变更用电大工业客户。然后登录营销管理信息系统"客户资料、电费结算"了解情况，用分析比较法，对大工业专用变压器减容客户按月进行电量电费比较，再到现场或变电站进行负荷测定，以判断该用电客户减容的真实性。对超负荷、超容量用电的客户，用电检查人员是否已书面通知其增容、整改，有无采取措施对超出部分的容量实现基本电费收取到位，例如改按变压器容量计收基本电费为按最大需量计收基本电费。此外，还查看追补部分是否到位等。

2. 暂停业务的专项稽查

暂停业务是日常变更用电业务中最常见的一种业务，无论客户用电容量大小都会因各种原因申报暂停。一般低压用电客户申报暂停，主要是稽查营业人员办理业务的工作质量，和是否按照规定的要求5天内办结。小容量专用变压器的用电客户申报暂停，由于工作量大，稽查员一般都采用抽查法和核对法来稽查办理业务的服务质量。查看变更用电申请表、工作单的填写是否规范，流程是否畅通、收费是否合理、领导是否审批，再对照营销管理信息系统业扩变更登录，查看客户申请、工作单和管理信息营销系统业扩变更登录三者是否一致，有无张冠李戴现象。

由于315kVA及以上容量的大工业用电客户是重要客户，对其稽查一般采用审阅法和核对法查变压器暂停是否规范。首先查看大工业客户专用变压器运行台账，看营销管理人员是否对客户申报暂停做好了记录，申请报告是否按规定的流程办理并经领导审批。

（1）稽查客户专用变压器暂停次数情况。查看营销管理信息系统业扩变更登录情况和电费结算情况。对同一客户，同一专用变压器暂停的次数进行内部稽查。对发生了暂停业务的大工业客户，一是在系统上查看当年内共发生了几次暂停，审阅有无违反《供电营业规则》关于大工业客户在每一日历年内，只可申请全部或部分用电容量暂时停止用电两次，如果超出两次，不论客户变压器运行与否，都要收取基本电费的规定；二是查阅该专用变压器暂停用电记录、用电检查工作单，看该专用变压器封存是否到位，基本电费减免是否违反规定。然后，对照用电检查记录，对同一客户专用变压器暂停封存、启用情况进行现场核查。特别是暂停次数多、变压器容量大的用电客户，看暂停变压器现场封存、启用是否到位，变更用电记录是否翔实，以此判断用电检查人员是否履行职责。

（2）稽查客户专用变压器暂停时间情况。

1）审阅抄表卡或大工业客户营销报表。对发生了暂停业务的大工业客户，一是在营销管理信息系统上，查当年内暂停累计时间多长，看有无违反《供电营业规则》中关于大工业用电客户，在每一日历年内暂停累计时间不得超过 6 个月，每次暂停的天数不得少于 15 天的规定；二是查看该客户暂停用电检查记录，检查该户暂停变压器封存情况和基本电费减免计算情况。对照营销管理信息系统业扩变更登录情况和电费结算情况，对同一客户、同一专用变压器暂停起止时间进行稽查，看其是否符合规定。

2）审阅用电检查记录。对同一客户、同一专用变压器暂停封存、启用情况进行现场稽查。特别要注意的是暂停累计时间长、容量大的客户。检查暂停变压器现场封存、启用是否到位，判断该变压器暂停是否规范，用电检查人员的工作是否出现差错。

（3）稽查新装和增容客户暂停次数、时间、电费结算情况。

1）查阅新装增容工作记录、抄表卡或大工业客户营销报表，看近两年内新装、增容的大工业客户是否出现暂停情况。

2）查看大工业客户营销管理信息系统"业扩变更"登录情况是否与工作记录、抄表卡或大工业营销报表一致。对已发生了暂停业务的大工业客户，一是看在营销管理信息系统上或用电档案内检查该户是否为两年内新装和增容的客户；二是看用电检查人员在暂停期间是否按《供电营业规则》关于新装和增容客户两年内不能办理暂停，如确实要暂停，则要对暂停部分的容量收取 50％基本电费的规定，对暂停部分的容量按基本电费 50％做了电费追补；三是对照用电检查记录进行现场核对，看暂停变压器封存、启封是否真实到位，由此判断该变压器暂停是否规范。

3）值得提醒稽查员注意的是无论客户用电容量大小，都须：①稽查暂停后当月电量（上月抄表后至暂停时）是否抄录，这不但是线损管理的需要，更是为了防止在用电变更上"跑、冒、滴、漏"现象的发生，此处也是作业班组容易出现差错的一个地方；②稽查各项收费是否合理，有无乱收费的情况发生，这是体现供电企业优质服务的一个方面，稽查人员应该引起重视；③稽查一般用电客户专用变压器变损是否漏记，100kVA 以上专用变压器功率因数考核是否执行，是否正确；④稽查大工业客户专用变压器暂停后当月（上月抄表后到暂停时段）的电量是否抄录，基本电费是否按天计收、变损及功率因数考核等是否符合规定的要求计收。

3. 暂换业务的专项稽查

用电客户因受电变压器故障而无相同容量的变压器替代，需要临时更换大容量变压器的情况称为暂换。暂换变压器须在更换前向供电企业提出申请，供电企业应按照规定予以办理。稽查人员在稽查暂换业务办理时，重点关注以下几个方面的问题：

（1）必须在原受电地点内整台地暂换受电变压器。

（2）暂换变压器的使用时间：10kV 及以下的不得超过 2 个月；35kV 及以上的不得超过 3 个月。逾期不办理手续的，供电企业应中止供电。

（3）暂换的变压器经检验合格后才能投入运行。

（4）暂换变压器后，总容量达到两部制电价标准的，须在暂换之日起，按替换后的变压器容量计收基本电费。

对暂换业务的稽查由于业务量小，一般采用审阅法。稽查员首先调看暂换变更用电工作记录，看营销管理人员对申请暂换工作记录是否完备，申请报告是否经受权人员按职责程序办理并经领导审批，各项收费是否合理。然后根据工作记录，登录营销管理信息系统"业扩变更"栏目，查看变更登录情况是否和工作记录一致，是否整台更换受电变压器，受电地点是否改变。

暂换的时间，10kV 及以下的是否超过 2 个月，35kV 及以上的是否超过 3 个月未办理正式增容用电手续。如有逾期未办理手续的，稽查人员应做好记录，分析逾期产生的原因，下达整改通知书督促用电检查人员，按时提醒用电客户办理，并制定防范措施，以促进营销管理水平的提高。

稽查人员在审阅暂换变更用电工作记录时，还必须注意新换专用变压器是否有受权检验部门的变压器检验合格证。对没有合格证的变压器，稽查人员应提出整改意见、限时整改。

通过审阅暂换变更用电记录，核对营销管理信息系统登录情况，确定该用电客户是否为两部制电价客户。进一步详细稽查看抄表卡或大工业客户营销报表，对照营销管理信息系统核实电费结算情况，看是否从暂换之日起，按替换后的变压器容量计收基本电费。这是稽查人员容易疏忽的问题，需要稽查人员特别注意。

4. 改压业务的专项稽查

对改压变更用电业务的稽查主要注意以下几个方面的问题：

（1）因客户原因需要在原址改变供电电压等级，应向供电企业提出申请，低电压改高一等级电压超过原容量者，超过部分按增容手续办理。高电压改为低一级电压供电时，改压后的容量，超过原容量者，超过部分按增容手续办理，改压引起的工程费用由客户负担。

（2）由于供电企业的原因引起供电电压等级变化的，改压引起的客户外部工程费用由供电企业负担。

稽查人员应首先审阅改压变更用电记录，看该用电客户改压是由于客户原因，还是由于供电企业原因引起的。若由客户原因引起，看营销管理人员对用户申请改压变更记录是否详细，申请报告是否按权限流程办理，并经领导审批。工程费用是否合理，是否存在乱收费现象。

低电压改高电压，超过原容量部分应按增容办理，改为低一级电压供电时，超过原容量者，所超出部分同样也按增容办理手续。

若由于供电企业原因引起客户电压等级改变，不应向用电客户收取外部工程费用。如发现违规收取客户工程费用，稽查人员应提出整改意见，将费用退还客户。这是反映供电企业是否合理收费的一个方面，是提高供电企业信誉，树立供电人良好形象的重要途径之一。

审阅改压变更用电记录之后，稽查人员还应查看营销管理信息系统登录情况。核实低压客户改为高电压供电后是否上专用变压器，是否为专用变压器容量 315kVA 及以上的大工业用电客户；高电压改低电压供电后是否取消专用变压器用电；对专用变压器损耗的加收、功率因数考核、基本电费的收取等，根据客户的用电性质，用电容量的大小等因素予以确定，这将为下一步电费电价的稽查奠定一个良好的基础。

5. 迁址业务的专项稽查

迁址用电变更业务是供电企业日常业务较多的一种业务，稽查迁址办理情况，主要是查该项业务办理是否规范，有无工作记录，工作记录是否详尽，业务流程是否通畅、正确，申请报告是否经领导审批。稽查人员在核查用电变更迁址业务时应注意以下几个问题：

（1）客户迁移用电地址须5天前向供电企业提出申请。

（2）原址按终止用电办理，供电企业予以销户，新址用电优先受理。

（3）迁移后的新址不在原供电点的，新址用电按新装用电办理。

（4）迁移后的新址在原供电点的，新址用电引起的工程费用由客户负担。

（5）迁移后的新址仍在原供电点，但新址用电容量超过原址用电容量的，超过部分按增容办理。

（6）私自迁移用电地址而用电者，居民客户应承担每次500元的违约使用电费，其他客户承担5000元的违约使用电费。自迁新址不论是否引起供电点变动，一律按新装用电办理。

由于迁址业务办理较多，稽查人员一般采用抽查法，调看近期变更用电迁址工作记录，核实营销管理信息系统业扩变更登录情况。

（1）看客户原址是否按终止用电办理销户，销户当月电量是否漏记。

（2）新址不在原供电点上的是否按新装用电办理。

（3）新址在原供电点上，增加了用电容量的，所增部分是否按增容办理。无论是否增加用电容量，迁址所引起的工程费用均应由用户承担。稽查员在审阅工作记录时，应关注收费是否合理，有无乱收费现象。

（4）审阅工作记录时，稽查员若发现用户有私自迁移计量装置嫌疑，应找到营销管理人员加以核实。一旦核实清楚，看其是否按规定收取居民500元，其他客户5000元的违约使用电费。再登录营销管理信息系统核查该户是否按新装办理，如经核查该户未按新装用电办理，则按工作差错提出整改意见，将差错责任落实到人。虽然近年来供电企业对新装增容免收增容费，但迁址和新装是两个不同的业务性质，不能混淆。

6. 移表业务的专项稽查

用电客户因修缮房屋或其他原因需要移动用电计量装置的位置，在变更用电业务中经常出现。稽查人员对移表业务的稽查，一般只采用抽查法，首先查看客户申请，在用电地址、用电容量、用电类别和供电点等不变的情况下办理移表手续。其次，对照变更用电业务工作单，查看移表所需费用是否由客户承担，收费是否合理，有无乱收费现象。工作单应详细记载移表情况，查看有无私自移表现象。若发现客户私自移表，则看营销管理人员是否按《供电营业规则》的规定，处以居民用户每次500元，其他客户5000元的违约使用电费。

7. 暂拆业务工作的专项稽查

客户因修缮房屋等原因需要暂时停止用电并拆表，是日常变更用电业务中一种常见的业务。在执行暂拆变更用电业务工作质量时应注意，办理暂拆的客户应持有关证明向供电企业提出申请，因为暂拆很可能牵涉到侵犯用电使用权的问题，容易引起民事纠纷。此外，当因政府行为或某种不可抗力的行为需要暂拆时，供电企业可根据有关证明按照规定办理暂拆手续。营销稽查人员应在此方面起到监督作用，对没有按规章制度办理的暂拆业务，提出整改意见，制定防范措施，促进营销管理工作质量的提高。

此外，稽查人员在核查暂拆用电变更业务工作质量时，还应注意以下几个问题：

（1）客户办理暂拆手续后，供电企业应在 5 天内执行暂拆。

（2）暂拆时间最长不得超过 6 个月，暂拆期间供电企业保留该客户原容量的使用权。

（3）暂拆原因消除，用户要求复装接电时，须向供电企业办理复装接电手续，并按规定交付费用。上述手续完成后，供电企业应在 5 天内为该户复装接电。

（4）超过暂拆规定时间要求复装接电者，按新装手续办理。

由于暂拆业务多，覆盖面广，对暂拆用电变更的监督稽查一般只采用抽查法，稽查人员可随意调看暂拆工作记录，看营销管理人员执行暂拆的时间是否超过 5 天；暂拆原因消除，复装接电的时间是否超过 6 个月，所缴费用是否公平、合理、不违反规定；客户在完成复装接电手续后是否 5 天内执行复装接电等。工作记录应该翔实记载，如发现其中有日期不吻合的情况，或超过暂拆时间 6 个月复装接电，没有按新装办理的情况，稽查人员可向营销管理人员询问清楚，提出整改意见，限期整改，防止同类差错再度发生。

8. 改类业务的专项稽查

客户申请改类一般是由高电价用电类别改为低电价用电类别，根据《供电营业规则》，在同一受电装置内，电力用途发生变化而引起用电电价类别改变时，允许办理改类手续。

但是，目前随着我国经济社会的发展，改类变更业务日益增多，人们在核查改类业务工作质量时，稽查人员应考虑按照以下几个步骤进行核查：

（1）看客户的户名。例如，××茶楼、××商店、××餐馆、××饭店等，一看便知该户是商业用电类别。目前，商业电价比较高，居民生活用电电价相对较低。而且城镇居民生活和小型商业行为经常交叉，在电价问题上也最容易鱼目混珠。

（2）看客户用电地址。在实际用电工作中，有许多小型商业用电的客户是用客户的姓名立户的，这时需要注意看客户的用电地址。一般在偏远地块，商业用电的可能性不大，假如有加工业或其他行业，因该类电价与居民电价相差不大，客户一般不会急于提出改类申请。而繁华地块如临街附近，就很可能有商业行为的存在。

（3）看客户用电容量。随着城镇居民一户一表的实行，居民家用电器增多，相应用电容量也在扩大，一般居民用电都为 220V、10～40A 电能表。但由于某种原因，少数客户是三相四线 10～40A 电能表。因此，三相电源的客户就要重点核查是否有商业行为。当然，单相 10～40A 电能表的客户同样也会有商业行为，需要我们进行下一步骤稽查。

（4）看客户的电量电费。对居民生活用电，电量电费的核查，要根据本地区的生活水平和季节、气候的变化进行分析得出初步的判断。在同类居民生活用电中，若发现某户高出其他客户电量电费许多时，应考虑重点核查该户是否有商业行为，这就是前面讲的优先等级。例如，2007 年 5 月，李××在某供电营业厅查看收费工作时，看到一户居民竟然缴纳电费 1650 元，发票上显示居民用电电价 0.60 元/kWh，电量 2750kWh。该客户的用电量太多，电费竟然高出一般人群的工资收入，显然不太可能是居民生活用电。询问后得知，客户是一家茶楼的老板，所缴电费是茶楼用电。

因此，在稽查改类业务中就应该根据以上细节进行分析，从繁多的改类业务中抽查出疑点核查，往往会起到事半功倍的效果。

在查出客户低电价类别接高价用电设备时，稽查人员应进一步进行核查，若是客户私自改变电价类别，则根据《供电营业规则》，按实际使用日期补交其差额电费，并承担两倍差额电费的违约使用电费。使用起止日期难以确定的，实际使用时间按 3 个月计算。

若是通过改类申请，经供电企业用电检查人员确定后，由高电价类别改为低电价类别，事后又私自在低电价的线路上使用高电价设备的，稽查人员应提出整改意见，根据《供电营业规则》的规定进行处理，将电价及时纠正过来，并要求用电检查人员认真履行职责，经常关注此类客户。

假如改类变更用电是客户和供电企业用电检查人员相互勾结，明知是高电价类别用电设备，却为其办理低电价类别用电。用电稽查人员除提出整改，将客户的电价予以纠正外，还应向领导建议，将此事件采取行政手段进行处理，以落实用电检查人员的工作责任。

9. 更名过户业务的专项稽查

更名和过户是两种性质非常接近的业务，其中更名是指同一客户由原来的户名更改为另一个户名的业务，如原名××局现更改为××公司；过户是指两个不同的客户之间所发生的，由原客户将用电户头过给另一客户的变更业务，它必须把原客户的户名更改为新客户的户名。例如，张三将电能表的用电权过户给李四，在供电企业用电档案上消除张三的户名，更改为李四的户名。

客户持有关证明向供电企业申请更名或过户，供电企业营业人员在用电地址、用电容量、用电类别不变的条件下，应在规定的时间内为客户办妥该项业务。对更名、过户变更用电业务质量的稽查，稽查人员首先应弄清楚该项业务是更名还是过户。如果是更名，业务资料内只要有原客户名和新客户名的证明文件及更名申请就可以了。如果是过户，稽查人员就要注意以下问题：

（1）只有原客户应与供电企业缩清债务、解除原供用电关系后，供电企业才能和新客户建立新的供用电关系。

（2）原客户和新客户的相关证明文件必须齐全，过户协议必须双方签字并填写身份证号和联系电话。

为什么双方同意过户，又有证明文件还必须填写身份证号和联系电话呢？原因有两点：

1）客户申请过户，经常不会两个客户同时来到供电营业厅，若两客户在未达成协议的情况下，一客户代替另一客户在申请表上签了字，营业人员办理了过户手续，将引起供电企业同另一客户之间的矛盾。

2）在办理了过户手续后，由于种种原因其中一客户反悔，同样会引起纠纷。

因此，稽查人员应督促营业人员，证明文件必须齐全，最好是原客户和新客户同时前来办理该项业务。若其中一人不能前来，可以拿着另一人的身份证复印件、双方签字的过户协议以及双方的联系电话前来办理。

对于不经申请办理过户手续而私自过户者，新客户应承担原客户的债务，对拒不承担原客户债务的，供电企业可按欠费办理中止供电。供电企业在发现新客户私自过户时，有责任通知客户补办手续。

10. 分户业务的专项稽查

客户持有关证明向供电企业提出分户申请，供电企业应按照规定予以办理，稽查人员对分户业务办理质量的稽查，应注意以下几方面的问题：

（1）在用电地址、供电点、用电容量不变，其受电装置具备分装的条件时，允许办理分户。

（2）在原客户与供电企业结清债务的情况下，再办理分户手续。

（3）分立后的新客户应与供电企业重新建立供用电关系。

（4）原客户的用电容量由分户者自行协商分割，需要增容时，分户后另行向供电企业办理增容手续。

（5）分户引起的工程费用由分户者负担。

（6）分户后受电装置应经供电企业检验合格，由供电企业分别装表计费。

办分户业务的客户并不多见，但稽查人员在核查分户业务工作质量中，还是应该按照科学的方法。首先，检查业务工作单，看用电地址、供电点、用电容量是否符合规定的要求。在办理分户前，老客户的电费等债务是否结清，分立户后新客户应与供电企业签订供用电合同。然后，稽查人员应核查工程费用收费是否合理，有无乱收费现象，若发生违规收费应提出整改意见，将多收的费用退还客户，并赔礼道歉。

11. 并户业务的专项稽查

客户持有关证明向供电企业提出并户申请，供电企业根据有关规定予以办理。稽查人员在核查办理并户业务工作质量时，应注意以下几方面的问题：

（1）在同一供电点、同一用电地址相邻的两个及以上客户允许办理并户。

（2）原客户应在并户前向供电企业结清债务。

（3）新客户用电容量不得超过并户前各户容量之和。

（4）并户引起的工程费用由并户者负担。

（5）并户受电装置应经检验合格，由供电企业重新装表计费。

客户为了方便管理、降低用电成本，往往采用并户的办法满足所用设备的使用。在核查过程中，稽查人员应根据前人总结的经验，首先核查业务工作单，该工作单应填写清楚、完整、记载详细。查看该客户是否在同一供电点、同一地址相邻的表计并户，原客户的电费债务是否结清，原客户的合计用电容量，以及根据这一容量重新配置的计量方式和计量范围等。然后再看工作流程是否通畅，各流程所填写的日期有无超时办理的迹象，收费是否合理，有无领导审批等。若发现上述情况有违反规定或超时办理，影响服务形象的情况发生，稽查人员应履行监督职能，限期整改。

12. 企业依法破产终止供电的专项稽查

稽查人员在核查企业破产而终止供电业务办理时，应注意以下几个方面的问题：

（1）供电企业予以销户，终止供电。

（2）在破产原址上用电的，按新装用电办理。

（3）从破产客户分离出去的新客户，必须在偿清原破产客户电费和其他债务后，才可办理变更用电手续。否则，供电企业可按违约用电处理。

因此，稽查人员应首先调看工作记录和从破产分离出去的新客户的用电申请以及其他文件资料，查看该客户因何原因予以销户终止供电，所欠电费等其他债务是否结清。然后查看营销管理信息系统，查看该客户是否还有剩余电费未结清。如果发现还有剩余电费未结清，稽查人员应根据《供电营业规则》提出整改意见，要求供电营业人员通知从破产客户分离出去的新客户，偿清原破产客户所欠电费，否则按违约用电处理。

13. 销户业务的专项稽查

稽查人员在核查销户业务时，应注意以下几个问题：

（1）客户同供电企业解除供用电关系终止用电，是经客户申请办理，不属于违约用电而引起停电销户，理应退还保证金。

（2）客户停止用电后是否结清电费。除本月电费结清外，还必须查看拆表时的止码，是否还有剩余电量未抄录收取。

（3）拆表费用是否合理，有无乱收费现象。

（4）客户的户名、户号、用电地址、表计编号及用电容量等是否与客户申请、工作单、营销管理信息系统资料三者保持一致。

总之，对于销户变更用电的内部稽查，主要是看在办理销户过程中的工作质量。如工作单是否清晰、记录是否详细完善、流程是否通畅、申请是否经领导审批、办理是否及时、登录营销管理信息系统是否正确、是否有张冠李戴的现象、剩余电量是否抄录以及电费是否结清等。外部核查时主要核查是否停止全部容量的使用，是否拆除计量装置的同时拆除了进户线，电能表止码是否与工作单管理信息营销系统三者保持一致。

14. 零电量客户的专项稽查

稽查人员通过营销管理信息系统或营销报表不难发现，有不少客户电量电费为零。这种零电量客户的产生有两个原因，一是由于我国经济发展和城市扩大，居民住宅楼成片成长，买房不住房的队伍正在逐渐壮大，空房率上升，根据最近调查数据显示，全国大中城市的空房率高达30％以上。按照城镇居民一户一表的要求，这些空房同样要装上电表。二是由于许多人外出务工、经商等，常年不在家里住，长期不用电。电能表长期不用电会造成两大损失：

（1）从技术上讲，电能表有空载损耗。

（2）电能表定期轮换（目前零电量电表轮换经常可见），给国家资源带来损失，给供电企业的经济效益带来损失，增加了供电企业的管理成本。由此给供电企业带来的不利因素有以下三点：

1）不利于线损管理。由于零电量客户电能表带来的空载损耗，加重了供电企业的线损负担。

2）不利于用电管理。供电企业根据用电管理的需要和优质服务的需要，严禁抄表人员估表，要求抄表到位率居民客户100％、其他客户98％。而长期零电量的客户，抄表员也得去抄，若是万一有一次没抄，或估抄了，而正好客户该月又用电了，不但会引起公用变压器台区线损的波动，还会引起供用双方的纠纷。

3）不利于电费回收。电是商品，电费涉及国家的经济发展和供电企业的经济效益。每月电费资金必须结清，对于装表但不用电的客户，供电企业存在经营风险。

因此，稽查人员通过核查，发现客户连续6个月电量为零，长期不用电的客户，应询查供电营业人员，该户是否办理暂停手续，若未曾办理暂停手续，稽查人员可以建议营销人员销户，终止供电。该客户需要用电时，按新装办理。

八、稽查案例分析

例 4-5 未及时建卡立档，有表无卡。

案情介绍 2007 年 6 月，某供电企业稽查人员现场稽查时发现一局号为 D186872 的电能表一直在使用状态，却没有缴费记录。经调查发现，此表登记户名胡某，报装地址为某商住楼 1 单元 402 室，实际用电地址为青石街 33 号（二楼），户主是杨某。据杨某反映，胡某是其亲属，于 2004 年 10 月入住某商住楼 1 单元 402 室时，在原单元楼共用一总表的状态下申请了一户一表，但在 2004 年 10 月 20 日，供电企业安装人员到现场后，胡某与原房屋产权人尚有纠葛，胡某想取消单独立户申请，故此表未能在原报装地址安装。装接班有计量装置退回记录。2005 年 1 月，胡某因故需离开该居住地时，要求供电企业退还安装费，但由于已是跨年度收取的费用，在退还手续上有较多不便，因此，经协商双方同意将该表使用权过户转移给同样符合报装条件的其亲属杨某使用，安装地址改为青石街 33 号（二楼）。安装人员于 2005 年 1 月 24 日将该表安装在杨某处后，通知杨某来供电企业办理移表过户变更手续，但杨某没有及时来企业办理。此后安装人员也没有及时作登记传递，故此表安装用电两年多一直未能抄表上机，客户也没有缴纳电费，至 6 月 15 日现场稽查时，该表底码为 2631kWh。在核查事实真相后 6 月 21 日对该户电费进行追补，并通知杨某带身份证及变更申请来企业办理变更过户手续，建立客户用电档案。

分析点评 在这起案例中，供电企业安装人员有多处失职，一是在原报装客户胡某改变意愿时未及时按规定程序退还安装费，未及时将信息传递返回到业扩受理人员，及时销户处理；二是变更地址安装完成时，未对计量装置的安装记录作及时传递，造成有表无卡；此外，从该案中，发现供电企业当时的业扩管理较松懈，对客户的申请报装情况有头无尾，跟踪力不够；对装表人员的责任意识教育与处罚力度不够，以致在相隔不同的时段，装表环节频繁出错。

例 4-6 装表接电时将 A 相电流互感器极性反接。

案情介绍 2005 年 8 月，某供电企业接到某抄表员反映，某器具厂投产 5 个月，累计用电量却只有 2060kWh，与该厂的用电负荷实际情况不符。稽查人员与计量人员共同到现场后发现，该厂使用 1 只三相四线 5A 有功电能表，3 只 150/5A 电流互感器。经现场检查，计量装置外部情况、封印都完好，并没有启封现象，初步排除客户窃电的可能性，进一步检查电能表与电流互感器接线时发现，原来是由于 U 相电流互感器极性反接造成电量少计，接线错误系装表接电时原始发生。真实情况查明后，计量人员改正接线使计量装置正常运行，稽查人员在取得该厂电气管理人员及负责人对计量装置电量误差的共同确认后，做出处理意见：

（1）根据《供电营业规则》第六章第八十一条第一款，计费计量装置接线错误的，以其实际记录电量为基数，按正确与错误接线的差额率退补电量，退补时间从上次校验或换装投入之日起至接线错误更正之日止。

（2）提出对当时为该厂装表接电工作负责人按失职处理，对该抄表人员及时察觉并反映异常情况的行为提出奖励建议。

🔘 **分析点评** 通过这个案例，使我们认识到加强提高装表接电人员的责任心与技术水平的重要性，计量的错误接线方式纷繁复杂，稍有不慎就会给客户或供电企业带来麻烦与损失，只有在每个环节、每个细节的工作中一丝不苟，才能在源头上杜绝错误，避免损害供用电双方的合法利益。

例 4-7 **供用电合同未及时依法解除终止。**

🔘 **案情介绍** 某工厂濒临倒闭，供用电合同刚刚过期，用电检查人员也曾经到该厂找其负责人，后来由于种种原因没有重新签订供用电合同。供电企业本可以立即终止供电，但该厂有一些地方还在用电，供电方一时没有对该厂采取停电措施，使该厂的专用变压器处于两不管状态。可就在这期间，由于年久失修的低压线脱落，电伤一个青年男子，致使其右手和右脚残废。受害人将该供电企业和该工厂告上法庭。因该工厂即将倒闭，无人承担这一责任，而供电方又拿不出有效的供用电合同，证明自己没有责任，最后法院判处供电企业赔偿该男子的生活费用和医疗费等几十万元。

稽查人员介入时间与原因：2005 年 7 月因该案发生，企业成为被告后，稽查人员为追查有关管理人员未及时对该客户供用电合同进行变更和解除情况等原因与相关责任，专项稽查介入该案例。

🔘 **分析点评** 从这起案例中我们可以看到，及时对供用电合同进行变更或依法及时解除终止的重要性，一旦出现纠纷，运用《中华人民共和国合同法》保护自己，可使企业免受不必要的损失。此案中由于该供电企业法律意识淡薄，对供用电合同的管理工作没有足够的重视，以致对在供用电环节中所产生的责任事故估计不足，最终造成企业处于被动处境。在当今社会中，随着人们的法律意识不断提高，供电企业在电力生产和销售环节中应重视运用法律手段，及时完善自身的管理工作，保护企业的合法权益。

例 4-8 **供用电合同规范签订和妥善保管。**

🔘 **案情介绍** 2004 年 9 月，某市供电企业稽查负责人到所属企业进行业扩报装环节的稽查，发现该企业在供用电合同的签订和管理上，存在着以下漏洞：

（1）供电企业与客户专用变压器的产权分界点未绘图表示清楚。

（2）供用电合同保管不规范，显得分散凌乱，无专人管理。

（3）有些过期合同未续签。

稽查人员要求企业立即整改。企业的业扩人员立即按照上级稽查的要求对供用电合同进行清理。将过期合同、不规范合同、责任不明确合同等，约请客户重签，并设立档案专柜，对供用电合同进行分门别类，专人进行保管。

在上级要求整改的半年之后，2005 年 4 月，某食品公司专用变压器围栏内爬进一个小孩，被变压器低压电烧伤，右手和右腿残废。事发后，家长将食品公司和供电企业告上法庭，要求赔偿人民币 30 余万元。由于供电企业供用电合同中的产权分界点非常清楚，并附有图纸标明。最后法院判决，食品公司和家长分别负有 40% 和 60% 的责任，供电企业免责。

分析点评　　由于认真整改稽查出来的问题，将供用电合同重新规范、补签、妥善保管，一旦出现纠纷，运用《中华人民共和国合同法》保护自己，使企业免受损失。在今天的生产和销售环节中必须提高法律意识，完善基础工作。

例 4-9　　**暂停用电不超过 15 天应收取基本电费。**

案情介绍　　某避暑胜地，大部分企业为季节性用电，2004 年 12 月，该地区自来水公司向供电企业申请暂停用电，供电企业根据其申请于 12 月 10 日对该公司的 400kVA 和 630kVA 两台专用变压器暂停并加封。往年一般为头一年 12 月该客户申请报停，到第二年 4 月才申请启用。可是 2004 年暂停 10 天后的 12 月 20 日，自来水公司经理亲自带着申请到供电企业，找到供电企业领导，说是该公司接到上级紧急的任务，最近出现旅游热，有许多游客到此地观雪景，各宾馆饭店都住满了，为保障自来水供应，请求供电企业当天将两台专用变压器启封通电。供电企业根据客户的请求，急客户之所急，在没有走业扩程序的情况下，对两台专用变压器恢复了供电。

该公司在恢复供电一周后，又派人来到供电企业，说是这次旅游热已过去，游客观光团结束了这次观雪景旅游，各宾馆饭店用水量减少，要求继续暂停两台专用变压器用电，根据该公司的请求，供电企业又对这两台专用变压器进行了停电操作，由于上次恢复供电的时间要求急，没来得及办理业扩手续，因此，业扩记录只有 12 月 10 日的一次暂停记录。事情过后，用电检查人员和送电人员也没有通知该客户补办 12 月 20 日的恢复供电手续和 12 月 27 日的 2 台专用变压器重新暂停手续。

2005 年 4 月，稽查人员对该自来水公司恢复 400kVA 和 630kVA 两台专用变压器的供电稽查中，发现该公司 2002 年 12 月曾有两次申请暂停的报告，而电脑业扩记录和其他纸质记录都只有一次暂停记录。稽查人员找到用电检查人员和装接班人员，经他们回忆都有两次暂停。稽查人员到客户核实也证实了确有两次暂停情况，根据《供电营业规则》客户暂停用电每次最少 15 天，因此，12 月 10 日～12 月 20 日第一次暂停因不满 15 天，基本电费应该按规定照收。12 月 27 日第二次暂停应重新办理暂停手续，不能延续第一次暂停，稽查人员根据这次稽查情况，填写了处理意见，要求该供电企业对此次营销事故进行整改。

分析点评　　此次营销工作责任事故的发生和结果都非常清楚，供电企业对用电客户的服务态度值得提倡，季节性用电可以按《供电营业规则》，对一供电年暂停两次的累计时间根据实际情况另议，但每次暂停时间不得少于 15 天。2004 年 12 月 20 日，用电客户申请启用已经暂停 10 天的专用变压器，虽经供电企业领导同意当天给予启封送电，但可以一边办理专用变压器启用手续，一边派员送电。即使当时没来得及办理手续，事后也可以补办，决不能一再拖延时间以致最后造成漏收基本电费。12 月 27 日再次暂停，应该办理暂停手续，不应该作为第一次暂停的延续，供电企业工作人员应该向客户解释清楚，并向用电客户大力宣传用电政策。不要以为按规定办理用电和暂停手续就是增添麻烦，那样做将会给企业、国家带来不必要的损失。

稽查人员在稽查工作中不放过任何细节，对没有电脑记录和任何纸质记录，仅凭两张不同日期的客户申请将此营销事故稽查出来，值得大家学习。所谓细节决定成败，在稽查工作中，就是要注意每个工作环节的细节，稽查人员只有本着认真负责的工作态度，才能将稽查工作做好。

例 4-10　新装客户两年内暂停实例。

案情介绍　2005 年 8 月，某供电企业对其下所属企业进行营销工作稽查，发现某工厂因改造增加新的生产线，2 月新装 1000kVA 和 400kVA 专用变压器各 1 台。稽查员翻开大宗客户抄表卡片，发现 400kVA 专用变压器 2～8 月都有电量，而 1000kVA 专用变压器除 2～4 月有电量外，5～8 月抄见电量为零，收费记录显示 400kVA 专用变压器收费正常，1000kVA 专用变压器 5～8 月未收任何电费。问及抄表员和电费班长，都回答说该工厂由于资金不到位，部分设施暂时没有安装，试运行 2 个月后申请 1000kVA 专用变压器暂停，经过用电检查员现场核实后，同意暂停，并于 5 月 15 日对其专用变压器加封。随后稽查员对其业扩流程进行稽查的过程中，未发现任何根据《供电营业规则》规定新装客户 2 年内申请暂停的，暂停部分容量的基本电费按 50% 计算收取的字样，当时供电企业对大宗客户的电费结算是每月 30 日，基本电费为 16 元/（kVA·月）。

因此：

（1）5 月电费应按以下公式计算：

$$(1000 \times 16)/2 + (1000 \times 16 \times 50\%)/2 = 8000 + 4000 = 12000 \text{（元）}$$

（2）此外，还应追补 6～8 月共 3 个月 50% 按《供电营业规则》规定的基本电费：

$$(1000 \times 16 \times 50\%) \times 3 = 8000 \times 3 = 24000 \text{（元）}$$

（3）该专用变压器若暂停超过半年，基本电费必须全额计收。

无论其是否申请启用，问题产生的原因反映以下两点：

（1）营销人员对电力法规不熟悉，供电企业应组织营销人员对电力法规进行岗前培训，特别是《中华人民共和国电力法》《供电营业规则》《电力供应与使用条例》《国家电网公司系统合同管理办法》等一些常用法律法规文件进行考试合格上岗。

（2）各工作环节没有各负其责并互相监督，层层把关。在营销工作中互相学习、互相帮助，共同提高。

分析点评　该工厂 1000kVA 专用变压器 5 月 15 日暂停，电费结算日为每月 30 日，因此 5 月还有 15 天基本电费漏计，作为抄表人员，电费班长、用电检查人员以及业扩人员、电费审核人员，都负有不可推卸的责任，供电企业应对以上人员按企业《电力营销工作质量考核办法》进行考核。

作为一个合格的用电检查人员，应该熟悉《供电营业规则》对新装专用变压器客户两年内不得办理暂停手续，特殊情况要办理暂停的应收取 50% 的基本电费。其他规定一般专用变压器客户暂停期超过 6 个月，不论其是否申请恢复用电，供电企业必须从期满之日起按 1000kVA 的容量计收基本电费。

第二节　抄核收稽查

一、抄表稽查

（一）抄表卡稽查

抄表卡上有关客户的信息是抄表员抄表质量的保证，是抄表计量和电费计算的依据，同时也是抄表员到现场核对客户各种参数的必备资料。抄表卡上的电价、容量、电压等级、供电方式、计量方式和表计信息以及变更记录等内容必须齐全和正确。客户的地址、门牌是抄表员确定抄表路线的方向，户名和表计资料是抄表的依据。因此，必须重视抄表卡资料的建立，加强对抄表卡建立资料的监督检查。检查抄表卡的建立质量必须解决好以下两个方面的问题。

1. 抄表卡资料的完整性检查

抄表卡分为电光抄表卡和电力抄表卡两种，稽查员在稽查抄表卡建立质量时，首先应核查抄表卡的类型是否正确，再依据业扩报装资料及工作传票，认真稽查抄表卡上的内容填写是否完整准确，重点是户名必须正确，开户银行和账号必须准确可靠，电表的技术参数要准确，TA、TV 的参数应填写完整，计费容量必须清楚明了，功率因数考核标准必须正确，是否执行峰谷电价，母子表关系是否清晰等，这些都是与电费结算密切相关的参数，质量的好坏直接影响电费的结算质量，特别是专用变压器客户的抄表卡，必须重点稽查。对实行用微机信息系统结算电费的供电公司，还必须将抄表卡上的资料与微机上的资料核对无误。

2. 抄表卡资料的准确性检查

为了核对抄表卡资料的准确性，还要携带抄表卡到客户现场进行核对，抄表卡稽查不适用详查，应采用抽查法稽查。对抄表卡稽查应建立抽样检查制度，对新增低压供电客户建议抽检 5%～10%，对专用变压器客户要全面稽查。确保抄表卡的建立质量达到报装资料、抄表卡、微机系统以及现场实际四者相符。

（二）抄表到位率、准确率的稽查

抄表到位率、准确率的稽查，就是要抓住"到位"这个关键，其目的是为了杜绝估抄、漏抄和错抄，稽查抄表到位率、准确率有两种方法，一是抄表后稽查，二是抄表前稽查。

1. 抄表后稽查

抄表后稽查是抄表员完成抄表工作后，为核实其工作质量，稽查人员再到现场重新抄表，对照抄表员的抄表结果进行分析。

一般讲客户用电量的波动不会太大，稽查采集的分析电量与抄表员抄见电量的波动超过 30% 时，可以将该户列为重点稽查对象，统计台区异动电量的户数，当户数超过 30% 时，再对照台区线损的波动情况，如果线损率超过 30%，在抄表时间周期固定不变的情况下，可以确定为抄表不到位。为了确保稽查质量，必须科学确定稽查对象，确定稽查对象的方法如下：

（1）分析台区线损，确定抽检对象。由于供电客户数量大，对抄表到位率及准确率只能按抽检的方式来稽查，既要不失一般性，又要有针对性。所以，稽查人员应先分析抄表员的抄录情况，再分析各个配电台区的线损完成情况，将线损波动比较大的台区要列为重点，查阅基层单位线损分析资料，看分析线损波动的原因是否准确，对有疑问的可以列为抽检的备选台区。

（2）分析抄表员的记录，确定抽检对象。按上面挑选的台区，调阅相应的抄表卡，查阅抄表员抄表记录，尤其是对抄表过程中发现的异常情况和形成的工作传单进行分析，稽查抄表员对异常情况的处理质量，同时，分析具体客户的用电情况，尤其是用电波动大的客户、抄表员估抄的客户以及零电量客户，以此确定抽检的区册。

2. 抄表前稽查

抄表前稽查抄表到位率，其方法主要为稽查员前期抄表分析法。按照供电企业确定的抄表周期，在抄表员抄表前，稽查人员到客户处抄录电表，记录抄表区册的异常情况。待抄表员抄完电表后，稽查人员再做以下工作：

（1）检查对照抄表员的抄表记录，看抄表员的记录与稽查人员的记录所反映的问题是否一致。

（2）按照抄表员与稽查员抄表的时间差，分析抄表员与稽查员抄表电量的差异是否合理。通过分析数据和核对记录来确定抄表员的抄表到位率、准确率。

（三）抄表计划、抄表记录和抄表异常情况处理的稽查

抄表员每月的抄表记录，就是对每个抄表区册抄表情况的反映，尤其是客户用电异常情况的记录，不仅可以给管理者提供检查考核抄表员抄表质量的依据，而且为管理者解决计量故障提供决策依据。因此，抄表员必须重视抄表情况记录，并将计量异常、违章、窃电等情况尽快形成工作传单，及时处理。稽查人员要对抄表记录质量和抄表异常情况处理质量加大稽查力度。

同时，由于抄表计划的制订和执行能最大限度保证每月抄表时间的固定，是进行台区用电基本情况分析的前提，直接影响到台区线损等工作的开展，所以要认真保证对抄表计划的执行。

（1）抄表计划工作质量的稽查实际上应重视两个方面，一是抄表计划、抄表例日的执行情况；二是月末抄见电量的比例。

抄表计划、抄表例日的确定是抄表工作的重要前提，稽查人员应重点稽查抄表及时率、抄表计划的完成率以及抄表管理部门是否科学地制订了抄表计划。通常情况下，可以依据电费核算人员核算日期来对抄表计划、抄表例日执行情况开展稽查工作。此外，查看抄表本领用、交回记录的日期（利用专用抄表机抄表的地区则查看抄表机下载与上传数据的日期）也是确定该工作是否到位的依据之一。

特别要注意检查是否存在改变抄表日期影响线损和收入的情形。一是检查有季节性电价变化客户的抄表日期的变化，因执行季节性的电价的客户，季节不一样电价可能不一样，稽查时应检查是否有跨季节抄表的现象，对季节变化的月份的抄表时间进行核对，看抄表时电量能否按季节分开来，确保电量、电价与时间的匹配。二是检查电价调整月份的抄表时间。一般电价调整有一个起止日期，如果提前或推迟抄表，都会影响电价执行到

位的准确性，按照电价调整文件规定的调价日期，核对相对应的月份的抄表时间，要确保电价调整前后电量结算合理，检查是否擅自调整抄表日期，影响电价执行准确到位。

（2）抄表记录质量和抄表异常情况处理质量的稽查，就是稽查抄表员有无抄表记录，抄表记录的质量情况，对抄表异常情况是否形成工作传单处理，处理是否准确、到位。抄表不仅是到客户现场抄录电表的读数，抄表员除按照抄表的规定认真核对计量有关参数外，还要对计量装置的运行情况进行检查，检查计量装置有无异常，是否存在违章用电和窃电现象。从某种意义上说，抄表人员抄表过程中，对客户的检查就是对客户做用电检查，并将客户的异常用电情况做好记录，及时反映、及时处理，因此抄表员到位抄表并对客户做计量装置的用电检查是抄表员应尽的职责。

稽查人员应先调阅抄表员的抄表记录，再查阅有关工作传单，将抄表记录和有关工作传单对照分析，看抄表员的记录是否翔实，该形成的工作传单是否形成，已形成的工作传单是否正确，工单处理的结果怎样，对有异议的问题稽查人员还要到现场核实取证。应特别注意的是，如有连续6个月或以上零电量的用电客户应列入电力营销稽查的重点工作范围。

1）检查抄表异常情况定性的准确性。对抄表员抄表记录的异常情况是否形成工作传单，对已形成的工单进行检查，看工作传单对异常情况定性的准确性，主要是通过比较客户月用电量的变化情况、到现场了解客户用电变化情况、检查计量装置的配置与用电量的情况。计量装置是根据客户的用电负荷配置的，如果抄录的电量出现较大的偏差，则可怀疑发生问题，检查电能表运转是否正常，有无窃电的痕迹，失压记录仪是否有失压记录等。

2）检查抄表异常情况的处理是否及时。抄表时发现异常情况，抄表员应填写报告单，并将报告单交内勤人员进行登记，并分发到相关部门进行处理。查出窃电或违章问题应保护现场，并及时通知有关部门进行处理。稽查时，应检查抄表人员上报的报告单是否进行了及时的处理，同时要追踪工单的处理质量。

二、电价稽查

电价分为上网电价、网间互供电价和电网销售电价。电价执行的政策性很强，须按国家的有关规定严格执行到位，既要确保电力企业的经营成果，又要保证国家对有关行业政策上的扶持和对城镇居民生活的关心，同时还要减少营业人员工作差错，防止营业人员徇私舞弊，擅自扩大优惠电价范围，或将高电价用电按低电价结算，给国家和企业带来损失。

（一）通过报装资料台账稽查

通常情况下，确定客户电价，是在客户提出用电申请后，供电企业依据客户的用电性质和国家电价方面的相关政策，在接电前签订的供用电合同中明确计费电价。装表接电后，依据工作传票，建立抄表卡，其中要明确客户的容量、电价以及功率因数考核标准等与电价有关的内容。实行微机信息化管理的供电公司还要在微机上录入客户的基本信息资料，最后，将所有客户报装接电的资料归档。因此，电价的稽查应首先从审查客户的报装资料、有关工作传票和供用电合同开始，查看资料中对电价的分类是否准确，电价的确定是否与客户报装资料中所提供的用电情况相符，记录是否完整，各种传递是否及时准确等。

1. 检查基本电价的确定是否正确

按照电价分类规定：对于变压器容量在 315kVA 及以上的工业客户，执行大工业电价。其中，基本电价有两种计费方式，一种是按变压器容量计算基本电费，一种是按最大需量计算基本电费。不论哪种计费方式，都应该在抄表卡上注明客户的变压器明细（包括不经过受电变压器的高压电机），这是收取基本电费的依据。

稽查人员要依据客户的报装资料，一是查其受电总容量（包括变压器和高压电机）是否在 315kVA 及以上；二是查其用电性质是否为工业用电，对于受电总容量在 315kVA 及以上的工业客户，其电价是否确定为大工业电价。对于按最大需量计收基本电费的客户，必须安装最大需量表，建立最大需量表抄表卡片，并在每月抄表的同时抄录最大需量表后，及时将需量表回零。

2. 检查抄表卡上客户用电性质与确定电价是否吻合

一般来说，供电企业的抄表卡上都有用电性质这个栏目，是用来记录客户用电性质的，目前我国的电价分类主要是依据客户的用电性质确定，根据用电性质分为居民生活、一般工商业及其他、普通工业、大工业、农业生产、趸售电价等，因此该栏目必须按照上述电价分类中明确的电价分类来填写。

在稽查时，首先要依据客户报装的原始资料，核实业扩人员对客户用电性质的确定是否准确，尤其是对有几种用电性质的客户，是否区分开，即分表计量或者核定比例。

3. 检查确定的电价与客户受电电压是否吻合

电价分类中对具体的电价是按用电性质和受电电压等级来确定的，对于同一种性质的用电，不同受电电压销售电价的标准也不同，一般分为 10kV 以下、10kV、35kV、110kV 和 220kV 五个等级。

稽查人员应核查抄表卡上电压等级栏目，看记录与客户报装资料是否相符，再对照电价目录，看电价栏目上的电价是否正确，并到客户现场进行核对是否按对应的电压等级确定电价。

4. 峰谷电价（含尖峰）执行的稽查

峰谷电价是应用经济手段来调整电网负荷，达到削峰填谷的目的，各省级物价部门对峰谷分时电价的执行范围都有明确的规定。在稽查时，首先要比照规定对客户是否要执行峰谷分时电价进行确认，然后看应该执行峰谷分时电价的客户是否安装了峰谷分时电表，并对照检查是否建立总表电量、尖峰电量、高峰电量、低谷电量以及平段电量的卡片；其次要对执行峰谷分时电价各时段执行的比例进行检查，看与文件是否相符。

（二）进入营销管理系统对照抄表卡稽查

在查阅资料的基础上，再进入营销管理系统核对客户的用电性质及电价的设定是否与抄表卡相吻合，稽核抄表卡和营销管理系统上建立的客户信息是否完整准确，是否与原始工作传单中所确定电价等相关信息保持一致。

（三）深入客户现场核查

对有多种用电类别的客户，尤其是用电容量较大的客户和专用变压器客户，还须到现场进行核对，主要是了解客户的用电容量和用电性质是否与所提供的相关用电资料相符合，稽查用电容量记录是否完整准确、用电性质定性是否准确，特别是对大工业用电的容量核定是否准确，对应受电电压等级的高压电机是否计入计费容量，分类用电是否按用电性质完全分开线路供电，分别装表计量，对未按性质完全分开线路供电的其负荷核定的比例是否合理，对按功率因数考核标准确定的是否正确，峰谷电价的实行是否与政府文件规定相符，最后核对稽查的结果与抄表卡和系统资料是否相符。

通过上述稽查，确保做到台账、营销管理系统和现场三者相符。实际工作中，通常情况下台账与营销管理系统内的资料是一致的，而现场与台账却不一定相符，特别是对分类电价未分开线路供电情况下，现场核对工作往往存在较大的争议性，核定的比例与实际可能存在较大出入，这就需要稽查人员现场检查，认真核对台账与现场资料，确保两者相符。一般而言，各类电价的比例是按照不同用电类别的用电设备的容量比例进行确定的，但这只是对客户现有用电状况的反映，随着客户用电设备的不断变化，实际的用电设备容量比例也是不断变化的。因此，核对工作质量的稽查，按规定每一客户每年应至少核定 1 次，稽查工作人员应对该项工作是否执行到位进行稽查。

三、核算稽查

电费核算是电费管理的中枢，它是审核结算员依据抄表员取得的有关用电数据按不同类别及倍率计算出用电量，再按国家规定的电价和计收电费方式计算出电费，并开具电费发票作为向客户收取电费依据的全过程。电费是否能按照规定及时准确地收回，账务是否清楚，统计数据是否准确，关键在于核算质量。目前，电费审核有两种方式，一是采用人工核算电费方式，二是采用计算机审核。

核算环节是电费管理过程的重要环节，自然也是稽查工作的重点，核算环节的稽查就是对电费核算工作质量的检查，它包括电量核算质量的稽查、计量电能表轮校、轮换等电量追补报告处理质量的稽查、计量故障处理质量的稽查、变更用电工作传单处理质量的稽查、电费核算及电费发票质量的核查。

（一）电量核算稽查

电量核算稽查就是电量结算准确性核对，稽查人员要利用结算单（低压供电的客户由于结算简单直接在抄表卡上反映计算的结果）认真审核电量的计算，具体稽查过程如下：

（1）稽查电能表电量的计算是否准确。

（2）根据客户的计量方式核对母子表的电量结算是否准确。

（3）核对线损、变损电量的计算及分摊是否到位，尤其是要注意核算将不实行峰谷电价的电量从中剔除，同时要将线损、变损电量分摊进去。

通过重新核算，将核算的结果与抄表员计算的结果进行核对，对计算结果有差异的，要重新核算，找出结果差异的原因，对确认计算错误的客户，要提供正确计算的结果和方法，并指出错误的原因，做好结算差错登记。

电量核算要注意以下几个方面的问题：

（1）计量方式和计量电能表关系。计量方式是指根据客户的用电容量和用电类别配备计量装置，分为高供高计、高供低计和低供低计三种方式，在这三种方式中，高供低计客户应收取变压器损耗。因此,在稽查电量核算时,首先就要查看供用电合同确定的计量方式,其次现场核对台账、营销管理系统中的计量方式与供用电合同中计量方式是否相符,从而稽查计量方式是否正确。计量表计关系是指对于有多种用电类别的客户,按照《供电营业规则》的规定应该分别计量,各类计量表计的安装方式有并表关系和母子表关系,每种计量关系的电量结算方式不一,稽查人员核查电量结算质量时,还应将客户计量表计的关系查清,计量表计关系是电量结算的前提。

(2)电量波动变化较大。一般来说,客户的用电量与客户的用电设备容量有关,如果客户的用电容量没有大的变化,用电量变化就不会太大。确定客户的电量波动是否偏大,可以参照客户前一个月电量、前几个月的平均电量、前一年度同期电量进行比较,波动超过任意一个范围值的情况,即可以称其为电量波动异常。电量波动异常往往预示着电力营销工作人员的工作差错或用电客户用电情况发生改变,因此作为电力营销稽查人员,应给予充分的关注。对电量波动较大的客户,要将该类客户分别统计分析,核实电量波动的原因。

发现电量波动异常的用电客户,是稽查人员应该做的也是最重要的第一步。由于任何一个供电企业的每月抄表量都是海量数据,因此将每一个用户电能表的抄表电量都列入筛查范围几乎是不可完成的任务,也是一种工作时间与精力的浪费。在实际工作中,充分利用电费结算系统,针对不同用电类别的用户进行分类整理筛查是节约时间的好办法。对不同用电类别的客户,要依据当地的用电实际情况,以及不同季节用电特点和用户用电消费特点来确定电量波动的平均变化率(变化率的确定一般是稽查人员根据经验确定的),以此作为判定确定电量波动的基准,并对该类用电类别的用户用电量进行判断,通过计算机把符合条件的用户筛选出来。具体到实际工作时,还可根据工作时间的多少、工作任务的轻重将重点范围扩大或缩小。得到筛查后的重点用电客户名单后,便可以对比每一用电客户的用电量变化情况,从而得到电量电费波动异常的用电客户名单。对于依然采取手工结算的供电企业,由于分类及查找工作量巨大,应根据实际情况,缩小筛查范围,依靠以往工作经验及工作笔记圈定重点对象,尽量做到突出效率,重点稽查。

稽查重点对象的范围一旦确定,应仔细检查重点对象当月的电费结算单以及用电变更记录,以确认是否有变更用电业务(如暂停等)的办理情况出现而导致电量的异常变化。在除去因变更业务而造成的电量异常变化的原因外,应根据其他造成电量电费波动异常不同的可能原因开展稽查工作,找出其中可能出现人为主观差错的环节。一般情况下,造成电量电费波动异常可以分为计量装置故障等计量因素原因及非计量因素的其他原因。

1)计量装置故障原因的稽查。处理计量装置故障是常见的用电营销工作之一,其故障产生原因有很多,如过负荷烧坏电能表、互感器,外力冲击导致电能表、互感器损坏,人为故意破坏电能表和电能表丢失等。针对不同情况的处理,《供电营业规则》等法律法规有详细的说明。因此,对于稽查工作而言,重要的是要根据计量装置不同故障原因而分别采取相应的处理方式,同时计量装置故障也是常常与人为差错同时出现,所以对于所有出现计量装置故障记录的用电客户,毫无疑问是稽查工作人员的重点工作之一。

通常情况下,所有的计量装置故障,不论哪种原因,均应通过营业手续而记录归档,对于此种情况下的计量装置故障,电力营销稽查人员的重点稽查范围应该是检查办理过程中各环节是否严格按照有关电力营销的法律、法规、方针、政策的要求进行办理。同时，由于几乎所有计量装置故障的处理均牵涉到电量的追退补问题，因此故障前电能表底码读数，追退补电量的计算依据、计算方法是否与现场情况描述相符，是其中关键所在。

实际工作中，对于无底码的电能表故障处理更是稽查工作的重中之重。抄表人员利用职务之便，会同相关工作人员，以电能表烧毁或电能表遗失等无法得知故障前最后底码为借口来谋取私利的情况并不罕见，而且往往与电能表烧毁或电能表遗失相伴随的是连续多月的人为设计抄表底码，使电能表烧毁或遗失时档案底码远远少于实际底码，从而达到少计电量、与用电客户共同窃取供电企业利益的目的。对于一个电力营销稽查人员来说，只从归档的各类档案文件中找出类似这种可能的问题所在是很不容易的，毕竟该项稽查是对一个已经发生并处理完毕的营业用电业务的结果而展开的，现场情况的描述早已经无法验证，很难找到相关的证据进行证明。事实上，针对类似情况的稽查，主要应该从问题尚未出现时着手，提早发现苗头所在。由于此种问题一般情况下主要在月用电量极大的公用变压器台区客户或小型专用变压器客户出现，因此对此类客户的用电量情况需要根据其负荷及同行业类似客户的用电量情况进行认真对比，尽量还原其真实用电量。此外，稍大专用变压器客户的电量相对较大，如人为设计表码，很容易在当月的线损等营销报表中直接体现，虽然出现类似情况不多，但也应做好相应的防范准备工作。总之，作为电力营销稽查人员，应大致了解高危客户的用电基本情况，对此类客户的每月用电量都给予充分的关注，才能最大限度避免该情况的发生。

2）其他非计量因素原因的稽查。非计量因素造成的电量电费波动异常的原因一般可以分为以下三种，而且往往没有相应的营业手续来解释电量电费波动异常的原因：①客户用电容量突然改变；②电能表的实际使用人改变，或者实际供电范围改变；③人为连续多月估抄后当月现场抄表。

在稽查工作中，从以上三个方面入手，结合客户的用电业务办理情况开展稽查工作。但事实上，如何找到电量电费波动异常的用电客户是开展该项稽查工作的关键所在，而分类整理是一个节约时间，提高效率的好办法。

首先，把不同用电类别的用电客户分列出来，利用从电费核算系统自动生成的原始数据报表，经过适当处理，将不同用电性质的用电客户分别归类。其次，应将同一用电性质中不同行业的用电客户进行再次归类（例如，同是商业用电，小型餐饮店与商铺用电负荷情况有明显不同），目的是把相似用电负荷曲线，相似用电情况的客户放在一起，方便稽查工作人员做数值的查找比较。最后，根据所分列出来的各类客户，依照工作经验或一定的数学方法找出可能异常的用电客户。

实际工作中，电力营销稽查人员还应多与工作一线的用电检查人员沟通，注意收集各行业各种用电客户的各类信息，建立自己的稽查信息库，其中的信息越多，资料越丰富，对稽查人员的工作判定越有帮助。

数学工具也是协助查找的一个好工具，例如平均数（算术平均数）、中位数和众数等，算术平均数表示的是所有客户的平均用电量；中位数结合平均数可以得到当地用电水平的高低，如中位数高于算术平均值越多，其用电水平越高，反之亦然。

多数实际上表现出来的是一种分布情况，比如一组用电量：120、1400、980、600、

740、590、330kWh 和 1140kWh。可以将 500kWh 及以下分为一组并称为 A 组，1000kWh 及以下 500kWh 以上为一组并称为 B 组，1000kWh 以上为一组并称为 C 组，A 组中有 2 户，B 组中有 4 户，C 组中有 2 户，那么这组用电量数字中的多数就为 4，也就是户数最多的一组客户中的客户数量。

多数可以用来帮助确定当前用电客户中最有代表性的用电客户群体，而且这个客户群体的平均电量往往比所有同类客户的平均电量更具有代表性，是一个稽查人员判断稽查范围及稽查对象的方法。

最后要做的工作是将各种筛检分类方法所筛查出的最终客户名单填入稽查工作联系单，要求相关部门和人员进行现场检查。同时，应对所发出的工作联系单全程跟踪，防止有串通、违规处理等情况的发生。

3）长期零电量：按照《供电营业规则》的规定，客户连续 6 个月不用电，也不申请办理暂停用电手续的，供电企业须以销户终止其用电。客户再用电时，须按新装用电办理。因此，对于长期不用电的客户，抄表人员和核算人员要及时将该类客户统计汇总，报领导审定处理，稽查人员就是要将该类客户长期不用电的真实原因查清，尤其是新增客户，要弄清客户不用电的原因，防止因计量装置故障或将用电设备接在其他用电类别的线路上用电的现象延续存在。

（二）退补电量稽查

退补电量是供电企业在营销过程中经常出现的业务。发生需要退补电量的情况归纳起来一般分为三种情况：

（1）电能表轮校、轮换造成的退补。主要是指计量人员在表计周期轮换、轮校过程中，为了不影响客户的正常供电，在不停电的情况下，通过短接电流互感器（TA），工作结束后再恢复 TA 的正常接线，在短接 TA 期间少计的电量。

供电企业在对客户用电管理中，根据不同客户的用电实际，按照计量检定的有关规定，确定计量装置的轮校、轮换的周期，并按计划对计量装置进行轮校和轮换，保证与客户电量结算的计量装置的准确性，同时客户在用电过程中，可以根据有关规定对计量装置提出申请校验，在进行校验和轮换的过程中，需对计量 TA 短接，此时，计量人员将依据短接的时间及短接的负荷来推算短接期间的电量，并出具计量追补报告，同时依据校验的结果，确定计量是否超差，在报告中明确是否需要退补电量。对于计量轮校、轮换出具的电量追补报告，计量部门应及时传递给电费结算部门，电费结算部门的人员要依据计量报告做好记录，及时在电量核算时退补电量，确保电量结算的准确。

由于电能表轮校、轮换产生电量退补工作具有偶然性，有两种原因会导致漏计退补电量：一是计量部门未及时传递或传递时错过了计量轮校、轮换后第一个结算周期；二是电费结算人员未及时在抄表卡上做记录或虽做记录但遗漏结算电量。因此，稽查人员在稽查电量结算时，在稽查方案里，要将计量轮换、轮校后的计量报告列入稽查程序，核查电费工作人员是否及时准确处理计量报告。例如，未将已发计量报告按规定处理，稽查人员要做好记录，及时通知电费管理部门。

（2）计量装置故障造成的退补。主要是指计量装置在运行过程中，由于种种原因，计量装置不能准确计量，需要根据客户的实际用电情况，对异常用电期间的用电量进行修正的电量。

计量装置在运行过程中，由于种种原因发生故障，计量人员接到故障处理申请后，将立即前往客户现场处理，排除计量装置故障，有些是计量装置本身原因，不能继续作为计量装置使用的，计量人员到现场更换计量装置，并将更换的计量装置带回，经过校验，测定计量装置的误差，依据计量检定规程和供电营业规则的有关规定，出具计量报告，提出退补电量的方案，送电费管理部门实施。

稽查人员对计量装置故障处理质量的稽查就是核对电费管理人员是否及时准确地按照计量报告的要求退补电量。因此，稽查人员在对电费管理部门进行电量结算质量的稽核时，须调阅计量部门对客户计量装置故障处理报告，再到电费管理部门核查，看抄表人员是否在抄表卡上和微机信息系统上记录有关事项，同时还要在电费结算单上核查是否按报告要求及时退补电量，如未将已发计量报告按规定处理，稽查人员要做好记录，及时通知电费管理部门。

（3）其他非计量原因造成的退补。在日常工作中，非计量原因所造成的退补电量情况并不罕见，常见原因有用电客户用电类别变化造成退补、电量电费差错造成退补、变损线损改变造成退补、变电站内进行高压试验等。

由于电力营销工作所有非抄见电量发生电费之外所发生的电量电费变化都需通过退补电量或电费来完成，因此稽查人员在稽查工作中应给予重点关注。通过查看退补工作流程中每一环节的处理档案，来检查工作质量或发现可能存在的问题。通常应首先查阅工作起始环节对客户现场情况的描述，然后对照追退补电量电费的计算依据及处理结果，看工作人员是否在工作中存在追退补电量电费的依据与现场情况描述不符合的情况，是否存在计算有误。特别是针对重要客户、大客户的处理，必要时，还应至现场调查取证。

（三）电费核算稽查

1. 电量电费核算稽查

前面介绍了对客户应执行的电价和电量核算所进行的稽查，只要认真核对客户的电价与相应的电量对应结算，并将核算的结果与电费结算人员计算的结果进行比较即可。若计算结果有偏差，就要重新核查，弄清原因及责任部门或责任人，并将有关情况记录清楚，形成工作底稿备案。

2. 基本电费核算稽查

当前，受市场和生产形势的影响，客户时常会申请对计费容量的全部或部分减容、暂停，减容或暂停具有偶然性，客观上给电费工作人员结算电费增加了难度，也易产生差错，因此稽查人员对客户进行电费核算质量核查时，要重点关注大工业客户基本电费的计算。

稽查人员在对客户基本电费的核查时，首先调阅客户变压器运行台账，看管理人员在运行台账上是否对客户变压器减容、暂停做好记录，然后核查客户提供的申请报告，看申请报告是否按照管理权限经有关领导审批，用电人员是否到客户现场加封、启封，在报告上的记录是否翔实，尤其是对客户超期减容、暂停的，用电人员是否提前书面告知客户，电费管理人员是否按照规定计收客户的基本电费。

在核查减容的业务办理质量时，要注意以下几个方面的问题：

（1）减容必须是整台或整组变压器的停止或更换小容量变压器用电。供电企业在受理之日后，根据客户申请减容的日期对设备进行加封。从加封之日起，按原计费方式减收其相应容量的基本电费。但客户申请为永久性减容或从加封之日起期满 2 年又不办理恢复用电手续的，其减容后的容量已达不到实施两部制电价规定容量标准时，应改为单一制电价计费。

（2）减少用电容量的期限，应根据客户所提出的申请确定，但最短期限不得少于 6 个月，最长期限不得超过 2 年。

（3）在减容期限内，供电企业应保留客户减少容量的使用权。超过减容期限要求恢复用电时，应按新装或增容手续办理。

（4）在减容期限内要求恢复用电时，应在 5 天前向供电企业办理恢复用电手续，基本电费从启封之日起计收。

（5）减容期满后的客户以及新装、增容客户，2 年内不得申办减容或暂停，如确需继续办理减容或暂停的，减少或暂停部分容量的基本电费应按 50％计算收取。

（6）在核查暂停的业务办理时，要注意以下几方面的问题：

1）客户在每一日历年内，可申请全部（含不通过受电变压器的高压电动机）或部分用电容量的暂时停止用电 2 次，每次不得少于 15 天，1 年累计暂停时间不得超过 6 个月。季节性用电或国家另有规定的客户，累计暂停时间可以另议。

2）按变压器容量计收基本电费的客户，暂停用电必须是整台或整组变压器停止运行。供电企业在受理暂停申请后，根据客户申请暂停的日期对暂停设备加封。从加封之日起，按原计费方式减收其相应容量的基本电费。

3）暂停期满或每一日历年内累计暂停用电时间超过 6 个月者，不论客户是否申请恢复用电，供电企业须从期满之日起，按合同约定的容量计收其基本电费。

4）在暂停期限内，客户申请恢复暂停用电容量用电时，须在预定恢复日前 5 天向供电企业提出申请。暂停时间少于 15 天者，暂停期间基本电费照收。

5）按最大需量计收基本电费的客户，申请暂停用电必须是全部容量（含不通过受电变压器的高压电动机）的暂停。

（7）基本电费的核查首先要抓好基本容量的核查，稽查人员要把握基本容量变化的关键点，重点把握变压器暂停次数、变压器暂停时间、新上和增容客户暂停客户基本电费的计算。

1）客户的变压器减容、暂停的次数和时间必须符合《供用电规则》的有关规定，减容、暂停的当月，基本容量是否按实际使用的天数计算，减容、暂停期间计费容量的计算，减容、暂停期满后，若客户仍未使用减容、暂停的容量也没办理手续的，应按规定全额征收基本电费，如继续办理减容、暂停手续的或新装增容的客户 2 年之内办理减容、暂停的，应按减容容量的 50％计收基本电费。

2）根据云南省物价局云价价格函〔2014〕16 号《云南省物价局关于大工业用户基本电费最大需量收费有关问题的函》规定，对于基本电价按最大需量计费的，由用户与供电企业签订合同并约定最大需量，供电企业按合同约定值计收基本电费。如用户实际最大需量超过合同约定值，按实际抄见数计收基本电费，如低于约定值，按约定值计收基本电费。用户根据用电需求情况变更合同的，按相关规定办理。

3.功率因数调整电费稽查

功率因数调整电费的稽查包含功率因数考核标准的确定、功率因数的计算、功率因数调整电费的计算三个方面核查。

功率因数标准的确定，一是考虑容量问题，需要实行功率因数调整电费的客户，用电容量必须在 100kVA（kW）及以上；二是考虑客户的用电性质，160kVA 以上的工业客户、装有带负荷调整装置的高压电力客户和 3200kVA 及以上高压供电电力排灌站按0.9。标准考核，100～160kVA（kW）的工业客户、100kVA（kW）及以上的非工业客户和电力排灌站、大工业客户、未划归电业部门直接管理的趸售客户按 0.85 标准考核，100kVA（kW）及以上的农业客户和趸售客户按 0.80 标准考核；三是对于应该实行功率因数调整电费考核的客户必须加装无功计量装置，这是实行功率因数调整电费考核的技术要求。

通过核对抄表卡和营销管理系统上客户的用电性质和用电容量，对照上述标准来核定客户的功率因数标准是否合规，尤其是要注意对非工业和普通工业客户功率因数标准的确定，在电价分类中，非工业与普通工业用电电度电价一样，但功率因数考核标准却不一样，往往营业人员对该类客户的用电性质很笼统地称为非普工业，由于定性不明确，极易导致功率因数标准确定错误。

核查功率因数的计算时，要注意有功电量和无功电量应按客户的计量方式来确定。若为高压计量，可以按记录的有功电量和无功电量加上应计的有功线损电量和无功线损电量来计算；若为低压计量，应考虑变压器的产权问题，并按产权归属界定变损的计算，产权归客户的，要计算变压器有功变损电量和无功变损电量，特别需要说明的是照明电量要作为有功电量来计算功率因数。

一般来说，通过计算机来计算电费，由于都是通过营销管理系统的程序来完成，只要检查其基础资料准确，并在营销系统准确反映，变压器损耗都能准确计算，主要是对采用手工计算电费的单位，营业人员易忘记计算变压器损耗或变压器损耗计算不准，尤其是对变压器损耗的分摊，可能会产生差错，这都需要稽查人员认真核对。

功率因数电费的核算，要注意只能是电度电费和基本电费参加功率因数调整电费的计算，峰谷电费、代征电费尤其是居民生活照明电费不参加功率因数调整电费的计算。

在实际的稽查工作过程中，经常需要手工计算功率因数调整电费，特别是目前尚未实行电算化的偏远地区的县级供电企业，更需要手工计算所有用电客户的功率因数调整电费。通常计算出功率因数后，利用功率因数调整电费对照表，查出对应的功率因数调整电费增减率，再计算功率因数调整电费，由于功率因数调整电费对照表也没完全提供一一对应功率因数调整电费增减率，对有些还要通过推导才能计算出功率因数对照电费增减率，极易产生差错，有时在稽查过程中因没带上功率因数调整电费对照表，而无法核对功率因数调整电费计算的是否准确。为方便稽查，依据功率因数调整电费表，通过推导得出功率因数调整电费的经验公式如表 4-1 所示。只要将计算的功率因数带入相应的公式就能方便准确的计算出功率因数调整电费增减率，既省时又省力。

表 4 - 1 功率因数调整电费的经验公式

考核标准	实际功率因数 cosφ	调整电费（%）
0.90	0.00～0.64	＋50×(2.9−4cosφ)
	0.65～0.70	＋50×(1.6−2cosφ)
	0.71～0.90	＋50×(0.9−cosφ)
	0.91～0.94	−15×(2.7−4cosφ)
	0.95 以上	−0.75
0.85	0.00～0.59	＋50×(2.7−4cosφ)
	0.60～0.65	＋50×(1.5−2cosφ)
	0.66～0.85	＋50×(0.85−cosφ)
	0.86～0.90	−10×(cosφ−0.85)
	0.91～0.93	−(15cosφ−13)
	0.94 以上	−1.1
0.80	0.00～0.54	＋50×(2.5−4cosφ)
	0.55～0.60	＋50×(1.4−2cosφ)
	0.61～0.80	＋50×(0.8−cosφ)
	0.81～0.90	−10×(cosφ−0.8)
	0.91	−1.15
	0.92 以上	−1.3

4. 峰谷电费核算稽查

峰谷电费的稽查应重点关注峰谷电价的执行范围和浮动比例是否正确，要注意将不该执行峰谷电价的电量按分类用电的比例分出来，对不执行季节性电价的客户，由于所装表计按季节性电价时段设定，要注意将季节性用电时段计量的电量计入到相应时段的电量中，防止漏计电量。特别应当注意的是，由于目前在峰谷电费中还包含尖峰电费，因此还应注意电费的核算中是否将尖峰电费计算在内。

5. 代征电费核算稽查

代征电费的核算要注意代征电价的执行范围和价格，尤其是电力建设基金，对国有重点煤炭企业、核工业铀扩散厂和堆化工厂的生产用电，农业排灌、抗灾救灾及原化工部发放生产许可证的氮肥、磷肥、钾肥、复合肥生产企业用电要按电价规定实行减免，既不能扩大减免范围，也不能全额征收；附加费的征收，不同行业的大工业用电征收标准不一，也要按文件规定核对清楚。

6. 电费发票稽查

根据国务院批准发布的《中华人民共和国发票管理办法》、国家税务总局印发的《增值税专用发票使用规定（试行）》的规定，电力企业向客户收取电费时，应按规定向客户开具统一的普通发票或增值税发票。对于增值税发票，可以由当地供电企业向税务机关申购，因此稽查人员应该按照相关规定，加强对增值税发票管理及开具质量的监督，主要稽查电费管理部门是否按以下规定执行到位。

（1）采用手工抄表收费的单位，由财会人员去税务机关购置使用国家统一规定的增值税专用发票，为了方便客户了解电费结算的详细内容，可在增值税发票后面附上价外清单。

（2）采用计算机结算电费和开票的供电企业，由财务专人去税务机关购置使用国家统一规定上机的增值税专用发票，并附价外结算清单，以便客户结算。

（3）按《增值税专用发票使用规定（试行）》，凡不应开具增值税专用发票的客户，电费结算仍应开具普通电费发票（税务机关监制）给客户。

（4）向税务机关购置的专用增值税发票，应建立使用登记制度，发票传递应履行签字手续，对使用情况、票据起讫号码、废票均应做好记录，以备上级和税务机关检查。

（5）增值税发票的填写要求字迹清楚，不得涂改，项目齐全，上下联金额一致，凡填写错误的票据应重新开具，原票须加盖作废章后收回归档；规定由计算机打印的增值税发票设置了统一的电费发票，计算机打印用的规格发票不允许手工填写。

（6）增值税发票使用统一规定为四联，各联必须按以下规定用途使用：

1）第一联：存根联，由供电企业留存备查；

2）第二联：发票联，交客户作付款的记账凭证；

3）第三联：税款抵扣联，交客户作扣税凭证；

4）第四联：账联，由供电企业作销售的记账凭证。

（7）凡需要开具增值税发票的单位，均须向供电企业提供税务登记号码的复印件，作为供电企业向客户开具增值税发票的依据。

（四）稽查举例

例 4 - 11 　稽查营销指标中人为调整售电量。

（1）抽查电量排名在前 10 位客户的电费卡账，重点关注用电大户和较大户在年初和年末时的电量，核对其在一年内的用电量有无突增突减情况。

（2）对电量突变的用电户，核对该户实际抄表卡上的指示数和电费核算清单上的指示数是否一致。

（3）有条件的，实地采集电量突变大户一年内的电能表指示数，并向营销人员口头了解该户的抄表例日，然后将所采集到的表计指示数和抄表卡上的指示数以及电费清单上的指示数三者进行比对，看是否一致。

（4）将电量突变户在这一年内所开的增值税发票上的电量数值全部相加（切记向开票人员询问该户增值税发票所开前电量是否包含预付费等情况），然后与电费卡账上核算电量相比对，如果存在差值，差值数则为所调整的电量数。

（5）将营业报表上售电量与营销管理系统内所发行的电量数据进行比对，看两者是否一致。如果存在差异，就是人为在调整售电量。应关注营销管理系统中有无虚拟客户在调增售电量。

（6）通过营销管理系统核对是否按规定日期抄表。如果核算日期和抄表例日不一致，营销管理系统给出的差值，就是人为在调整售电量，而未按规定日期抄表。

例 4 - 12 　稽查营销指标中人为调整供电量。

（1）根据上级听下达的关口计量点文件，核对关口报表、线损报表上所列的名称、线路编号和所下发的文件上的计量点是否相同。

（2）核对关口抄表卡实际所抄的电量和关口报表上的电量（重点关注：年末电量、换表电量、旁带线路上的电量）是否一致。

（3）有条件的，实地采集关口表的指示数，然后与关口报表上的数据进行核对，看两者是否一致。

（4）将关口报表上的数据和变电站原始抄表记录进行核对，看两者是否吻合。

例 4 - 13 **稽查营销指标中人为调整线损率。**

（1）抽查线损报表中线损率较高的线路，调取生产部门的变电运行月报，询问线损报表人员的抄表时间和生产月报人员的抄表时间，再将线损报表上的供电量与生产部门运行月报的供电量相核对，看两者数据的差值是否异常。

（2）抽查线损报表中线损率较高的线路（或者线损异常的线路，如出现负线损等情况），核实综合线损报表中的售电量与这条线路上所带售电量是否一致。其中：

高压线损报表中的售电量＝台区供电量＋专变售电量＋大户售电量

综合线损报表中的售电量＝台区售电量＋专变售电量＋大户售电量

（3）核对关口抄表卡上的供电量和线损报表中的供电量是否吻合。重点关注年末线损率异常的线路。

例 4 - 14 **稽查营销指标中人为调整电费回收率。**

（1）核对营销电费手工账、手工账后面所附的凭证、银行存款的电费金额与入营销系统电费的金额是否一致。

（2）核对手工账上所记录的电费到账时间与该笔电费进营销系统的时间。如果账务上所反映的某一笔电费回收的时间在次月月初，而营销系统却反应在本月月末，两者在时间上不一致，则存在为完成电费回收率指标，在月末空录电费金额的问题。

例 4 - 15 **稽查电费核算信息是否正确。**

（1）核对基本电费的正确性。

1）根据电费核算卡账，查看大工业用电户基本电费在一年内的收取情况，如果对按容量计算基本电费的用电客户，一年中某几个月所收取的金额不一致，就需要调取业扩台账，查看该户在一年内是否办理过用电变更业务，有无用电工作传票。如果办理过暂停、减容等相关手续，就需要进一步核对其一年内暂停的次数、减容时间等，是否符合《供用电营业规则》中第二十三条关于减容和第二十四条关于暂停用电的有关规定。

2）进入营销管理系统，在电费档案查询模块中，输入客户编号，点击业扩工单，查看该户曾经发生过业务变更的信息，根据工单内容，核对基本电费的收取是否正确。

（2）核对功率因数标准执行情况。

1）根据电费核算卡账所反映的功率因数调整电费情况，判断该户应执行的功率因数标准。

2）根据电费核算卡账所反映的无功电能表底码、无功电量的大小，判断电能表安装以及抄表是否正确。例如，应执行功率因数调整电费的用电客户没有按规定装设无功电能表或者电费清单反应有无功电能表，但每月无功电能表指示数不走字，功率因数奖惩情况为奖客户功率因数电费。

（3）核对电价执行的正确性。

1）核对两级以上套表用电客户的电价执行情况，需要关注的是二级客户所执行的电价的电压等级和主表电压等级是否一致。

2）根据电费卡账上反映的用户名称，先大致判断用电类别，关注与名称不相符、执行低电价的用电客户。对有疑问的客户，现场落实用电类别，继而判断电价执行是否正确。例如，户名是供电所、房地产或者宾馆却执行农业生产电价、高扬程农排电价等情况。

（4）核对计量信息执行的正确性。

1）根据峰谷电能表安装规定，判断核算信息中计量装置的设置是否正确。

2）根据变压器容量的大小判断互感器配备是否正确。

四、电费稽查

电费稽查包括电费回收的稽查和电费账务的稽查。

（一）电费回收的稽查

电费回收是电网经营企业的一项重要工作，它是指电网经营企业将电能销售给客户后，从客户收回相应数量货币的过程。电费回收的好坏，一方面直接影响电网经营企业的经营成果，另一方面也对电力企业的再生产产生巨大的影响。因此，必须加强对电费回收的管理。

一般来说，供电企业都是按营业机构来设置企业电费应收、实收明细账，不论供电企业有多少营业机构或者营业网点，每个网点计收的电费，最终要经过企业财务账来汇总企业的电费回收情况，因此，通过调阅财务部门的电费总账和明细账，就能查阅供电企业及各营业机构电费回收总的情况。电费回收的稽查一般包括稽查电费回收的质量性和稽查电费回收的安全性两个方面。

1. 稽查电费回收的质量性

电费回收考核办法是电费稽查的重要依据，稽查电费回收时，先从制度入手，检查制度的完整性，同时检查制度的执行情况，接着要看供电企业电费回收的措施，最后重点稽查以下几点：

（1）应收电费必须以供电企业营销部门汇总确定的电费为准，要核查电费明细账上总金额与分类金额是否相符，并与营销部门提供的数据相符，稽查财务账上实收电费金额与应收金额是否相符，考证电费回收完成的实效性。

（2）实收电费明细必须看明细账的摘要，通过摘要记录再查相关凭证，核对电费账目的真实性和准确性。

（3）检查各营业机构电费销账记录，核查各收费员的收费情况，尤其是通过银行结算转账的客户电费的回收情况，看是否在规定的缴费期限内缴纳电费。

（4）对预收电费的管理的核查，要防止用预收电费冲抵其他没有缴纳预收电费而本期又未缴清电费的客户电费的现象。

（5）欠收电费的处理，包括对欠收电费客户采取停电催费措施和违约使用电费的计收两个方面。

1）对欠收电费客户采取停电催费措施是《中华人民共和国电力法》赋予供电企业的权利，但停电催费必须按照《中华人民共和国电力法》的有关规定履行必要的手续。因此，稽查人员在发现有客户未能按时缴清电费时，还要对照有关制度检查供电企业采取停电催费措施的程序是否到位，对欠收电费客户实施停电催费的时间、范围、有关领导批准以及实际执行的情况，执行停电催费后的效果，客户缴清电费后是否及时恢复供电情况，有无违规作业现象等做较详细的检查。

2）违约使用电费的计收是供电企业对到期未缴清电费的客户按照《供电营业规则》的有关规定，计收由欠收电费客户承担的违约使用电力的费用。稽查人员在发现有客户在规定的期限内未能按时缴清电费时，要核对营业人员是否按照相关规定计收了违约使用电费，违约使用电费收取是否及时、准确，有无擅自减免违约使用电费，目前，有部分抄表收费人员往往以正常电费都难以回收为由，少收或不收电费违约金，形成电费违约金计收差错。

总之，界定电费回收完成情况，既要在资金上结零，又要在时间上满足考核要求，同时要防止为了结零而利用其他资金垫付电费的现象发生，从而降低供电企业的经营风险。

2. 稽查电费回收的安全性

不论是走收电费还是坐收电费，都涉及现金的保管问题，稽查人员要从制度上检查入手，先看供电企业对现金管理制度的建立情况，再查看收费人员对内控制度的执行情况，所收的现金是否每天及时清理存入银行，并填制现金日报单交电费复核人员做账，并考证制度执行过程中存在的问题。

具体做法是采用抽查法，一是随机抽查走收电费人员手中的电费发票，统计发票上的电费金额与财务账上的挂账电费金额是否一致，以此判断营业人员对现金电费缴纳的及时性；二是通过查营销管理系统上营业厅收费人员的收费记录，统计其一天的收费金额，与其当天的现金缴款单金额比较，检查营业人员现金进账的及时性。

（二）电费账务稽查

电费账务处理是电网经营企业的财务部门依据营销部门的电费管理人员提供的营销报表、电费发票记账联、现金进账单、银行回单等制作财务凭证，并对财务总账、分类明细账进行账务处理的过程。电费账务处理的质量直接影响企业的经营管理，故需加强对电费账务处理的质量进行稽查。

电费账务管理稽查目标主要针对营销环节电费收入的完整真实性、电费账务核算的完整真实性及电费资金管理的真实合规性，稽查内容主要包括电费收入、电费发票管理和预收电费管理三个方面。

1. 电费收入的稽查

首先稽查是否存在电费结算周期内人为提前或推迟结算电费的现象，其次稽查是否存在为了调节营销技术指标人为虚增、虚减电量，造成电费收入统计失真的现象。

（1）分别提取电力营销和财务销售报表，核对并计算营销与财务口径售电量、电费收入总额、均价及各类别电量、电费、均价等是否一致，核对并计算营销与财务口径电度电费、功率因数调整电费、基本电费、分时电费、优惠电费及各种基金等相关数据总额及相应售电类别分项数据是否一致，将以上数据与该单位上报的指标进行比较，尤其是与基层单位上报的报表进行核对，核对数据传递是否准确一致；进入单位的电力营销管理信息系统，提取有关报表数据，同时重新统计汇总所有客户售电量、主营业务收入等数据，核查各项汇总数据与原来营销管理信息系统报表对应项目汇总数据或分类汇总数据是否一致；核对总账、明细账、报表合计数是否相符。

（2）采用抽样调查法，随机选择核查周期内一定数量的记账凭证，核查凭证附件，如电费发票、银行回单等，检查发票和银行回单开票日期是否吻合，电费金额是否一致，同时核对发票上客户名称、电量、电价、金额是否与电费结算单、营销系统上的信息数据等一致；检查电费收入会计核算是否正确，是否准确、完整记入了主营业务收入，原始凭据是否真实、准确、完整。

2. 电费发票管理的稽查

电费发票是供电企业向客户出具实收电费的凭据，发票管理是电费管理的重要一环，电费发票的管理包括发票的领用、发票的填写、发票的统计、发票的发放和发票的回收五个方面。

（1）发票的领用是指营业人员到财务部门领取发票。稽查人员对发票领用的稽查主要是查财务部门对发票的领用管理情况，财务管理人员对电费发票的使用应建立领用登记制度，重点是核查领用发票时，管理人员与领用人员签字记录是否完整，核对库存发票、领用发票与总发票是否吻合。

（2）发票的填写是指营业人员根据客户的类别，依据客户的用电情况，向客户出具收取电费的凭据。稽查电费发票的填写，要注意填写的规范性、准确性，要核查客户户名、电费金额、发票的种类等是否正确，防止因发票填写差错，导致电费回收的差错。

（3）发票的统计就是对各类电费发票电费金额和发票使用的数量，尤其是对增值税发票使用的金额、票据号、名称客户等信息进行统计。稽查发票的统计就是看其统计的准确性和完整性。

（4）发票的发放是指经审核无误的发票，交由收费人员收取电费的过程。电费管理人员给收费人员分发收费发票时，收费人员在领取记录台账上签字记录。收费人员只有在收到客户电费后，才能将发票交给客户，尤其是对增值税发票送交客户时，一定要查看客户履行签字手续的记录。

（5）发票的回收是指电费管理人员将电费发票的存根联（包括废弃发票）交回财务管理人员的过程，稽查发票的回收时，主要核查发票回收的完整性，看发票存根、废弃发票数与原发票发放数是否相符，防止电费发票遗失。

3. 预收电费管理的稽查

预收电费管理的稽查主要是考证将预收账款转为实收电费依据是否充分，预收账款是否按客户明细进行核算，是否存在"张冠李戴"的现象，是否存在将其他客户的预收账款作为另一个客户的实收电费。

稽查方法如下：

（1）调阅预收账款明细表，复核并重新计算核对结果，核对其期末余额合计数与报表数、总账数和明细账合计数是否相符。

（2）在预收账款明细表上标出至检查日止已转销的预收账款，对已转销金额较大的预收账款进行检查，核对记账凭证、销售发票等，并注意这些凭证发生日期的合理性。

应充分关注期末大额应收账款转为预收账款或预收账款转为应收账款的情况。当企业期末电费收回任务难以完成时，可能存在将预收账款转为应收账款贷计数，即实收电费；或者当企业期末电费收回任务完成很好时，可能存在将实收电费转为预收账款。客户转来一笔电费，到底是实收还是预收，一般情况下应以该笔电费的银行进账单上标明的时间为准，属于本期的应做实收，属于下期的应做预收。

（3）抽查供用电合同，对有预收电费条款的，调阅相应的收款凭证，检查预收电费管理的情况，尤其是对考核周期末，检查已实现销售的账款是否及时转销预收账款，确保预收账款期末余额的正确性和合理性。

五、稽查案例分析

例4-16 抄表员未按规定轮换抄表片区情况稽查。

案情介绍 2014年8月，某位抄表员从2013年4月1日至2014年8月1日一直对抄表区段为××××的客户进行抄表，未严格按《××公司抄表管理细则》第5.1.3条规定的轮换周期进行抄表员轮换。

稽查过程 2014年8月8日，按当月稽查计划对某供电局的抽样稽查样本进行核查，发现某建材公司的抄表记录显示从2013年4月1日至2014年8月1日（时间跨度为一年零四个月）一直由同一个抄表人员李某抄表，发现该客户对应的抄表区段为××××的其他客户都没有按《××公司抄表管理细则》第5.1.3条："抄表员应定期轮换抄表区域，轮换周期不超过1年。"规定进行轮换。

问题产生的原因 抄表班班长没有根据《××公司抄表管理细则》第5.1.3条："抄表员应定期轮换抄表区域，轮换周期不超过1年。"规定进行轮换，致使抄表员轮换混乱，存在超期未及时轮换现象。

分析点评 抄表员不按规定轮换，使部分存在的问题不能实事求是得到反映、及时发现和予以纠正，如抄表管理方面存在漏抄、错抄、估抄行为，计量方面存在装置失准、窃电行为，业扩方面存在档案有误、电价问题，用检方面存在安全缺陷、违章违约用电等方面，这些问题通过定期轮换可以及早发现，及时遏制和处理，特别一些涉及抄表员与客户共同参与的违法违纪事件或者瞒上欺下的行为，通过轮换工作可避免事件的扩大和恶化，对于进一步规范营销工作，降低营销风险起着举足轻重的作用。

经验启示 一是在现实中，抄表员定期轮换在某些单位存在这样的问题，就是只在系统上更换了人员标识，而实际上没有轮换这种情况，这等同于没有轮换。杜绝这种现象的发生，应从其根源着手，一年抄表期轮换，周期不长，部分抄表员可能觉得麻烦，重新适应抄表路线须带来一定工作量，这需要从思想上做工作，摆明利害关系，说清楚风险，有利于建立相互监督机制，营造共同进步的班组集体氛围。二是从一些具体的措施加以防范，通过建立防控体系，防患于未然。可以通过客户的走访了解抄表员到位情况，从另一个角度出发也能够起到监督作用，有比较好的成效。或者通过提问形式抽查抄表员对所属抄表路线的熟悉程度和客户档案、用电情况，能客观反映轮换情况。也可以通过对轮换后电费回收情况、抄表员反馈回来的问题汇总，甚至是客服工单反馈的信息，进行汇总和综合分析后，可间接反映轮换情况。甚至于采用跟班形式，更能直接反映轮换情况。

例4-17 **抄表周期设置不准确问题稽查。**

案情介绍 某原普通工业用户，报装容量为35kW，三相供电。因用电性质改变，需改为居民合表用户，于2014年7月16日申请办理改类业务，7月18日办结，并已改为居民合表电价。在常态稽查时发现，此用户改类后，抄表周期仍为"每月一次抄表"，而不是"单月抄表"，经核查该用户未发生电费计算错误。

但目前营销系统有可能会引起以下计费风险：如该居民客户应在9月才进行抄表，但因其系统的抄表周期仍为"每月一次抄表"，在8月系统自动将对此客户进行抄表初始化，当抄表员对此客户的抄表计划取消后，在9月进行抄表计费时，因系统功能设计问题，不会将变更前的抄表记录在9月进行计算，如复核不到位，将有可能产生少计电费的风险。

稽查过程 目前纯居民电价的用户为双月抄表，系统的抄表周期为"单月或双月抄表"，其他电价用户为"每月一次抄表"，因此在业扩改类业务常态稽查时，对执行纯住宅电价改类为其他电价用户时，可通过客户基本信息中抄表周期是否与客户的用电类别相一致外，还可通过检查更改前后的抄表记录来判断是否有发生业务变更，及时对相关信息进行变更，防范电费计算风险。

问题产生的原因 在办理涉及纯居民用电的客户改类过程中，由于办理人员未有在扩展信息中更改抄表周期信息，无法及时有效地更改抄表周期；另外，抄表员在编排抄表线路时，未能及时将已经更改用电性质的用户进行重新编排。

分析点评 一是根据《公司抄表管理细则》的要求，抄表例日应相对固定，如需发生改变时，应提前告知客户。由于目前仅纯居民电价的用户的抄表周期为两个月，因此对此类客户办理改类业务时，需考虑是否影响抄表周期，业务受理人员应及时判断并告知客户；二是本案例暴露出业务办理人员、抄核收人员对此类业务认识薄弱，没有对此类业务重视；三是建议定期修编各类营销业务的作业指导书，加强业务办理人员、抄核收人员的营销业务培训工作。

例4-18 **电能表实际行度与系统记录不对应现象稽查。**

案情介绍 某供电所某店（户号×××××××××）营销管理系统2014年8月6日抄表止码346kWh大于2014年8月25日以后现场拍照显示的电能表止码为341kWh，多抄5kWh，存在抄表不正确。

稽查过程 2014年8月，稽查人员对抄表管理情况进行在线稽查。2014年8月初，各供电所完成8月抄表工作后，稽查人员导出部分用电异常的客户清单下发各供电所获取抄表例日后的电表照片，并与营销管理系统8月的抄表止码对比，发现部分单位存在抄表不正确，如某供电所的某店。

问题产生的原因 一是该户以外出打工为主，自2012年6月起已不用电，供电所抄表人员因责任心不够强，自2012年6月抄录该户电表止码346kWh，已抄大5kWh，但之后每次抄表仍未发现错误，存在未认真到位抄表，有估抄现象，违反了《公司抄表管理细则》第5.1.5.9条"不得漏抄、估抄，严禁委托客户抄表和私自委托他人代抄表的规定"。

分析点评 漏抄、估抄的后果和风险，除影响线损，造成电量、电费错误外，还会导致客户投诉事件，企业形象受损。更严重的，可能会产生违法违纪事件，如抄表员与用户勾结采取少收少计电量的手段或方式，以此作为盈利的目的，使供电企业蒙受损失。

经验启示 此案例可以看出，抄表不到位的稽查要点在于如何获取异常样本的客户清单。此次稽查发现存在抄表不到位的客户主要集中在用电量为0或用电量小且连续几个月用电量较均衡的居民客户，今后稽查可重点关注此部分客户。同时，应重点做好以下方面工作：

（1）组织营销工作人员对《公司电费抄表管理细则》进行学习，认真领会，进一步加深对相关管理规定的理解，为营销工作的开展打下基础。

（2）加强营销稽查工作常态化管理，并不断创新和优化营销稽查方式方法、工作内容，在每月常态稽查工作中加强对稽查发现问题整改情况进行稽查，确保不发生"屡查屡犯"事件。

（3）将近几年营销稽查和营销审计发现问题进行归类成册，并印发到各单位营销人员进行学习，避免发生类似问题。

例4-19 漏抄无功表造成力调计费失准稽查。

案情介绍 某商业用电客户，合同容量为140kW，于2012年3月至2013年3月抄表期间一直未抄录无功表码，每个计算电费周期都以2012年3月15日表码作为止码来结算，即每个计算电费周期无功电量都为0，都以相同调整率-1.1%来计算力调电费，直至2013年5月才抄取无功表码，造成计费差错。供电所反映，造成差错的原因为抄表员误以为该户无需抄录无功电量。

稽查过程 核查营销系统抄表记录发现有功电量正常，无功电量多月为0。

问题产生的原因 根据《公司电费抄核收管理办法》，电量电费核算要严格按照抄表计划进行电费的核算工作。在抄表数据上装营销系统的当天，完成电费的第一次计算工作，并形成异常工作单。各供电所在抄表例日起计的2天内完成异常清单的核对工作。供电营业所电费核算环节亦未发现该户有功表长期有电量而无功表码为0，造成力调电费不正确。暴露出该供电营业所抄表员业务水平缺欠，抄表不认真，责任心不强，造成没有抄取无功表码，以及核算工作质量存在的问题。

🔊 分析点评　根据《公司电费抄核收管理办法》，现场抄表：要求按时、到位、使用抄表机、正确地抄录电能表的表码；不得漏抄、估抄；抄表认真核对客户用电地址、表号、倍率等档案记录；发现用电异常情况，如零度、用电量突增突减等，应当场向客户了解异常的情况，详细记录在抄表事项中备查。此户暴露部分供电营业所抄表员业务水平低及复核人员工作不认真现象。

🔊 经验启示　抄核收管理办法要求必须三级分散复核（流程），即一级"交叉复核"，二级"班长复核"，三级"部门主任（业务员或所长）复核"，但实际经常没得到落实，这里可考虑引入奖惩机制，提高复核效率。还有实现自动化抄表，不失为最佳的办法。

例4-20　以零电量用户为突破口的抄核收稽查。

🔊 案情介绍　2014年11月19日，营销稽查中心开展"零电量"用户专项稽查，发现某供电所，户号×××××8460，户名为"薛某"的商业电价用户，连续超15个月电量为零，但在系统中同一用电地址另有一住宅用户"薛某"（户号×××××4172）其月用电量较大，经现场稽查发现，用户现场一楼为制鞋厂，楼上为住宅，一楼制鞋厂用电全部接住宅表计费，存在高价低接情况。

🔊 稽查过程　2014年11月19日，营销稽查中心根据年度稽查工作计划开展"零电量"用户专项稽查，在稽查样本中发现惠东供电局辖下某供电所，户号×××××8460，户名为"薛某"的商业电价用户，从2009年1月起至检查当月连续71个月电量为零，但在系统中同一用电地址还另有一住宅用户"薛某"（户号×××××4172），其月均用电量超2000kWh，继而列为怀疑存在差错用户，经稽查人员现场稽查发现，用户现场为单栋多层楼房，有商业和住宅两个计量表计费，一楼为制鞋厂，楼上为住宅，一楼制鞋厂用电全部接住宅表户号×××××4172计费，存在高价低接情况，商业表户号×××××8460无接任何用电负荷。

🔊 问题产生的原因　抄表人员未严格执行抄表管理规定。抄表员对用电异常情况，如零度、用电量突增突减等，未现场向客户了解异常的情况，详细记录在抄表事项中备查。

🔊 分析点评　抄表员日常抄表工作不到位，对客户电费档案的管理不重视，现场抄表时未认真核对客户电价、电量等信息。

🔊 经验启示　该案例是开展"零电量"用户专项稽查，通过营销系统导出连续超15个月电量为零的低压非住宅用户样本，对样本的基本档案进行稽查时发现同一用电地址另有一电价较低的用户，且该用户用电量较大，继而锁定该用户，对该用户展开现场稽查，发现其存在高价低接行为。暴露出该供电所的业务人员工作责任心不强，业务技能水平低，没有严格执行《供电营业规则》和抄核收的相关条例。

例 4 - 21　不按正常程序办理业务，擅改后台数据问题稽查

案情介绍　某用户，2012 年 9 月 1 日正常抄完表后发现阶梯电价执行错误（一直未发行电费），相关人员于 9 月 20 日发起改类工单（原合表户改为一户一表），将 7 月 1 日至 9 月 1 日计费电量调整为按一户一表电价执行（将 7 月 1 日抄回表码作为 9 月 21 日改类截止表码录入），但由于改类截止表码、时间与计费周期逻辑关系混乱，造成系统不能正确计算电费，导致用电天数为 - 20 天，阶梯基数按一个月（第一档按 260kWh，第二档按 600kWh）计算的错误。实际计费天数为 62 天，正确的阶梯基数应为 2 个月计算。

稽查过程　抽取办理改类业务的客户，结合报装资料及营销系统客户抄表结算复核单进行核查。

问题产生的原因　私自擅改后台数据。复核过程中发现电量异常后未按规定发起内联单或问题处理单相关流程处理问题，而多次直接找系统开发方修正数据。

分析点评　复核不到位。超过抄表周期发起改类并重新发行电费，系统不能按正常时间逻辑关系进行计算电费，但一、二级复核没有对用电天数、阶梯基数进行复核。

经验启示　业务单位需要通过系统后台修改数据的，应按规定发起内联单或问题处理单的相关业务流程处理，必须经由职能部门对应的相关专责同意后才准修改。

例 4 - 22　未正确执行抄表初始化，造成电费差错。

案情介绍　某用户于 2012 年 1 月申请改类，由商业用电改为大工业用电，3 月 29 日装拆表工作单上记录总电能表表底码为 3823.6，该计量装置倍率为 400，4 月 1 日业务人员归档工作单，未对该户重新进行抄表初始化操作，电费结算直接使用了 2012 年 4 月 1 日的抄表电能表表底码 3931.41。造成该户 3 月 29 日至 4 月 1 日应按大工业电价计收的 43120kWh 电量，按商业电价计收，多收电度电费 4851 元，少收 3 天基本电费 724.5 元。

稽查过程　抽取办理改类业务的客户，结合报装资料及营销系统客户抄表结算复核单进行核查。

问题产生的原因　业务人员业务操作不熟悉，在抄表初始化后到电费发行前归档的工作单，涉及计费参数修改的，需重新进行初始化，才能实现正确计费。

分析点评　一是电费复核不到位，对此类工作单未能有效监控。二是营销系统对此类应重新进行初始化操作的业务没有提示。

经验启示　一是各级电费核算人员在复核电费时除了关注本期归档的工作单，还应重点关注涉及用电变更业务的在途工作单。二是建议业务管理部门，在营销系统增加重新初始化操作提示以及此类工作单的复核查询功能。

例 4-23 计量点核算有误，漏收基本电费。

案情介绍 2012 年 10 月，稽查人员在对某供电局的常态稽查中，发现该局用户某建材厂存在以下情况：两个计量点，630kVA 变压器及 160kVA 变压器各一台，总容量为 790kVA，但是 160kVA 变压器未参与计算基本电费。

稽查过程 通过抽取同一户名或同一地址下存在多台变压器样品，稽查人员按照稽查程序首先在营销系统中查阅该用户的基本档案、电费结算清单和工作单记录等信息。经核实：该户为 10kV 供电，原装有一台 160kVA 变压器，高供低计，执行普通工业 1~10kV 电价。

2011 年 12 月申请增容一台 630kVA 变压器，2012 年 4 月接火送电后，630kVA 变压器的计量点执行大工业 1~10kV 电价，高供高计；160kVA 变压器维持原来的计量方式和电价，未参与计算基本电费。

通过资料核查及现场检查发现，此户为的两台变压器是同一电源供电，属于同一受电点，未按《供电营业规则》第 70 条的相关规定计算电费，即：关于"每个受电点作为用户的一个计费单位"的规定，一个工业用户有多个受电点的，以每一个受电点作为一个计费单位。凡变压器总容量达到 315kVA 的受电点，执行大工业电价，按该点的变压器总容量计算基本电费。

问题产生的原因 从该户的增容工单分析，相关人员造成本次营销工作责任事故原因如下：

（1）业扩人员在制定供电方案时，仅仅考虑到增容 630kVA 变压器的供电方式、计量方式及电价等，没有从整体考虑该户的供电方式、计量方式及电价。

（2）供电方案审核人员也未能发现供电方案存在的问题。

（3）虽然《供用电合同》拟定人与审批人已经将上述问题纠正，并将正确的计费方式写进合同，但是档案的更新、归档人员并未按合同条款更新相关计费参数。

（4）电费结算审核人员没有认真履行审核职责，未核查出用户的电价、计费容量存在异常的问题。

（5）工作人员之间关于业务问题的沟通不足。

分析点评 一是人的责任心问题，二是系统流程上还有待改善的地方，恐怕大部分的人习惯简单按"传递"这个按钮，就直接把流程往下一步推走，根本没审核里面的内容。可以在按下"传递"按钮后，重新显示供电方案内容，并对业务变更前后涉及的如容量、电压等级等数据逐级确认，但这需要系统开发商配合。

经验启示 本次营销工作责任事故暴露的主要问题是该局营销部门相关责任心不强、对相关业务不熟悉、工作人员之间沟通不足等，业扩、核算人员应承担主要责任。

业扩人员在工作中不够细心，对电价政策、相关规定不熟悉，工作人员之间沟通不足；电费核算人员在复核电费的过程中，没有认真核查用户的电价、变压器容量等。

应强化团队之间的信息持续沟通，工作协同推进，针对《供用电营业规则》等规章制度，进行专项培训，提升工作人员的精益化水平。

例 4 - 24 电费核算错误引致多计收基本电费。

案情介绍 用电客户某电路板厂（户号为×××××0562），该户 2013 年 3 月 11 日办理增容业务，由普通工业转为大工业开始按日计收基本电费，但在 4 月该客户的电费结算单中，发现计收用户 30 天基本电费，实际应计收 20 天，多计收客户 10 天的基本电费。

稽查过程 为提高暂停、暂停恢复、新装及增减容业务办理的规范性和合法性，确保基本电费计收的正确性及准确性，促进业扩、电费工作的规范管理。营销稽查中心于 2013 年 5 月对办理暂停、暂停恢复、新装及增减容业务的大工业用户进行基本电费收取情况稽查。稽查重点包括：基本电费收取的准确性；暂停、暂停恢复、新装及增减容业务办理规范性和合法性等。

通过对营销系统导出的样本进行排查分析，发现客户编号为×××××0562 的客户抄表结算复核单的基本电费计收栏的数据有异常，经过现场稽查后发现该户 4 月的电费结算单中，按照 30 天的自然天数计收基本电费，而客户在 3 月 11 日曾办理高压增容业务，按照《供电营业规则》的相关规定，应从 3 月 11 日起计收 20 天的基本电费，存在多收客户基本电费的差错。

问题产生的原因 一是没有严格核对有新装增容业务流程的客户在流程处理完毕后的首次计费月份的抄表结算复核单。二是客户增容当月的基本电费，没有按照实际使用天数计收。

经稽查发现问题后，及时提出整改措施，有关单位在发现问题次月按照规定对多收客户的基本电费执行电费退补流程。

分析点评 此次事件的发生是由于抄表人员、核算人员在核算过程中没有仔细复核已计费的大工业用户的客户抄表结算复核单，导致多计收客户 10 天的基本电费。违反了《××公司电费抄核收管理办法》第 5.2.4 条的规定"对新装增容、用电变更、电能计量装置参数变化、执行或不执行特殊电价、表计故障等，在业务流程处理完毕后的首次计费月份，应逐户进行核对。"以及《供电营业规则》第六章第八十四条的规定"基本电费以月计算，但新装、增容、变更与终止用电当月的基本电费，可按实用天数（日用电不足 24 小时的，按一天计算）每日按全月基本电费 1/30 计算。事故停电、检修停电、计划限电不扣减基本电费。"

经验启示 本次稽查是从营销管理系统导出全区各局某月曾办理暂停、暂停恢复、新装及增减容业务的大工业用户清单，经过人工分析排查，筛选出存在基本电费计收异常数据的客户，然后通过现场稽查相关单据及营销系统数据的方式查出存在的问题及差错。

（1）此次电费差错暴露了以下问题：

1）抄表员及核算员的责任心不够强，没有及时发现计费差错。

2）没有严格执行《供电营业规则》及《××公司电费抄核收管理办法》的相关规定，对当月有业务办理流程归档的客户电费进行重点复核。

（2）今后工作应注意的重点包括：

1）对于多计收或少计收基本电费的用户，应根据《供电营业规则》第三章第二十三条第五点及第二十四条第三点规定的内容，组织营业人员与用户沟通，协商退补或追补事宜，并尽快完成，避免形成社会影响。

2）加强对抄表员及核算员的培训，严格执行电费复核业务环节的管控措施，避免电费核算的差错风险。

例 4-25　未及时追补表计故障电量导致台区线损异常。

案情介绍　2014 年 8 月某单位对某供电所进行 2014 年电力营销经济效益审计时指出：供电所 2014 年 6 月线损分析报告中，新村猪场公用台变线损为 16.45%，水库公用台变线损为 13.34%，线损异常的原因为烧表，但直到 8 月还未对用户胡某、陈某进行电量追补且台区损失电量异常。该两客户基本情况如表 4-2 所示。

表 4-2　　　　　　　　　　"胡某"与"陈某"两客户基本情况

户名	户号	立户日期	合同容量	用电性质	计量表计
胡某	×××××××××××2127	2008-07-04	9kW	水库公用台区下三相用户	三只单相电表计量
陈某	×××××××××××7262	2009-01-14	3kW	新村猪场台区下三相用户	三只单相电表计量

稽查过程　2014 年 9 月 10 日，某单位稽查中心根据监察审计部工作联系单，派员与监审人员到供电所进行现场核查。根据监审要求，稽查中心人员负责检查"胡某"和"陈某"两用户电能计量情况，以及现场技术分析这两用户是否存在窃电事实。具体核查情况如下：

（1）稽查的切入点：

1）计量装置异常时间长，多次现场抄表，抄表员为什么没有报告并处理？

2）为什么更换电能表？系统录入的电能表行度是否与电能表实际一致？

3）更换下来的电能表是否被人为损坏？

4）用电接线是否有绕越计量的现象？

5）电量追补工作是否符合要求？

（2）查处经过及方法：

1）查看营销系统，分析计量装置运行质量，分析电能表出现计量异常的具体时间。

2）从供电所仓库直接调出相应用户被拆下的电能表，并马上封存，由稽查人员亲自送计量中心进行检查、检验。

3）现场检查相应计量装置的计量准确性，分析现场是否有绕越计量的现象？

4）启动电量追补流程，检查电量追补的情况。

（3）稽查相关记录：

1）营销系统记录正确。

2）故障电能表外观检查记录正常。

3）计量故障处理流程正确。

4）计量中心检验表计故障。

5）现场计量检查正常。

问题产生的原因

（1）对于三相负荷安装三只单相电表计量，其中1只单相表长期不走表码的明显缺陷没有引起注意，未发现并起内联单进行故障换表，属抄表失职。

（2）用户胡某及陈某从2013年11月至今均由抄表班陆某、胡某抄表。经查，属于定期轮换抄表。且省公司相关实施细则没有明确不允许抄自己的表。但供电所员工负责自家电表抄录，存在风险。

（3）两用户换表原因均基于电能表故障，但供电所不走故障换表流程，而走了电能表轮换流程，而且没有及时启动电量追补流程，导致电量损失未能及时追补，行为涉嫌有意不追补电量。

（4）"胡某"用户变更计量装置，由营业班李某录入系统表码与电能表实际表码相差−15kWh，有违营销系统录入操作要求的"应有二次录入核对表码"不规范作业事实。

分析点评　不走故障换表流程，除了企业经济效益受损外，最严重的后果是致使公职人员发生违法违纪行为。措施可以从以下方面作延伸和探讨：

（1）实行流程核定（是否追补）审批制度，通过内联单或传票形式，经计量班长到部门负责人逐层审批，不利因素就是增加工作量。

（2）公司报表已经取消考核电表故障率的指标，这促使各单位所有换表流程必须走追补流程，针对部分电表故障，如表壳开裂（排除人为因素）、端子表面碳化、显示玻璃积水（或焗油）等不需追补的情况，必须在流程上注明，上传图片留存，经审批后才豁免追补。

经验启示

（1）本案例是年度电力营销经济效益审计时，发现台区线损异常，异常原因为烧表且未及时对电量进行追补，深入稽查查出抄表与计量中存在的不规范行为。

（2）问题产生的根源为部分营销人员责任心不强，规范意识不够，对工作中的异常现象视而不见或想蒙混过关。

例 4 - 26　抄表员未认真核对计量装置的铭牌参数。

案情介绍　某单位使用1台400kVA专用变压器，按用电分类配备了3套电能表，动力、非居民用电、居民用电各1套，均配备了TA。其中，非居民用电和居民照明TA比分别为50/5和75/5。后因该单位新建办公大楼和居民住宅楼，用电需求进一步扩大，经供电企业业扩人员现场查勘后，该单位须增容才能满足用电需要，客户依据供电企业查勘的意见，到供电企业办理了有关手续，将变压器更换为315kVA和250kVA两台，其中250kVA变压器专供办公大楼和居民住宅用电，非居民用电和居民照明TA比分别改为200/5和150/5。工程完成后，及时安排了竣工检查，在签订供用电合同后，为客户送电，完成了整个业扩工程。

稽查过程　稽查人员在对电费结算质量的核查过程中发现，该单位办理了增容业务，即对该单位业务扩充的质量进行延伸稽查，按照稽查的要求，一般要做的工作有：一是依据调阅已经完成业务归档的资料，检查资料的完整性；二是通过分析客户资料，检查业务扩充工作质量，主要包括电价的确定是否正确，计量方式的选择，计量装置的配备是否合理；三是核对业扩资料、抄表卡和微机信息系统的资料是否相符；四是稽查人员还须到客户现场核对，检查现场资料是否与业扩资料相符。

对该户业扩工作检查情况：按照上述检查过程，稽查人员发现，从业扩资料、抄表本和微机信息资料核对都准确无误，但在现场检查核对时发现错误，现场的非居民用电表计与居民用电表计与配备的 TA 不对应，即居民用电表计接在非居民用电的 TA（200/5）上，非居民用电表计接在居民用电的 TA（150/5）上，与业扩资料不相符。

◎ 问题产生的原因　由于业务扩充的流程控制都是通过微机信息系统来实现的，计量人员根据业扩人员的查勘意见配备了电表，在微机信息系统上，装接工单上的记录均准确，但装接人员从表库领出表计现场安装时，发现两个电表都是一个电表厂家的，容量大小，准确级都一样，只不过编号不同，忽视了 TA 变比不一样，也没认真核对 TA 二次接线，造成"张冠李戴"。

◎ 分析点评　业务扩充是电力营销的基础工作，基础资料的准确与否，关系到供用电双方电费结算的准确性，必须严把业扩工作的质量关。从上面的差错可以看出，一是装接人员没有严格按装接工单的要求对号入座；二是业扩工作人员的责任心不强，没有对业扩工作全过程监督，尤其是送电前的竣工检查，没有认真检查核对，或者说检查不彻底、不认真；三是抄表人员现场抄表没有按照抄表工作规定进行检查客户的计量装置，没有认真核对计量装置的铭牌参数，只是机械的抄录电表的底码。上述三个环节工作不到位，造成这一起营业差错延续存在。

例 4 - 27　客户虚报变压器铭牌容量。

◎ 案情介绍　某化工厂原使用 1 台 18500kVA 的变压器，其二次侧电压为非标电压，由于该厂为高耗能企业，电费在生产成本中所占比例较大，为了降低成本，该厂进行技改，将变压器更换为 14000kVA，并申请将多余的 4500kVA 容量做减容处理。

◎ 稽查过程　稽查人员在核查大客户的电费结算时，先进行电量核算，对照检查抄表卡的表码和结算表码是否一致，核对倍率计算是否正确，线损、变损的分摊是否准确。按用电分类确定各类电量的分摊，尤其是表计更换后电量结算的核对，基本电费的核算准确性，功率因数及调整电费的计算，对有疑问的须到现场核实。

对化工厂稽查情况：从结算资料上看，每月对表计底码的录入、倍率的计算、电量的分摊与结算、功率因数的计算、各类电费的核算都很准确，但通过对用电量的分析发现，客户在变压器更换后，正常生产下，电量变化也不大，与减容前相比电量没有减少，再通过用电量计算出平均用电负荷高达 15300kW，高于减容后的变压器容量 14000kVA。稽查人员对客户的变压器容量产生了怀疑，于是，稽查深入到现场调查核实。首先到供电企业的变电站了解情况，通过调阅变电站的运行记录，该化工厂为 35kV 专线供电，正常生产时大部分时间负荷基本在 16000kW 波动，最大负荷高达 168000kW，最小负荷为 13000kW。更换变压器前后，电量与用电负荷基本无变化。稽查人员取到第一手资料后，到客户现场了解情况，从工艺流程上看，所谓的技改，只是更换了 1 台变压器，还是使用原来的电炉，但变压器器身增加了水冷却方式，即在变压器运行时，通过给变压器器身上附着的水管通水，再喷射到变压器器身上起到冷却变压器的作用，同时在变压器外围增加了几台电风扇给变压器降温。稽查人员进一步了解化工厂的生产产量，考核产品的生产电耗，发现化工厂技改前后，生产产量和电耗基本一样。综合以上几方面的情况，稽查人员做出化工厂 14000kVA 变压器可能不实的判断，但由于供电企业没有检测变压器容量的仪器，没有办法对该变压器做检定。最后，通过与客户协商，对该台变压器的容量提出质疑，并提出按最大需量计收基本电费的方案，客户也提供不出该变压器的技术档案，稽查人员提出变压器也不可能长期过载运行。最后，双方达成按 14000kVA 计收基本电费，但必须满足变压器的最大负荷不能超过变压器铭牌容量的 90%，即 12600kW，否则，从超过用电负荷之日起按最大需量计算基本电费。

分析点评　随着市场经济的进一步深入，个别企业为了降低电费支出，想方设法钻政策的空子，通过改变变压器铭牌容量，尤其是对非标变压器，由于容量和二次侧电压都是依据工艺流程设计的，通常是客户通过变压器厂家定制，而一般供电企业也没有变压器容量测试仪，只能对变压器做常规试验，所以对客户报装容量的确定，往往通过客户提供的变压器说明书和铭牌来定，有的客户甚至不能提供变压器的说明书和变压器铭牌，或者提供假铭牌。就本案例而言，虽然稽查人员没有从技术上确定客户的变压器的真实容量，但通过大量细致的分析，证实了客户变压器容量不真实，也提出了解决问题的建议，若按客户原用电容量推算，客户一年少交基本电费 4500kVA×20 元/kVA×12 月＝1080000 元。

例 4-28　抄核人员未及时考证客户电量波动的原因。

案情介绍　某机关单位采用 10kV、800kVA 专用变压器供电，高供高计（机械式电能表，无失压仪）。其月平均电量（全年 12 个月的均值）在 40000kWh 左右，每年 6、7、8 月为夏季用电高峰，12、1、2 月为冬季用电高峰，抄表日固定为每月 25 日。2004 年 4 月，该客户抄见电量 7800kWh。

稽查过程　稽查人员在开展电费核算质量的日常稽查过程中，发现该客户 2004 年 4 月的电量异常，抄表卡上未做任何记录，电费复核人员也没提出异议，且从电费结算信息中未发现该客户有变更电量出现，随即发出用电稽查工作联系单至负责该客户的用电管理的客户服务中心，要求该部门应会同稽查人员将此客户电量异常变动情况原因查清。稽查人员会同客户服务中心的有关人员至该客户处，现场进行检查。经检查后发现，自抄表日期至检查时发生电量 1100kWh，该客户计量装置完好，计量联合接线盒接线正确，10kV 线路裸露部分无绕越计量装置搭接痕迹，确定该客户无窃电行为。随后对计量回路进行测量时发现电压互感器 10kV 侧 V 相高压保险熔断。稽查人员现场初步判定，该客户当月电量异常减少原因为电压互感器 10kV 侧 V 相熔丝熔断后造成计量回路中 V 相失压，从而导致计量不准，电量减少。

⚙ 分析点评　客户用电量是客户用电水平的反映，一般而言，客户用电量波动不会太大，尤其是机关单位，其用电基本为办公用电，抄表人员和电费核算人员对客户的用电水平应该要有一定的认识，对电量突增或突减的客户，抄表人员应该认真检查客户的计量装置，看是否有计量异常，对生产企业还要了解其生产变化情况，这些都是影响用电量波动的主要原因，并要将了解的原因在抄表卡上记录清楚。电费核算人员审核时也要对用电量波动的原因进行分析，核实抄表人员的有关记录，看其工作的质量，对有疑问的要做好记录，同时形成工作传单，提交有关部门处理，本案例中所发现的电量异常变动情况属于无相关业务办理记录的案例，抄表人员和电费复核人员都未认真考证客户电量波动的原因，造成客户计量故障的延续存在。

⚙ 经验启示

（1）作为一个合格的电力营销稽查人员，对大客户的用电情况掌握是最基本要求，每月电费结算后给予大客户电费结算情况充分的关注是很有必要的。

（2）日常工作中最常见的是因工作疏忽所造成的差错，虽然属于非人为主观意愿所造成的差错，但很多时候这种差错也是会影响到供电企业相关利益的。例如，在本例中，如果差错无人关注、长时间无人发现，那么发现后的追补处理将遇到很多困难，不仅仅是计算及确定故障时间的困难，还会有来自用电客户方面更多的阻力。

（3）拥有工作责任心则能最大限度地避免工作疏忽，对于任何工作都是如此。

例 4-29　售电量人为调整。

⚙ 案情介绍　2008 年，某供电企业实际完成售电量与营业下达的指标相比较，两者完全吻合。为粉饰售电量指标完成情况，2008 年 12 月，该供电企业采取从用电量最大客户截留电量，后于次年 1 月将截留的电量数据补录入系统。当年共截留电量 1050 万 kWh，使当年的售电量得以完成。

⚙ 稽查过程　抽查该供电企业 2008 年电量排名在前十位的大工业客户的电费卡账，并将各用电客户一年内的电量罗列出来，用电量最大户为××电子集团有限公司，2008 年 1～12 月电量明细见表 4-3。

表 4-3　　　　　　××电子集团有限公司 2008 年 1～12 月电量明细

月份	电量（kWh）	月份	电量（kWh）	月份	电量（kWh）	月份	电量（kWh）
1	25328100	4	26378300	7	23560000	10	23568900
2	22854600	5	28066800	8	28563000	11	25100000
3	21527700	6	22500000	9	21568000	12	10800000

根据用电明细所反映的电量情况来看，该电子公司 1 月用电量在 2000 万 kWh 左右，且负荷分配比较均匀。而 2008 年 12 月，该电子公司的用电量较以前月份变化幅度较大。

首先抽查 2009 年 1 月该电子公司电费卡账，用电量反映为 45200000kWh，电量明显异常。进而以电费核算员的权限进入营销系统核实该电子公司 2008 年 12 月核算输入的表计指示数为 1056.89，而实地采集该电子公司 2008 年 12 月 25 日的表计指示数却为 1556.89，该电子公司计费倍率 21000。由此看来，该供电公司在年终完成上级各项考核指标的情况下，截留售电量（1556.89－1056.89）×21000＝10500000（kWh）。注：如果实地采集不到，则查看变电站原始抄表记录。

针对该情况向相关人员核查和询问，证实确系为粉饰指标，人为截留当年 12 月电量，次年 1 月再行追补。

分析点评 该供电企业在年终完成上级各项指标的情况下，对相关数据进行了调整，为以后的经营进行储备，"以丰补歉"，但失真的数据不能真实地反映营销业务情况，还容易误导后期相关分析和评价，影响计划和决策。同时，在一定程度上扰乱了正常的营业工作流程，使部分营业内控制度流于形式，给电费资金的安全也带来隐患。依据《××省电力公司营销管理工作标准》中的要求，不得虚报、瞒报，不得自行修改数据。各单位的领导不得强令或者授意统计机构、统计人员篡改统计资料或者编造虚假数据。统计人员对领导强令或者授意篡改统计资料或者编造虚假数据的行为，应当拒绝、抵制，依照《中华人民共和国统计法》和统计制度如实报送统计资料，并对所报送的统计资料的真实性负责。为此电费核算人员和营业报表人员在数据的统计过程中应该严格遵守规章制度，不得弄虚作假，刻意粉饰。同时，希望供电企业切实重视营业指标管理的严肃性，采取积极手段，使营销核算系统中表计的指示数能直接从负荷控制系统中提取，从而避免人为调整售电量因素的存在，以影响经营指标的真实性。

例 4-30 供电量人为调整。

案情介绍 2008 年，某供电企业线损率指标完成较计划低 18%。为了完成线损率指标，该公司 2008 年 12 月在省对地关口计量点 202 线路调增供电量 5028.41 万 kWh，后于次年一直处于调增状态。当年调增供电量 5028.41 万 kWh，使当年的线损率略超标，影响了经营指标的真实性。

稽查过程 依据省对地关口文件所下发的计量点，与该供电企业关口报表中所反映的计量点进行核对，经核对均为一致。调取生产部门的变电运行月报，然后与省对地关口报表的供电量进行比对，发现××站××262 关口计量点，两份报表所抄录的供电量不一致，其余线路均一致，不一致线路电量见表 4-4。

表 4-4　　　　　　　　　　　　不一致线路电量统计

站　名	11 月初底码	12 月末底码	倍率	电量（kWh）
关口月报××262	11173.54	11364.01	264000	50284080
运行月报××262	11173.54	11173.54	264000	0
相　差	0	190.47		50284080

从两者所报的电量来看，该供电企业 2008 年 12 月在××站××262 关口计量点多报供电量 50284080kWh。进一步核实发现，262 关口计量点表计底码实际未走字，电量为

0kWh，而上报省公司供电量的报表中却显示底码走字，电量为 50284080kWh。同时，经与变电站原始抄表记录核对，确认当月该线路表计底码未动，而且，现场落实，该表计现场底码仍与报表不符，从而得出该企业于 2008 年调增供电量 5028.41 万 kWh。

分析点评 采取后推表计底码的方法调增供电量，造成报表数据与实际不符，进而影响营销指标的真实性。一方面暴露出该企业在年终为了完成上级各项考核指标，人为调整供电量，另一方面也反映了该企业制度执行不够严肃，合规意识有待增强。

例 4-31 线损率人为调整。

案情介绍 2008 年，某供电企业实际完成线损率指标与计划指标相比较，结果完全一致。经深入调查所有 10kV 线路的售电量，2008 年 12 月，该企业采取调增 10kV 高压售电量的方法，××526 线路多报 75153kWh，××504 线路多报 1019kWh，××525 线路多报 1504kWh，共多报售电量 77676kWh。为了粉饰线损率指标圆满完成，该企业调增了线损报表中的售电量。

稽查过程 根据该企业提供的 2008 年全年线损报表明细，将每月每条线路线损完成情况进行比对，发现 12 月 10kV 526、504、525 线路的线损率完成情况较前 11 个月异常。线损率异常情况见表 4-5。

表 4-5   线 损 率 异 常 情 况

线路名称	1月线损率（%）	2月线损率（%）	3月线损率（%）	4月线损率（%）	5月线损率（%）	6月线损率（%）	7月线损率（%）	8月线损率（%）	9月线损率（%）	10月线损率（%）	11月线损率（%）	12月线损率（%）
××526	10.8	11.6	12.4	11.98	12.1	11.0	10.6	10.5	10.2	11.8	13.5	5.32
××504	9.4	9.2	9.98	10.1	9.02	9.93	10.54	11.1	10.32	12.69	15.3	6.82
××526	8.0	8.52	9.1	8.65	7.98	8.23	9.1	8.56	7.98	10	10.2	4.65

然后，调取电费合计票，核查 10kV 526、504、525 线路实际核算的售电量，526、504、525 线路所带的售电量分为两部分，一部分是专用变压器上的售电量，另一部分是公用变压器上的售电量，将这两部分电量相加（综合线损报表中的售电量＝台区售电量＋专变售电量＋大户售电量），然后与线损报表中的售电量比对，发现两者不一致，比对结果见表 4-6。

表 4-6   比 对 结 果

线路名称	专变售电量（kWh）	公变供电量（kWh）	线损报表 10kV 高压售电量（kWh）	相差（kWh）
××526	430966	999810	1505929	75153
××504	577154	214572	792745	1019
××525	120395	74317	196216	1504

表 4-6 中相差的售电量合计为 77676kWh。针对该情况向相关人员核查和询问，不能解释多余的这部分电量的来龙去脉，证实确系为粉饰指标，人为在 10kV 线路上调增售电量。

分析点评 该企业在线损报表 10kV 线路上调增售电量，造成线损报表售电量的数据与实际核算信息不符，从而影响营销指标的真实性。失真的营业数据不仅不能反映真实的营销业务情况，还为后期的计划和决策产生误导。所以，供电企业应切实重视营业指标管理的严肃性，对照考核指标，采取积极手段，挖掘潜力，据实完成，而不是弄虚作假，刻意粉饰。

例 4-32 电费回收率人为调整。

案情介绍 2008 年，某供电企业电费手工账反映某铝厂借方和贷方电费金额完全一致。2008 年 12 月 25 日，电费手工账后面所附的凭证回单时间为 2009 年 1 月 24 日，在营销系统账务查询模块下，用户付费日期（营销系统显示操作时间）却为 2009 年 1 月 4 日和是月 30 日，每月 5 日为该公司的电费回收考核日。所以，该公司在 5 日电费考核日形成真实欠费。

稽查过程 根据该企业提供的电费手工账，在大海般的数据中，首先抽看高耗能企业用电户或经营效益不好的用电大户的电费账务，经了解，该企业所管辖的用户中，某铝厂资金周转不灵。查看该铝厂 2008 年电费账务，将电费账务上的应收金额、实收金额与营销系统核算的应收金额比对，电费应收金额是一致的。然后，核查电费账务后面所附的银行回单的时间、金额以及名称，银行回单的时间为 2009 年 1 月 24 日。接着进入营销系统，在账务查询模块下，查看该铝厂的付费情况。经核对系统操作员的操作时间，输入营销系统中的实收电费金额，发现营销系统反映实收电费分两笔于不同的时间录入，与电费手工账务后面所附的回单时间不一致。银行回单时间与操作时间见表 4-7。

表 4-7 银行回单时间与操作时间

名 称	实收电费（元）	时 间
电费手工账务	235635.14	2009.01.24（银行回单）
	125861.10	2008.12.30（操作时间）
营销系统付费	109774.04	2009.01.04（操作时间）

经了解，该企业为了完成电费回收率，在 2008 年末电费考核过程中，虚录电费回收金额，隐瞒真实欠费情况，以应对电费回收考核。

分析点评 采用虚录电费实收金额，造成系统内数据与实际不符，进而影响财务信息的真实准确性。暴露出该企业电费考核制度执行不严肃，人为调整电费回收数据，应付考核。对此，应在完善制度基础上，强化考核的严肃性和执行力。

例 4-33 基本电费执行错误。

案情介绍 某大工业客户，采用 35kV 线路供电，属于高供高计，其中表计装在产权分界处，变压器容量分别由 1000、6300、6300kVA 构成，共计 13600kVA。该户系 2007 年 5 月 3 日新装户，用电工作传票显示，该用户于 2008 年 6 月 20 日暂停 1 台

6300kVA 变压器，2008 年 6 月 30 日又办理暂停手续，暂停另外 1 台 6300kVA 变压器。2008 年 7 月 22 日启运 6 月 20 日封停的 6300kVA 变压器，2008 年 8 月 15 日启运 6 月 30 日封停的 6300kVA 变压器。2008 年 8 月应收基本电费 292750 元，实收基本电费 261250 元，少计基本电费 31500 元。现场核实用电结构比例和用电类别，发现电价比例不合理等因素，一年流失电费 2 万余元。

稽查过程 根据提供的纸质电费清单台账，查看该客户电费核算信息，发现基本电费在 2008 年 6～8 月基本容量的收取金额不相一致。然后，以电费核算员的权限进入营销系统，在电费档案查询模块中，找到该户在 2008 年先后办理过暂停的业扩工单，发现该户系 2007 年 5 月 3 日新装用户，2008 年 6 月 20 日和 30 日先后暂停 2 台 6300kVA 变压器。其中，在 2008 年 7 月 22 日已经启运 6 月 20 日封停的 6300kVA 变压器；2008 年 8 月 15 日启运 6 月 30 日封停的 6300kVA 变压器。根据《供用电营业规则》第 23 条第 5 款规定：减容期满后的用户以及新装、增容用户，2 年内不得申办减容或暂停。如确需继续办理减容或暂停的，减少或暂停部分容量的基本电费应按 50% 收取。手工核出 2008 年 8 月应收基本电费 $(1000+6300+6300/30×20/2+6300/30×11)×25=292750$（元）[设容量基本电价为 25 元/(kVA·月)]，而电费清单上反映实收基本电费为 261250 元，电费清单明细见表 4 - 8（未考虑代征）。

表 4 - 8 电 费 清 单 明 细

表类型	指标数		倍率	抄见电量（kWh）	减分表	合计电量（kWh）	电价（元/kWh）
	上月	本月					
总	1580.51	1754.84	21000	3660930	0	3660930	
峰	492.31	548.4	21000	1177890	0	1177890	0.53
谷	605.83	699.15	21000	1329720		1329720	0.189
平						1153320	0.3533
无功	578.13	637.98	21000	1256850		1256850	

表类型	电量电费（元）	容需量	基本电费（元）	功率因数调整电费				应收电费（元）
总		10450	261250	0.95	−0.75	−11582.38	1532734.36	
峰								
谷								
平								
无功								

同时，该电费清单反映该户仅有大工业用电一种用电类别。现场核实，发现该工业户有办公楼一座，共四层，中央空调供冷和取暖，月用电量为 5000kWh 左右，属于一般工商业用电类别下的非居民照明电价。门口有一小型超市，月用电量约 300kWh，属于一般工商业用电类别下的商业用电。根据《供用电营业规则》第 100 条第 1 款规定：在电价低的供电线路上，擅自接用电价高的用电设备或私自改边用电类别的，应按实际使用日期补缴其差额电费，并承担两倍差额电费的违约使用电费。使用起讫日期难以确定的，实际使用时间按 3 个月计算。35～110kV 以下一般大工业平段电价是 0.416 元/kWh（考虑代征），35～110kV 以

下一般工商业平段电价是 0.65 元/kWh（考虑代征），使用的日期从 2007 年 5 月 30 日至审查之日（2008 年 12 月），共计 1 年 6 个月，按每月电量 5300kWh 来算，应补收电费 5300×(0.65−0.416)×18＝22323.6（元），收取违约金 22323.60×2＝44647.20（元）。

分析点评 电价管理需要严密的内部控制和良好的工作保障机制，否则很容易出现管理盲点。如用户电价结构比例核定随意、用电类别不切合实际，容易导致企业利益流失，助长不良习气，恶化供电环境，同时也是滋生腐败的根源。另外，在对基本电费收取过程中，严格按照规定收费，确保电价政策执行到位和电费的颗粒归仓。

例 4-34 功率因数标准和计量装置执行错误。

案情介绍 某大工业客户，采用 10kV 线路供电，高供高计，其中电能表装在产权分界处，变压器容量为 315kVA，计费电能表类型为有功表和无功表，功率因数标准为 0.85，本月用电量为 342480kWh。现场查看发现该工业户私增 1 台 315kVA 变压器，已经运行 3 个月。根据峰谷分时电价、功率因数标准执行范围、私自超过合同约定的容量用电等相关规定，补收基本电费 23625 元，并承担违约使用电费 70875 元，按规定应拆除这台私增变压器，但因客户要求继续使用，责成其按新装增容尽快办理手续；同时，要求该客户尽快安装峰谷电能表，并在营销系统中更改功率因数标准为 0.90，追补多奖功率因数电费 469.03 元。

稽查过程 根据提供的纸质电费清单台账，查看大工业用户电费核算信息时，发现该大工业用电客户未按峰谷分时电价实施范围规定安装峰谷表计（铁路、煤炭、商业服务业以及容量在 100kVA 及以上的用电户执行峰谷分时电价）。同时，在进一步核对中，发现该大工业用电客户功率因数标准执行是 0.85（根据±％为−1.1 判断），经询问无降低功率因数标准文件，按照功率因数的标准值及其适用范围：功率因数标准 0.90，适用于 160kVA 以上的高压供电工业用电户，装有带负荷调整电压装置的高压供电电力用户和 3200kVA 及以上的高压供电电力排灌站，则断定该用户应执行 0.90 功率因数标准，根据电费清单上所显示的本月的实际功率因数为 0.98，按应奖标准−0.75％来算，应奖功率因数电费 134010.38×(−0.75％)＝−1005.08（元），实奖用户功率因数电费 1474.11 元，多奖功率因数电费 1474.11−1005.08＝469.03（元）。电费清单明细见表 4-9。

表 4-9　　　　　　　　　　　　电费清单明细

表类型	指示数		倍率	抄见电量(kWh)	减分表	合计电量(kWh)	电价(元/kWh)
	上月	本月					
有功	638.02	980.5	1000	342480	0	342480	0.3683
无功	108.18	185.02	1000	76840			

表类型	电量电费(元)	容需量	基本电费(元)	功率因数调整电费			应收电费(元)
				功率因数	±％	金额（元）	
有功	126135.38	315	7875	0.98	−1.1	−1474.11	132536.27
无功							

通过进一步核对业扩档案信息，得知该户在供电企业报装容量 315kVA，按照变压器

满负荷运行来算，315kVA 变压器满月运行 $24 \times 30 = 720$（h），月电量 $315 \times 720 =$ 226800（kWh），而电费清单反映该大用户本月用电量却高达 342480kWh，其中还未考虑功率因数。现场落实发现该户系高耗能加工企业，只有大工业一种用电类别，再做进一步核查时发现该用电客户私增了 1 台 315kVA 变压器。根据《供用电营业规则》第一百条第二款规定：私自超过合同约定的容量用电的，除应拆除私增容设备外，属于两部制电价的用户，应补交私增设备容量的使用月数的基本电费，并承担 3 倍私增容量基本电费的违约使用电费。其他用户应承担私增容量 50 元/kW（kVA）的违约使用电费。如用户要求继续使用者，按新装增容办理手续。经了解，该变压器已经投运 3 个月，所以应收基本电费 $3 \times 315 \times 25 = 23625$（元），收取违约金 $23625 \times 3 = 70875$（元）。

分析点评 该企业在电费管理方面存在薄弱环节，电费复核机制不健全，造成了功率因数标准执行错误，峰谷电价执行不到位，同时用电检查工作开展不及时，未发现客户违约用电的行为。所以，应将营业内部稽查和外部用电检查工作纳入常态机制。

例 4-35 电价执行错误。

案情介绍 营销系统核算信息反映，某中小化肥企业执行的是免征电建 35～110kV 中小化肥电价（高供高计，其中计量装置安装在产权分界处）。调取业扩档案资料，从客户提交用电申请时所填写的用电设备，用电容量来看，该企业生产过程中有甲醛辅助产品。该产品用电性质不属于免征电建的中小化肥、电价范围，系一般大工业电价类别。通过核查该企业内部生产月报、电量单耗报表，现场落实客户变电站各条出线所带的电量，得出每月约 20 万 kWh 电量用于一般大工业生产。根据中小化肥与一般大工业的电度电费电价差，中小化肥与一般大工业的基本电价差，核出每月少计电费在 2 万元左右。

稽查过程 在核查某中小化肥电价执行是否正确的过程中，发现该客户电价类别为免征电建 35～110kV 中小化肥电价。随后，调取该户档案资料，供用电合同中反映该企业最终产品为碳铵和尿素，此种产品在生产的过程中会有甲醛等辅助产品生成。现场核实该企业的用电类别，根据客户提供的企业内部电量报表，逐条、逐项核对，发现其在电量的统计过程中，造气、脱硫、甲醛、办公楼等用电量都分别单列，其中甲醛的月用电量在 20 万 kWh 左右，而由于甲醛是中间产品，所用的容量不是单独使用 1 台变压器。2008 年某月该企业的电费明细见表 4-9（未考虑代征费）。

表 4-10 　　　　　　2008 年某月该企业电费明细

表类型	指示数		倍率	抄见电量 (kWh)	减分表	合计电量 (kWh)	电价 (元/kWh)
	上月	本月					
总	18050.4	18523.42	28000	13244560	2000	13242560	
峰	6004.2	6161.73	28000	4410840	2000	4408840	0.362
谷	6097.64	6256.83	28000	4457320		4457320	0.1291
平						4376400	0.2413
无功	8113.85	8320.49	28000	5785920		5785920	
定量						2000	0.5843

续表

表类型	电量电费（元）	容需量	基本电费（元）	功率因数调整电费			应收电费（元）
				功率因数	±%	金额（元）	
总		20000	360000	0.92	−0.3	−10762.40	
峰	1596000.08						3577871.61
谷	575440.01						
平	1056025.32						
无功							
定量	1168.60						

由表中数据，算出 20 万 kWh 甲醛电量占总电量的比例，得出本月使用的容量大小为 200000/13242560×20000＝302（kW）。其中，用于中小化肥生产的变压器容量为20000−302＝19698（kW）。

然后，根据电费核算分表电量计算规定：分时电能总表内含有不同用电类别的分时电能表，按分表分时段电量对应核减，同时根据分时电能总表为大工业用电户时，被核减电量顺序依次为高峰，平段、低谷，从不同时段核减出的用电量执行相应类别的峰谷电价。20 万 kWh 的电量占总表电量 200000/13242560＝0.015，所以 20 万 kWh 的电量在各个时段应核减的电量分别为：

$$峰段电量＝0.015×4410840＝66163（kWh）$$
$$谷段电量＝0.015×4457320＝66860（kWh）$$
$$平段电量＝200000−66163−66860＝66977（kWh）$$

则该月电费应收明细见表 4-11。

表 4-11　　　　　　　　该月电费应收电费明细

表类型	指示数		倍率	抄见电量（kWh）	减分表	合计电量（kWh）	电价（元/kWh）
	上月	本月					
总	18050.4	18523.42	28000	13244560	202000	13042560	
峰	6004.2	6161.73	28000	4410840	68163	4342677	0.362
谷	6097.64	6256.83	28000	4457320	66860	4390460	0.1291
平						4309423	0.2413
无功	8113.85	8320.49	28000	5785920		5785920	
定量				2000		2000	0.5843
峰						66163	0.53
谷						66860	0.189
平						66977	0.3533

表类型	电量电费（元）	容需量	基本电费（元）	功率因数调整电费			应收电费（元）
				功率因数	±%	金额（元）	
总		19698	354564	0.92	−0.3	−10599.86	3602533.12
峰	1572049.07						
谷	566808.39						
平	1039863.77						

表类型	电量电费（元）	容需量	基本电费（元）	功率因数调整电费			应收电费（元）
				功率因数	±%	金额（元）	
无功							
定量	1168.60						
峰	35066.39						
谷	12636.54						
平	23662.97						

六、大工业电费常规计算举倒

例 4-36　**高供低计方式。**

某厂在供电部门 10kV 配电线路上接用 SL7-500kVA 变压器 1 台（10/0.4kV），计量点在低压侧，生产车间出线安装的计量装置有 3×380V、5A 有功、无功电能计量表 1 套，配用 400/5 电流互感器，办公楼用电出线和宿舍区生活用电出线各安装 3×380V、3×10A 电能表 1 只（各出线在过表之前分开）。3 月各计量表抄见读数如表 4-12 所示，计算该厂 3 月应付电费。

表 4-12　　　　　　　　　　　　3 月各计量表抄见读数

抄表日期	车间有功	车间无功	办公楼	宿舍生活
2 月 28 日	7941	1083	0456	0895
2 月 29 日	8273	1170	0724	1885

1. 计算电能表抄见电量

（1）车间有功：$(8273-7941)\times400/5=26560$（kWh）；

（2）车间无功：$(1170-1083)\times400/5=6960$（kvarh）；

（3）办公楼：$724-456=268$（kWh）；

（4）宿舍生活：$1885-895=990$（kWh）。

2. 计算变压器损耗

（1）合计变压器各出线电量之和：$26560+268+990=27818$（kWh）。

（2）查变压器损耗表得：

有功变压器损耗：1220kWh；

无功变压器损耗：12820kvarh。

（3）分摊各有功计量点有功变压器损耗：

宿舍生活变压器损耗：$1220\times990/27818=43$（kWh）；

办公楼变压器损耗：$1220\times268/27818=12$（kWh）；

车间有功变压器损耗：$1220-43-12=1165$（kWh）。

3. 计算各计量点计费电量

宿舍生活：$990+43=1033$（kWh）；

办公楼：268+12=280（kWh）；

车间有功：26560+1165=27725（kWh）。

4. 计算各计量点电量电费

（1）车间有功。电价为大工业 1～10kV 电量电价，假设为 0.486 元/kWh，则电费为：

$$27725×0.486=13474.35（元）$$

其中，扣除政府性基金和附加后的电费为：

$$27725×(0.486-0.029)=12670.33（元）$$

注明：假设 0.029 为政府性基金和附加之和。

（2）办公楼。电价为非居民照明 1～10kV 电量电价，假设为 0.582 元/kWh，则电费为：

$$280×0.582=162.96（元）$$

（3）宿舍生活。电价为居民生活 1～10kV 电量电价，假设为 0.565 元/kWh，则电费为：

$$1033×0.565=583.65（元）$$

5. 计算基本电费

基本电费为：

$$500×13=6500（元）$$

注明：假设基本电费按变压器容量收取，标准为 13 元/(kVA·月) 变压器容量应扣除居民、非居民容量后再计算基本电费。

6. 计算功率因数调整电费

（1）参加功率因数计算的电量：

有功：27725（kWh）；

无功：6960+12820×26560/27818=19200（kvarh）。

注明：无功变压器损耗根据有功电量的比例进行分摊。

（2）查功率因数调整表（见表 4-1）：

比值=无功/有功=19200/27725=0.69，查功率因数调整表得功率因数为 0.82，调整为 4%。

（3）调整电费为：

$$(6500+12670.33)×4\%=766.81（元）$$

7. 全厂应付 3 月电费

全厂应付 3 月电费为：

$$6500+13474.35+766.81+162.96+583.65=21487.77（元）$$

例 4-37 **高供高计且转供。**

某厂的受电变压器为 10/0.4kV、SJ-560kVA 1 台，在其高压侧安装 3×100V、3×5A 有功、无功计量电能表 1 套，配用 10/0.1 电压互感器，75/5 电流互感器。变压器低压侧出线分 3 路，一路供车间生产用电，安装 3×380/220V、3×5A 电能表 1 套，配用 800/5 电流互感器；另一路出线供生活区用电，安装 3×380/220V、3×5A 电能表 1 套，配用

50/5 电流互感器；第三路出线通过 1 只 3×50A 电能表向附近农业抽水站转供 2kW 电力。现根据各电能表 5 月和 6 月抄见读数（见表 4-13），计算该厂及农业抽水站 6 月应付电费。

表 4-13 各电能表 5 月和 6 月抄见读数

抄表日期	高压侧			低压侧	
	有功表	无功表	生产表	生活表	外供表
5 月 30 日	1791	1073	4127	3744	97208
6 月 30 日	1954	1139	5546	4440	00348

1. 计算电能表抄见电量

（1）高压侧：

倍率：75/5×10/0.1＝1500；

有功：（1954－1791）×1500＝244500（kWh）；

无功：（1139－1073）×1500＝99000（kvarh）。

（2）低压侧：

生产：（5546－4127）×800/5＝227040（kWh）；

外供：100000＋348－97208＝3140（kWh）。

注明：100000 为满码进位数。

2. 计算变压器损耗

低压侧总电量：227040＋6960＋3140＝237140（kWh）；

变压器损耗电量：244500－237140＝7360（kWh）；

生活变压器损耗：7360×6960/237140＝216（kWh）；

外供变压器损耗：7360×3140/237140＝97（kWh）。

3. 计算各计量点计费电量

生活：6960＋216＝7136（kWh）；

外供：3140＋97＝3237（kWh）；

车间：244500－（7176＋3237）＝234087（kWh）。

4. 计算各计量点电量电费

（1）生活电价为居民生活 1～10kV 电量电价，假设为 0.429 元/kWh，则电费为：

$$7176×0.429＝3078.50（元）$$

（2）外供电价为农业排灌 1～10kV 电量电价，假设为 0.177 元/kWh，则电费为：

$$3237×0.177＝572.95（元）$$

（3）车间电价为大工业 1～10kV 电量电价，假设为 0.366 元/kWh，则电费为：

$$234087×0.366＝85675.84（元）$$

其中，扣除政府性基金和附加后的电费为：

$$234087×（0.366－0.029）＝78887.32（元）$$

注明：假设 0.029 元/kWh 为政府性基金和附加之和。

5. 计算基本电费

基本电费为：

$$（560-20）×13=7020（元）$$

注明：假设基本电费按变压器容量收取，标准为 13 元/(kVA·月)。

6. 功率因数调整电费

（1）参加功率因数计算的电量：

有功：244500kWh；

无功：99000kvarh。

（2）查功率因数调整表（见表 4-1）：

比值＝无功/有功＝99000/237324＝0.4049，查功率因数调整表得功率因数为 0.93，调整为-0.45%。

（3）调整电费为：

$$（7020+78887.32）×（-0.45\%）=-386.58（元）$$

注明：因外供部分未装无功表，故将外供及自用的综合功率因数作为该厂平均功率因数。

7. 该厂应付 6 月电费

该厂应付 6 月电费为：

$$7020+85675.84-386.58+3078.50=95387.76（元）$$

8. 农业抽水站应付 6 月电费

农业抽水站应付 6 月电费为 572.95（元）。

例 4-38 变压器更换。

某厂原用 10/0.4kV、SJ-560kVA 变压器 1 台，低压侧分生产和生活 2 路供电。生产用电装 3×380V、3×5A 有功、无功计量电能表 1 套，配用 800/5 电流互感器；生活用电装 3×380/220V、3×5A 计量电能表 1 套，配用 40/5 电流互感器。从 6 月 21 日起变压器换为 SJ-320kVA，生产用电电流互感器换为 500/5，生活用电计量装置不变，5～6 月各电能表抄见读数如表 4-14 所示，计算该厂 6 月电费。

表 4-14　　　　　　　　　　　　5～6月各电能表抄见读数

抄表日期	生产有功	生产无功	生活
5 月 30 日	24875	47268	21463
6 月 21 日	25365	47618	
6 月 30 日	25754	47896	21893

1. 计算电能表抄见电量

6 月 1～20 日（560kVA～变压器）：

生产有功：(25365-24875)×800/5＝78400（kWh）；

生产无功：(47618-47268)×800/5＝56000（kvarh）。

6 月 21～30 日（320kVA 变压器）：

生产有功：(25754-25365)×500/5＝38900（kWh）；

生产无功：(47896-47618)×500/5＝27800（kvarh）。

全月电量：

生产有功：78400＋38900＝117300（kWh）；

生产无功：56000＋27800＝83800（kvarh）；

生　　活：（21893－21463）×40/5＝3440（kWh）。

2. 计算变压器损耗

（1）把各变压器的有功电量折算成全月电量：

560kVA 变压器：78400×30/20＋3440＝121040（kWh）；

320kVA 变压器：38900×30/10＋3440＝120140（kWh）。

（2）查变压器损耗表得变压器全月运行的耗损：

560kVA 变压器：有功 3490kWh，无功 28730kvarh；

320kVA 变压器：有功 3560kWh，无功 21210kvarh。

（3）根据实际运行天数计算应收变压器损耗，并分摊到计量点：

6 月 1～20 日，560kVA 变压器：有功 3490×20/30＝2327（kWh）；无功 28730×20/30＝19153（kvarh）。

6 月 21～30 日，320kVA 变压器：有功 3560×10/30＝1187（kWh）；无功 21210×10/30＝7070（kvarh）。

全月有功损耗：2327＋1187＝3514（kWh）；

全月无功损耗：19153＋7070＝26223（kvarh）；

生活损耗：3514×3440/（117300＋3440）＝100（kWh）；

生产损耗：3514－100＝3414（kWh）。

3. 计算各计量点计费电量

生产有功：117300＋3414＝120714（kWh）；

生　　活：3440＋100＝3540（kWh）。

4. 计算各计量点电量电费

（1）生活电价为居民生活 1～10kV 电量电价，假设为 0.429 元/kWh，则电费为：

$$3540×0.429＝1518.66（元）$$

（2）生产电价为大工业 1～10kV 电量电价，假设为 0.366 元/kWh，则电费为：

$$120714×0.366＝44181.32（元）$$

其中，扣除政府性基金和附加后的电费为：

$$120714×（0.366－0.029）＝40680.62（元）$$

注明：政府性基金和附加为 0.029 元/kWh。

5. 计算基本电费

容量按实际天数计算基本电费为：

$$（560×20/30＋320×10/30）×13＝480×13＝6240（元）$$

注明：假设基本电费按变压器容量收取，标准为 13 元/(kVA·月)。

6. 计算功率因数调整电费

（1）参加功率因数计算的电量：

有功：120714kWh；

无功：83800＋26223×117300/(117300＋3400)＝109294（kvarh）。

注明：无功损耗根据有功电量的比例进行分摊。

（2）查功率因数调整表（见表4-1）：

比值＝无功/有功＝109294/120714＝0.9054，查功率因数调整表得功率因数为0.74，调整为8.0%。

（3）调整电费为：

$$(6240＋40680.62)×8.0\%＝3753.65（元）$$

7. 该厂应付6月电费

该厂应付6月电费为：

$$6240＋44181.32＋3753.65＋1518.66＝55693.63（元）$$

例 4-39 **峰谷分时电价及按需量计基本电费。**

某供电企业以10kV电压向某工厂供电，其受电变压器总容量为4000kVA。在其高压配电室的计量装置有3×100V、3×5A电子复费率表1只，配用10/0.1电压互感器、150/5电流互感器；在变压器低压侧生活用电出线装3×380/220V、3×5A计量电能表1只，配用40/5电流互感器。该厂实行峰谷分时电价，按最大需量计算基本电费。7～8月计量电能表读数如表4-15所示。试计算该厂8月电费。

表 4-15　　　　　　　　　7～8月电能计量表读数

抄表日期	最大需量	有功			无功	生活
		峰时段	平时段	谷时段		
7月30日		3278	3389	3501	2479	21463
8月31日	0.73	3380	3539	3680	2612	21893

1. 计算电能表抄见电量

（1）总用电：

倍率：10/0.1×150/5＝3000；

峰时段：(3380－3278)×3000＝306000（kWh）；

平时段：(3539－3389)×3000＝450000（kWh）；

谷时段：(3680－3501)×3000＝537000（kWh）；

有功合计：306000＋450000＋537000＝1293000（kWh）；

无功：(2612－2479)×3000＝399000（kvarh）。

（2）生活用电：(21893－21463)×40/5＝3440（kWh）。

2. 计算生产用电计费电量

总有功：1293000－3440＝1289560（kWh）；

峰时段：1289560×306000/1293000＝305186（kWh）；

谷时段：1289560×53700011/293000＝535571（kWh）；

平时段：1289560－305186－535571＝448803（kWh）。

3. 计算电量电费

（1）生产用电：

假设大工业 1～10kV 平段电价为 0.366 元 kWh，峰段电价为 0.5682 元 kWh，谷段电价为 0.1638 元/kWh，则有：

平时段电量电费：448803×0.366＝164261.89（元）；

峰时段电量电费：305186×0.5682＝173406.69（元）；

谷时段电量电费：535571×0.1638＝87726.53（元）；

电量电费合计：164261.89＋173406.69＋87726.53＝425395.11（元）。

其中，扣除政府性基金和附加后的电量电费为 425395.11－1289560×0.0292＝387997.87（元）。

（2）生活用电：

电价为居民生活 1～10kV 电量电价，假设为 0.429 元/kWh，则电费为 3440×0.429＝1475.76（元）。

4. 计算基本电费

计算基本电费为：

$$0.73×3000×19.5＝42705（元）$$

注明：容量电费标准为 19.5 元/（kW·月）。

5. 计算功率因数调整电费

（1）参加功率因数计算的电量：

有功：1293060（kWh）；

无功：399000kvarh。

注明：按综合功率因素计算。

（2）查功率因数调整表（见表 4－1）：

比值＝无功/有功＝399000/1293000＝0.3086，查功率因数调整表得功率因数为 0.96，调整为－0.75％。

（3）调整电费为：

$$（42705＋387997.87）×（－0.75％）＝－3230.27（元）$$

6. 该厂 8 月应付电费

该厂 8 月应付电费为：

$$387997.87＋37397.24＋42705－3230.27＋1475.76＝466345.60（元）$$

第三节　用电检查稽查

一、业扩工程竣工的稽查

业扩工程竣工的稽查包括业扩工程的中间检查、工程验收、隐蔽工程中间检查、工程竣工验收。

（1）稽查工程设计和施工单位是否具备相应业扩工程的设计和施工资质、是否存在擅自变更供电方案的情况，稽查工程施工及验收是否符合国家和电力行业颁发的技术规范、规程和标准。

（2）稽查各项监理签证是否规范、完整、有效并符合监理管理规定。

（3）稽查工程设计方案是否经过供电企业审查，有无书面审核意见，受电设计审查书签证记录及相关人员签章情况；查看原始工作单工程设计审查日期，录入营销信息系统日期，并与受电工程设计审核意见书上的签章日期进行核对，以确认时限是否符合规定要求。受电工程设计审核的时间，低压供电客户不超过 5 个工作日，高压供电客户不超过 15 个工作日。

在稽查高压客户时，检查是否具备以下资料：

1）受电工程设计及说明书；

2）用电负荷分布图；

3）负荷组成、性质及保安负荷；

4）影响电能质量的用电设备清单；

5）主要电气设备一览表；

6）主要生产设备、生产工艺耗电以及允许中断供电时间；

7）高压受电装置一、二次接线图与平面布置图；

8）用电功率因数计算及无功补偿方式；

9）继电保护，过电压保护及电能计量装置的方式；

10）隐蔽工程设计资料；

11）配电网络布置图；

12）自备电源及接线方式，低压供电的客户应提供负荷组成和用电设备清单；

13）供电企业认为必须提供的其他资料。

（4）稽查对客户委托的受电装置电气试验，保护及通信检验等工作时，检查用电营业机构是否在 3 个工作日内将工作安排计划答复客户。

（5）稽查用电营业机构对受电工程是否开展中间检查，稽查受电工程是否经过有关部门验收，保护定值的整定调试记录、电气设备的各项实验报告、出厂合格证明，保安电源及非电性质的保安措施等竣工资料是否齐全，是否及时组织竣工验收。

（6）稽查举例。

稽查客户供电方案与受电工程设计、施工是否合理规范一致。

对客户受电工程设计、施工的稽查通常采取抽样法。在归档的客户档案资料中，抽样稽查部分新装高压客户资料。

1）首先检查该客户档案资料中资料的完整性。

2）稽查客户供电方案内容是否根据有关政策标准与客户用电性质及要求制定，检查是否具备业扩工程设计资料审查意见书，客户给设计、施工单位的委托书原件的复印件，查阅该客户的受电工程设计及说明书，用电负荷分布图，负荷组成性质及保安负荷，影响电能质量的用电设备清单，主要电气设备一览表，高压受电装置一、二次接线图与平面布置图，用电功率因数计算及无功补偿方式，继电保护、过电压保护及电能计量装置的方式，隐蔽工程设计资料，配电网络布置图，自备电源及接线方式等必备资料。

3) 检查客户受电工程竣工验收报告单及竣工验收时应具备的资料，客户电气设施检查缺陷通知单、保护整定值的调试记录、电气设备的各项试验报告、出厂合格证明、保安电源及非电性质的保安措施、各项监理签证的有关记录资料、新建项目立项前双方签订的供电意向性协议等资料，判断该客户受电工程是否符合有关标准，有关时限是否符合规定。

4) 稽查人员应根据档案内有关供电方案的要求与受电工程的记录，必要时到客户用电现场检查是否与现场实际情况相符，如有出入，应查询有关工作人员与客户变更供电方案原因。

二、安全用电稽查

保障电网安全稳定运行，指导电力客户安全用电，是用电检查的重要内容。对安全用电的稽查包括现场工作安全、现场巡视检查及运行维护、双电源的管理、进网作业的电工管理以及事故调查和处理。

（一）现场工作安全稽查

（1）稽查现场安全用电检查工作的组织措施和技术措施是否建立并完善。为保护在高压线路和电气设备上工作人员的人身安全，现场需采取安全工作的组织措施和技术措施。其中，组织措施包括工作票制度、工作许可制度、工作监护制度和工作间断、转移与终结制度；技术措施包括停电、验电、装设接地线、悬挂标识牌和装设围栏。

（2）稽查用电检查工作人员是否履行督促客户加强电气设备安全用电管理，消除用电不安全因素，提高安全用电水平。其内容包括以下几方面：

1) 客户受电装置设计审查。用电检查人员应参与对用电客户受（送）电装置工程设计有关资料的审查。用电客户受电工程设计，在经过供电企业审核、批准后，方可委托施工企业施工。用电客户是否提供了完整的技术资料。

2) 客户受电工程安全质量检查。用电客户委托进行受电工程设计和安装的单位应具备规定的等级资质，包括《承装（修）电力设施许可证》等。用电客户委托的承装（修、试）单位在办理工程委托时，应按规定向供电企业提交有关资料进行审核。客户受电工程的隐蔽工程部分，应实施中间查验，且中间查验合格后才能进行后续工程施工。并有相应的查验合格的资料备案。

3) 用电客户安全用电管理。用电检查员是否向用电客户宣传、普及电力法律法规和安全用电常识，监督用电客户执行国家有关电力供应政策、方针，协助用电客户制定和完善安全用电管理的各项规章制度，检查用电客户安全责任制的落实情况。用电检查部门要坚持"安全第一，预防为主"的方针，加强电气设备安全用电管理，督促用电客户消除用电不安全因素，对设备安全隐患限期整改。同时，对危害电力安全的违法行为要依法查处。在工作中，要建立健全安全用电工作基础资料和用电客户档案，加强安全用电基础管理。

4) 用电客户应加强对用电设备的安全管理，健全受电设备管理制度，制定包括现场操作、设备日常巡视检查、设备运行维护检修等运行管理制度。定期进行电气设备的检验、维护和消缺，确保设备健康。做好预防事故工作，制订并落实反事故措施。在事故发生时，用电客户必须保护事故现场，配合做好对事故的调查和处理工作。

（二）现场巡视检查及运行维护稽查

1. 现场巡视稽查

稽查用电检查员是否按照检查周期、检查计划对客户电气设备进行日常检查，巡视检查时应注意观察设备的运行状态。观察方法包括以下几种：

（1）通过眼睛的观察可能发现的异常现象。这种不正常现象有破裂、断线、变形（膨胀、收缩、弯曲）、松动、漏油、漏水、漏气、污秽、腐蚀、磨损、变色（烧焦、硅胶变色、油变黑）、冒烟、产生火花、有杂质异物等。

（2）通过认真聆听可能发现的异常。设备由于交流电的作用而产生振动并发出特有的声音，并呈现出一定的规律性，仔细倾听这些声音，并熟练掌握声音变化的特点，就可以通过它的高低节奏音量的强弱、是否伴有杂声等，判断设备是否运行正常。

（3）仔细询问。检查人员应向运行人员了解设备的运行状况、发生故障时的天气变化、负荷的大小、以往发生类似故障的记录及解决的办法等。通过询问，可以较快地掌握设备运行的基本情况，便于检修人员快速完整地处理事故，避免事故查找进入误区而延长停电时间，扩大事故范围。

（4）其他方法。电气设备的绝缘材料因过热而产生特有的焦煳气味，大多数的人都能嗅到，并能准确地辨别。稽查人员在进入配电室检查电气设备时，如果闻到了设备过热或绝缘材料烧焦而产生的气味时，就应会同客户值班人员或在场的用电检查人员进行查找，直到找出原因为止。

2. 进入用电客户现场稽查的规定

进入用电客户现场，稽查人员必须遵守《电业安全工作规程》和《用电检查管理办法》的相关规定。当巡视用电客户的配电设备时，稽查人员必须由用电客户的电气负责人陪同，并且遵守以下规定：

（1）不允许进入运行设备的遮栏内。

（2）人体与带电部分要保持足够的、符合规程的安全距离。

（3）一般不应接触运行设备的外壳，如需要触摸时，则应先查明其外壳接地线是否良好。

（4）对运行中的开关柜、继电保护盘等巡视检查，要注意防止误碰跳闸按钮和操动机构。

（5）不能对客户电气设备进行操作。

3. 对用电客户安全用具的稽查

稽查用电检查员是否对用电客户安全用具的配置、保管、周期试验进行检查，是否对双（多）电源或自备发电机组的管理协议、管理制度、闭锁装置进行检查。

（1）安全用具应分类保管。

应设专门的安全用具室，设专人保管安全用具，定期进行清扫，保持其完好和整洁。常用的电气绝缘安全用具分为绝缘安全用具和一般防护用具两大类，其中：

1）绝缘安全用具又分为高压设备绝缘安全用具和低压设备绝缘安全用具两大类，具体见表4-16。

表 4-16　　　　　　　高压设备绝缘安全用具和低压设备绝缘安全用具

分类	基本安全用具	辅助安全用具
高压设备	绝缘拉杆、绝缘夹钳、高压验电器	绝缘手套、靴、垫、毯、台等
低压设备	绝缘手套、绝缘柄类工具、低压电笔	绝缘靴、鞋、垫、毯、台等

2）一般防护安全用具主要有携带型接地线、标示牌、遮栏和防护镜等。

在进行高处作业时，工作人员还必须使用安全带和人字梯。

（2）安全用具要按规定周期进行试验。

对安全用具要进行电气设备预防性试验和有关项目的检查。

1）电气绝缘安全用具的实验周期和标准见表 4-17。

表 4-17　　　　　　　　电气绝缘安全用具的实验周期和标准

序号	安全用具名称	电力设备额定电压（kV）	试验参数要求			试验周期
			耐压试验电压（kV）	试验持续时间（min）	泄漏电流（mA）	
1	绝缘拉杆	6~154	3 倍线电压，不准小于 4	5		每年一次
2	绝缘拉杆	220	3 倍相电压	5		每年一次
3	绝缘手套	高压	8	1	≤9	半年一次
4	绝缘靴	高压	15	1	≤7.5	半年一次

2）电气登高安全用具的试验周期和标准见表 4-18。

表 4-18　　　　　　　　电气登高安全用具的试验周期和标准

名　称	试验静拉力（N）	试验周期	外表检查周期	试验持续时间（min）
安全带大皮带安全带小皮带	2205 1407	半年一次	每月一次	5
安全绳	2205	半年一次	每月一次	5
升降板	2205	半年一次	每月一次	5
脚扣	980	半年一次	每月一次	5
竹（木、绝缘）梯	1764	半年一次	每月一次	5

4．对双电源客户电源管理的稽查

供电企业必须严格按照国家有关法规的规定，与双电源客户签订双电源管理协议，加强对双电源或自备发电机组的管理。凡用电客户需要使用双电源供电或装设自发电机组，均需向当地供电企业提出申请，经核准后方可施工，并做好如下安全措施：

（1）双电源进户应设置在同一配电室内，两路电源之间装设双投隔离开关或其他安全可靠的闭锁装置，以防止互相倒送电。

（2）自各发机组的中性点（TT、TN 系统）单独接地，接地电阻不大于 4Ω，禁止利用供电企业线路上的接地装置接地。

（3）客户自各发电机组的线路严禁使用供电企业的线路杆塔，不准与供电企业的电杆同杆架设，不准与公用电网合用接地装置和中性线。

（4）具有双电源和自备发电机的客户，严禁擅自向其他用电客户转供电。

（5）为防止双电源在操作中发生事故，用电客户应严格执行安全规程有关倒闸操作的安全规定，制定现场操作规程，备齐运行日志等各项记录。双电源切换操作必须经调度部门许可。在倒闸操作中，为防止倒送电，应注意以下事项：

1）两条以上线路同时供电的用电客户，无论是分段运行还是环网运行，因故不能安装机械的或电气的闭锁装置的，这些线路的停电检修或倒换负荷，都必须由当地供电调度部门负责调度，用电客户不得擅自操作。

2）采用一用一备供电的电力客户，应在主供电源与各用电源开关之间加装闭锁装置，以防止双电源并联运行。用电客户不得自行改变主供和备用电源的运行方式。

3）装有自备发电机的客户，除经批准外，一般不允许自备发电机和电力系统并联运行。发电机和电力系统电源间应装设闭锁装置，以保证不向系统倒送电。

（三）进网作业电工管理稽查

稽查用电检查人员是否对客户进网作业电工的基本信息、资质信息和业务培训信息进行了检查、核对及登记，是否建立客户进网作业人员档案，档案是否完整、准确录入人员的基本信息、资质信息及业务培训信息等，发生变更时，是否及时更新。

进网作业电工，是在客户的受电装置或者送电装置上，从事电气安装、试验、检修、运行等作业的人员。

（1）进网作业电工申请进网作业应当具备规定条件。

（2）电工进网作业前必须接受相应的培训。

（3）进网作业电工应当取得《电工进网作业许可证》并注册。未取得《电工进网作业许可证》或者已取得《电工进网作业许可证》但未注册的人员，不得进网作业。

（4）电工进网作业许可考试实行全国统一大纲、统一命题、统一组织。参加电工进网作业许可考试的人员，考试成绩合格的，由许可机关颁发考试合格通知书，考试成绩有效期为5年。电工进网作业的考试、受理、审查、决定、注册和日常监督检查等，由电力监管机构负责，并接受用电检查人员查验。

（5）《电工进网作业许可证》分为低压、高压、特种三个类别。取得《低压类电工进网作业许可证》的，可以从事0.4kV以下电压等级电气安装、检修、运行等低压作业；取得《高压类电工进网作业许可证》的，可以从事所有电压等级电气安装、检修、运行等作业；取得《特种类电工进网作业许可证》的，可以在受电装置或者送电装置上从事电气试验、二次安装调试、电缆作业等特种作业。

（四）客户用电事故的稽查

1. 防止发生用电事故稽查

稽查用电检查人员是否按照检查周期、检查计划对客户用电设备、管理制度、应急预案等进行检查，对发现的安全隐患是否向客户发放《用电检查结果通知书》《客户用电安全隐患整改通知书》，是否督促客户制定整改措施、按期消除用电安全隐患。对须报政府主管部门备案的客户用电安全隐患，应按有关程序做好报备工作。

防止发生用电事故概括为思想重视、措施落实、组织保证三部分。

（1）思想重视指稽查是否牢固地树立安全第一的思想，认真贯彻预防为主的方针，积极开展安全用电宣传教育。防止发生重复性的、频发性的、误操作性的以及运行维护不当造成的事故。

（2）措施落实是指稽查防止发生用电事故的主要措施是否落实到位，包括：

1）组织学习《电业安全工作规程》以及相关规程、标准。

2）严格执行有关电气设备的检修、试验和清扫周期的规定，检查电气设备的定期检修、高压设备的定期试验是否有专人负责，是否定期进行。及时查找并处理各种设备缺陷，发现设备的重大缺陷要分析缺陷原因，检查危急缺陷是否及时处理，一般缺陷是否已按计划消除。

3）检查工业企业对电气工作人员的技术、安全培训和管理工作。是否制订培训计划和安全工作规程的学习和考核制度，检查学习效果和培训工作中存在的问题。通过培训不断提高电气工作人员的技术、操作水平。还应建立技术安全档案，记录工作人员安全用电技术等级和安全考核成绩。

4）开展安全用电的宣传普及工作，组织常规安全检查。

（3）组织保证是指发挥用电检查员的作用，根据《用电检查条例》督促客户设立安全用电管理机构，配备专门管理人员，在供电企业的指导下开展安全用电工作。

2. 客户用电事故处理稽查

稽查用电检查人员在接到客户电气事故报告后，是否及时配合相关部门或事故调查组，到事故现场对事故开展调查，是否协助客户制定或完善整改措施和电气事故预案、提出事故调查报告等。

3. 用电事故处理的稽查

电气事故造成的设备损坏会同时伴随着停电、停产，给国民经济造成的损失是巨大的。一旦发生事故用电检查人员应尽快到达在事故现场并注意以下事项：

（1）尽快限制事故的发展，指导和协助客户消除事故并解除对人身和设备的危险，同时尽快恢复正常供电。

（2）严禁情况不明就主观臆断和瞎指挥；不得代替客户操作，客户处理不力和产生错误时，只能向值班负责人员提出建议或要求暂停操作。

（3）严禁对情况不明的电气设备强送电。

（4）严禁移动或拆除带电设备的遮栏，更不允许进入遮栏以内。

（5）应与电力调度部门密切联系，及时反映情况。

4. 用电事故调查的稽查

参与事故调查必须弄清楚和明确下列各项内容：

（1）事故发生前，设备和系统的运行状况。

（2）事故发生的经过和处理情况。

（3）事故发生和扩大的原因。

（4）指示仪、保护装置和自动装置的动作情况。

（5）事故发生、开始停电的时间、恢复送电时间和全部停电时间。

（6）损坏设备的名称、容量和损坏程度，如为人身触电事故，应查清肇事者姓名、年龄、职业和工作单位。

（7）规程制度本身及其在执行中暴露的问题。

（8）企业管理和业务技术培训方向的问题。

（9）设备在检修、设计、制造、安装质量等方面的问题。

（10）事故的性质及主要责任者、次要责任者、扩大责任者以及各级领导在事故中的过失和应负的责任（包括各事故责任者的姓名、职务和技术等级）。

（11）事故造成的损失，包括停止生产损失和设备损坏损失。

5. 事故分析

在弄清现场基本情况，进行了事故后的鉴定试验并恢复用户正常供电后，应将收集到的有关资料，包括记录、实物和照片等，加以汇总整理，然后同客户有关人员一起进行研究分析。

事故分析会议一定要有供电部门代表、发生事故的现场负责人、见证人、企业领导和电气技术负责人参加，必要时邀请有关制造厂家、安装单位、公安部门和法医等专业人员参加。

对用户引起的系统大事故应由供电部门总工程师主持事故分析会。事故分析要广泛听取各方面的意见，多方面探讨各种可能性，实事求是，严肃认真，最后使检查情况、实物对照、复试结果等统一起来，找出事故原因。

事故原因清楚后，还要查明事故责任者，在教育其本人的同时提高大家的认识。对于任意违反规章制度，不遵守劳动纪律，工作不负责任，以致造成事故或扩大事故者，应严肃处理。对有意破坏安全生产，造成用电事故者，还要依法惩办。

6. 事故报告

所有事故均应填写事故报告，事故报告应由发生事故单位电气负责人填写，经事故单位主管领导和安全部门审核后上报。事故报告一式三份，一份报当地用电检查部门，一份报客户主管部门，一份留事故单位存档。对性质比较严重或原因复杂的事故报告和事故调查报告书，应由事故调查小组提出。

三、大用电客户及设备台账稽查

（1）稽查用电检查班组是否建立了大用电客户用电设备台账，每月对大用电客户用电量进行跟踪分析，特别是对配电变压器容量、台数投运情况进行核实比较。由于重要用户专线供电出线回路多，生产车间多，电力变压器安装分散，用电稽查人员应配合用电检查人员赴有关单位进行日常检查、专项检查并随时随地收集资料，有计划地参与用电部门安排的用电普查工作，稽查部门重点是查违约用电窃电。

（2）大用户、重要用户计量装置大都安装在供电企业运行维护的变电站，稽查部门应重点稽查分析月销售电量报表和抄表工作质量，同时对多回供电线路、电力变压器实际投运使用容量、台数进行稽查，分析用电量增（减）变化原因，掌握一个基本规律，建立用电量台账，进行电量分析。

（3）对公用线路工业用电客户，稽查部门重点稽查计量配备，核实安装在用户侧计量装置是否与工作单、抄表卡、表库台账、出库卡、表号、型号、容量、出厂编号、TA变比、TV 型号及生产厂家一致，现场核实后将资料输入稽查专用台账。

（4）稽查大电力用电客户在供电企业业扩部门报装时申请的变压器投运容量和台数。每月投运的变压器容量和台数是否和初次报装容量一致。用电客户申请减容、暂停、暂换的变压器容量和台数是否按规定报停程序手续办理，用电检查部门是否到现场核对并对减容、暂停、暂换下的变压器加封。

（5）配合用电检查人员稽查安装在用户侧计量装置是否按计量规程要求安装 TA、电能表，二次接线是否整齐，二次端接线盒、大表盖、接线桩小盖在施工后是否加有专用铅封，电能表的底码是否填写清楚，用户是否在工作单上签字确认。

（6）对基础资料的审查和现场熟悉是电力营销稽查人员开展违约用电和反窃电处理工作的前提，电力营销稽查部门应在日常工作中做好资料收集工作，建立稽查台账是为防止和查处少数用户窃电、违章用电及处理的稽查手段。

四、违约用电稽查

对用电检查部门的工作人员处理用电客户违约用电过程中的工作质量进行稽查，是对该环节在维护电力营销市场规范性工作的监督，主要工作内容围绕反窃电和用电检查部门正确执行国家政策、法规的准确性，加强企业内部控制制度的执行，保障企业社会形象和经济利益不受损失。

（一）违约用电界定

《电力供应与使用条例》第三十条规定：用户不得有下列危害供电、用电安全，扰乱正常供电、用电秩序的行为：

（1）擅自改变用电类别。

（2）擅自超过合同约定的容量用电。

（3）擅自超过计划分配的用电指标。

（4）擅自使用已经在供电企业办理暂停使用手续的电力设备，或者擅自启用已经被供电企业查封的电力设备。

（5）擅自迁移、更动或者擅自操作供电企业的用电计量装置、电力负荷控制装置、供电设施以及约定由供电企业调度的用户受电设备。

（6）未经供电企业许可，擅自引入、供出电源或者将自备电源擅自并网。

（二）对违约用电查处工作稽查

1. 稽查内容

（1）稽查用电检查部门是否制订的年度、半年度、月度用电检查工作计划，并核对用电检查工作记录。

（2）稽查用电客户原始报装用电申请书、变更用电申请书以及电力营销查询系统资料，对有疑问的做好工作记录，以便现场稽查核对。

（3）对照《用电检查管理办法》，稽查用电检查内容、范围，工作质量是否符合《用电检查管理办法》的要求。

（4）用电检查部门依据《用电检查管理办法》开展工作，稽查用电检查程序的规范性。

（5）稽查用电检查纪律是否符合《用电检查管理办法》的要求，用电检查人员在用电检查工作中是否存在违规、违纪或不正当交易行为，被投诉、检举查处的情况，违约使用电费是否严格按《供电营业规则》规定进行处理。

（6）稽查是否按用电检查办法规定填写《用电检查工作单》并走审批流程，违章用电、窃电通知书，用电检查结果通知书填写是否规范并且按规定存档。

2. 稽查基本方法

采取审阅法、抽查法、核对法、逆查法和比较分析法，重点稽查用电检查工作单，违章用电、窃电通知书，用电检查结果通知书，电费管理部门开具的电费发票及财务部门开具的违约使用电费发票，以及涉及的有关供用电合同、基础资料、账册等，对有关数据稽查分析，做好工作记录，根据需要，现场实地稽查调查取证。

（1）逐一稽查用电检查工作单，违章用电、窃电通知书和用电检查结果通知书。该三种工作单为固定装订本，工作中使用以上三种工作单必须连号并按要求编号，其中对有被人为撕毁的页码，做好工作记录，并查处与该页码配套使用的其他工作单，排除被个人利用的可能；空白的用电检查工作单，违章用电、窃电通知书和用电检查结果通知书在未使用时，不允许事先加盖公章。

（2）逐一稽查用电检查工作单，违章用电、窃电通知书和用电检查结果通知书填写的有关违章用电检查内容、违章用电的用电设备容量、用电性质以及违章用电的具体时间，三种工作单中填写应一致，用电检查人员、违章用电者应签章以示负责。

（3）对照现行电价，稽查违章用电、窃电通知书和用电检查结果通知书中填写的有关违章用电处理电价的执行应符合现行电价，并与开具的财务发票相符合。

（4）对照《供电营业规则》的有关规定，稽查违章用电者在缴纳违约用电费用时是否只缴纳违章用电的违约使用电费，而不按规定补缴违章用电的差额电费或基本电费，或者将应补缴的违章用电的差额电费或基本电费，改交成违约使用电费，财务发票应注明违约使用电费字样。

（5）逐一稽查用电检查工作单，违章用电、窃电通知书，用电检查结果通知书及电费发票、财务发票，核对处理、缴费过程中的正确性。对缴费过程中的乱收费、收费打白条的现象应作为事故差错进行纠正处理。应补缴的电费是否进入电费账，违约使用电费发票应使用财务部门开具的正式发票并注明违章用电字样。

3. 稽查项目

项目1：用电客户在电价低的供电线路上，擅自接用电价高的用电设备或私自改变用电类别的稽查。

（1）稽查用电检查工作单及供用电合同，比对用电客户原始报装用电申请书及变更用电申请书的有关内容，是否存在在电价低的供电线路上，擅自接用电价高的用电设备或私自改变用电类别的行为。

（2）如果不是用电客户擅自在电价低的供电线路上，接用电价高的用电设备或私自改变用电类别，而是供电企业与用电客户合同约定的，用电检查员检查时，仍对用电客户进行了处理，则应重点稽查用电检查员处理用电客户的理由，对理由不充分且属工作质量差错的应做好工作记录，并及时书面通知有关部门与用电客户重新修订供用电合同。

（3）用电客户在电价低的供电线路上，擅自接用电价高的用电设备或私自改变用电类别的，用电检查人员应取得证据，做好工作记录并及时书面通知有关部门予以处理。稽查用电检查人员处理是否按《供电营业规则》的具体规定执行：

1）按实际使用日期补缴其差额电费，并承担两倍差额电费的违约使用电费。

2）使用起讫日期难以确定的，实际使用时间按 3 个月计算。

项目 2：用电客户私自超过合同约定的容量用电行为的稽查。

（1）稽查用电检查工作单及供用电合同，比对用电客户原始报装用电申请书及变更用电申请书填写的有关内容，重点是对用电客户有无私自超过合同约定的容量或签约时就有隐瞒用电的行为。

（2）对有疑问的，带着问题现场稽查核对，现场稽查时，应重点稽查现场已拆除私增容设备仍保持或可能恢复使用的设备情况。

（3）稽查处理应符合《供电营业规则》的具体规定：

1）属于两部制电价的用户，应补交私增设备容量使用月数的基本电费，并承担三倍私增容量基本电费的违约使用电费。

2）其他用户应承担私增容量 50 元/kW（kVA）的违约使用电费。

3）如用户要求继续使用者，按新装增容办理手续。

项目 3：用电客户擅自使用已在供电企业办理暂停手续的电力设备或启用供电企业封存的电力设备的用电行为的稽查。

（1）稽查用电检查工作单及用电客户办理暂停使用手续的申请书，重点是用电检查工作单上记录的用电客户现场暂停使用的电力设备容量应与用电客户办理暂停使用手续的申请书上注明的电力设备容量相符。

（2）对有疑问的，带着问题现场稽查核对，现场稽查时，应重点稽查已停用的违约使用的设备仍在使用以及是否启用属于私增容量被封存的设备。

（3）稽查处理是否符合《供电营业规则》的具体规定：

1）属于两部制电价的用户，应补交擅自使用或启用封存设备容量和使用月数的基本电费，并承担两倍补交基本电费的违约使用电费。

2）其他用户应承担擅自使用或启用封存设备容量每次 30 元/kW（kVA）的违约使用电费。

3）启用属于私增容量被封存的设备的，违约使用者还应承担《供电营业规则》第一百条第二款规定的违约责任。

项目 4：用电客户私自迁移、更动和擅自操作供电企业的用电计量装置、电力负荷管理装置、供电设施以及约定由供电企业调度的用户受电设备的行为稽查。

（1）稽查用电检查工作单，比对供用电合同，重点关注用电客户确实存在的私自迁移、更动和擅自操作供电企业的用电计量装置、电力负荷管理装置、供电设施以及约定由供电企业调度的用户受电设备的行为。

（2）稽查处理应符合《供电营业规则》的具体规定：

1）属于居民用户的，应承担每次 500 元的违约使用电费。

2）属于其他用户的，应承担每次 5000 元的违约使用电费。

项目 5：用电客户未经供电企业同意，擅自引入（或供出）电源或将备用电源和其他电源私自并网的用电行为的稽查方法。

1）稽查用电检查工作单、供用电合同及有关资料，重点是用电客户确实存在未经供电企业同意，擅自引入（或供出）电源或将备用电源和其他电源私自并网的用电行为。

2）对有疑问的，带着问题现场稽查核对，现场稽查时，应重点稽查现场接线周围的施工痕迹，有无拆除擅自引入（或供出）的电源线或在使用时可即时恢复的迹象。

3）稽查处理应符合《供电营业规则》的具体规定，承担其引入（供出）或并网电源容量 500 元/kW（kVA）的违约使用电费。

（三）违约用电现场稽查方法

（1）对内稽查时发现有疑问的，带着工作记录、问题赴现场稽查核对。

（2）现场稽查工作，稽查人员不得少于 2 人，须向用电客户出示《营销稽查证》并介绍工作程序，取得用电客户的支持与配合。

（3）现场稽查工作除带着问题现场稽查，认真核对外，对其他营销工作中可能发生的差错（平时要求对营销工作中可能发生的差错进行分析研究，分门别类的做出稽查预案）进行排除。重点稽查关注场所的计量点、配电间、用电场所以及周边用电环境。

（4）必要时，还需要核对用电客户的电费发票、违约使用电费发票以及涉及的有关供用电合同、基础资料、账册等。

（5）对有多种用电类别的用电客户，如无分表计量而是按比例计收电费的，稽查方法如下：

1）比对现场记录的用电客户各类用电设备清单与供用电合同的用电设备清单。

2）重点稽查用电客户受电点内应该按电价类别分别装设用电计量装置，而营销部门却按其不同电价类别的用电设备容量的比例或实际可能的用电量，确定不同电价类别用电量的比例或定量进行分算，分别计价，而且有意向低电价倾斜的行为。

3）核对用电客户的用电记录、抄表记录、有关生产报表及单耗记录等。

（6）重点稽查用电检查部门在处理违章用电并按规定收取了电费、违约使用电费后，用电客户仍存在继续违章用电的行为，包括：

1）现场仍然存在电价低的供电线路上，擅自接用电价高的用电设备或私自改变用电类别的行为。

2）现场仍然存在私自超过合同约定的容量用电行为，如用户要求继续使用，并未办理新装增容手续。

3）现场已停用或者拆除违约使用的电力设备，但用户仍启用属于私增容量被封存的设备。

4）现场是否已拆除擅自引入（供出）电源或将备用电源和其他电源私自并网的接线。

（7）现场稽查做好工作记录，填写有关现场稽查表格，必要时还需摄像、照相取证。

五、窃电稽查

对电力企业从事反窃电和用电检查部门的工作人员处理用电客户窃电过程中的工作质量进行稽查，是对该环节在保护电力市场与电力设备安全完整工作的监督，主要工作内容围绕企业反窃电工作的开展及工作质量差错的稽查，规范企业内部反窃电工作的程序。

（一）窃电行为的界定

《电力供应与使用条例》第二十一条规定：禁止窃电行为。窃电行为包括：

（1）在供电企业的供电设施上擅自接线用电。

（2）绕越供电企业的用电计量装置用电。

（3）伪造或者开启法定的或者授权的计量检定机构加封的用电计量装置封印用电。

（4）故意损坏供电企业用电计量装置。

（5）故意使供电企业的用电计量装置计量不准或者失效。

（6）采用其他方法窃电。

（二）窃电行为的界定

1. 稽查内容

（1）稽查用电检查部门是否制定的年度、半年度、月度反窃电工作计划并核对用电检查工作记录。

（2）稽查用电检查部门是否配备了合格的用电检查人员和必要的装备，并依据《中华人民共和国电力法》《用电检查管理办法》和《供电营业规则》开展工作。

（3）稽查用电检查程序是否规范。

（4）稽查用电检查内容与范围是否符合《用电检查管理办法》的要求，现场取证是否正确，证据是否充足有效，检查记录、《窃电、违约用电通知书》填写是否正确完整。

（5）稽查用电检查人员在用电检查工作中是否存在违规、违纪或不正当交易行为，被投诉、检举查处的情况，窃电的违约使用电费是否严格按《供电营业规则》规定进行处理。

（6）稽查是否按用电检查办法规定填写《用电检查工作单》并走审批流程，违章用电、窃电通知书和用电检查结果通知书填写是否规范并且按规定存档。

2. 稽查基本方法

采取审阅法，重点检查用电检查工作单，违章用电、窃电通知书，用电检查结果通知书和电费管理部门开具的电费发票及财务部门开具的违约使用电费发票，以及涉及的有关基础资料、账册、对有关数据的稽查分析，做好工作记录，根据需要，现场实地稽查调查取证。

（1）逐一稽查用电检查工作单，违章用电、窃电通知书和用电检查结果通知书。这三种工作单为固定装订本，工作中使用该三种工作单必须连号使用并按序编号，稽查中防止有被人为撕毁的页码。空白的用电检查工作单，违章用电、窃电通知书和用电检查结果通知书不允许事先加盖公章。

（2）逐一稽查用电检查工作单，违章用电、窃电通知书和用电检查结果通知书中填写的有关窃电检查内容、窃电的用电设备容量、用电性质以及窃电的具体时间的一致性，用电检查人员、窃电者在认定的工作单上应签章确认。

（3）对照现行电价，逐一稽查违章用电、窃电通知书和用电检查结果通知书中填写的有关窃电处理中按现行电价执行，开具的财务发票应与工作单相符合。

（4）对照《供电营业规则》的有关规定，对窃电者在缴纳窃电费用时只缴纳窃电的违约使用电费，而不按规定缴纳窃电的电费，或者将应缴的窃电电费改交成违约使用电费的情况进行工作差错稽查，并对差错进行纠正处理。对发生的违纪行为移交企业监察部门处理。财务发票应注明违约使用电费字样。

（5）逐一稽查用电检查工作单，违章用电、窃电通知书，用电检查结果通知书以及电费发票、财务发票，核对处理、缴费过程中应相对应并到位，形成闭环管理。稽查缴费过程中的乱收费，收费打白条的现象。应补缴的电费跟踪财务收缴入账。

（6）窃电量按下列方法计算。

1）在供电企业的供电设施上，擅自接线用电的，所窃电量按私接设备额定容量（kVA 视同 kW）乘以实际使用时间计算确定。

2）以其他行为窃电的，所窃电量按计费电能表标定电流值（对装有限流器的，按限流器整定电流值）所指的容量（kVA 视同 kW）乘以实际窃用的时间计算确定。

3）窃电时间无法查明的，窃电日数至少以 180 天计算，每日窃电时间：电力用户按 12h 计算；照明用户按 6h 计算。

3. 稽查项目

项目 1：稽查用电客户在供电企业的供电设施上，擅自接线用电窃电行为的处理应注意以下几点：

（1）用电检查人员应在用电检查工作单，违章用电、窃电通知书和用电检查结果通知书中填写清楚用电客户在供电企业的供电设施（具体位置）上，擅自接线窃电的行为，对查实的事实依据和处理意见，用电检查人员、窃电者应在认定的工作单上签章认可。

（2）用电检查人员应在用电检查工作单，违章用电、窃电通知书和用电检查结果通知书中填写清楚用电客户在供电企业的供电设施上，擅自接线窃电的用电设备容量、用电性质以及窃电的具体时间，用电检查人员、窃电者应在认定的工作单上签章认可。

（3）用电检查部门应将用电客户在供电企业的供电设施上，擅自接线用电窃电行为摄像取证。

项目 2：稽查用电客户绕越供电企业的用电计量装置用电窃电行为的处理，应注意以下几点：

（1）用电检查人员应在用电检查工作单，违章用电、窃电通知书和用电检查结果通知书中填写清楚用电客户绕越供电企业的用电计量装置用电的窃电行为，用电检查人员、窃电者应在认定的工作单上签章认可。

（2）用电检查人员应在用电检查工作单，违章用电、窃电通知书和用电检查结果通知书中填写清楚用电客户绕越供电企业的用电计量装置窃电的用电设备容量、用电性质以及窃电的具体时间，用电检查人员、窃电者应在认定的工作单上签章认可。

（3）用电检查部门应将用电客户绕越供电企业的用电计量装置用电的窃电行为摄像取证。

项目 3：稽查用电客户伪造或者开启法定的或者授权的计量检定机构加封的封印，对其用电窃电行为处理应注意如下事项：

（1）用电检查人员应在用电检查工作单，违章用电、窃电通知书和用电检查结果通知书中填写清楚用电客户伪造或者开启法定的或者授权的计量检定机构加封的用电计量装置封印用电窃电行为，用电检查人员、窃电者应在认定的工作单上签章认可。

（2）用电检查人员应在用电检查工作单，违章用电、窃电通知书和用电检查结果通知书中填写清楚用电客户伪造或者开启法定的或者授权的计量检定机构加封的用电计量装置封印用电窃电的用电设备容量、用电性质以及窃电的具体时间，用电检查人员、窃电者应在认定的工作单上签章认可。

（3）用电检查人员应将伪造法定的或者授权的计量检定机构加封的用电计量装置封印与正式的法定的或者授权的计量检定机构用电计量装置封印进行比对，或者将用电检查工作单，违章用电、窃电通知书的记录与用电申请工作单（变更用电工作单）所填写的加封的用电计量装置封印号进行比对。

（4）用电检查部门应将用电客户伪造或者开启法定的或者授权的计量检定机构加封的用电计量装置封印保存或者摄像取证。

项目 4： 稽查用电客户故意损坏供电企业用电计量装置用电窃电行为处理，应注意如下事项：

（1）用电检查人员应在用电检查工作单，违章用电、窃电通知书和用电检查结果通知书中填写清楚用电客户故意损坏供电企业用电计量装置用电窃电行为，用电检查人员、窃电者应在认定的工作单上签章认可。

（2）用电检查人员应在用电检查工作单，违章用电、窃电通知书和用电检查结果通知书中填写清楚用电客户故意损坏供电企业用电计量装置用电窃电的用电设备容量、用电性质以及窃电的具体时间，用电检查人员、窃电者应在认定的工作单上签章认可。

（3）用电部门、用电检查部门应将用电客户故意损坏的供电企业用电计量装置保存或者摄像取证。

项目 5： 稽查用电客户故意使供电企业的用电计量装置计量不准或者失效的用电窃电行为处理，应注意如下事项：

（1）用电检查人员应在用电检查工作单，违章用电、窃电通知书和用电检查结果通知书中填写清楚用电客户故意使供电企业的用电计量装置计量不准或者失效用电窃电行为，用电检查人员、窃电者应在认定的工作单上签章认可。

（2）用电检查人员应在用电检查工作单，违章用电、窃电通知书和用电检查结果通知书中填写清楚用电客户故意使供电企业的用电计量装置计量不准或者失效用电窃电的用电设备容量、用电性质以及窃电具体时间，用电检查人员、窃电者应在认定的工作单上签章认可。

（3）用电检查人员应请用电计量部门将用电客户故意使供电企业的用电计量装置计量不准或者失效的计量装置现场校验或者拆回检验，并出具确认供电企业的用电计量装置计量不准或者失效的检验证书。用电检查部门应将用电客户故意使供电企业的用电计量装置计量不准或者失效的计量装置摄像取证。

项目 6： 稽查用电客户采用其他方法窃电行为处理，应注意如下事项：

（1）用电检查人员应在用电检查工作单，违章用电、窃电通知书和用电检查结果通知书中填写清楚用电客户采用具体什么方法窃电行为，用电检查人员、窃电者应在认定的工作单上签章认可。

（2）用电检查人员应在用电检查工作单，违章用电、窃电通知书和用电检查结果通知书中填写清楚用电客户窃电的用电设备容量、用电性质以及窃电的具体时间，用电检查人员、窃电者应在认定的工作单上签章认可。

（3）用电检查部门应将用电客户采用具体什么方法的窃电行为摄像取证。

（三）窃电现场稽查方法

（1）对内稽查时发现有疑问的，带着工作记录、问题赴现场稽查核对。

（2）现场稽查工作时，稽查人员不得少于2人，须向用电客户出示营销稽查证并介绍工作程序，取得用电客户的支持与配合；对破坏电力设备达到窃电目的的行为确认后，如遇用电客户阻挠或破坏现场的行为，应取得公安部门的支持配合。

（3）现场重点稽查用电检查部门在处理窃电并按规定收取了电费、违约使用电费后，用电客户是否对破坏的设施和设备恢复正常受电时的状态并终止了窃电的行为。检查：

1）用电客户在供电企业的供电设施上，擅自接线用电的窃电行为是否已终止。

2）用电客户绕越供电企业的用电计量装置用电的窃电行为是否已终止。

3）用电客户伪造或者开启法定的或者授权的计量检定机构加封的用电计量装置封印用电的窃电行为是否已终止，用电计量装置是否已经重新加封印。

4）用电客户故意损坏供电企业用电计量装置用电的窃电行为是否已终止，是否已更换经检验合格的用电计量装置。

5）是否存在其他窃电的行为。

（4）核对、分析用电客户窃电前后几个月的电量变化情况以及本次窃电补缴的电费、违约使用电费到位情况；必要时，还需要核对用电客户的电费发票、违约使用电费发票以及涉及的有关供用电合同、基础资料及账册等。

（5）对窃电现场稽查时注意用电客户是否还存在违约用电的行为。

六、稽查举例

例 4-40 **稽查小型砖厂的窃电。**

某人兴办的一小型砖厂，配电变压器容量100kVA，接公用线路，计量装置装在用户变压器低压侧旁的一块自制的立式板面上。稽查人员在例行稽查月销售电量报表时发现，该客户月用电量逐月不平衡，稽查人员带着问题到该厂现场稽查，现场稽查时了解到生产的砖坯数量却有增多，经多种方法比较及采取不间断跟踪稽查，经一个班次守候，将生产砖坯数量与计量装置运转情况对比，发现该用户有窃电的可能，电力营销稽查人员将该事项移交反窃电部门，并与计量人员随反窃电部门对计量装置接线突击检查，查清该客户存在窃电行为。

稽查其窃电方法是检查电源的一次侧电能表的电压引线，通电时电能表电压是否正常，线路各接点是否牢固，封铅与常规使用规律有无异常。用电稽查人员通过用电量分析对比以及现场检查，使窃电户露出虚接电压线连接点的伪装窃电现场。

例 4-41 **受理举报、稽查窃电。**

经举报，某私人水泥厂有窃电可能，经现场稽查：该厂临时接35kV，供电计量点安装在该厂 6kV 配电间进线总柜中，供电企业每月抄见的电量与厂家生产水泥的实际用电量极不相符，单位产品单耗与实际用电量偏差较大。

用电检查、计量人员共赴现场进行检查，现场校验表计均未发现电能表误差、故障。经过对该厂最近几年的月电量多次分析对比，初步确定有窃电迹象。为了抓到确凿的证据，通过多方调查，了解到该户中、晚班电量误差不大，深夜班生产用电量误差很大。为及时查获该厂窃电证据，用电检查人员采取"零点"行动。事前，为深夜突击检查作了周密布控。进入厂区后，首先对各生产车间进行了全过程摄像拍照，发现总开关柜三相电流很大，但计量电能表不转动，打开二次接线旁门后发现，该厂值班电工用自制的工具将端子牌中进电能表的电流二次线短接，窃取大量的电量。查获取证后，下达违章用电、窃电通知书，该厂法人在违章用电、窃电通知书，用电检查工作单上签章认可，同意接受处理。这次行动挽回经济损失几十万元。

例 4-42　内查外调、稽查违章。

举报称：某乡镇企业生产规模扩大，原有变压器容量不能满足生产需要，申请增加一台 800kVA 变压器，办理增容手续后投入使用，该厂存在违章用电问题。稽查人员接到举报后，到现场核实新投运的变压器，表面确为一台铭牌为 800kVA 的变压器在运行。用电稽查部门经过周密的内查外调及到变压器生产厂家核实，同时找出该乡镇企业购买变压器发票存根的复印件，确认变压器容量为 1250kVA，而不是铭牌上标示的 800kVA。事实证明，该乡镇企业违章用电属实。用电稽查部门按照《供电营业规则》有关对违章用电的处理办法，对该户追补基本电费以及违约使用电费共 60 余万元，为电力企业挽回了一定的损失。

第四节　计量管理稽查

一、电能计量装置的分类及技术要求稽查

电能计量稽查管理是保证电能计量准确、可靠的主要手段，是加强电能计量管理的重要组成部分。电能计量装置好比电力企业的一杆秤，为抄核收环节提供依据，这杆秤准确与否，不仅关系到电力投资者的经济利益，而且关系到经营者的经济利益，同时也关系到每一个客户的经济利益，稍有不慎，就有可能造成计量漏洞，给国家、客户和电力企业带来损失。因此，必须加大电能计量装置的类别及电能计量装置的计量性能准确度等级配置的稽查，以保证电力企业的资金流动，按照生产、输送、销售三个不同阶段顺序而行，周而复始，构成资金循环，才能加速资金周转，及时为国家积累资金。这样，电力企业的再生产才能不断进行，企业的经济效益才能有保障。

（一）电能计量装置的类别、准确度配备稽查

（1）电能计量装置的类别和准确度配备是否符合《电能计量装置技术管理规程》的要求。

（2）采取审阅法对用电客户投运前的工作传单、工作完成记录、供用电合同和电费账

本等进行审阅稽查，做好记录，收集有疑问的有关资料备查。

（3）重点审阅电能计量装置主要参数及计量关系，包括计量点中的有功电能表、无功电能表的型号规格，TA、TV 型号规格和倍率，变压器容量（计费容量）、编号、型号、用电构成及比例，做好记录，收集有关资料，形成稽查计划。

（4）审阅客户户名、用电地址、用电户号、合同编号、供电时间、合同有效期、生产班次以及功率因数调整电费考核标准等，做好记录，收集、分类、筛选有关资料备查。

（5）通过审阅法、收集有疑问的有关资料，形成稽查计划，列出稽查的重点。如客户的变压器容量、功率因数考核标准、负荷率、月用电时间（生产班次），采取核对法进行电力营销稽查。

（6）电能计量装置按其计量的重要性分为五类，其类别的划分和相对应的电能表、互感器的准确度等级要求如表 4-19 所示。

表 4-19　　　　　　　　　　电能计量装置的分类、准确度稽查表

编号		户名		用电户号		稽查结果评判意见
类别	电能计量装置的准确度配备					
	电能计量适用范围	有功电能表	无功电能表	电压互感器	电流互感器	
I	月平均用电量 500 万 kWh 及以上的高压计费用户	0.2S 或 0.5S	2.0	0.2	0.2S（0.2 发电机用）	
II	月平均用电量 100 万～500 万 kWh 的高压计费用户	0.5S 或 0.5	2.0	0.2	0.2S（0.2 发电机用）	
III	月平均用电量 10 万～100 万 kWh 的高压计费用户	1.0	2.0	0.5	0.5S	
IV	负荷容量为 315kVA 以下的计费用户	2.0	3.0	0.5	0.5S	
V	单相供电的电力计费客户	2.0	—	—	0.5S	

稽查员：　　　　　　　　　　　　　　　　　　　　　　　　　　　　　年　月　日

（二）电能计量装置的接线方式稽查

电能计量装置在电力企业电力销售中占有十分重要的地位。装置的计量是否准确与其接线方式有关。如果接线方式选择错误，即使电能计量装置的准确度很高，也会造成电能表、电流互感器的损坏，导致整套的计量装置发生故障，造成重大的经济损失。因此，对于运行中的电能计量装置的接线方式进行定期或不定期的稽查是很有必要的。

1. 电能表接线方式稽查

根据稽查任务的工作要求及其优先等级，合理安排稽查任务，进行调查核实；对问题

的原因和相关的责任进行分析，制定整改措施、提出考核意见；记录整改结果；记录该问题所损失的电量电费，挽回的损失。对于有疑问的计量装置一般采用以下方法进行分析和稽查。

（1）有窃电嫌疑的分析稽查。根据工作质量标准查处异常，提出整改要求，跟踪整改结果。

（2）现场检查电能表接线的稽查。检查电能表进出线是否牢固完好；电能表进出线预留是否太长；电能表表盖及接线盒螺钉是否齐全和紧固，是否完好；电能表表箱是否上锁等。如查出异常，应提出整改要求，下达稽查整改督办单，督促整改。

（3）现场检查电能表运转的稽查。检查电能表的转盘转速情况是否正常，在正常的负荷情况下，电能表转速平稳顺转、情况良好；检查电能表的运转情况的声音是否正常，是否会出现摩擦声和间断性受阻声响；检查电能表的外壳是否会振动，在正常情况下手摸表壳不会有振动感，否则说明表内计度器机械传动部分已松动不平稳，响声和振动往往是同时出现的。生成有疑问的稽查项目清单和关联档案，并形成稽查计划。

（4）现场新型防撬铅封的稽查。在一般情况下，正常的新型防撬铅封表面光滑平整、完好无损，一旦开启铅封就破坏了原貌。根据本地电力企业对铅封的分类及使用范围的规定，检查铅封的标识字样，检查字迹是否清晰，符号是否相同，检查是否有防伪标记，以及标记是否相符，通过检查判断铅封是否被伪造。检查电量电费是否有异常波动情况，如果是客户违约用电或窃电，则填写内部工作联系单，启动（违约用电、窃电处理）流程进行处理；如果一切正常，则如实填写调查情况。处理完毕后，填写处理意见，并记录相关流程编号、考核处理结果、损失的电量电费以及挽回的损失等信息。

（5）停电检查的内容。对于在运行中的电能表，当带电检查无法判断接线正确与否或需要进一步核实带电检查的结果时，有时也要停电检查。检查的内容应包括电流互感器的变比型号、三相电压互感器接线组别、二次回路接线及端子排标志的核对。

（6）测量负荷功率及功率因数。

1）功率核对。利用秒表测电能表铝盘转速与配电盘指示仪表核对。

2）计算功率。依据配电盘装置的电压表、电流表、功率因数表的指示，计算功率值为：

$$P = \sqrt{3}UI\cos\varphi$$

利用秒表测电能表铝盘的转数，计算功率值为：

$$P = \frac{3600n}{ct}\kappa$$

式中　n——测定电能表铝盘的转数；

　　　c——电能表的常数，r/kWh；

　　　t——测定电能表铝盘转数的时间，s；

　　　κ——电能表的计算倍率。

在负荷稳定情况下，上述两个计算值如相等，则说明二次线接线正确。

2. 互感器接线方式的稽查

单相电能表大多数是直接接入电路，其接线简单，出现错接线容易被发现和查找。经电流、电压互感器接入的三相电能表，一旦发生错误接线，就不太容易被发现。发生错误接线后果不堪设想，因此应对高压供电、高压计费的电能计量装置要重点稽查。

(1) 检查互感器的铭牌参数是否与工作传单、账本、现场相一致。检查的目的是防止客户因过负荷烧坏互感器而私自对其更换，或私自改变互感器的接线、私自改变互感器的实际变比来窃电等。

(2) 检查互感器的配置是否正确。电压互感器和电流互感器变比选择应该与电能表的额定电压、额定电流相符，因为电压互感器额定二次电压为 57.7V 或 100V，电流互感器额定二次电流为 1A 或 5A，电能表的额定电压应是 57.7V 或 100V，额定电流应是 1A 或 5A。为了满足准确计量的要求，互感器实际二次负荷应在 25%～100% 额定二次负荷范围内，其额定最大电流应为电流互感器额定二次电流的 120% 左右。

(3) 检查互感器的运行情况。电流互感器开路如发出声响，需停电马上检查。电压互感器过载时也有可能会发出声响。电压、电流互感器因故障引起发热会造成绝缘材料过热挥发出的臭味或烧焦的气味。

(4) 检查电压、电流互感器的接线是否正常，电压、电流回路中的电压、电流是否正常。

(5) 检查电压互感器的一、二次侧有无断线和极性反接情况。若在电能表的进线端子测得的三个电压数值相差太大，而且某些线电压明显小于 57.7V 或 100V，互感器可能有断线或接触不良的故障。查明原因，对断线或接触不良的故障进行分析，制定整改措施，提出考核意见，并跟踪整改结果。

(6) 当一次侧发生断线时，电能表的二次侧的电压接线端子测得电压数值与互感器的接线方式及断线相别有关，出现的情况如表 4-20 所示。

表 4-20　　　　　　　　　　一次断线时测得的二次电压数值

一次侧断线相别	接线方式	二次电压值（V）		
		U_{uv}	U_{vw}	U_{wu}
U 相	V 形接线	0	100	100
	星形接线	57.7	100	57.7
V 相	V 形接线	50	50	100
	星形接线	57.7	57.7	100
W 相	V 形接线	100	0	100

(7) 为了保证计量装置的准确性，要求计费中电压互感器二次电压降不得超过其二次额定电压百分数为：Ⅲ、Ⅳ、Ⅴ类电能计量装置为 0.5%；Ⅰ、Ⅱ类电能计量装置为 0.2%。在正常情况下三相应平衡。

(三) 电能表、互感器及二次回路日常工作的稽查

根据各业务的工作质量标准，合理制定稽查任务，稽查工作优先等级对电能表、互感

器及二次回路的稽查工作，采用审阅法、核对法进行日常工作的稽查。

（1）检查电能表的条形码编号是否与账卡相符。

（2）检查电能表容量与账卡和实际负荷是否相符。

（3）检查电能表倍率与账卡是否相符。

（4）检查电能表接线是否正确，接头处有无松动现象。

（5）检查无功电能表（有进相设备的客户）是否装有止逆器装置。

（6）核对电能表的轮换周期是否超过期限。

（7）核对电流互感器与账卡是否相符。

（8）检查在同一组电流互感器中，变比是否相同，电流互感器铭牌是否完整、清楚。

（9）检查有两组二次回路电流互感器时，电能表是否接入 0.2S 级回路。

（10）检查二次回路接头是否均接入端子牌，端子牌标号是否正确。

（11）检查电压回路或电流回路是否有开路或短路。

（12）检查电压或电流互感器是否有极性接反现象。

（13）检查计量装置的二次接头是否排列有序、横平竖直。

（14）根据《电能计量装置技术管理规程》和工作质量标准进行稽查，查出异常、提出整改要求、跟踪整改结果，实现任务制定，任务派工、稽查处理、结果审核和资料收集归档。实现整个稽查工作流程的闭环管理。

二、电能计量装置资产管理稽查

电力企业应建立电能计量装置资产档案，制定电能计量资产管理制度。资产档案是电能计量最基础的信息来源，是在整个营销活动中比较关键的原始资料，对业扩报装、电价电费、电能计量装置的运行维护及故障查处、计量纠纷的处理等都可能用到。因此，要加大资产管理的稽查力度，督促建立健全各项规章制度和验收管理办法。同时，实现信息共享的管理模式，使管理更加科学化。

资产管理的稽查内容包括设备验收监管、检定质量监管、修调前检验督察、库房管理监管、计量印证监管、防撬铅封和印模管理监督等工作质量的稽查。稽查方法采用审阅法、抽查法、核对法和比较分析法分别进行稽查。

（一）设备验收监管稽查

电能计量装置的设备验收应符合电力行业标准。在技术条款中应明确对电能计量装置的各项技术要求；在责任条款中应明确当不符合技术要求时的责任及处理方法；在验收条款中应明确验收电能计量装置的依据和验收方法。供电企业首次选用的电能计量装置应采用小批量试用，检验其性能和技术指标。

（1）检查电能计量器具的验收是否符合《电能计量装置技术管理规程》的规定。

（2）检查是否制定电能计量器具订货验收管理办法，是否按制定的管理办法进行验收。

（3）检查核对验收的装箱单、出厂检验报告（合格证）、使用说明书、铭牌、外观结构、安装尺寸、辅助部件、功能和技术指标测试等十项票证单据、检验报告、合格证、铭牌等是否齐全，是否符合订货合同的要求。

（4）各供电企业可根据本企业的具体情况确定批量的大小进行试用。确定批量的要求：单相电能表不超过 500 只，三相电能表不超过 100 只。试用的计量器具采用抽样法进行稽查。

（5）检查首次购入的电能计量器具是否首先随意抽取 3 只以上进行全面检测的检测报告以及提出的评估意见，是否达到《电能计量装置技术管理规程》的规定。合格后再按下列条款进行验收，采用核对法进行稽查。

1）检查新购入的 2.0 级电能表，是否按《2.0 级交流电度表的验收方法》（GB 3925—1983）和国家电力行业的有关规定进行验收，要求电力相关部门出具验收清单和验收报告，核对检验率、合格率和不合格率。

2）检查 1 级和 2 级直接接入静止式交流有功电能表是否按《1 级和 2 级直接接入静止式交流有功电度表验收检验》（GB/T 17442—1998）和国家电力行业的有关规定进行验收，其他新购入的电能表、互感器的验收是否参照 GB/T 3925—1983 或 GB/T 17442—1998 抽样法抽样，其检验项目是否符合国际、国家或行业标准的验收、检验项目进行。要求电力相关部门出具验收清单和验收报告，核对检验率、抽样合格率和抽样不合格率。

（6）新订购电能计量器具到货批次抽检率 100%。合格的由电能计量技术机构负责人签字接收，办理入库手续并建立计算机资产档案。

（7）验收不合格的，验收技术部门出具验收报告和验收清单，由订货单位负责更换或退货。新订购验收不合格批次退货率 100%。

（二）检定质量监管稽查

检定质量监管稽查主要是核对检定质量，核查试验记录和库房检测任务单，对检定质量核查试验记录结论不合格的，应有追溯处理记录等工作质量的稽查。电力营销稽查人员应执行计量检定规程开展稽查工作，主要规程有《电能计量装置检验规程》（SD 109—1983）、《测量用互感器检定规程》（JJG 314—2010）、《机械式交流电能表检定规程》（JJG 307—2006）、《电子式交流电能表检定规程》（JJG 596—2012）、《多费率交流电能表检定规程》（JJG 691—2014）、《电能计量装置技术管理规程》（DL/T 448—2000）等。

（1）安装式电能表检验项目的稽查方法通常采用审阅法、抽查法和核对法。

1）工频耐压试验。稽查其试验报告、试验记录、试验结论、合格率和不合格率。

2）直观检查。为保证检定结果可靠以及电能表有良好的计量特性，在通电校验前往往要对电能表的外部及内部进行目测检查。稽查外部检查项目和内部检查项目的电能表记录。

3）潜动试验。电能表由于电磁元件、转动元件装配不当，或者低负荷补偿力矩过大，会产生潜动力矩。电能表的潜动会影响计量的准确性，因此对新产生的和已检修调试过的都要进行潜动试验。稽查潜动试验报告和记录，试验结论不合格的，检查其追溯处理记录。

4）起动试验。进行起动试验时，电能表计度器的字轮不得有两位或两位以上同时转动，在起动试验时摩擦力矩较大，会影响电能表的灵敏度。稽查其起动试验记录。

起动功率的测量误差不得超过±10％，起动电流的测量误差不超过±5％，起动电流不超过检定规程规定的极限值。检定质量核查试验记录结论不合格的，应有追溯处理记录。

5）基本误差测定。为了基本误差测定结果的可比性、一致性，按《机械式交流电能表检定规程》（JJG 307—2006）规定测定基本误差。因此，测定基本误差时，必须规定主要影响量的允许偏差，影响量及允许偏差如表4-21所示，外磁场和铁磁物质及邻近表计影响如表4-22所示。

表4-21 影响量及允许偏差

检定装置准确度等级		0.03	0.05	0.1	0.2	0.3	0.3
被检电能表准确度等级		0.1	0.2	0.5	1.0	2.0	3.0
影响量	额定值	影响量的允许偏差					
温度	标准温度（℃）	±2	±2	±2	±2	±2	±2
电压	参比电压（％）	±0.5	±0.5	±0.5	±1.0	±1.5	±1.5
频率	参比频率（％）	±0.1	±0.2	±0.5	±0.5	±0.5	±0.5
电压和电流波形	正弦波（％）	波形失真度不大于					
		1	1	2	3	5	5
		0.5°	0.5°	0.5°	0.5°	1°	1°
工作位置	垂直位置	有水平仪或要求底座水平的应调至水平					
cosφ（sinφ）	规定值	±0.01			±0.02		

4-22 外磁场和铁磁物质及邻近表计影响

		电能表准确等级					
影响量		0.1	0.2	0.5	1	2	3
		电能表相对误差的变化（％）					
外磁场（地磁场除外）		±0.02	±0.04	±0.1	±0.2	±0.3	±0.3
铁磁物质或邻近表计		±0.01	±0.02	±0.05	±0.08	±0.1	±0.1

检查基本误差测定记录，结论不合格的应有追溯处理记录。

6）走字试验。规范相同的一批电能表在基本误差测定后，通入三相参比电压和一定的电流，做一段时间的通电运转，再选用误差较稳定的、已知常数的电能表作为参照表同时运行进行比较。如检定质量核查试验记录结论不合格的，应有追溯处理记录。

（2）稽查携带式电能表是否按下列项目进行检验：

1）工频耐压试验；

2）直观检查；

3）潜动试验；

4）起动试验；

5）基本误差的测定。

（3）稽查电能表检定时，实际误差是否控制在规程规定基本误差限的70％以内。

（4）稽查经检定合格的电能表在库房中保存时间超过 6 个月后是否重新进行了检定。

（5）稽查临时检定：

1）受理客户提出有异议的电能计量装置的检验申请后，对低压和照明客户，应检查他们是否在 7 个工作日内将电能表和低压电流互感器检定完毕，对高压客户也应该在 7 个工作日内先进行现场检验。如测定的误差超差时，应再进行试验室检定。

2）临时检定电能表、互感器时，监督他们不得拆启原封印。临时检定的电能表、互感器暂时封存 1 个月，其结果应及时通知客户，备客户查询。

3）电能计量装置现场检验结果应及时告知客户。

4）临时检定时应出具检定证书或检定结果通知书。

（三）修调前检验稽查

修调前检验稽查主要是核对修调前检验记录，检查周期轮换拆回的表计、抽样比例检验，修调前合格率检验。

（1）修调前检验稽查。

1）检查修调前检验是否按以下负荷点进行检验，即 $\cos\varphi = 1.0$ 时，I_{max}、I_b 和 $0.1I_b$ 三点。

2）修调前检验的判定误差的绝对值应小于电能表准确度等级值。

3）修调前检验电能表不允许拆开原封印。

（2）检查轮换拆回的感应式电能表是否进行了拆洗、检查和重新组装。轮换拆回的电子式电能表也应进行表计外部和内部灰尘清除。

（3）电流互感器检定稽查。

1）电流互感器试验前必须做外观检查。稽查电流互感器设备是否完善，外部是否有机械损伤，其表面是否清洁干净，是否有裂纹破损等现象，有无漏油、渗油现象，油面是否位于正常油位等检查。

2）检查电阻绝缘值是否满足要求，电流互感器一次绕组绝缘电阻稽查表如表 4-23 所示，按照类别稽查交接、大修、预防性试验的绝缘电阻的合格率。

表 4-23　　　　　　　　　　　　电流互感器一次绕组绝缘电阻稽查表

电压等级（kV）	3～6		10～35		35 以上	
类别	电阻值（MΩ）	稽查结果合格√不合格×	电阻值（MΩ）	稽查结果合格√不合格×	电阻值（MΩ）	稽查结果合格√不合格×
交接	1000		3000		8000	
大修	1000		3000		5000	
预防性试验	1000		1000		2000	

稽查员：　　　　　　　　　　　　　　　　　　　　　　　　　　　　　　　　年　月　日

3）检查其耐压试验是否满足标准要求，检查其经受交流耐压时间是否达到规定的时间。电流互感器交流耐压试验稽查如表 4-24 所示。大修和预防性试验的电流互感器时间为 1min。

表 4 - 24　　　　　　　　　　　　**电流互感器交流耐压试验稽查表**

电流互感器	额定电压（kV）	4	10	35	110	220
	出厂试验电压（kV）	32	42	95	200	400
	大修及预防性试验（kV）	28	38	85	180	360
稽查结果	合格√ 不合格×					

稽查员：　　　　　　　　　　　　　　　　　　　　　　　　　　　年　月　日

4）绕组极性的检查：检查一次绕组极性试验报告。

5）退磁：检查电流互感器检定前是否退磁，互感器铁芯有剩磁而影响误差特性。

6）误差的测量，检查电流互感器误差试验报告。

（4）电压互感器是否按下列项目进行检定。

1）外观检查，对送检（验收）的电压互感器采取抽查法进行稽查。检查有无铭牌或缺少必要标记；检查多变化互感器是否有未标不同变比的接线方式。

2）工频电压试验，检查是否对试品进行了工频电压试验和感应电压试验。各电压等级的互感器所施电压值如表 4 - 25 所示，进行感应电压试验应施加 2 倍额定一次电压值，大修和预防性试验的电流互感器时间为 1min。

3）绕组极性的检查，互感器绕组极性规定为减极性。极性检查可利用互感器检定装置上的极性指示器，按正常接线，对绕组的极性进行检查。

4）误差的测量，稽查处理及检定周期的数据和原始记录。

表 4 - 25　　　　　　　　　　　　**电压互感器交流耐压试验稽查表**

电压互感器	额定电压（kV）	4	10	35	110	220
	出厂试验电压（kV）	32	42	95	200	400
	大修及预防性试验（kV）	28	38	85	180	360
稽查结果	合格√ 不合格×					

稽查员：　　　　　　　　　　　　　　　　　　　　　　　　　　　年　月　日

（5）定期抽查已检定合格的电能表、互感器检查其修校质量。

（四）库房管理监管

库房管理监管是对计量设备库房、配置标识、计量设备、分类、分区放置、出库管理、领表单据、出库记录、盘点记录、库存表计与档案应一致的稽查。

（1）计量设备库房应按照《电能计量装置技术管理规程》（DL/T 448—2000）进行相

应配置并标识，计量设备应按照不同状态（待验收、待检、待装、淘汰等）分区放置，并保持库房干燥、整洁，空气中不含腐蚀性气体且不得存放其他物品。

1）电能计量器具库房的分区标志线宽度为10cm，推荐的分区色标为：待验收区—白色；待检验区—黄色；待安装区—绿色；淘汰区域—黑色。

2）电能计量器具在试验期间也应划分区域定位放置，分区标志线宽度为10cm，推荐分区色标为：待检区域—黄色；合格区域—绿色；不合格区—红色。

此外，电能计量器具存放或摆放的不同区域还应有标示牌。

（2）电能计量器具出入库应及时进行计算机登记，做到库存电能计量器具与计算机档案相符。

（3）检查计量器具台账，对订货、验收、入库、校验、出库、保管等工作内容台账上是否清楚，对照表4－26进行核对稽查。

（4）检查计量器具出入库管理。通过抽查，核对领表单据与出库记录的一致性；核对计量现场人员返回的旧表、互感器在入库时，表库管理员应作的记录是否相符；检查报废的电能计量器具是否进行销毁，并在资产档案中及时销账，注明报废日期，防止旧计量设备流入社会使用。

（5）盘点工作检查。检查盘点记录，应按规定周期进行盘点，通过抽查，核对库存表计与档案一致。

表4－26　　　　　　　　重要电能计量装置配置稽查表

序号	项目		应配数	已配数	配置率（%）	备注
1	0.5S级及以上电能表					
2	反向无功表	机械				
		电子				
3	失压计时器					
4	0.2S级电流互感器（只）					
5	0.2级电流互感器（只）					
6	0.38kV计量箱					
7	6～10kV计量柜					
8	35kV专用互感器计量柜					
9	35kV以上计量专用二次绕组、专用回路					

稽查员：　　　　　　　　　　　　　　　　　　　　　　　　年　月　日

（6）电能计量装置资产管理每年稽查核对一次，平时进行抽查。具体检查项目如表4－27所示。

表 4 – 27   **电能计量装置资产管理稽查统计表**

稽查单位：   稽查日期：   年   月   日

一、电能计量点

1	Ⅰ类客户		6	低压单相		11	省际关口点	
2	Ⅱ类客户		7	低压三相		12	地市关口点	
3	Ⅲ类客户		8	高压三相三线		13	电厂上网点	
4	Ⅳ类客户		9	高压三相四线		14		
5	Ⅴ类客户		10	线损考核点		15		

二、电能计量器具（只、台）

序号	器具类别	运行		库存	总量	序号	器具类别	运行		库存	总量
		电业客户	客户资产					电业客户	客户资产		
1	电能表						高压三相有功表				
①	单相电能表						感应式有功表				
	感应式单相表						电子式多功表				
	电子式单相表						机电式多功表				
	单相分时表						预付费电能表				
	单相预付费表						低压三相有功表				
②	三相有功表						感应式有功表				
	电子式多功表						机械式需量表				
	机电式多功表						机电式需量表				
	预付费电能表						有、无功双向电子式多功能表				
③	三相无功表					2	互感器				
	高压三相无功表					①	电流互感器				
	感应式无功表						高压电流互感器				
	电子式无功表						低压电流互感器				
	低压三相无功表					②	电压互感器				
	感应式无功表						电磁电压互感器				
	电子式无功表						电容电压互感器				
④	最大需量表										

（五）计量印证监督

计量印证监督是对建立封印设备的发放台账及签收登记管理计量检定印证、防撬铅封、封钳、印模的稽查。

（1）检查是否建立封印设备的发放台账及签收登记管理。

1）检查计量封印与封印钳是否统一管理。检查封印与封印钳的制作、购买是否统一归口营销管理部门，检查领用是否进行登记，印模发放是否到责任单位，是否有专人进行管理。

2）检查计量封印与封印钳是否专人使用。封印钳是否责任到人，是否专人保管和使用，损坏是否以旧换新，责任到人的封印钳是否在计量管理部门登记备案。

3）检查封印的领用是否进行数量登记、是否进行以旧换新，领出的数量应与归还的数量一致。

（2）通过抽查形式，检查封印的使用应符合有关管理规定的要求，不存在错用封印或缺封的情况。检查封印使用者的登记情况，是否每用一个都登记在册，每次在客户加封后是否由客户签字认可。发现或接到客户反映的封印脱落，是否及时加封。

（3）检查电能计量各种证书、合格证、测试报告，各种封印是否齐全，是否有专人管理。

（4）出具的计量检定印证文字应清楚，内容填写完整，数据无误、无涂改。

（5）电能计量技术机构应制定计量印证的年审制度并严格执行，每年应对计量印证的使用情况进行一次全面检查核对。

（六）检查监督防撬铅封、封钳、印模的管理稽查

（1）检查防撬铅封是否指定专人负责管理，设立台账，统一领用、统一发放、回放和调换，领用的单据是否写明了领用人姓名、部门或工种、数量和日期。

（2）检查因表计拆装轮换和试验调整须拆下铅封时，是否将拆下的铅封如数回收交保管人并登记备查。

（3）检查运行计量装置上是否有旧式铅封，是否将拆下的铅封如数回收交保管人并登记备查。

（4）防撬铅封、封钳和印模的发放和使用范围。

1）校表室检定人员或走字试验人员，限于对电能表检定并经走字合格后的表盖加封。

2）现校班，限于表计现校、试验或检查需拆开铅封时，对所有计量装置加封。

3）装接班，限于对电能表端钮盖、联合接线盒、电表箱、计量箱（柜）及 TA 二次接线端盖的加封。

4）用检抄表人员，限于对电表箱、计量箱（柜）的门封。

（5）检查防撬铅封、封钳和印模的使用管理。

1）各工种领用的封钳数是否由各主管部门决定，严格控制数量并登记造册，由专人负责保管和使用。

2）凡领用铅封、封钳和印模的人员，因工种变动、调离、外借和退休时是否及时办理了领退手续。

3）每年各主管部门是否对发放的铅封、封钳和印模进行了检查核对。

4）各封钳领用人员是否严格遵守使用范围的规定，即不得越权或非法仿制和转借他人，不得随意漏封或错封。

（6）现场稽查时，稽查人员应注意的事项。

1）当稽查人员认为有必要对某些计量装置进行检查时，可对这些装置进行临时加封，即在原铅封上再加封带有稽查专用标号的铅封，然后会同有关部门共同开封进行内部检查，查清原因后仍由原责任部门查校封好。

2）如果稽查人员发现铅封失落，亦应临时加封，等待检查。为明确计量表计事故责任，加封或检查时尽可能请第三方作证。稽查人员不得随意开启计量装置的铅封，即使发现被撬，亦不得打开计量装置，而应立即临时加封，保护现场。

3）稽查铅封不能作运行设备的日常铅封使用。

（7）防撬封铅的检查与判断的稽查。

1）判断封铅的平面是否完好无损。

2）用食指和拇指压住铅封的正反两面来回轻轻搓动几下，看是否有粗糙感，用手感来判断两个平面是否光滑平整。

3）一旦启封就破坏了原貌，要想复原是不可能的，因此可用放大镜进行检查。

4）检查铅封线是否可以抽动，严禁用塑料线做封印线，一般采用细铜丝线。

5）根据本地供电公司对铅封分类的规定，检查铅封的标识字样。

6）将事先压好的校表室封铅样品与现场对照检查。

7）检查字迹、符号、暗迹是否相同，正反面标记配合角度是否相同。

8）检查有无防伪标记，仔细通过检查不难判断铅封是否伪造，必要时可送公安局技术科鉴定。

三、电能计量装置计量点管理稽查

计量点管理稽查就是对电能计量装置配置、计量点关联档案、电能计量装置现场检验以及计量设备周期检定（轮换）等方面的工作质量管理进行稽查。

（一）电能计量装置配置稽查

按运前的电能计量装置是否满足《电能计量装置技术管理规程》和国家相关技术规范要求，同时实施对客户无计量装置的检查。一般采用审阅法、核对法、比较分析法分别进行稽查。

（1）检查电能计量装置是否安装在供电设施与受电设施的产权分界处。

1）对 10kV 及以下供电客户，变压器容量在 500kVA 及以下和 35kV 供电客户进行重点稽查；变压器容量在 315kVA 及以下供电客户，对安装在低压侧的计量装置进行抽样稽查。

2）检查多个受电点或双回路供电、多种电价的客户，是否按不同电价类别，分别安装电能计量装置计费。

3）当电能计量装置不安装在产权分界处时，检查是否计算了客户线路与变压器损耗的有功与无功电量。

4）检查按最大需量计收电度电费及功率因数调整电费的，是否计算了线路与变压器损耗的有功与无功电量。

（2）对客户无计量装置的检查。

1）对于临时用电的客户，没有安装电能计量装置，按用电容量、使用时间、规定的电价计收电费进行稽查。

2）对无表临时用电超过 6 个月的客户，督促其办理装表计费或办理临时用电延期业务。

3）对装表临时用电超过 3 年的客户，督促其办理转正式用电业务。

4）对以上情况，若是客户档案资料错误，则分析造成差错原因，对相关责任人进行工作质量考核，同时填写档案变更，填写内部工作联系单。

（3）检查Ⅰ、Ⅱ、Ⅲ类贸易结算用电能计量装置是否按计量点配置计量专用的电压、电流互感器或专用二次绕组；二次回路是否接入与电能计量无关的设备。

1）对电能计量专用设备和专用二次绕组进行专项稽查。

2）检查电能计量二次回路，除可以接入电压失压计时器外，是否接入其他测量仪器仪表，如果有以上情况，督促其整改。

3）在稽查时做好检查记录，如发生异常情况，提出整改意见，及时开出稽查整改督办单。

（4）用于计量单机容量在 100 万 kW 及以上发电机的主变压器高压侧上网电能计量装置和电网经营企业之间的购销电量的计量装置，检查是否配置准确度等级相同的主、副两套有功电能表。

1）检查主、副电能表的电能计量装置，是否有明确标志。

2）检查主、副电能表的电能计量装置，是否有随意调换的现象，查出有异常情况，要查明原因，提出整改要求，跟踪整改结果。

3）检查主、副电能表是否做到现场检验、同期检定和要求相同。检查现场检验记录和检定记录，进行调查核实。

4）检查主、副电能表是否同时抄录读数基本一致，是否达到同时运行、同时记录，实施比对监测的作用。

（5）35kV 及以下计费用电压互感器二次同路，不应装设隔离开关辅助触点和熔断器。

1）35kV 以上电网的短路容量大，二次侧必须有熔断器保护，以免造成主设备事故。

2）35kV 以下电网的短路容量小，可以不装熔断器。

（6）检查 10kV 及以下和 35kV 电压供电的客户是否配置全网统一标准的电能计量柜或电能计量箱。做一次全面普查，了解使用情况，对运行状态提出评判意见。

（7）高压计费计量装置应装设失压计时器。没装计量柜（箱）的，其互感器二次回路的所有接线端子、试验端子应能实施铅封，全面普查一次，做好稽查记录。检查电压失压计时器安装运行情况。

（8）互感器二次回路应采用铜质单芯绝缘线。电流互感器二次回路导线截面应按电流互感器额定二次负荷确定，至少不小于 $4mm^2$。

（9）检查电流互感器的变比是否适当，互感器实际二次负荷应在 25%～100% 额定二次负荷范围内，而且额定二次负荷的功率因数应为 0.8～1.0，检查是否选用过负荷 4 倍及以上的电能表。

（10）电流互感器额定一次电流的确定，应保证其在正常运行中的实际负荷电流达到额定值的 60%左右，至少不应小于 30%，否则应选用高动热稳定电流互感器以减少变比。计量用电流互感器的动热稳定要求值如表 4-28 所示。

表 4-28　　　　　　　　　计量用电流互感器的动热稳定要求值

额定电压（kV）	额定一次电流（A）	额定短时熟电流及持续时间		额定动稳定电流（kA）
		短时热电流（kA）	持续时间（s）	
0.38	750（800）	15	1	31.5
	20	5	2	12.5
	30，40	8	2	20
	50，60	10	2	25
	75	16	2	40
10	100，150，200	20	2	50
	300，400，500	25	4	63
	600，750	31.5	4	80
	1000，1250，2000	40	4	100
35	50	8	2	20
	100	16	2	40
	150，200	20	2	50
	300，400，500	25	4	63
	600，750，800	31.5	4	80

（11）经互感器接入的电能表，标定电流不超过电流互感器额定二次电流的 30%，其额定最大电流应为电流互感器额定二次电流的 120%左右，直接接入式电能表的标定电流应按正常运行负荷电流的 30%左右进行选择。对负荷变动特大的客户，应选用宽负荷的 S 级电能表。

（12）执行功率因数调整电费的客户，还应加装无功功率表；按需量计收基本电费的客户，应加装最大需量表。实行分时电价的客户，应安装多费率电能表。具有正向、反向送电的计量点，应装设正、反向有功、无功电能表或多功能电能表。

1）为实行功率因数考核，检查 100kVA（kW）及以上的工业、非工业、农业客户是否装设无功表。

2）检查装有无功补偿设备的客户，是否装了反向无功电能表、装有止逆器的无功表或装有双向计度器的无功表。

3）检查执行功率因数调整电费的标准值是否按功率因数调整电费办法执行。

4）检查按需量计收基本电费的客户，是否装置最大需量表。检查是否按供电合同的协议最大需量计收基本电费和电度电费。如果客户实际测得的最大需量超过了供电部门核准数额，是否加倍收取基本电费。

5）检查实行分时电价的客户，是否安装多费率电能表。如果有复费率电能表，检查其是否抄录了峰谷两个时段的电能量，同时核对不同电价的执行情况。

6）检查其有正向、反向送电的计量点，是否装设正、反向有功、无功电能表或多功能电能表以及各个计量点的运行状况。

（13）检查装有数据通信接口的多功能电能表，是否按其通信规约 DL/T 645—2007 的要求或执行当地省级及以上电网管理部门的规定。

（二）计量点关联档案的稽查

（1）客户档案无计量点信息的稽查。

根据有关规定："临时用电的客户，应安装用电计量装置。对不具备安装条件的，可按其用电容量、使用时间、规定的电价计收电费。"因此，就生成客户档案无计量点信息，关联因无表用电而产生有疑问的稽查项目，安排稽查计划。对"临时用电的客户"采取专项重点稽查，列出超过 6 个月的无表、无计量点和超过 3 年装表临时用电有疑问的客户清单，由专人完成临时用电超期供电稽查工作，下达整改通知单跟踪稽查。

（2）客户档案无计量设备信息的稽查。

1）根据有关规定："在客户受电点内难以按电价类别分别装设用电计量装置时，可装设总的用电计量装置，然后按其不同电价类别的用电设备容量的比例或实际可能的用电量，确定不同电价差别按用电量的比例或定量进行计算，分别计价，供电企业每年至少对上述比例或定量核定一次。"因没有按照目录电价制度规定实行装表计费，造成电费电价错误，从而生成客户档案无计量设备信息及有疑问的稽查项目清单，并形成稽查计划。

2）对居民照明、办公用电、商业用电定量或定比计费，一般都偏低，从而减少了电费差价收入。这项工作，要开展深入细致的调查，制定稽查计划重点稽查，查出异常提出整改措施，下达整改督办单，跟踪处理结果。

（3）同计量点安装的同一块电能表对应多个不同的客户，造成私自转供电，实施重点专项稽查。

根据有关规定："因特殊原因不能实行一户一表计费时，安装共用的计费电能表，客户自行装设分户电能表、自行分算电费"。对于同一块电能表产生了多种电价的客户，要关注是否存在居民改店面从事商业活动的情况，如有疑问，安排稽查计划，由专人完成稽查任务。下达异常处理稽查整改通知书，跟踪处理结果。

（4）档案中的电能表状态与实际不一致的客户实施现场核对稽查。

1）新装居民电能表错接客户。居民住宅小区，商品房先装表后销售房源，则生成档案中的电能表状态和户名不对，实施单项稽查。

2）客户变更没有办理过户手续，户名生成档案中的电能表状态与实际不一致。

3）同一单位同时换表，同一计量点错接，由于工作失误生成档案中的电能表状态与实际不符。

（5）检查已作销户处理的客户当前档案中是否还有计量点与设备的关联关系。

客户销户，须向供电企业提出申请，供电企业应按有关规定，做如下检查：检查是否停止全部用电容量的使用；检查客户是否向供电企业结清电费；查验用电计量装置是否完好后，再拆除接户线和用电计量装置，检查完后，确认已停止用电，电费已交清，拆回的电能计量装置完好无损，解除供用电关系。

（6）检查计量点关联的电能表、互感器推算出来的倍率与档案中的倍率是否一致。

1）检查报装档案资料、抄表卡、微机信息系统，与现场实际情况核对。

2）检查电能表、互感器变更情况异动，进行工作传单核对稽查，如有异常进一步核对并提出整改意见，下达整改督办通知单。

（三）电能计量装置现场检验稽查

电能计量装置现场检验监管是对现场周期检验、现场电压互感器二次回路电压降、计量设备同期检定（轮换）的稽查。现场检验应执行《电能计量装置检验规程》和《电能计量装置技术管理规程》的有关规定。

（1）检查计量中心是否按规程要求编制了年、季、月度现场检验计划。

（2）检查现场检验电能表时是否按以下项目进行检验：

1）在实际运行中测定电能表的误差。

2）检查电能表和互感器的二次回路接线是否正确。

3）检查计量差错和不合理的计量方式。

计量差错有：①电流互感器的变比过大，致使电能表经常在 1/3 标定电流以下运行的；电能表与其他二次设备共用一组电流互感器的；②电压与电流互感器分别接在电力变压器不同电压侧的；不同的母线共用一组电压互感器的；③无功电能表与双向计量的有功电能表无止逆器的；④电压互感器的额定电压与线路额定电压不相符的。

（3）检查现场检验用标准器准确度登记是否比被检品高两个准确度等级，电能表现场检验标准是否每 3 个月在试验室比对 1 次。

（4）现场检验时不允许打开电能表罩壳和现场调整电能表误差。当现场检验电能表误差超过电能表准确度等级值时，要求在 3 个工作日内进行更换。

（5）检查新投运或改造后的Ⅰ、Ⅱ、Ⅲ、Ⅳ类高压电能计量装置是否在 1 个月内进行了首次现场检验。

（6）检查下列各类电能表是否按要求进行了现场检验：

1）Ⅰ类电能表至少每 3 个月现场检验 1。

2）Ⅱ类电能表至少每 6 个月现场检验 1 次。

3）Ⅲ类电能表至少每年现场检验 1 次。

统计现场检验率及现场检验合格率，其计算公式为：

$$现场检验率 = \frac{实际现场检验率}{按规定周期应检验数} \times 100\%$$

$$现场检验率 = \frac{实际现场检验合格数}{实际现场检验数} \times 100\%$$

对于长期处于备用状态或现场检验时不满足检验条件（负荷电流低于被检表标定电流 10% 或低于标准表额定电流 20% 等）的电能计量装置，经实际检测，可记入实际检验数，但应填写现场检验记录，统计时视为合格。

根据《电能计量装置技术管理规程》（DL/T 448—2000）要求，对照表 4-29 进行核对稽查。

表 4 - 29 电能计量装置管理稽查表（1）

被稽查单位： 年度稽查/半年稽查

稽查考核项目		应检数（只、台）	周期受检（换）率		周检合格率	
			实检数	受检率（%）	周检合格数	合格率（%）
电能表现场检验	合计					
	Ⅰ类电能表					
	Ⅱ类电能表					
	Ⅲ类电能表					
稽查内容	电能表现场检验率应达 100%；Ⅰ、Ⅱ类电能表现场检验合格率应不小于 98%；Ⅲ类电能表现场检验合格率不小于 95%					
稽查结论评判意见						

稽查员： 年 月 日

（7）检查高压互感器是否每 10 年现场检验 1 次。当现场检验互感器误差超差时，要求查明原因，制订更换或改造计划，尽快解决，时间不得超过下一次主设备检修完成日期。

（8）检查运行中的电压互感器二次回路电压降是否定期进行检验。对 35kV 及以上电压互感器二次回路电压降，至少每 2 年检验 1 次。当二次回路负荷超过互感器额定二次回路电压降差时，要求及时查明原因，并在 1 个月内处理。电压互感器二次回路电压降周期受检率计算公式为：

$$周期受检率＝\frac{实际检定数}{按规定周期应检定数}×100\%$$

规程要求如下：

1）Ⅰ、Ⅱ类用于贸易结算的电能计量装置中电压互感器二次回路电压降应不大于其额定二次电压的 0.2%；其他电能计量装置中电压互感器二次回路电压降应不大于其额定二次电压的 0.5%。

2）电压互感器二次回路电压降周期受检率应达 100%。

（9）定期或不定期检查现场电能表的接线及误差。

（四）计量设备周期检定（轮换）监管稽查

（1）稽查计量中心是否根据电能表运行档案、电能计量装置技术管理规程规定的轮换周期、抽样方案和地理区域、工作量情况等进行检定工作。是否应用计算机制定每年（月）电能表的轮换和抽检计划。

（2）稽查运行中的电能表是否按下列周期进行轮换，按照表 4 - 30 进行核对稽查。Ⅰ、Ⅱ、Ⅲ、类电能表的轮换周期一般为 3～4 年。Ⅳ类电能表的轮换周期为 4～6 年。Ⅴ类双宝石电能表的轮换周期为 10 年。周期轮换计算公式为：

$$周期轮换率＝\frac{实际轮换数}{按规定周期应轮换数}×100\%$$

表 4-30 　　　　　　　　　　**电能计量装置管理稽查表（2）**

被稽查单位：　　　　　　　　　　　　　　　　　　　　　　　　　年度稽查/半年稽查

稽查考核项目		应检数（只、台）	周期受检（换）率		周检合格率	
			实检数	受检率（%）	周检合格数	合格率（%）
电能表周期检定（轮换）	合计					
	Ⅰ类电能表					
	Ⅱ类电能表					
	Ⅲ类电能表					
稽查内容		Ⅰ、Ⅱ、Ⅲ类电能表的轮换周期一般为3~4年。Ⅳ类电能表的轮换周期为4~6年。Ⅴ类双宝石电能表的轮换周期为10年				
稽查结论评判意见						

稽查员：　　　　　　　　　　　　　　　　　　　　　　　　　　　　年　月　日

（3）按《电能计量装置技术管理规程》（DL/T 448—2000）进行稽查周期轮换率应达100%，按照表4-31进行核对稽查。

计算公式为：

$$修调前检验率＝\frac{修理前检验数}{实际轮换回的轮换电能表数}×100\%$$

$$修调前检验合格率＝\frac{修调前检验合格数}{实际修调前检验数}×100\%$$

规程要求如下：

1）Ⅰ、Ⅱ类电能表的修调前检验合格率为100%。

2）Ⅲ类电能表的修调前检验合格率应不低于98%。

3）Ⅳ类电能表的修调前检验合格率应不低于95%。

表 4-31 　　　　　　　　　　**电能计量装置管理稽查表（3）**

被稽查单位：　　　　　　　　　　　　　　　　　　　　　　　　　年度稽查/半年稽查

稽查考核项目		应检数（只、台）	周期受检（换）率		周检合格率	
			实检数	受检率（%）	周检合格数	合格率（%）
电能表修调前鉴定	合计					
	Ⅰ类电能表					
	Ⅱ类电能表					
	Ⅲ类电能表					
稽查内容		对所有轮换拆回的Ⅰ~Ⅳ类电能表是否抽取了其总量的5%~10%（不少于50点）进行修调前检验。且每年统计合格率				
稽查结论评判意见						

稽查员：　　　　　　　　　　　　　　　　　　　　　　　　　　　　年　月　日

（4）运行中的Ⅴ类电能表，从装接第6年起，应每年进行分批抽样，做修调前检验，以确定整批表是否继续运行。判定为合格批次的，该批表可以继续运行，判定为不合格批次的，应将该批表全部拆回。因此要定期检查抽样结果，需按照表 4-32 进行考核统计。

表 4-32   Ⅴ 类电能表抽样检验稽查表

批号	批量	样本量	厂家	型号	投运年份	不合格数	结论

稽查员：   年　月　日

（5）低压电流互感器从运行的第 20 年起，每年是否抽取了 10% 进行轮换和检定，统计合格率应不低于 98%，否则应加倍抽取、检定及统计合格率，直至全部轮换。

（6）对安装了主副电能表的电能计量装置，主副表的现场检验和周期检定要求相同。

（五）计量标准装置检定及标准器的送检情况稽查

（1）电能计量标准装置必须经过计量标准考核合格并取得计量标准合格证后才能开展检定工作。计量标准考核（复查）应按照计量标准考核规范《电磁流量计检定规程》（JJG 1033—2007）执行，在用计量标准装置周期考核（复查）率为：

$$在用计量标准装置周期考核（复查）率=\frac{实际考核数}{到周期考核数}\times100\%$$

规程要求：在用计量标准装置周期考核（复查）率为 100%。

（2）稽查电能表检定的标准装置，检查是否按《交流电能表检定装置检定规程》（JJG 597—2005）的要求定期进行检定（见表 4-33），并且有有效期内的检定证书。

表 4-33   交流电能表检定装置稽查表

装置准确度等级	0.03	0.05	0.1	0.2	0.3
检定周期	不得超过 1 年		不得超过 2 年		

（3）计量标准器是否按要求定期送检。

计量标准器和标准装置的周期受检率与周检合格率计算公式为：

$$周期受检率=\frac{实际检定数}{按规定周期应检定数}\times100\%$$

$$周期合格率=\frac{实际检定合格数}{实际检定数}\times100\%$$

规程要求：周期受检率应小于 100%；周期受检合格率不小于 98%。

（六）检查监督电能计量故障差错和窃电处理工作的质量

每月查阅异常工作传单，检查处理计量故障差错与窃电的方法是否正确，追补退的电量计算是否正确。

（1）计费计量的互感器、电能表的误差及其连接线电压降超出允许范围或其他非人为原因致使计量记录不准时，应按下列规定退补相应电量的电费。

1）互感器或电能表误差超出允许范围时，以"0"误差为基准，按验证后的误差值退补电量。退补时间从上次校验或换装后投入之日起至误差更正之日止的1/2时间计算。

2）连接线的电压降超出允许范围时，以允许电压降为基准，按验证后实际值与允许值之差补收电量。补收时间从连接线投入或负荷增加之日起至电压降更正之日止。

3）其他非人为原因致使计量记录退补时，以客户正常月份的用电量为基准退补电量，退补时间按抄表记录确定。

（2）用电计量装置因接线错误、保险熔断或倍率不符等原因，使电能计量或计算出现差错时，应按下列规定退补相应电量的电费。

1）计费计量装置接线错误的，以其实际记录的电量为基数，按正确与错误接线的差额率退补电量，退补时间从上次校验或换装投入之日起至接线错误更正之日止。

2）电压互感器高压保险管熔断的，按规定计算方法计算值补收相应电量的电费，无法计算的，以客户正常月份用电量为基准，按正常月与故障月的差额补收相应电量的电费，补收时间按抄表记录或按失压自动记录仪记录确定。

3）计算电量的倍率或铭牌倍率与实际不符的，以实际倍率为基准，按正确与错误倍率的差值退补电量，退补时间以抄表记录为准确定。

四、计量体系管理稽查

电能计量点就是电能计量装置或计费电能表的安装位置。计量体系管理稽查的主要任务是：①对计量点关联档案的稽查；②电能计量装置现场检验监管；③计量设备周期检定（轮换）监管；④计量标准及设备配置监管；⑤计量标准检定、校准监管。《供电营业规则》第七十条规定："供电企业应在客户每一个受电点内（受电点是指客户受电装置安装的地点或客户受电的变配电站的地点）按不同电价类别，分别安装用电计量装置，且每个受电点作为客户的一个计费单位。"因此，计量点和受电点都是电力营销稽查进行监管的重要环节。

1. 计量标准及设备配置监管稽查

最高计量标准器等级应根据被检计量器具的准确度分级、数量、测量量程和计量检定系统表的规定配置，供电企业电能计量技术机构、计量标准器应配备齐全，按照表4-34进行核对稽查。

表4-34　　　　　　　　电能计量检测设备资产管理稽查统计表

稽查单位：　　　　　　　　　　　　　　　　稽查日期：　　年　月　日

设备类别		在用	封存	报废	总量
1　标准电能表（只）					
1.1	0.01级				
1.2	0.02级				
1.3	0.05级				
1.4	0.1级				
1.5	0.2级				

设备类别		在用	封存	报废	总量
2 标准互感（台）					
2.1	0.0001 级分压器				
2.2	0.001 级分压器				
2.3	0.002 级分压器				
2.4	0.005 级分压器				
2.5	0.01 级分压器				
2.6	0.02 级分压器				
2.7	0.05 级分压器				
2.8	0.1 级电压互感器				
2.9	0.0002 级电流比较仪				
2.10	0.001 级电流比较仪				
2.11	0.005 级电流比较仪				
2.12	0.01 级电流互感器				
2.13	0.02 级电流互感器				
2.14	0.05 级电流互感器				
2.15	0.1 级电流互感器				
3 电能表标准装置（套）					
3.1	0.01 级单相				
3.2	0.01 级三相				
3.3	0.02 级单相				
3.4	0.02 级三相				
3.5	0.03 级单相				
3.6	0.03 级三相				
3.7	0.05 级单相				
3.8	0.05 级三相				
3.9	0.1 级单相				
3.10	0.1 级三相				
3.11	0.2 级单相				
3.12	0.2 级三相				
3.13	0.3 级单相				
3.14	0.3 级三相				
3.15	0.05 级现场检验标准				
3.16	0.1 级现场检验标准				
3.17	0.2 级现场检验标准				
3.18	多功能表验收检验装置				
4 互感器标准装置（套）					

续表

	设备类别		在用	封存	报废	总量
4.1	电压互感器标准装置	35kV 以上				
		35kV 及以下				
4.2	电流互感器标准装置					
4.3	互感器现场校验装置					
5	电能表走字试验装置（套）					
6	电能表耐压试验装置（套）					
7	测试仪器仪表（只）					

稽查员：

2．计量标准检定、校准监管稽查

计量标准装置应选用检定工作效率高且带有数据通信接口的产品，应是全自动、多表位、具备与管理计算机联网等功能。下面介绍计量标准器和标准装置的周期受检率与周检合格率。

（1）周期受检率为：

$$周期受检率=\frac{实际检定数}{按规定周期应检定数}\times100\%$$

（2）周检合格率为：

$$周期合格率=\frac{实际检定合格数}{实际检定数}\times100\%$$

（3）周期受检率应不小于100%；周检合格率应不小于98%。

3．计量标准考核、复查监管稽查

电能计量标准装置必须经过计量标准考核合格，并取得计量标准合格证后才能开展检定工作。计量标准考核（复查）应执行《计量标准考核规范》等相关规定。

（1）在用计量标准装置周期考核（复查）率为：

$$在用计量标准装置周期考核率=\frac{实际考核数}{到周期考核数}\times100\%$$

在用电能计量标准装置周期考核率为100%。

（2）电力营销稽查监管内容。

1）检查电能表检定的标准装置，是否按 JJG 597—2005 的要求定期进行检定，并出具有效期内的检定书。

2）检查计量标准器送检后或修理后是否进行比对，是否建立计算机数据档案，考核其稳定性。

3）检查电能计量标准装置考核（复查）期满前 6 个月是否重新申请复查。

4）检查计量技术机构是否制定电能计量标准维护管理制度，是否建立计量标准装置履历书。

5）检查电能计量标准装置是否明确有专人负责管理。

4. 计量检定人员监管稽查

从事检定和修理的人员应具有中职及以上的文化水平，应掌握必要的电工学、电子技术和计量基础知识，熟悉电能计量器具方面的原理、结构，能操作计算机。

第五节 客户服务稽查

一、客户服务管理的稽查

优质服务是电力企业的生命线，在新形势下，优质服务工作不仅是全面履行企业社会责任、共建和谐社会的重要组成部分，也是树立良好企业形象、持续提升公司品牌价值、改善公司经营环境的有效手段。国家相继颁布《电力监管条例》《供电服务监管办法》，对供电服务质量提出了更加明确的要求，供电服务工作已由单纯的企业自律行为逐步转化为依法行政监管的有序行为。供电服务涉及电力营销工作的各个环节，因此服务质量的稽查也无处不在，稽查的重点是承诺的兑现和投诉的受理。

供电服务工作时限既有电力法规的具体规定，也有电力企业对外公布的服务承诺，是考核营销工作质量的重要指标，现汇总营销主要工作流程的时限要求供稽查时使用。

（1）供电方案答复期限：居民客户不超过 3 个月工作日，低压电力客户不超过 7 个工作日，高压单电源客户不超过 15 个工作日，高压双电源客户不超过 30 个工作日。

（2）对客户送审的受电工程设计文件和有关资料答复时限：低压供电客户不超过 5 个工作日，高压供电客户不超过 15 个工作日。

（3）用户向供电企业提出校验申请，在用户交付验表费后，供电企业应在 7 天内检验，并将检验结果通知用户。

（4）城乡居民客户向供电企业申请用电，受电装置检验合格并办理相关手续后，3 个工作日内送电。

（5）非居民客户向供电企业申请用电，受电工程验收合格并办理相关手续后，5 个工作日内送电。

（6）供电设施计划检修停电，提前 7 天向社会公告；因供电设施临时检修需要停止供电时，应当提前 24 小时通知重要用户或进行公告。

（7）客户欠电费需依法采取停电措施的，提前 3～7 天送达停电通知书。

（8）提供 24 小时电力故障报修服务，供电抢修人员到达现场的时间一般不超过：城区范围 45 分钟；农村地区 90 分钟；特殊边远地区 2 小时。

（9）接到客户投诉或举报，投诉在 5 天内、举报在 10 天内答复。

（10）营业窗口办理居民客户收费业务的时间一般每件不超过 5 分钟，办理客户用电业务的时间一般每件不超过 20 分钟（示范窗口不超过 15 分钟）。

（11）95598 客服热线和营业窗口对外公布的服务电话应时刻保持电话畅通，电话铃响 4 声（12s）内接听，超过 4 声应道歉。

（12）95598 坐席人员平均事后处理时间应不大于 60 秒，平均交谈时长应不大于 150 秒。

二、投诉举报及规范停电管理的稽查

供电企业为广大客户提供电力供应及相关服务行为，客户可以通过各种渠道反映在接受电力服务过程中遇到的问题，供电企业应按照《供电服务规范》的要求认真受理。

1. 供电服务投诉举报受理渠道的稽查

投诉举报受理渠道包含 95598 供电客户服务热线、专设的投诉举报电话、营业场所设置意见箱或意见簿、信函、供电服务网站、领导对外接待日、上级部门接转及媒林登载等。接到客户投诉或举报时，应向客户致谢，详细记录具体情况后，立即传递到相关部门或领导处理。同时，各单位应明确一个职能部门定期汇总统计本单位受理供电服务投诉举报的信息，稽查供电服务受理渠道时应注意检查以下内容：

（1）检查受理渠道是否对外公布，公布的方式是否便于客户获悉。

（2）检查受理部门的记录是否完整，受理记录应包含受理时间、受理部门、受理人、投诉举报内容及承办部门等。

（3）对照各受理渠道的原始记录，检查汇总部门的统计是否完备，是否存在遗漏现象。统计信息应包含投诉举报数量、投诉举报内容、受理时间、受理部门、承办部门及处理结果等。

（4）对涉及客户隐私的资料，检查受理部门、承办部门是否严格遵守保密纪律。

2. 投诉举报受理时限的稽查

中国南方电网有限责任公司要求供电企业受理供电服务投诉举报后，投诉在 5 天内、举报在 10 天内答复客户。稽查时，应重点查阅受理部门的回访记录，检查投诉举报的回访日期有无超过规定期限。对于情况较为复杂、在规定期限内难以办结的投诉举报，经领导批准可适当延期，对此类投诉举报受理时限稽查时，不仅要检查有关部门在上述时限答复客户，还应检查办结后的回访情况。

（1）投诉举报满意率的稽查。

投诉举报后客户对供电企业办理情况的满意率，是检验工作质量的重要标准。稽查时主要查阅满意率报表，调阅回访记录，调听回访录音，核实客户满意率统计数据的真实性，必要时稽查人员可选取部分投诉举报进行回访，确认客户对处理结果的意见。对客户不满意的投诉事件查明原因，属于人为责任的提交有关部门进行考核。

（2）投诉举报异常处理的稽查。

主要稽查营销管理部门是否制订本单位投诉举报工作制度和考核办法，对经查属实、未按要求办理的投诉举报，是否严格进行了考核处理，是否举一反三进行认真整改，防范类似事件的再次发生。

3. 规范停电管理的稽查

（1）计划停电、临时停电管理稽查。

重点检查计划停电是否提前 7 天、临时停电是否提前 24 小时对外发布公告并通知重要客户，对外公告方式是否科学、适用。重点对照生产调度部门的停电计划，检查对外公告的内容是否准确、有无遗漏，检查通知重要客户的记录是否完整。

（2）停、限电管理的稽查。

主要检查当发、供电系统发生故障需要停电、限电或者计划限、停电时，是否严格按确定的限电序位进行停电或限电。检查是否制定了限电序位，限电序位是否已经事先对外公告。

（3）欠费停电管理的稽查。

供电企业因为需要进行停电催费时，应认真按照《供电营业规则》第六十七条规定执行。稽查时，应重点检查是否制定了欠费停电审批制度，查阅催费通知单，检查欠费停电程序执行情况，工作人员是否提前 3～7 天通知客户。

稽查人员还可通过回访客户的方法，了解供电企业规范停电程序的情况，了解客户交清电费后是否及时送电。

三、营业厅、95598 客服中心及故障抢修稽查

1. 营业环境的稽查

供电企业营业窗口应科学布点、规范设置。窗口内、外部环境应满足《供电服务规范》和《供电营业窗口规范化建设标准》的要求。稽查时，可会同专业部门开展集中检查、交叉检查，也可以通过暗访等形式，重点检查营业窗口 VI 标识的推广应用是否规范、检查营业场所"三公开"情况，检查营业窗口环境是否整洁、区域设置是否合理等内容，营业窗口应放置免费赠送的宣传资料，公布服务及投诉电话，设置意见箱或意见簿。

2. 营业窗口服务行为的稽查

对营业窗口和 95598 工作人员服务行为的稽查，可与稽查营业环境同时进行，稽查时重点围绕以下几方面：

（1）检查工作人员是否统一着装，佩戴工号牌，仪容仪表是否美观大方。

（2）通过查阅报表，检查业务传递是否准确、及时。

（3）检查是否按营业时公示牌公布的时间受理客户业务。

（4）营业人员办理各项业务时是否认真实行首问负责制、限时办结制和一次性告知制。

（5）现场查看窗口工作人员服务行为，听取 95598 坐席人员通话情况，检查服务态度是否端正，是否存在冷漠、烦躁现象。

（6）通过调阅客户对营业窗口、95598 坐席人员服务行为的评价结果，检查客户对服务行为的满意率。

3. 故障抢修服务的稽查

当电力供应中断、电能质量异常，客户将通过 95598 客户服务热线等方式申请报修，供电企业提供 24 小时电力故障报修服务，对电力报修请求做到快速反应、有效处理。稽查故障抢修工作质量可主要通过查阅记录和现场稽查的方式进行。

（1）查阅记录。检查 95598 客户服务系统记录的时间。通过查阅 95598 客户服务系统，调阅故障抢修超越时限到达现场的报表，对超越时限的记录，详细检查客户报修事件、下派工单时间、抢修人员到达现场时间、抢修结束恢复供电时间。

查阅抢修班组抢修日志，检查某项故障抢修工作的时间记录，包括抢修人员接单时间、

到达现场时间、抢修结束恢复供电时间，并与95598客户服务系统记录的时间进行核对。

（2）现场稽查。深入故障抢修服务现场，检查抢修人员是否统一着装，服务行为是否符合现场服务规范。

征得上级领导同意后，模拟客户电力故障，拨打抢修热线，检查故障抢修人员到达现场时间。

四、稽查案例分析

例 4 - 43　对于客户投诉没有延伸调查而简单地列为无效投诉。

案情介绍　2006年10月16日，某供电企业稽查工作员张某、李某例行稽查投诉举报工作质量，在查阅客户服务中心时，发现该市某居民客户孙某于9月21日上午9：00致电供电企业总值班室，反映自己9月20日上午10：00拨打95598，95598坐席人员服务态度恶劣。值班人员当即填写工作单，转客户服务中心主管陈某核实处理，陈某随即调听了该客户呼入的电话记录，发现电话语音记录中坐席人员态度礼貌、语言诚恳，便将该投诉列为"不属实"（无效投诉）。

张某、李某按照客户孙某留下的电话对其进行了回访，客户孙某对供电企业的服务行为仍不满意，在工作人员的询问下，客户再次讲述了事情的原委：8月，客户孙某未如期收到供电企业的电费通知单，导致其迟缴电费产生电费违约金2.50元。孙某向95598反映，要求退还收取的2.50元违约金，95598坐席一再向其解释，未答应孙某的要求。孙某因怀着怨气，这才拨打总值班室的电话，投诉坐席人员态度不好。稽查人员进一步对该片区客户和催费员进行询问调查，发现该月催费员的确没有正常发放电费通知单。据此，稽查人员出具稽查意见：

（1）退还客户缴纳的电费违约金。

（2）对该催费员进行考核。

案例分析　通过这起对投诉受理工作的稽查，可以发现其中几个环节出现的问题。一是一次处理不得当，造成了客户再次投诉。95598坐席人员对客户再三解释电费违约金的征收政策，但未深入了解产生违约金的原因，或者向上级领导反映，未取得客户的认同。二是客户服务中心主管陈某在收到值班室的反馈后，仅是针对投诉问题听取了坐席人员的录音，认为态度没有问题便没有向客户回访，没有向客户了解事情原委、妥善处理。

点评分析　引起本次投诉的根源在于供电企业催缴电费人员未按时发放电费通知单，客户迟缴电费后产生违约金后产生不满。开展供电服务工作质量稽查时，应重点检查对重复投诉、越级投诉事件的处理，检查处理后客户仍不满意的事件，查阅办理流程，必要时应进有适当的延伸调查，了解事情经过。

例 4 - 44　接到报修电话没按规定时限组织人员处理，也没有跟踪回访。

案情介绍　某年春节前夕，天气异常寒冷。腊月廿八下午18点左右，某供电企业抢修班班长陶某接到 95598 转来的抢修电话，辖区内新华村某居民客户反映房顶有一电线跨越，下垂的导线已经触碰到房顶铁皮瓦，客户担心引发安全事故，要求供电企业派人进行处理。

当时气候恶劣，只剩陶某一人值班。陶某心想：只是一根进户线偶尔触碰房顶铁皮瓦，并非比较重大的线路故障，还是等天气转好或春节后再去维修，因此只是通过电话告诉客户小心，不要触摸铁瓦外，没有进行其他处理。

第二天凌晨 3 点，新华村十多户居民的房屋被烧毁。一星期后，灾民们把供电企业告上了法庭，认为供电企业未及时维修线路，导致发生火灾，要求赔偿损失。法庭调查时，供电公司企业多次用模拟现场进行答辩，但终究缺乏有力的证据证明火灾不是由于电线和铁瓦打火引发，法院判决供电企业败诉，供电企业承担了火灾带来的巨大赔偿。

事后，据一些灾民的邻居说，火灾根本不是从电线跨越的这一户引起的，而是隔壁一家半夜烘烤小孩尿布不小心着火引起的。但他们作为十几户灾民的邻居，谁也不肯出庭作证，而现场烧毁严重，公安机关无法鉴定，于是火灾前的故障报修电话就使供电企业"理所当然"地成了火灾赔偿的主体。

案例分析　从这一事件可以看出，该供电企业在管理上存在以下问题：

（1）供电抢修人员应做好充分准备应对突发事件，保证正常供电，但该供电所抢修人员未按有关要求加强值班，接到报修电话后，没有按规定时限组织人员进行事故处理。

（2）95598 工作缺位，未能有效监督抢修人员的工作进程，也没有对报修客户进行回访。

点评分析　"小失误引发大损失"，这起事件对供电企业损失的不仅是经济赔偿，更是企业形象。供电服务工作的核心在于管理，重点在于细节，对供电服务质量的稽查应认真围绕这两个方面进行，检查是否制订营销各岗位职责和工作标准，是否严格贯彻执行，检查各单位是否对供电服务工作实行常态监控。

第五章

电力营销的在线稽查

通过对营销关键指标、工作质量、服务质量实施集中监控与稽查，有效提高营销业务的管控力、日常业务的执行力、客户服务的监督力，实现营销风险全面防范，促进营销整体工作质量和管理水平持续提升。本章以中国南方电网有限责任公司为例。

一、在线稽查的内容

（一）定义

在线稽查（也即电子稽查），是指营销稽查人员通过对营销管理系统和营配集成计量自动化系统中的业务数据进行分析，发现营销服务工作流程和工作质量中存在的问题，督促问题所属责任部门进行限期整改，从而提高营销服务管理水平和工作质量。

（二）管理要点

根据《中国南方电网有限责任公司营销稽查管理办法》和《中国南方电网有限责任公司在线稽查作业指导书》的规定，在线稽查是通过稽查阀值管理，完善稽查监控阀值库；利用稽查阀值库所提供的阀值，对营销服务资源、营销工作质量、供电质量及应急处置、经营过程中的异常现象以及应用系统不符合规范而产生的矛盾数据进行监控与稽查，发现异常问题；针对发现的异常问题，通过稽查任务管理，实现档案修正、营销制度完善、营销工作落实、要求其他部门配合的目的。

（三）工作要求

（1）在线稽查应通过营销管理系统和营配集成计量自动化系统自动筛查数据、流程类异常及其他类异常，自动筛查应严格按照公司的制度、标准、各省公司实施细则、阀值设置标准的要求进行。

（2）在线稽查内容应满足信息全面性的要求，即对同一稽查项目所进行的异常筛查应涵盖该项目内所有的异常情况，且对筛查确认的每个异常情况均应进行核查处理，重点稽查管理线损，实现公司关于配网管理线损的工作要求。

（3）在线稽查的频度应满足及时性的要求，即营销稽查人员应随时关注发现的异常情况，并在规定的时限内进行核查和处理。

（4）在线稽查所涉及的各责任部门应确定对问题进行整改和反馈的联系人，报营销稽查部门备案，发生人员变动时应及时进行更新。

（四）工作要求

（1）在线稽查流程主要内容包括：异常发现，异常确认，异常核查、记录，异常判定，下发整改通知单，问题整改及反馈，整改结果确认，营销事故（差错）处理，处理结果记录，归档。

（2）在线稽查的稽查项目内容主要包括：

1）营销稽查人员通过营销管理系统营配集成计量自动化系统自动筛查或其他信息化手段获知营销服务工作中可能存在的异常情况，并对异常的有效性进行确认。

2）营销稽查人员应针对确认有效的异常情况，要求该异常所属的责任部门进行核查，责任部门应对异常情况进行认真核查，如实记录并反馈。

3）营销稽查人员向责任部门下达《营销稽查整改通知及反馈单》，要求责任部门对存在的问题进行限期整改，并及时反馈《营销稽查整改通知及反馈单》，营销稽查人员应对问题整改完成情况进行跟踪和复查。

4）在线稽查工作结束时，营销稽查人员总结本次在线稽查工作并记录稽查处理结果，在检查无误后进行归档。

（五）业务流程图

在线稽查业务流程可参考图 5-1。

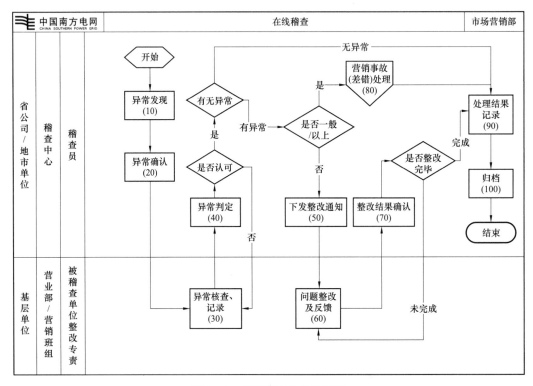

图 5-1 在线稽查业务流程图

二、异常发现

（一）定义

异常发现，是指营销稽查人员通过营销管理系统异常自动筛查报警或其他信息化手段获知营销服务工作中所发生的异常情况的过程。异常主要分为数据类异常、流程类异常和其他类异常。

数据类异常，是指营销服务工作中所生成的业务数据不符合相关工作规定。

流程类异常，是指营销服务流程的时限或走向不符合相关工作规定。

其他类异常，是指通过除营销管理系统和计量自动化系统自动筛查报警外的其他信息化手段发现的营销服务工作不符合相关工作规定的情况（如通过视频监控图像发现营业厅运行状况异常）。

（二）工作要求

（1）对于数据类异常和流程类异常的发现，应由营销管理系统和计量自动化系统根据既定的筛查项目、筛查标准和筛查频度对异常情况进行自动筛查，对每次筛查发现的异常情况自动生成异常信息列表。

（2）对于其他类异常的发现，营销稽查人员应采用定期或不定期巡查的方式，确保及时获知被关注事项所发生的异常情况。

（3）对于符合一定变化规律的数据类异常和流程类异常，营销管理系统和计量自动化系统应建立异常预警机制，在异常发生之前作出预警，为有效防止异常发生提供参考依据。

（三）工作内容

营销稽查人员通过营销管理系统和计量自动化系统异常自动筛查报警或对所关注信息进行巡查的方式获知营销服务工作中的异常信息，并转入"异常确认"。在线稽查异常信息获取的内容按业务可分为抄核收、业扩报装、客户服务管理、计量管理、管理线损、客户停电管理、用户检查、客户档案等。

1. 抄核收

（1）抄表完成率：供电分区当月抄表完成率（分居民客户和其他客户）未达到规定的限值视为异常，营销管理系统每月末自动筛查一次。

（2）抄表计划执行情况：某一抄表册当月上装日期超前或滞后于规定的上装日期范围视为异常，营销管理系统每日自动筛查一次。

（3）抄表差错率：供电分区当月抄表差错率（分居民客户和其他客户）超过规定的限值视为异常，营销管理系统每月末自动筛查一次。

（4）抄表发现问题处理超时：对抄表异常问题进行处理的时间超过规定的期限视为异常，营销管理系统每日自动筛查一次。

（5）发行完成率：供电分区当月电费发行完成率未达到规定的限值视为异常，营销管理系统每月末自动筛查一次。

（6）发行计划执行情况：某一抄表册当月发行日期超前或滞后于规定的发行日期范围视为异常，营销管理系统每日自动筛查一次。

（7）审核差错率：供电分区当月审核差错率（分居民客户和其他客户）未达到规定的限值视为异常，营销管理系统每月末自动筛查一次。

（8）审核发现问题处理超时：对审核异常问题进行处理的时间超过规定的期限视为异常，营销管理系统每日自动筛查一次。

（9）欠费：依据不同用电类别的客户当月欠费金额超过规定的限值视为异常，营销管理系统每月末自动筛查一次。

（10）欠费停电复电超时：客户办理欠费停电的复电手续后在规定的期限内未进行复

电应视为异常，营销管理系统每日自动筛查一次。

（11）电费扎账汇总表生成：收费员每日未按规定生成当日电费扎账汇总表视为异常，营销管理系统每日自动筛查一次。

（12）电费确认：电费核算对账人员未按规定的时限进行电费确认视为异常，营销管理系统每月自动筛查一次。

（13）电度电价异常变更：客户当月电度电价与上月不同但在当月及上月均未申请执行改类流程视为异常，营销管理系统每月末自动筛查一次。

（14）定量（定比）变更：电费计算中存在定量（定比）电量的客户当月定量（定比）值和上月定量（定比）值不同但在当月及上月均未申请执行改类流程视为异常，营销管理系统每月末自动筛查一次。

（15）基本电费波动：客户当月基本电费和上月基本电费相比较的波动超过规定的限值视为异常，营销管理系统每月末自动筛查一次。

（16）电费核算功率因数波动：客户当月电费核算功率因数与上月电费核算功率因数相比较的波动超过规定的限值视为异常，营销管理系统每月末自动筛查一次。

（17）专用变压器用户电价执行：专用变压器用户存在执行不满 1000V 的电度电价。营销管理系统每月自动筛查一次。

（18）目录电价与基本档案的电压等级不一致：目录电价电压等级与系统基本档案电压等级不一致的用户。营销管理系统每月自动筛查一次。

（19）电价代码与用电类别不匹配的用户（目录电价对应的用电类别）。营销管理系统每月自动筛查一次。

（20）两部制电价执行：变压器容量在 315kVA 及以上工业用户，不执行两部制电价；变压器容量在 315kVA 以下的，执行两部制电价（取同一户中，所有变压器的合计容量）。营销管理系统每月自动筛查一次。

（21）分时电价执行：高压供电普通工业和大工业用户不执行分时电价，客户名称不包含"自来水""水厂"。营销管理系统每月自动筛查一次。

（22）力率执行：容量大于或等于 100kVA 用户（住宅除外），力率标准为空；容量160kVA 以上，高压的普通工业或大工业用户，力率标准不等于 0.9；容量大于等于100kVA，且小于等于 160kVA，高压的普通工业用户，力率标准不等于 0.85；容量大于或等于 100kVA 的非工业、商业，力率标准不等于 0.85；容量大于或等于 100kVA 的农业、稻田排灌、趸售用户，力率标准不等于 0.8；容量 3200kVA 及以上的高压的稻田排灌用户，力率标准不等于 0.9；居民合表户和地方电厂户执行力率考核。营销管理系统每周自动筛查一次。

（23）零电量户：连续 6 个月及以上用电量为零的非考核表客户。营销管理系统每月自动筛查一次。

（24）零电费异常：有电量无电费的非考核表客户。营销管理系统每月自动筛查一次。

（25）当年电费回收率：当年累计电费回收率未达到阀值指标的单位。营销管理系统每月自动筛查一次。

（26）陈欠电费回收率：年度旧欠电费回收率未达到阀值指标的单位。营销管理系统每月自动筛查一次。

（27）大额欠费：客户欠费金额超过规定的数额限值及规定时限。营销管理系统每月自动筛查一次。

（28）非现金缴费率：非现金缴费率未达到规定的限值。营销管理系统每月自动筛查一次。

（29）收费日结：收费员未统计日结；营业厅未统计日结；收费员、营业厅当日日结作废两次以上；营销管理系统每周自动筛查一次。

（30）抄核收岗位未分离：抄表、核算为同一人，抄表、收费为同一人。营销管理系统每月自动筛查一次。

（31）总分关系计费：存在套扣关系的父表，在子表电量不为零时，父表未扣除子表电量；子表电量合计不等于父表扣除电量。营销管理系统每月自动筛查一次。

（32）电价变更：客户当月电度电价与上月不同但在当月及上月均未申请执行改类流程。营销管理系统每月自动筛查一次。

（33）变损：高供低计专用变压器用户不计算变损；高供高计、低供低计执行计算变损工业用户。营销管理系统每月末自动筛查一次。营销管理系统每月自动筛查一次。

（34）客户当月基本电费和上月基本电费不一致，但没有执行新装、暂停、复用、增容、减容流程。营销管理系统每月自动筛查一次。

（35）计费容量、变压器容量不一致；营销管理系统每月自动筛查一次。

（36）新装、增容、减容 2 年内再次申请减容或暂停的，减少或暂停部分容量未收取 50％基本电费；营销管理系统每月自动筛查一次。

（37）临时性减容、暂停客户，恢复用电时，基本电费未从启封之日（接火送电时间）起按原变压器容量计收基本电费的；营销管理系统每月自动筛查一次。

（38）临时性减容期满后不办理恢复用电手续的，其减容后的容量已小于 315kVA，仍执行两部制电价；营销管理系统每月自动筛查一次。

（39）办理暂停客户，从加封（接火送电时间）之日起，未按原计费方式减收其相应容量的基本电费；营销管理系统每月自动筛查一次。

（40）在暂停期限内，用户申请恢复暂停用电容量用电时，暂停时间少于 15 天者，暂停期间基本电费未收取；营销管理系统每月自动筛查一次。

（41）暂停期满或每一日历年内累计暂停用电时间超过 6 个月者，未按变压器容量计收其基本电费的；营销管理系统每月自动筛查一次。

（42）按最大需量计收基本电费的用户，申请暂停不是全部容量的暂停用户；营销管理系统每月自动筛查一次。

（43）呆账核销：呆账核销列表中欠费时限少于 2 年。营销管理系统每月自动筛查一次。

2. 业扩报装

（1）新装增容工单节点超时：新装、增容业扩报装工单的方案答复、设计审查、中间检查、竣工检验、装表接电、客户资料转用电检查、审核归档七个节点的办理时间超过规定的时限视为异常，营销管理系统每日自动筛查一次。

（2）高压新装增容流程时间：高压新装、增容工单从报装申请开始到归档审核结束的整个流程所用时间少于规定时限视为异常，营销管理系统每日自动筛查一次。

（3）减容后基本电费收取：客户减容后小于两部制电价规定容量但非永久减容期间未计收基本电费视为异常，营销管理系统每月末自动筛查一次。

（4）减容期限异常：同一日历年内减容不到 6 个月为异常；减容超过 2 年视为异常，营销管理系统每月 25 日 0 点起自动筛查一次。

（5）暂停后基本电费收取：客户暂停期满或一年内累计暂停时间超过 6 个月未恢复用电但未收取暂停部分容量基本电费视为异常，营销管理系统每月末自动筛查一次。

（6）暂停期限异常：同一日历年内暂停超过 6 个月为异常；暂停超过两次视为异常，营销管理系统每月 25 日 0 点起自动筛查一次。

（7）临时用电到期：采用临时用电方式的客户在临时用电到期时未办理延期或永久性正式用电申请的视为异常，营销管理系统每日自动筛查一次。

（8）临时用电收退费：临时用电客户没有收取临时接电费视为异常；销户未全部退回临时接电费或减容后没有按相应容量退回临时接电费视为异常，营销管理系统每月 25 日 0 点起自动筛查一次。

（9）高可靠性费用异常：双电源供电客户高可靠性费用为空视为异常，营销管理系统每月 25 日 0 点起自动筛查一次。

3. 客户服务管理

（1）95598 呼叫中心人工接通率：95598 呼叫中心当日人工接通率低于规定的限值视为异常，营销管理系统每日自动筛查一次。

（2）95598 呼叫中心人工接听超时：95598 呼叫中心客服代表接听电话（电话呼入至接通）时间超过规定的时限视为异常，营销管理系统每 5 分钟自动筛查一次。

（3）抢修到达现场超时：抢修人员在接到 95598 呼叫中心派发抢修单后到达抢修现场的时间超过规定的时限视为异常，营销管理系统日自动筛查一次。

（4）客户诉求处理超时：95598 呼叫中心派发的客户诉求工单在规定的时限内未完成处理和回访视为异常，营销管理系统每半小时自动筛查一次。

（5）客户投诉处理超时：95598 呼叫中心派发的客户投诉工单在规定的时限内未完成处理和回访视为异常，营销管理系统每半小时自动筛查一次。

（6）客户诉求处理反复回退：95598 呼叫中心派发的同一张客户诉求工单连续多次回访不满意并回退处理视为异常，营销管理系统每日自动筛查一次。

（7）客户投诉处理反复回退：95598 呼叫中心派发的同一张客户投诉工单连续多次回访不满意并回退处理视为异常，营销管理系统每日自动筛查一次。

（8）营业厅运行秩序：营业厅发生客户排队拥挤混乱、客户争吵等情况视为异常，由营销稽查人员采用定期或不定期巡查的方式获知。

（9）营业厅人员工作状态：营业厅工作人员在岗工作状态不符合营业厅相关管理规定（如长时间脱岗、未按规定穿制服等）视为异常，由营销稽查人员采用定期或不定期巡查的方式获知。

（10）营业厅业务处理超时：营业厅工作人员办理业务（分为一般业务和电费缴纳）

时间超过规定的时限视为异常，营销管理系统每日自动筛查一次。

（11）营业厅客户评价满意度：客户在营业厅办理业务后对工作人员的工作评价结果为"不满意"视为异常，营销管理系统每日自动筛查一次。

4. 计量管理

（1）大客户用电负荷波动：安装负控装置的专用变压器客户被监控时刻的用电负荷与前一时刻或前三日同一时刻负荷的平均值相比较偏差率超过规定的限值持续 2h 以上视为异常，营销管理系统和计量自动化系统每 15 分钟自动筛查一次。

（2）大客户用电量波动：安装负控装置的专变客户当日用电量与前一日用电量或前三月同一日用电量的平均值相比较的偏差率超过规定的限值视为异常，营销管理系统和计量自动化系统每日自动筛查一次。

（3）10kV 公用配变负载率：10kV 公用配变日平均负载率连续数日超出规定的范围视为异常，计量自动化系统每日自动筛查一次。

（4）10kV 公用配变负荷不平衡率：10kV 公用配变三相日平均负荷不平衡率连续数日超过规定的限值视为异常，计量自动化系统每日自动筛查一次。

（5）负控装置运行异常：供电分区运行中的负控装置当月平均在线率低于规定的限值视为异常，计量自动化系统每月自动筛查一次。

（6）配变监测仪运行异常：供电分区运行中的配变监测仪当月平均在线率低于规定的限值视为异常，计量自动化系统每月自动筛查一次。

（7）低压远程抄表装置运行异常：供电分区运行中的低压远程抄表装置当月平均在线率低于规定的限值视为异常，计量自动化系统每月自动筛查一次。

（8）电能计量装置现场检验计划执行异常：计量班组未按照年、月制定的周检计划开展工作，完成工作量不足或超期均视为异常，系统每周自动筛选一次。

（9）高压计量装置首检执行异常：新投运或改造后的Ⅰ、Ⅱ、Ⅲ、Ⅳ类高压电能计量装置在接火送电后一个月内未进行首次现场检验视为异常，系统每日自动筛查一次。

（10）电能表周期轮换执行异常：电能表轮换未及时按周期进行轮换视为异常，系统每日自动筛选一次。Ⅰ、Ⅱ、Ⅲ类计量装置的轮换周期为 4 年；Ⅳ类计量装置的轮换周期为 6 年。

（11）表计故障处理超时异常：装表工作人员在接到表计故障处理单后未在规定时限内完成故障处理的视为异常，系统每日自动筛选一次。

（12）计量检定数据录入异常：计量检定人员在每日计量检定工作完成后数据未及时录入系统视为异常，系统每日自动筛选一次。

（13）首检合格率异常：同一厂家同批次电能计量器具检定（包括电能表、互感器、负控终端）不合格数大于规定要求的视为异常，系统每月自动筛选一次。

（14）到货抽检样本数异常：抽样样本数不满足抽样比例要求视为异常，系统每月自动筛选一次。

（15）到货抽检异常：抽样样本数不合格数大于规定要求的视为异常，系统每月自动筛选一次。

（16）计量器具资产建档异常：人为原因造成同一计量器具有两个或多个重复档案，

视为异常，系统每月自动筛选一次。

（17）专变客户表底异常：每天取营销系统中专变客户的表底（上装时间）与负荷系统的表底（与上装时间相同的一天 12 点）对比，电量相差波动较大的客户明细。

（18）计量自动化终端故障处理异常：厂站采集终端异常、低压集抄终端异常、负控、配变终端异常在 7 个工作日内未处理完毕视为异常，系统每周自动筛选一次。

（19）检定、运行封印安装情况异常：在营销业务流程中检定、新装、换表、检定环节中，未装拆现场封印视为异常，系统每月自动筛选一次。

5. 管理线损

（1）10kV 公用线路线损：10kV 公用线路当月综合线损超出规定的范围视为异常，计量自动化系统每月末自动筛查一次。

（2）10kV 公用台区线损：10kV 公用台区当月线损超出规定的范围视为异常，计量自动化系统每月末自动筛查一次。

6. 客户停电管理

（1）户均停电时间：供电分区当月户均停电时间超过对其下达的指标值视为异常，营销管理系统每月自动筛查一次。

（2）户均停电次数：供电分区当月户均停电次数超过对其下达的指标值视为异常，营销管理系统每月自动筛查一次。

（3）客户累计停电时间：同一客户当年累计停电时间超过规定的限值视为异常，营销管理系统每日自动筛查一次。

（4）客户累计停电次数：同一客户当年累计停电次数超过规定的限值视为异常，营销管理系统每日自动筛查一次。

（5）重要客户停电：供电区域内特级或一级客户任意一条供电线路停电或二级客户所有供电电路全部停电视为异常，营销管理系统每 5 分钟自动筛查一次。

7. 用电检查

（1）用电检查周期：35kV 及以上电压等级的客户每半年检查次数小于一次；10kV 电压等级的客户每年检查次数小于一次；0.4kV 及以下客户每两年检查次数小于一次。营销管理系统每月自动筛查一次。

（2）重要客户信息准确情况：营销系统重要客户电源信息与营配集成系统信息不对应。营销管理系统每月自动筛查一次。

（3）用电检查计划执行异常：未按用电检查计划开展用电检查工作。营销管理系统每月自动筛查一次。

8. 客户档案

（1）临时用电超过期限异常：临时用电超过期限的用户，如：临时用电大于 6 个月的用户视为异常，营销管理系统每月 25 日 0 点起自动筛查一次。

（2）用户无计量点信息异常：无计量点信息的用户档案视为异常，营销管理系统每月 25 日 0 点起自动筛查一次。

（3）无用户信息的计量点：计量点信息无对应用户档案视为异常，营销管理系统每月 25 日 0 点起自动筛查一次。

　　（4）计量点无装置表底：有计量点信息但是无装置表底信息的数据视为异常，营销管理系统每月 25 日 0 点起自动筛查一次。

　　（5）专用变压器用户重复：同名、同用电地址、同一用电类别的专用变压器用户视为异常，营销管理系统每月 25 日 0 点起自动筛查一次。

　　（6）居民用电的电压等级异常：未按计量点电压等级执行相应用电类别电价的居民生活用电用户，不包括趸售用户视为异常，营销管理系统每月 25 日 0 点起自动筛查一次。

　　（7）用户联系人、联系电话异常：客户档案信息中联系人为空，联系电话、手机号为空、为 0、全为相同的数字视为异常，营销管理系统每月 25 日 0 点起自动筛查一次。

　　（8）用户用电地址异常：客户档案信息中用电地址为空视为异常，营销管理系统每月 25 日 0 点起自动筛查一次。

　　（9）供电容量异常：客户档案信息中供电容量为 0 或为空视为异常，营销管理系统每月 25 日 0 点起自动筛查一次。

　　（10）供电电压异常：客户档案信息中供电电压为空或以实际不符视为异常，营销管理系统每月 25 日 0 点起自动筛查一次。

　　（11）行业信息异常：主营行业为空，非法主营行业，主营行业不是最末级视为异常，营销管理系统每月 25 日 0 点起自动筛查一次。

　　（12）计量方式异常：客户计量方式为高供低计，而电压互感器变比为空；客户计量方式为高供高计，而电压互感器变比为空，计量点装置信息为空，计量点装置资产编号为空视为异常，营销管理系统每月 25 日 0 点起自动筛查一次。

　　（13）供电信息异常：客户档案信息中供电变电站名称、线路名称、线路杆号、台区编号、变压器号为空视为异常，营销管理系统每月 25 日 0 点起自动筛查一次。

　　（14）用电类别异常：客户档案信息中用电类别与电价代码不符视为异常，营销管理系统每月 25 日 0 点起自动筛查一次。

　　（15）供电合同签订异常：客户档案中的供电合同编号为空视为异常，营销管理系统每月 25 日 0 点起自动筛查一次。

　　9. 其他

　　根据实际工作的需要可以增加对其他营销工作流程节点的筛查条件。

三、异常确认

　　（一）定义

　　异常确认，是指营销稽查人员在发现异常后，对异常信息的有效性进行确认，从而确定该异常确需进行核查及后续处理工作。

　　（二）工作要求

　　（1）营销稽查人员应熟悉数据类异常和流程类异常的自动筛查标准以及其他类异常的判断标准，并了解常见的营销管理系统异常自动筛查报警错误的情况。

　　（2）营销稽查人员在发现异常后，应在规定的时限内对异常的有效性进行判定。

　　（三）工作内容

　　（1）对于数据类异常和流程类异常，营销稽查人员通过营销管理系统报警发现异常后，应立即调阅该异常所涉及的相关业务数据（业务数据内容见"异常发现"），一方面检查异常报警是否符合筛查标准，另一方面核查该异常是否符合某些可以排除异常的特殊条件，从而判定异常是否有效。

（2）当营销稽查人员判定所发现的异常无效后，应将该异常的有效标识设置为"无效"。

（3）对于其他系统不能自动筛查生成记录的异常，营销稽查人员发现异常后，应在异常信息列表中人工添加异常记录，并填写该异常的详细信息。

（4）当营销稽查人员判定所发生的异常有效（包括人工添加的异常记录）后，转入"异常核查、记录"。

（5）当营销稽查人员发现营销管理系统频繁产生无效异常时，应对无效异常频繁发生的原因进行初步分析，并报请上级管理部门进行核实后通知信息维护部门对发现的问题进行处理。

四、异常核查、记录

（一）定义

异常核查、记录，是指营销稽查人员确认营销服务工作中发生异常后，向异常当前所属的责任部门发起核查要求，由责任部门进行核查，并如实记录核查结果，将结果向稽查人员反馈的过程。

（二）工作要求

（1）营销稽查人员应熟悉在线稽查所涉及的各类营销服务工作的流程及有关工作要求，具备对责任部门反馈的核查结果进行是否存在谎报、漏报、瞒报等初步甄别的能力。

（2）营销稽查人员在确认异常并确定其所属责任部门后，应在规定的时限内向责任部门发起异常核查要求。

（3）责任部门在接到营销稽查人员发起的异常核查要求后，应对异常进行认真核查，不得无故拒绝核查要求，如确实无法进行核查的应说明具体原因。

（4）责任部门应在规定的时限内向营销稽查人员反馈异常核查结果记录。

（5）填写存在问题记录时应尽量使用规范化的语言，以便今后进行检查和统计分析。

（三）工作内容

（1）营销稽查人员首先根据异常的具体情况确定该异常当前所属责任部门，在规定的时限内向责任部门对应的联系人发起异常核查要求，向其说明当前所发生异常的具体情况和进行核查及反馈的时限。

（2）责任部门收到异常情况后，如异常不属本部门工作范围应向营销稽查人员明确说明，如属本部门工作范围的，应准确记录需核查的异常事项及核查结果反馈时限并及时进行核实检查。并向营销稽查人员及时反馈核查信息。

（3）当责任部门以其他理由拒绝进行核查时，营销稽查人员应立即将该情况向其上级主管部门反映。

（4）营销稽查人员在规定的时限内未收到责任部门的核查反馈结果时，应及时进行督促；收到核查反馈结果不符合要求的，应要求责任部门重新反馈，直至符合要求为止。

五、异常判定

（一）定义

异常判定，是指营销稽查人员根据责任部门反馈信息确认异常错误级别的过程。

（二）工作要求

营销稽查人员对反馈信息应根据相关标准及要求做出正确的判定。

（三）工作内容

（1）当营销稽查人员根据反馈信息判定为轻微差错时，下发整改通知给责任部门。

（2）当营销稽查人员根据反馈信息判定为一般级以上差错时，启动营销事故（差错）处理流程。

六、下发整改通知

（一）定义

下发整改通知，是指营销稽查人员针对责任部门反馈问题经确认为轻微差错时，下达《营销稽查整改通知及反馈单》，并要求责任部门限期进行整改的过程。

（二）工作要求

营销稽查人员应在规定的时限内向责任部门下达《营销稽查整改通知及反馈单》。

（三）工作内容

营销稽查人员根据责任部门所存在问题，按照有关规定拟定整改意见即时下达《营销稽查整改通知及反馈单》，并限时责任部门反馈《营销稽查整改通知及反馈单》。

七、问题整改及反馈

（一）定义

问题整改及反馈，是指责任部门根据《营销稽查整改通知及反馈单》内容要求在规定的时限内完成问题整改，并及时反馈《营销稽查整改通知及反馈单》的过程。

（二）工作要求

责任部门应在规定的时限内完成对存在问题的整改和反馈。

（三）工作内容

（1）责任部门应按照《营销稽查整改通知及反馈单》的要求限时完成整改。

（2）对于工作流程节点超时的问题，应尽快完成流程节点内的工作并将流程节点推进到下一节点，同时分析超时原因并制定落实防范措施。

（3）对于工作失误所造成的问题已无法更正的，则应尽快制定整改措施，防止在下一次工作中犯同样的错误。

（4）对于统计考核指标不合格的问题，应认真分析影响考核指标的因素，并制定整改措施使统计考核指标逐步回复到合格范围。

（5）对于设备故障或异常所造成的问题，应尽快查明设备故障或异常的原因，并制定整改维护措施，使设备尽快恢复到正常运行状态。

（6）责任部门在进行问题整改的过程中，若发现在规定的时限内无法完成整改的，应在整改通知单中把原因详细说明，并把整改措施计划详细列出。

（7）责任部门按要求完成整改后，应及时向营销稽查人员反馈《营销稽查整改通知及反馈单》。

八、整改结果确认

（一）定义

整改结果确认，是指稽查部门对整改部门确认后提交的整改结果进行审核确认的过程。

（二）工作要求

稽查部门应在规定的时限内完成对整改结果的审核确认。

（三）工作内容

（1）稽查部门审核人员对整改部门确认后提交的整改结果是否满足整改要求进行审核。

（2）稽查部门审核人员填写审批意见。对于审批通过的，返回主流程完成"归档"；对于审批未通过的注明存在问题及改进意见并回退至整改部门进一步整改。

（3）稽查人员可根据整改结果对部分整改问题进行抽样检查。

九、处理结果记录

（一）定义

处理结果记录，是指在线稽查的过程结束时，营销稽查人员将每次稽查工作开展情况及处理结果进行总结并如实记录的过程。

（二）工作要求

（1）营销稽查人员应将每次在线稽查工作开展的情况如实记录、总结，并及时上报，不得谎报、漏报或瞒报。

（2）记录处理结果时应尽量使用规范的格式和标准，以便今后进行检查和统计分析。

（三）工作内容

（1）营销稽查人员对每次在线稽查工作开展情况及处理结果进行记录并保存。

（2）对于异常并非为责任部门造成的，应分析异常发生的原因，并转上级或相关部门处理。

（3）对于异常确认为轻微差错的，应记录责任部门对该差错进行整改及反馈的时间，以及整改后的恢复情况。

（4）对于异常确认为一般及以上营销服务差错的，应按营销事故（差错）处理流程处理，并将该情况做好记录。

十、归档

（一）定义

归档，是指在线稽查工作结束后，营销稽查人员认真检查确认本次稽查工作的数据、记录、总结、过程资料信息等的完整性，最终将其保存的过程。

（二）工作要求

（1）营销稽查人员在每次稽查工作结束后，应及时将处理结果记录、总结、过程资料信息等归档。

（2）归档资料必须是办理完毕的正式材料，并在三个工作日内完成归档。

（三）工作内容

（1）营销稽查人员检查每次在线稽查工作的各项数据和记录、总结、过程资料信息，对存在疑问的地方应及时和有关部门或人员取得联系，在核对后进行必要的修正。

（2）营销稽查人员执行归档操作，最终完成每次在线稽查工作。

第六章

电力营销的常态稽查

根据中国南方电网有限责任公司营销一体化的规定，各地市供电企业营销稽查部门定期按照随机抽样、人工挑选等方式抽取样本开展稽查工作，并督促完成问题整改反馈的过程；重点是检查监督营销制度建设和执行情况、业扩报装、电能计量、抄核收、用电检查、客户服务、管理线损、营销系统基础信息、客户停电管理等业务是否按规定程序、质量及时限完成。

一、常态稽查的内容

（一）定义

常态稽查（也即现场稽查），是指营销稽查人员定期按照随机抽样、人工挑选方式生成《稽查样本》，组织和安排相关人员开展检查，对发现的问题由营销稽查人员下达整改通知书进行整改的过程。

（二）管理要点

各地市供电企业营销稽查部门应根据上级要求制定年度和月度稽查工作计划，计划抽查范围应覆盖各营销业务类别，按计划开展稽查工作，每月末对稽查工作计划完成情况进行检查。开展稽查工作时，工作人员须持《营销稽查证》。

（三）工作要求

（1）营销稽查部门应根据上级要求制定年度和月度稽查工作计划，按计划开展稽查工作，每月末对稽查工作计划完成情况进行检查。

（2）月度计划抽查范围应覆盖各营销业务类别。

（3）开展稽查工作时，工作人员须持《营销稽查证》。

（四）工作内容

常态稽查流程主要内容包括：制定计划、样本抽取、审批计划、计划下达、派工、现场稽查、结果录入、整改及反馈、营销事故（差错）处理、归档。

常态稽查的稽查项目内容主要包括：

——监督营销制度建设和执行情况。

——监督检查业扩、计量管理、抄核收、用电检查、客户服务管理、管理线损、客户停电管理等工作是否按规定程序、质量及时限完成。重点稽查以下关键点：

1. 抄核收业务

（1）电费档案。

1）是否按规定建立和修改客户抄表档案。

2）执行电价是否符合相关规定。

3）力率考核是否按规定执行。

4）是否按规定执行分时电价。

5）是否按规定执行两部制计费。

6）是否按规定计收基本电费。

7）是否按规定执行优惠政策。

（2）抄表业务。

1）是否存在错抄、漏抄、估抄。

2）是否及时发现并报告客户电价比例与实际不符或私自更改用电类别的情况。

3）是否按有关规定执行催费、欠费客户停电、复电流程。

（3）核算业务。

1）是否按规定处理异常收费数据。

2）是否按规定时限进行对账（销账）。

3）是否存在对账（销账）错误。

（4）收费业务。

1）收取电费时是否按规定在电力营销管理信息系统实时上机操作，并开具发票，预付电费或预购电的电费。

2）是否开具临时收费收据。

3）当日收取的款项是否按规定进行日结。

4）当天日结电费款项是否按时存缴银行。

5）双休日和非工作时间的电费收取是否按相关规定进行。

6）是否按规定对自助缴费设备收取的电费进行日结。

7）支票收取及退回是否按相关规定进行。

8）是否存在隐瞒营业收费差错事件或者变相处理情况。

9）违约使用电费、违约金是否按标准收取。

10）营业网点留存现金是否符合规定。

11）是否建立财务、营销月度对账制度，对账结果是否按规定时间上报。

12）财务、营销是否对应收电费、欠费定期对账，对账结果是否正确。

13）是否严格区分预收电费和实收电费。

14）电费回收责任是否落实到具体部门，明确考核责任。

15）是否编制已作坏账核销的应收款项（账销案存的应收账款）明细清单，是否及时记录对后续催收、债务人情况，定期向财务部门反馈账销案存的应收款项变动情况，由财务部门及时进行账务调整处理。

16）是否按规定管理收费印章。

2. 电能计量业务

（1）计量检定业务。

是否严格执行电能计量器具检定结果数据（含资产编号信息）上传营销系统的规定。

（2）计量运行业务。

1）计量故障、差错及窃电等情况是否按照相关规定、程序、权限处理。

2）电能计量器具的轮换或抽检是否按照管理要求、程序、权限、技术规范进行。

3）现场工作人员是否及时发现计量装置故障。

4）电能计量装置周期检验（首检）、临时检验及计量器具的室内检验工作是否按照管理要求、程序、权限、技术规范进行。

5）检验记录是否填写准确或完备。

6）是否将故换、验换检验及现场检验结果正确录入系统；检验结果是否正确。

3．用电检查业务

（1）用电检查人员在用电检查工作中是否存在违规、违纪或不正当交易行为，被投诉、检举查处的情况。

（2）违章用电、窃电的违约使用电费是否严格按《供电营业规则》规定进行处罚。

（3）检查客户是否履行《供用电合同》及有关协议的情况。

（4）对客户自备电源是否实行有效管理；对客户的缺陷整改情况是否及时跟踪复查。

（5）是否按规定完成各类用电检查计划。

1）用电检查计划的检查周期是否满足规定要求。

2）是否按计划完成检查工作。

（6）是否按规定程序、时限上报客户事故（故障）造成的公用供电设施事故并进行查处。

（7）是否按用电检查办法规定填写《用电检查工作单》并走审批流程。

（8）窃电、违约用电业务。

1）窃电、违约用电查处的程序是否正确规范。

2）窃电、违约用电的现场取证是否正确，证据是否充足有效，检查记录、《窃电、违约用电通知书》填写是否正确完整。

3）窃电、违约用电的电费及违约使用电费追补是否正确合理，是否存在擅自减免的现象；电费及违约使用电费是否及时追补上缴。

4）分期缴费是否按缴款协议及时追补上缴。

5）违约、窃电案件是否未经审批擅自处理。

6）违约、窃电用电的查处过程中，是否存在违纪或不正当交易行为。

（9）是否按规定将用电检查业务信息实录入营销系统，是否按时完成用电检查各类统计报表并上报。

（10）是否按规定开展保供电和安全用电检查工作。

（11）是否依照有关规定对客户用电进行现场检查。

4．客户自备电源管理业务

对未装设防倒供电装置的客户自备电源（发电机）是否落实整改措施。

5．业扩业务

（1）报装受理节点业务。

1）是否及时将客户报装信息录入系统并提供用电报装回执。

2）是否正确录入客户基本信息（包含电费、计量基础资料）。

（2）负荷审批节点业务。

1）是否按照规定时限完成负荷审批。

2）是否在营销系统中随意中止或挂起业扩工作单。

（3）供电方案内容业务。

1）是否按规定安装负荷管理现场终端和预付费装置。

2）是否正确执行电价分类政策，是否存在高价低接情况。

3）是否按规定办理业扩各类收费或退费业务。

（4）业扩工程竣工查验节点业务。

1）是否严格审查竣工报告及相关资料。

2）是否严格执行供电方案中各项内容。

3）《供用电合同》是否符合国家颁布的法律、法规和有关制度、程序。

4）《供用电合同》的签订、变更、履行、续签、保管是否按规定程序及要求办理，内容是否完整，是否超过规定时限完成。

5）存档的正本合同是否与副本合同一致，确认供用电合同内容是否正确规范，供电方式、产权分界点、用电性质、用电容量、计量方式、功率因数调整等是否与营销系统及业扩报装工单，有无不一致的情形。

6）《供用电合同》有关内容与现场实际是否相符。

7）是否存在先供电后签订供用电合同。

8）供用电合同的档案是否妥善保管。

（5）装表接电节点。

是否按规定时限装表接电。

（6）客户工程查验送电节点业务。

1）是否存在不按图施工送电情况。

2）中间检查、竣工验收节点是否存在超时限。

3）送电手续是否齐全，有无签订供用电合同、有无送电方案、有无报竣工手续、是否进行中间检查等。

4）送电过程中是否发生事故。

（7）市场行为方面。

1）客户业扩报装工程中是否存在"三指定"的行为。

2）业扩报装工作中是否存在违法、违纪的行为。

（8）变更用电业务。

是否按规定程序及时限准确将用电变更信息录入营销系统及归档。

6．客户服务业务

（1）各项社会服务承诺是否执行到位。

（2）对客户来信、来访、咨询、投诉、故障报修有无处理记录，是否按规定时限答复或处理。

7．客户停电管理

（1）计划停电、临时停电公告、通知的管理是否满足相关要求。

（2）停、限电管理及客户停电时间统计数据质量管理是否符合相关规定。

8. 管理线损

（1）线损资料及线损四分工作开展是否符合相关规定。

（2）管理线损涉及的计量、抄核收等营销服务活动工作质量是否满足相关要求。

（五）业务流程图

常态稽查业务流程可参考图6-1。

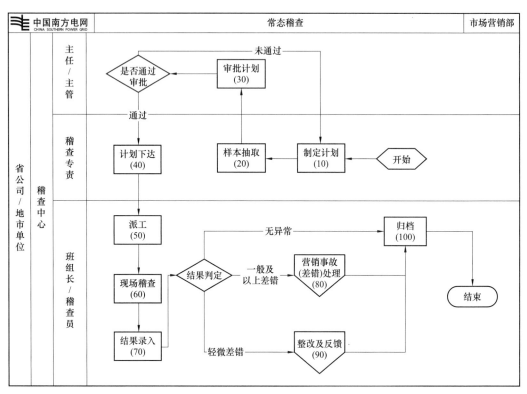

图6-1　常态业务流程图

二、制定计划

（一）定义

制定计划，是指根据上级部门的要求，结合本单位实际编制年度和月度《营销稽查工作计划》。

（二）工作要求

（1）稽查工作计划应有具体的时间安排、被稽查单位、稽查样本量。

（2）稽查内容应涵盖营销业务的所有业务分类。

（3）抽样比例应根据业务类别的不同用电性质客户数量确定。

（三）工作内容

（1）根据上级的要求，结合本单位实际编制年度、月度《营销稽查工作计划》。

（2）根据经批准的年度、月度《营销稽查工作计划》，参考相关部门转办的业务工单及举报、投诉、在线稽查等反映出来的突出问题，作为常态稽查的重点工作。

三、样本抽取

（一）定义

样本抽取，是指按月度《营销稽查工作计划》，根据不同的业务类别的抽取比例抽取样本数量的过程。

（二）工作要求

（1）常态稽查按照以下规定确定抽样范围：各单位可根据实际情况，对营销业务进行过程抽样，但业扩、计量管理、用电检查、抄核收、优质服务类业务从前 1 个月（或当月）已完成的业务总量中不重复抽取。

（2）抽样比例。各省公司根据《中国南方电网有限责任公司营销稽查管理办法》并结合实际工作情况，在本单位管辖范围内细化和统一抽样比例标准。

（三）工作内容

（1）对各类营销业务进行分层和分级，明确各类业务中的关键业务点。

1）分层，是指先按照营销活动的特征或某些标志将调查总体分为互不交叉的若干层。如营销业务划分为业扩报装、计量管理、抄核收、用电检查、客户服务管理、管理线损、客户停电管理等。

2）分级，是指按照业务的层次关系，把抽样过程分为几个阶段进行。例如：抄核收流程中的抄表活动首先可以确定抄表员作为第一级，再选择抄表员所抄的某条线路作为第二级。

3）对业扩报装、计量管理、用电检查、客户服务管理、管理线损、客户停电管理业务采取分层抽样方法进行抽样分配，再采取随机抽样和不等概率抽样方法抽取样本。对抄核收可采取多级抽样方法进行抽样。

（2）确定抽样总量。根据不同业务历史抽样调查结果（主要是问题样本率的均值和方差）以及稽查人员数量，确定样本总量及各个业务所分配的样本数量。

（3）被稽查单位样本分配。根据被稽查单位历史上问题样本率及方差，将业务样本总量分配到被稽查单位。样本分配的主要方法有：随机分配、系统抽样等。

（4）抽取样本可采用随机抽样或人工确定等方式。

（5）根据总抽查样本数量、历史问题样本数量，计算抽样置信度或相对误差，以判断抽查结果的可信度。

四、审批计划

（一）定义

审批计划，是指审批人员对《营销稽查工作计划》进行审核批准的过程。

（二）工作要求

按照合理性、规范性和完整性的要求对年度和月度《营销稽查工作计划》进行审核批准，确保各项工作按计划实施。

（三）工作内容

对制定的年度和月度《营销稽查工作计划》进行审查，签署审查意见。对于审查不通过的计划提出修改意见，要求计划制定人员修改完善直至审查通过；审查通过的计划下发实施。

五、计划下达

（一）定义

计划下达，是指将制定好的常态稽查工作计划及抽样方案经审批通过后，下达给指定执行人的过程。

（二）工作要求

制定好的常态稽查工作计划及抽样方案经审批通过后，计划制定人应按要求及时将该计划及方案下达给指定执行人。

（三）工作内容

按要求及时将审批通过后工作计划及抽样方案下达给指定执行人。

六、派工

（一）定义

派工，是指负责人根据《营销稽查工作计划》的工作内容，将稽查任务派发给营销稽查工作人员的过程。

（二）工作要求

保证正确、合理地组织工作人员按时完成稽查任务。

（三）工作内容

计划下达根据《营销稽查工作计划》中的工作内容，确定每项稽查任务的工作负责人及工作人员。

七、现场稽查

（一）定义

现场稽查，是指营销稽查人员按照《营销稽查工作计划》到被稽查单位开展稽查工作的过程。

（二）工作要求

（1）在开展现场稽查之前，营销稽查人员应向被稽查单位发出《营销稽查通知单》，被稽查单位应事先准备好所需材料以供检查。

（2）营销稽查人员在实施现场稽查时，人数不得少于2人。

（3）营销稽查人员在现场稽查过程中应严格遵守稽查程序，填写《营销稽查（复查）结果记录单》，对稽查中发现存在问题的要详细记录，与被稽查单位人员进行核实、确认。

（4）现场检查时，应客观、公正地收集与稽查项目内容有关的数据资料。工作记录应清晰、准确、真实，不得弄虚作假，稽查发现的问题应如实上报。

（5）营销稽查人员必须严格遵守保密规定，为举报人保密；不得向无关人员透露稽查案件的有关信息，保证案件调查客观、公正地进行。

（6）营销稽查人员在开展现场稽查工作时，不得干预或扰乱被稽查单位正常的电力营销活动。

（7）营销稽查人员在现场检查过程中发现疑似存在窃电、违约用电情况时，应及时将相关信息转用电检查部门处理。

（8）被稽查单位应认真对待，高度重视营销稽查工作，协助、配合营销稽查人员开展好工作，不得弄虚作假、相互推诿。

（三）工作内容

（1）营销稽查人员到达现场后应向被稽查单位说明本次稽查的目的、范围、需要准备的资料和需配合的事项。

（2）营销稽查人员根据稽查工作计划开展稽查工作：

1）询问当事人或者有关人员，并要求提供与稽查对象有关的资料，做好记录。

2）查询、复制与稽查对象有关的单据、凭证、文件及其他资料。

3）在证据可能丢失或者难以取得的情况下，可以先行登记保存，当事人或者有关人员不得转移、隐匿或者销毁。

（3）稽查工作结束后，被稽查单位负责人和问题涉及人员应在现场收集的单据、凭证、文件、谈话记录及其他相关资料上签章。

（4）营销稽查人员应根据查阅资料和现场稽查的结果进行分析，判断稽查样本中是否存在违反电力营销相关规范、制度等的问题。

八、结果录入

（一）定义

结果录入，是指营销稽查人员完成现场稽查后，把"稽查结果"录入电力营销管理信息系统。

（二）工作要求

（1）营销稽查人员完成现场稽查后，须在3个工作日内把每个样本的"稽查结果"准确录入电力营销管理信息系统。

（2）任何单位和个人对发现的营销服务事故（差错）不得迟报、漏报、谎报或者瞒报，存在上述行为的将进行通报，并追究相关责任人的责任。

（3）营销稽查人员应对问题样本按照营销差错级别标准进行差错初步定性。

（三）工作内容

（1）营销稽查人员完成现场稽查后，把每个样本的稽查结果录入电力营销管理信息系统，核对录入信息正确性与完整性，并保存。

（2）稽查结果录入完成，如稽查样本没有问题，流转至"归档"；如稽查样本存在问题，则需对样本营销服务事故（差错）级别做判断。

（3）如果差错级别达到一般及以上营销服务事故（差错）时启动"营销事故（差错）处理"的"启动调查"，如果为轻微差错则流转至"整改及反馈"。

九、归档

（一）定义

归档，是指常态稽查工作结束后，将稽查过程的相关记录资料等整理存档。

（二）工作要求

（1）归档工作必须在稽查工作完成后办理，归档资料必须是办理完毕的正式材料，并在 3 个工作日内完成归档。

（2）归档资料应完整、齐全，现场业务表单及相关记录必须文字清晰，以原件资料存档，并符合档案规范化管理的要求。

（三）工作内容

（1）复核归档资料是否完整、齐备，"制定计划""样本抽取""结果录入"等节点录入的归档资料信息是否完整，复核人员复核无误后进行归档处理。归档资料包括：稽查结果、整改记录等过程信息资料。

（2）对归档资料不满足归档要求的，填写退回原因，退回营销稽查人员进行补充直至满足归档要求。

第七章

电力营销的专项稽查

根据上级部门的安排布置、营销重点工作需要或常态、在线稽查中发现的薄弱节点不定期组织开展的检查工作。专项稽查工作重点主要针对营销重大事件、重复发生的营销差错、营销工作中容易出现差错的薄弱环节等。

专项稽查的调查、处理应按"四不放过"要求开展，工作结束后，应编制专项稽查报告，中国南方电网有限责任公司组织的专项稽查在全网发布专项稽查报告，省公司组织的专项稽查在全省发布专项稽查报告，地（市）供电局市场营销部门组织的专项稽查在地（市）供电局发布专项稽查报告。

一、专项稽查的内容

（一）定义

专项稽查，是指根据上级部门的安排布置、营销重点工作需要或常态、在线稽查中发现的薄弱节点不定期组织开展的检查工作。专项稽查工作安排布置的顺序为：网公司市场营销部门、省公司市场营销部门、地（市）供电局市场营销部门、地（市）供电局营销稽查中心，由上到下的方式进行。

（二）管理要点

专项稽查应针对营销重点工作或常态稽查、在线稽查中发现的薄弱节点组织开展。

（三）工作要求

专项稽查应根据上级部门的安排布置，并针对营销重点工作或常态稽查、在线稽查中发现的薄弱节点组织开展。

（四）工作内容

（1）专项稽查流程主要内容包括：制定工作实施方案、样本抽取、工作实施方案审批、方案下达、派工、现场稽查、结果录入、整改及反馈、营销事故（差错）处理、归档。

（2）专项稽查的内容主要包括：

1）监督营销制度建设和执行情况。

2）监督和检查业扩报装、电能计量、抄核收、客户服务、电价执行、用电检查、管理线损、营销系统基础信息、客户停电管理等工作的规范性、质量和时效性。重点稽查以下关键风险点：

a. 业扩报装工作是否按业扩报装工作相关管理规定执行。

b. 新装、增容、减容、停（复）用专用变压器客户装表接电后其执行电价、计量方式和计量装置安装、基本电费计算的正确性。

c.《供用电合同》的签订、履行、变更、续签等情况以及合同条款的准确性。

d. 用电检查过程中是否严格遵守用电检查程序和相关法规进行，在发现问题时是否能做到有据可依，现场取证是否合法有效并应突出问题的重点，是否按规定合法处理违约用电、窃电客户。

e. 抄表监督机制建立和执行情况和各抄表区的实抄率、抄表的准确性。

f. 电能计量装置领用、安装、验收、更换、故障、报废处理等工作是否按照计量工作管理相关规定开展。

g. 国家电价政策及各项业务收费规定的执行情况。

h. 电费账务和电费资金安全管理及风险控制情况。

i. 客户用电档案的建立、归档、变更、销毁是否合理，用电档案记录是否与现场情况相符。

j. 服务窗口和从事有关营销服务工作人员的服务质量。

k. 客户投诉和举报案件的处理情况。

l. 计划停电、临时停电公告、通知的管理是否满足相关要求；停、限电管理及客户停电时间统计数据质量管理是否按相关规定执行。

m. 线损资料及线损四分工作开展情况进行稽查；管理线损涉及的计量、抄核收等营销服务活动工作质量进行稽查。

n. 电力需求侧管理及科学用电、节约用电、有序用电等工作质量及效益统计的准确性和真实性进行稽查；节能技术、节能知识方法及终端能效水平进行跟踪稽查。

o. 电力营销活动中的以电谋私、内外勾结窃电以及严重违反有关用电营业规章制度行为。

p. 查处营销事故（差错）调查工作过程中发生因隐瞒、欺骗、造假等行为。

（五）业务流程图

专项稽查业务流程可参考图 7-1。

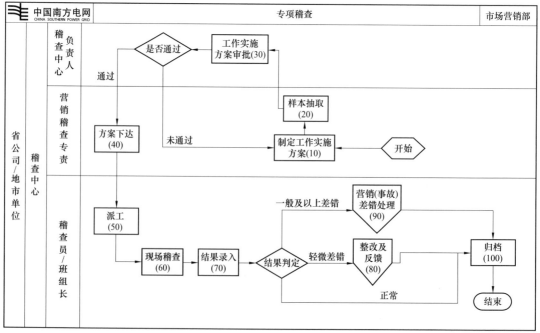

图 7-1 专项稽查业务流程图

二、制定工作实施方案

（一）定义

制定工作实施方案，是指根据上级专项稽查工作计划或通知制定工作实施方案的过程。

（二）工作要求

根据上级专项稽查工作计划或通知的要求制定详细的实施方案。

（三）工作内容

（1）实施方案应明确具体的稽查工作内容，并与上级的专项工作计划衔接。

（2）实施方案应明确具体的时间安排、组织机构、被稽查单位等。

三、样本抽取

（一）定义

样本抽取，是指按照专项稽查工作实施方案要求，从营销业务中抽取样本数据，形成稽查样本。

（二）工作要求

根据专项稽查工作实施方案的要求，确定抽样样本范围。

（三）工作内容

（1）根据确定的抽样样本范围设定指标，在营销管理系统中选取确定样本。

（2）抽取样本应可采用随机或人工方式确定，样本应涵盖指定业务或重点业务的范围。

四、工作实施方案审批

（一）定义

工作实施方案审批，是指审批人员对营销专项稽查工作实施方案及抽样样本进行审核批准的过程。

（二）工作要求

对实施方案是否落实上级专项稽查工作重点及要求的内容进行审批。

（三）工作内容

对制定的实施方案及抽样样本进行审查，签署审查意见。对于审查不通过的实施方案及抽样样本提出修改意见，要求制定人员修改完善直至审查通过；审查通过的实施方案及抽样样本应及时下发。

五、方案下达

（一）定义

方案下达，是指将制定好的专项稽查工作方案及抽样样本经审批通过后，下达给指定执行人的过程。

（二）工作要求

制定好的专项稽查工作方案及抽样样本经审批通过后，方案制定人应按要求及时将该方案下达给指定执行人。

（三）工作内容

按要求及时将审批通过后的工作方案及抽样样本下达给指定执行人。

六、派工

（一）定义

派工，是指将专项稽查工作任务派发给营销稽查人员的过程。

（二）工作要求

保证专项稽查工作任务派发的及时、正确、合理。

（三）工作内容

为保质保量按时完成专项营销稽查工作计划，应做好本次稽查工作的资料准备，并明确各项稽查任务的负责人。

七、现场稽查

（一）定义

现场稽查，是指营销稽查人员按照专项营销稽查工作实施方案到被稽查单位开展稽查工作的过程。

（二）工作要求

（1）在现场稽查之前，营销稽查人员应根据专项营销稽查工作实施方案的要求向被稽查单位发出《营销稽查通知单》，被稽查单位应事先准备好所需材料以供检查。

（2）营销稽查人员在实施现场稽查时，人数不得少于 2 个人。

（3）营销稽查人员在参与专项稽查工作时应服从工作安排，不得无故缺席。

（4）营销稽查人员到达现场后应向被稽查单位说明本次稽查的目的、范围、需配合的事项。

（5）被稽查单位对营销稽查工作应认真对待，高度重视，全力配合协助稽查部门开展工作，不得弄虚作假、相互推诿。

（6）现场检查时，应客观、公正地收集与稽查项目内容有关的数据资料。工作记录应清晰，准确、真实，不得弄虚作假，稽查发现的问题应如实上报。

（7）营销稽查人员必须严格遵守保密规定，为举报人保密；不得向无关人员透露稽查案件的有关信息，保证案件调查客观、公正地进行。

（8）营销稽查人员在开展现场稽查工作时，不得干扰被稽查单位正常的电力营销活动。

（三）工作内容

（1）营销稽查人员到达现场后应向被稽查单位说明本次稽查的目的、范围、需要准备的资料和需配合的事项。

（2）营销稽查人员根据稽查工作实施方案开展稽查工作：

1）询问当事人或者有关人员，并要求提供与稽查对象有关的资料，做好记录。

2）查询、复制与稽查对象有关的单据、凭证、文件及其他资料；在证据可能丢失或者难以取得的情况下，可以先行登记保存，当事人或者有关人员不得转移、隐匿或者销毁。

（3）营销稽查人员在现场稽查过程中应严格遵守稽查程序，填写《营销稽查（复查）结果记录单》，对稽查中发现存在问题的要详细记录，与被稽查单位人员进行核实、确认。

（4）现场检查时，应客观、公正地收集与稽查项目内容有关的数据资料。工作记录应清晰、准确、真实，不得弄虚作假，稽查发现的问题应如实上报。

（5）营销稽查人员应根据资料稽查和现场稽查的结果进行分析，判断稽查样本中是否存在违反电力营销相关规范、制度等的问题。

（6）营销稽查人员在现场检查过程中发现疑似存在窃电、违约用电情况时，应及时将相关信息转用电检查部门处理。

（7）专项稽查工作结束后，被稽查单位负责人应该在现场收集的单据、凭证、文件、谈话记录及其他相关资料上签章。

八、结果录入

（一）定义

结果录入，是指营销稽查人员完成现场稽查后，把本次专项稽查的相关资料信息录入营销管理系统。

（二）工作要求

（1）营销稽查人员完成现场稽查后，须在 3 个工作日内把本次专项稽查每个样本的相关资料信息录入营销管理系统。

（2）任何单位和个人应对发现的营销差错不得迟报、漏报、谎报或者瞒报，存在上述行为的将进行通报，并追究相关责任人的责任。

（3）营销稽查人员应按照营销事故（差错）级别标准对存在问题进行事故（差错）初步定性。

（三）工作内容

（1）营销稽查人员完成现场稽查后，把本次专项稽查每个样本的相关资料信息录入营销管理系统，核对录入信息正确性与完整性，并保存。

（2）本次专项稽查的相关资料信息录入完成后，如不存在差错，进入"归档"；如存在轻微差错，进入"整改及反馈"；如存在一般及以上营销差错，启动"营销事故（差错）处理"。

九、归档

（一）定义

归档，是指营销稽查工作人员在专项稽查工作结束后，将稽查处理结果、记录、总结、过程资料信息等进行审核确认后实施归档的过程。

（二）工作要求

营销稽查人员须在 3 个工作日内完成对稽查结果、记录、资料等信息的审核归档。

（三）工作内容

（1）稽查人员核对被稽查单位反馈的整改结果，确认无误后，在营销管理系统中进行确认归档。

（2）归档内容包括被稽查单位在营销管理系统中反馈的信息，稽查通知、稽查样本、稽查报告、稽查工作中的电子、纸质、音像、视频等材料。

1）对于纸制材料，应按时间、工作项分类存放，档案应齐全、完整、准确。

2）对于电子材料，应按时间、工作项分类建立相应的目录存放，并做好备份工作。

（3）稽查工作结束后，应及时对稽查工作的情况进行总结、统计、分析，形成分析报告，并上报。

第八章

营销服务事故（差错）调查处理

营销服务事故（差错）的调查处理应按"四不放过"要求开展。

一、营销服务事故（差错）调查处理的内容

（一）定义

营销服务事故（差错）处理，是指供电企业对营销及其他有关人员在营销服务工作中由于失误、失职、渎职、违规、违纪、违法等原因发生的服务事故（差错）进行调查并处理的过程。

（二）管理要点

对营销工作中发生的营销服务事故（差错）应限时调查、整改、逐级上报，营销事故（差错）处理应按照"四不放过"原则进行处理、整改。属于特大营销事故的，在全网内通报；属于重大营销事故的，在省公司内通报；属于较大营销差错的，在地市单位内通报；属于一般及以下营销差错的，在差错责任部门内通报。

（三）工作要求

（1）对营销工作中发生的营销服务事故（差错）应限时调查、整改、逐级上报。

（2）营销事故（差错）处理应遵循"四不放过"原则。

（3）任何单位和个人对发现的营销服务事故（差错）不得迟报、漏报、谎报或者瞒报，如发生以上行为则进行通报，并按人事部门颁发的考核管理办法追究相关部门和人员责任。

（四）工作内容

（1）发现营销服务事故（差错）时发现人应及时上报，相关部门应及时组织调查，确认营销服务事故（差错）的级别，并根据事故（差错）的级别启动相关工作流程。

（2）营销服务事故（差错）判定为一般及以上的应发起事故调查申请，启动调查处理程序；判定为轻微差错的按整改流程处理。

（3）依据营销服务事故（差错）级别，分别组织不同层面的调查工作组开展调查，在规定的时限内完成调查并形成报告。

（4）营销服务事故（差错）责任部门应按照"四不放过"原则对事故（差错）进行整改，并将处理结果报上级主管部门备案。

（5）对违规、违纪或涉嫌行风事件的工作人员，转纪检监察部门查处；涉嫌违反财务纪律的按财务规章处理；涉及违法的移交公安机关处理；触犯刑法的移交司法机关处理。

（五）业务流程图

营销服务事故（差错）处理业务流程可参考图 8-1。

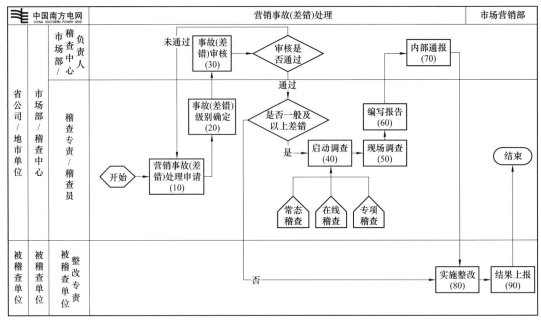

图 8-1　营销服务事故（差错）处理业务流程图

二、营销服务事故（差错）处理申请

（一）定义

营销服务事故（差错）处理申请，是指营销稽查人员在发现或收到营销服务事故（差错）信息后，应立即向上级提出处理申请。

（二）工作要求

营销稽查人员在发现或收到营销服务事故（差错）信息后于 2 个工作日内提出处理申请。

（三）工作内容

发现或收到营销服务事故（差错）信息后，及时编写营销事故（差错）处理申请。

三、事故（差错）级别确定

（一）定义

事故（差错）级别确定，是指依据营销服务事故（差错）等级划分标准确定申请的营销服务事故（差错）所属级别的过程。差错级别分为：特大营销责任事故、重大营销责任事故、较大营销差错、一般营销差错、轻微营销差错。

（二）工作要求

根据营销服务事故（差错）可能产生后果及影响程度进行等级划分。

（三）工作内容

根据营销服务事故（差错）可能产生的后果及影响程度，按表 8-1 营销服务事故（差错）级别标准对事故（差错）进行等级划分：

表 8 - 1　　　　　　　　　　　营销服务事故（差错）级别标准

内容　　项目	营销差错				
	特大营销事故	重大营销事故	较大营销差错	一般营销差错	轻微营销差错
经济损失（万元）	≥500	≥50，<500	>1，<50	>0.1，≤1	≤0.1
差错电量（万 kWh）	≥2000	≥200，<2000	>20，<200	>1，≤20	≤1
差错金额（万元）	≥1000	≥100，<1000	>10，<100	>0.6，≤10	≤0.6
不良影响	全国或全网范围内产生恶劣影响的	在全省范围内产生重大不良影响的	在地市范围内产生重大不良影响的	在地市及以下范围内产生不良影响的	出现过失，但未产生影响的

四、事故（差错）审核

（一）定义

事故（差错）审核，是指根据营销服务事故（差错）调查申请工单内容按照差错级别标准对营销服务事故（差错）内容进行审核的过程。

（二）工作要求

收到申请工单后应在 2 个工作日内完成事故（差错）的审核。

（三）工作内容

收到营销服务事故（差错）申请工单后，应及时对申请的内容进行审核。

五、启动调查

（一）定义

启动调查，是指根据已确定的一般及以上事故（差错）成立调查工作组对该事故（差错）开展调查。

（二）工作要求

（1）一般及以上级别的事故（差错）应成立专项工作调查组开展调查。

（2）一般及以上差错 24h 内逐级上报。

（3）任何单位和个人对发现的营销差错不得迟报、漏报、谎报或者瞒报，如发生以上行为则进行通报，并按人事部门颁发的考核管理办法追究相关部门和人员责任。

（三）工作内容

（1）特大营销事故，由公司牵头组织调查。

（2）重大营销事故，由各省公司牵头组织调查，并向公司市场营销部备案。

（3）较大营销差错，由地（市）供电局牵头组织调查，并向各省公司市场营销部备案。

（4）一般营销差错，由所在单位稽查部门牵头组织调查处理，并报供电局市场营销部备案。

（5）轻微营销差错，由所在单位稽查部门牵头组织调查处理。

六、现场调查

（一）定义

现场调查，是指调查工作组前往事故（差错）责任部门对事故（差错）原因和损失进行全面认真调查核实的过程。

（二）工作要求

（1）应按照"四不放过"原则对事故（差错）产生原因和造成的损失进行认真调查核实。

（2）在全面调查清楚事故（差错）产生的原因和造成的损失后，形成调查报告，调查报告上报时间要求如下：

1）特大营销责任事故，5个工作日完成差错事件调查，并形成书面调查报告。

2）重大营销责任事故，7个工作日完成差错调查，形成书面调查报告并上报网公司市场营销部备案。

3）较大营销服务差错事件，7个工作日内完成差错调查，形成书面调查报告并上报省公司市场营销部备案。

4）一般营销服务差错事件，7个工作日内将营销差错调查结论上报至供电局市场营销部。

5）轻微营销服务差错事件，月度内上报至供电局市场营销部。

（三）工作内容

（1）现场调查可采用营销管理系统、档案查询、现场取证、人员访谈等方式开展。

（2）现场调查工作中应认真填写工作记录，收集的相关材料及核算损失应经被调查的单位及涉及人员签字盖章确认。

（3）在调查中发现工作人员违规、违纪、存在不正当交易或涉嫌行风事件的，转纪检监察部门查处，涉嫌违反财务纪律的按财务规章处理，涉及违法移交公安机关处理，触犯刑法的移交司法机关处理。

七、编写报告

（一）定义

编写报告，是指调查工作组根据事故（差错）调查结果，编写事故（差错）调查报告的过程。

（二）工作要求

（1）报告应明确责任单位、责任人、差错原因、差错等级、差错类别以及差错造成的损失或影响等信息。

（2）报告应确定整改意见及整改限期。

（3）报告应明确责任追究。

（三）工作内容

（1）是否按规定建立和修改客户抄表档案。

（2）执行电价是否符合相关规定。

（3）力率考核是否按规定执行。

（4）是否按规定执行分时电价。

（5）是否按规定执行两部制计费。

（6）是否按规定计收基本电费。

（7）是否按规定执行优惠政策。

（8）是否存在错抄、漏抄、估抄。

（9）是否及时发现并报告客户电价比例与实际不符或私自更改用电类别的情况。

（10）是否按有关规定执行催费、欠费客户停电、复电流程。

（11）是否按规定处理异常收费数据。

（12）是否按规定时限进行对账（销账）。

（13）是否存在对账（销账）错误。

（14）收取电费时是否按规定在电力营销管理信息系统实时上机操作，并开具发票，预付电费或预购电的电费。

（15）是否开具临时收费收据。

（16）当日收取的款项是否按规定进行日结。

（17）当天日结电费款项是否按时存缴银行。

（18）双休日和非工作时间的电费收取是否按相关规定进行。

（19）是否按规定对自助缴费设备收取的电费进行日结。

（20）支票收取及退回是否按相关规定进行。

（21）是否存在隐瞒营业收费差错事件或者变相处理情况。

（22）违约使用电费、违约金是否按标准收取。

（23）营业网点留存现金是否符合规定。

（24）是否建立财务、营销月度对账制度，对账结果是否按规定时间上报。

（25）财务、营销是否对应收电费、欠费定期对账，对账结果是否正确。

（26）是否严格区分预收电费和实收电费。

（27）电费回收责任是否落实到具体部门，明确考核责任。

（28）是否编制已作坏账核销的应收款项（账销案存的应收账款）明细清单，是否及时记录对后续催收、债务人情况，定期向财务部门反馈账销案存的应收款项变动情况，由财务部门及时进行账务调整处理。

（29）是否按规定管理收费印章。

（30）计量故障、差错及窃电等情况是否按照相关规定、程序、权限处理。

（31）电能计量器具的轮换或抽检是否按照管理要求、程序、权限、技术规范进行。

（32）现场工作人员是否及时发现计量装置故障。

（33）电能计量装置周期检验（首检）、临时检验及计量器具的室内检验工作是否按照管理要求、程序、权限、技术规范进行。

（34）检验记录是否填写准确或完备。

（35）是否将故换、验换检验及现场检验结果正确录入系统；检验结果是否正确。

（36）特大营销责任事故，5个工作日完成差错事件调查，并形成书面调查报告。

（37）重大营销责任事故，7个工作日完成差错调查，形成书面调查报告并上报网公司市场营销部备案。

（38）较大营销服务差错事件，7个工作日内完成差错调查，形成书面调查报告并上报省公司市场营销部备案。

（39）一般营销服务差错事件，7个工作日内将营销差错调查结论上报至供电局市场营销部。

（40）轻微营销服务差错事件，月度内上报至供电局市场营销部。

（41）报告内容应包括事故（差错）发生时间、发生部门、事件经过、调查过程、调查结果、认定性质和责任、提出整改意见、整改期限。

（42）对造成事故（差错）直接、间接责任人、单位负责人等提出责任追究建议。

八、内部通报

（一）定义

内部通报，是指将事故（差错）调查报告在相应的范围内进行通报，以杜绝类似事故（差错）重复发生的过程。

（二）工作要求

根据事故（差错）调查报告确定通报范围，属于特大营销事故的，在全网内通报；属于重大营销事故的，在各子公司内通报；属于较大营销差错的，在供电局内通报；属于一般及以下营销差错的，在差错责任部门内通报。

（三）工作内容

通报内容包括事件经过、调查分析结果、责任追究处理。

九、实施整改

（一）定义

实施整改，是指事故（差错）责任部门根据调查报告进行事故（差错）纠正、制定预防措施、责任追究等活动的过程。

（二）工作要求

（1）及时做好事故（差错）纠正、预防措施制定及实施。

（2）按照"四不放过"原则将责任落实到人。

（三）工作内容

（1）及时做好事故（差错）纠正，并采取有效防范措施。

（2）对差错责任人按所在单位相关考核管理办法进行责任追究。

（3）对存在管理漏洞的，应及时规范工作标准并完善管理制度。

十、结果上报

（一）定义

结果上报，是指责任部门将整改结果按调查报告要求形成书面材料上报上级管理部门的过程。

（二）工作要求

在规定整改时限内完成整改结果上报。

（三）工作内容

将整改情况、处理结果等出具书面报告上报上级管理部门。

第九章

稽 查 整 改 反 馈

稽查人员对稽查发现的问题拟定整改意见，由问题责任部门根据整改意见进行限期整改，并将整改结果反馈至稽查人员的过程。责任部门除对存在问题进行整改外，应分析和总结发生问题的原因，制定落实防范措施，防止问题再次发生。

一、稽查整改反馈的内容

（一）定义

整改及反馈，是指稽查人员对稽查发现的问题拟定整改意见，由问题责任部门根据整改意见进行限期整改，并将整改结果反馈至稽查人员的过程。

（二）管理要点

稽查人员提出的整改意见应具有针对性和可操作性，责任部门应在规定的时限内完成整改并将问题整改结果反馈至稽查部门，并分析和总结发生问题的原因，制定落实防范措施，防止问题再次发生。

（三）工作要求

（1）稽查人员提出的整改意见应具有针对性和可操作性，对每项整改内容都应明确整改反馈时限。

（2）责任部门应在规定的时限内完成整改并将问题整改结果反馈至稽查部门，对因客观原因未能完成整改的项目也应说明未完成原因及预期完成整改的时间。

（3）责任部门除对存在问题进行整改外，应分析和总结发生问题的原因，制定落实防范措施，防止问题再次发生。

（四）工作内容

（1）整改及反馈流程主要内容包括：拟定整改意见、整改意见审批、下达整改通知、执行整改、整改核查、整改结果确认。

（2）稽查部门根据稽查存在的问题，填写《营销稽查整改通知及反馈单》，报部门负责人审批完成后下达至责任部门。

（3）问题责任部门应根据稽查部门提出的整改意见，在规定的时限内对存在的问题进行整改并分析问题原因、制定落实防范措施。

（4）问题责任部门将整改完成情况反馈至稽查部门，经稽查部门审核通过后转入"归档"。

（五）业务流程图

稽查整改反馈业务流程可参考图 9 - 1。

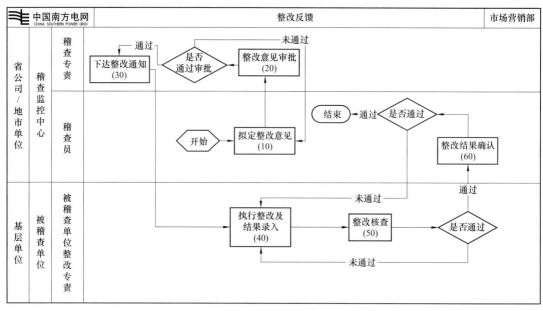

图 9-1　稽查整改反馈业务流程图

二、拟定整改意见

（一）定义

拟定整改意见，是指营销稽查人员根据稽查发现的问题，在规定时间内填写《营销稽查整改通知及反馈单》，并报稽查部门负责人审批的过程。

（二）工作要求

（1）对每个问题样本的差错项目均应提出有针对性的整改意见，且应明确责任部门和整改反馈期限。

（2）营销稽查人员应在规定时限内完成整改意见的拟定和报审。

（三）工作内容

（1）营销稽查人员根据稽查存在的问题拟定整改意见，包括整改内容、责任部门和整改反馈期限等。

（2）营销稽查人员根据拟好的整改意见填写《营销稽查整改通知及反馈单》，并上报稽查部门负责人进行审批。

三、整改意见审批

（一）定义

整改意见审批，是指稽查部门稽查专责对营销稽查人员报审的《营销稽查整改通知及反馈单》进行审批，并最终确定整改意见的过程。

（二）工作要求

稽查部门稽查专责应在规定时限内完成整改意见的审批。

（三）工作内容

（1）稽查部门稽查专责对营销稽查人员报审的整改意见进行审批，重点复核各项整改意见是否符合相关工作规定、是否具有针对性，以及责任部门及整改反馈时限设置是否正确合理等。

（2）稽查部门稽查专责填写审批意见，若审批通过则转入"下达整改通知"，若审批未通过应注明原因及修改意见并回退至"拟定整改意见"进行修改。

四、下达整改通知

（一）定义

下达整改通知，是指稽查专责将审批通过的《营销稽查整改通知及反馈单》下达至责任部门，要求其对存在问题进行整改的过程。

（二）工作要求

（1）对每个问题均应分别下达整改通知，并详细说明每个问题的整改意见及整改反馈时限。

（2）稽查专责应在规定的时限内向整改责任部门下达整改通知。

（三）工作内容

稽查部门将审批通过的《营销稽查整改通知及反馈单》在规定的时限内下达至整改责任部门。

五、执行整改及结果录入

（一）定义

执行整改及结果录入，是指责任部门专责在接到稽查部门下达的整改通知后，按照整改通知要求及时落实整改，并在规定时限内反馈整改结果的过程。

（二）工作要求

（1）责任部门应严格按照整改通知的要求执行整改，如遇整改不能及时完成的应写出整改措施及完成时间。

（2）责任部门应在整改通知规定的时限内向稽查部门反馈整改结果。

（三）工作内容

（1）责任部门按照整改通知的要求逐项执行整改，对存在问题的原因进行分析、总结并制定相应的防范措施。

（2）责任部门完成整改任务后中如实填写《营销稽查整改通知及反馈单》，并报责任部门专责审批。

六、整改核查

（一）定义

整改核查，是指责任部门专责对存在问题的整改结果进行审批的过程。

（二）工作要求

责任部门专责应在规定的时限内完成对整改反馈信息的审批。

（三）工作内容

（1）责任部门专责对报审的问题整改结果进行审批，重点复核整改工作是否确已完成、整改反馈信息是否准确等。

（2）责任部门专责填写审批意见，若审批通过则将《营销稽查整改通知及反馈单》回复稽查部门，转入"整改结果确认"，若审批未通过应注明原因并回退至整改反馈填报人进行整改。

七、整改结果确认

（一）定义

整改结果确认，是指稽查部门对责任部门提交的整改结果进行审核确认的过程。

（二）工作要求

稽查部门应在规定的时限内完成对整改结果的审核确认。

（三）工作内容

（1）稽查部门审核人员对责任部门提交的整改结果是否满足整改要求进行审核。

（2）稽查部门审核人员填写审批意见。对于审批通过的，返回主流程完成"归档"；对于审批未通过的注明存在问题及改进意见并回退至责任部门进一步整改。

（3）稽查人员可根据整改结果对部分整改问题进行抽样检查。

第十章

稽查整改复查

营销稽查单位（部门）接到被稽查单位的问题整改结果反馈后，应根据存在问题及被稽查单位的整改反馈结果进行核查，重点应核查整改措施、结果。

一、稽查整改复查的内容

（一）定义

整改复查，是指营销稽查人员根据被稽查单位反馈的整改措施或结果进行检查。

（二）管理要点

（1）对于业务数据质量的异常问题，通过系统或其他信息化手段再次筛查异常样本是否已恢复正常，并限期完成复查。

（2）对于不能通过信息化手段进行检查，需将复查工作延伸至现场的，结合常态、专项稽查进行现场检查确认。

（三）工作要求

（1）营销稽查人员应清楚整改复查流程。

（2）营销稽查人员应清楚存在问题的整改意见或建议。

（3）营销稽查人员应清楚被稽查单位整改反馈结果、措施等。

（四）工作要求

（1）整改复查流程包括：制定计划、样本确定、派工、复查及结果录入、整改及反馈、归档。

（2）营销稽查人员进行稽查整改复查时主要检查：

1）被稽查单位对稽查发现的问题，是否逐一实施整改措施。

2）被稽查单位是否对存在问题进行原因分析、总结。

3）被稽查单位是否举一反三，对于同类问题进行相应的整改或制定相应的防范措施并落实。

（3）营销稽查人员应对被稽查单位反馈的整改结果、防范措施进行分析，判断能否达到预期的整改效果。

（五）业务流程图

稽查整改复查业务流程可参考图 10-1。

二、制定计划

（一）定义

制定计划，是指根据稽查中需实施整改复查的问题样本情况编制整改复查工作计划。

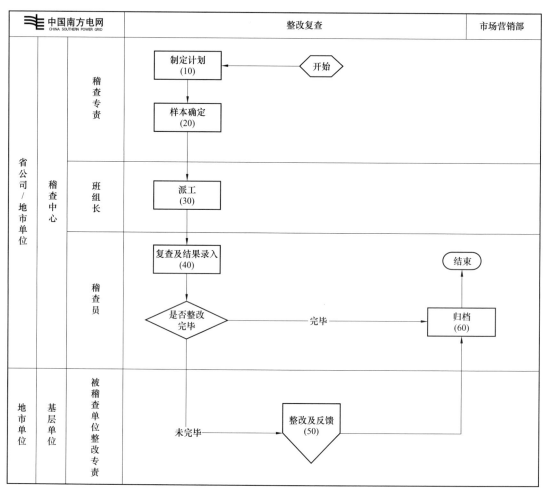

图 10-1 稽查整改复查业务流程图

（二）工作要求

（1）复查工作计划应有具体的时间安排。

（2）复查工作计划应明确营销稽查人员。

（3）复查内容应涵盖上次稽查中明确需整改的内容。

（4）合理制定和安排复查工作时间，按时完成复查工作计划。

（三）工作内容

根据已确定需要实施复查情况，编制整改复查工作计划。

三、样本确定

（一）定义

样本确认，是指营销稽查人员根据复查计划选取样本，并予以确认的过程。

（二）工作要求

抽样范围：从复查计划所确定的时间跨度域内已完成归档、需复查的样本总量中有针对性的抽取。

（三）工作内容

营销稽查人员根据复查计划确定的业务时段完成样本抽取及确认工作。

四、派工

（一）定义

派工，是指将复查任务派发给营销稽查工作人员。

（二）工作要求

保证稽查复查任务派发的及时、正确、合理。

（三）工作内容

根据整改复查工作计划，确认各复查任务的营销稽查人员，并做好复查任务派发。

五、复查及结果录入

（一）定义

复查及结果录入，是指营销稽查人员到被稽查单位，对问题样本的整改落实情况进行现场检查，并将"复查记录"录入营销管理系统的过程。

（二）工作要求

（1）营销稽查人员进行复查时，人数不得少于 2 个人，营销稽查人员应持证上岗。

（2）营销稽查人员对被稽查单位进行整改复查时，应遵守被稽查单位的各项规章制度，不得干预或扰乱被稽查单位正常的电力营销活动。

（3）被稽查单位对整改复查工作应认真对待，高度重视，全力配合协助稽查部门开展工作，不得弄虚作假、相互推诿。

（4）营销稽查人员在复查前，应查阅上次稽查情况，理清复查思路。

（5）复查过程中营销稽查人员应严格遵守稽查程序，对复查结果进行记录，并做出判断。

（6）营销稽查人员须在复查工作结束后 3 个工作日内将"复查记录"录入营销管理系统。

（三）工作内容

（1）营销稽查人员到达现场后应向被稽查单位说明本次复查的目的、范围、需准备的资料、配合的事项。

（2）营销稽查人员对整改结果、整改措施实施的效果进行验证，判断整改是否达到预期整改效果，填写复查记录。

（3）营销稽查人员完成整改复查后，根据现场记录资料，把"复查记录"录入营销管理系统，核对录入信息的正确性与完整性，并保存。

（4）根据"复查记录"判定，问题整改完毕且整改结果达到预期效果的，进入"归档"；问题未整改或整改不到位的，进入"整改及反馈"。

六、归档

（一）定义

归档，是指营销稽查人员在整改复查工作结束后，将处理结果记录、总结、过程资料信息等进行审核确认。

（二）工作要求

营销稽查人员须在 3 个工作日内完成对复查结果记录、资料等审核归档。

（三）工作内容

（1）稽查人员核对被稽查单位反馈的整改结果，确认无误后，在营销管理信息系统中进行确认归档。

（2）归档内容包括被稽查单位在营销管理系统中反馈的信息，稽查通知、稽查样本、稽查报告；稽查工作中的电子、纸质、音像、视频等材料。

（3）整改复查的相关材料与对应的原稽查工作资料统一存放。

第十一章

营销服务工作质量评估

运用规范、统一的评价方法，根据营销服务主要指标完成情况以及营销稽查过程中各业务单位样本反映的情况，对被评价单位的营销服务工作进行量化评分，从而考核、评价该单位的营销服务整体水平。职能管理部门根据工作质量评估情况制定整改计划，实行跨部门协调运作，及时解决存在的业务短板，不断提升客户服务能力，真正解决客户的用电问题和服务问题，持续减少客户停电时间，提高客户满意度。

一、营销服务工作质量评估的内容

（一）定义

工作质量评价，是指职能管理部门根据评价的情况，针对存在的问题组织制定改进计划，实行跨部门协调运作，相关部门按职责管理范围制定业务短板整改措施并督促措施的落实。

（二）管理要点

（1）评价报告坚持实事求是的原则，报告内容主要包括：评价总体情况、被评价单位、各专业评价情况、评价结果、主要存在问题、改进建议等方面。

（2）市场部根据工作质量评估情况制定整改计划，计划包括：存在问题、整改项目、整改要求、整改部门、反馈时限。

（三）工作要求

按照考核评价有关规定开展营销服务工作质量的评价。

（四）工作内容

按照考核、评价有关规定对业扩报装、抄核收、用电检查、计量管理、客户服务、管理线损、客户停电管理等工作进行量化评分，考核、评价营销服务水平。

（五）业务流程图

营销服务工作质量评估业务流程可参考图 11 - 1。

二、编写评价报告

（一）定义

编写评价报告，是指运用规范、统一的评价方法，根据营销服务主要指标完成情况以及营销稽查过程中各业务单位样本反映的情况，对被评价单位的营销服务工作进行量化评分，编写报告的过程。

（二）工作要求

（1）按照考核评价有关规定的要求开展工作，考核采用百分制，评价要及时。

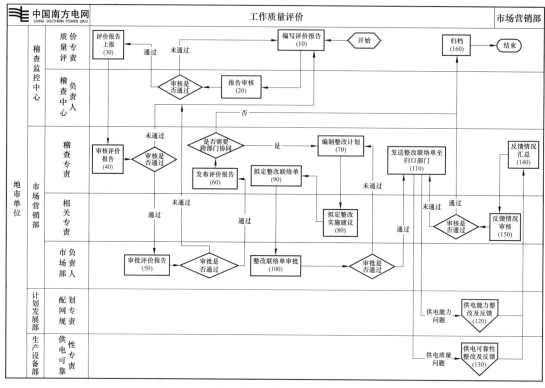

图 11-1　营销服务工作质量评估业务流程图

（2）评价报告坚持实事求是的原则，报告内容主要包括评价总体情况、被评价单位及各专业评价情况及评价结果、主要存在问题、改进建议等方面。

（三）工作内容

（1）评价人员根据在线、常态、专项稽查工作情况对相关营销业务部门业务工作开展情况进行评价打分，并结合营销业务指标考核情况，计算出总分后给出评价结果。

（2）地市单位在开展评价工作过程中，可结合实际管理需要，在公司总部、省公司发布的评价指标项目基础上增设本单位评价指标，指标选取原则遵循易于获取、具有专业代表性并具有提升空间。

三、报告审核

（一）定义

报告审核，是指稽查中心负责人对营销服务工作质量报告审查核对的过程。

（二）工作要求

稽查中心负责人审查核对报告内容的完整性、问题的代表性、数据的逻辑性、整改措施的可行性等内容。

（三）工作内容

（1）稽查中心负责人对营销服务工作质量报告内容的完整性、问题的代表性、数据的逻辑性、整改措施的可行性等进行审查核对，提出审核意见。

（2）审核完成后，审核通过进入"评价报告上报"；审核不通过进入"编写评价报告"。

四、评价报告上报

（一）定义

评价报告上报，是指评价工作完成后，将审核通过的评价结果上报的过程。

（二）工作要求

评价人员应及时将评价报告上报。

（三）工作内容

评价工作完成后，评价人员应把审核通过的营销服务工作质量报告及时上报职能部门。

五、审核评价报告

（一）定义

审核评价报告，是指职能部门审核人员对营销服务工作质量报告审查核对的过程。

（二）工作要求

职能部门审核人员审查核对报告内容的完整性、问题的代表性、数据的逻辑性、整改措施的可行性等内容。

（三）工作内容

（1）审核人员对营销服务工作质量报告内容的完整性、问题的代表性、数据的逻辑性、整改措施的可行性等进行审查核对，提出审核意见。

（2）审核完成后，审核通过进入"审批评价报告"；审核不通过进入"编写评价报告"。

六、审批评价报告

（一）定义

审批评价报告，是指职能部门负责人对营销服务工作质量报告审查批准的过程。

（二）工作要求

职能部门负责人审查报告内容的完整性、问题的代表性、数据的逻辑性、整改措施的可行性等内容。

（三）工作内容

（1）职能部门负责人对营销服务工作质量报告进行审查，并批准报告发布。

（2）审批完成后，审核通过进入"发布评价报告"；审核不通过进入"审核评价报告"。

七、发布评价报告

（一）定义

发布评价报告，是指职能管理部门将审批通过的评价结果进行发布的过程。

（二）工作要求

及时发布营销服务工作质量评价报告。

（三）工作内容

（1）评价工作完成后，职能管理部门将审批通过的评价报告进行发布。

（2）评价报告发布后，如果有需要跨部门协同解决的业务问题则进入"编制整改计划"，如果没有则进入"归档"。

八、编制整改计划

（一）定义

编制整改计划，是指市场部稽查专责根据稽查中心提交的工作质量评价报告内容，对需要跨部门协同的整改项目按照营销业务进行分类汇总和编制整改时间表，并传递至市场部业务相关专责的过程。

（二）工作要求

（1）对需要跨部门协同的整改项目按照营销业务进行准确分类。

（2）整改计划的编制工作应在2个工作日内完成。

（三）工作内容

市场部稽查专责根据稽查中心提交的工作质量评价报告内容，对需要跨部门协同的整改项目进行分类汇总和编排整改时间表，并及时流转至市场部业务相关专责处理。

九、拟定整改实施建议

（一）定义

拟定整改实施建议，是指市场部营销业务专责根据稽查中心提交的工作质量评价报告，对相关部门拟定整改实施建议的过程。

（二）工作要求

（1）拟定的整改建议应具有针对性、可操作性强。

（2）对相关部门整改实施建议的拟定工作应在2个工作日内完成。

（三）工作内容

（1）根据编制的整改计划和稽查中心提交的工作质量评价报告内容，拟定整改项目整改实施建议。

（2）整改项目整改实施建议拟定后，流转至市场部稽查专责进行汇总。

十、拟定整改联络单

（一）定义

拟定整改联络单，是指市场部稽查专责汇总各专业实施整改建议，拟定整改联络单，并提交市场部负责人审批的过程。

（二）工作要求

整改联络单的拟定工作应在2个工作日内完成。

（三）工作内容

市场部稽查专责汇总各专业实施整改建议，拟定整改联络单，并提交市场部负责人审批。

十一、整改联络单审批

（一）定义

整改联络单审批，是指市场部负责人对稽查专责拟定的整改联络单进行集中审核批准的过程。

（二）工作要求

（1）市场部负责人按照合理性、规范性和完整性的要求对整改联络单进行审核批准。

（2）对相关部门整改联络单的审批工作应在 2 个工作日内完成。

（三）工作内容

（1）市场部负责人对拟定的整改联络单进行审查，签署审查意见。

（2）审核完成后，审核通过进入"发送整改联络单至归口部门"；审核不通过进入"编制整改计划"。

十二、发送整改联络单至归口部门

（一）定义

发送整改联络单至归口部门，是指市场部稽查专责将通过审核的整改联络单发送至对应归口部门，并对整改结果进行核实、跟踪的过程。

（二）工作要求

（1）将审核通过的整改联络单正确发送至对应的归口管理部门。

（2）根据整改联络单的整改内容实施跟踪。

（3）整改联络单的发送工作应在 2 个工作日内完成。

（三）工作内容

（1）市场部稽查专责将通过审核的整改联络单发送至对应的归口管理部门。

（2）根据整改联络单核实后的整改内容实施跟踪。

第十二章

供电能力、可靠性整改及反馈

一、供电能力整改及反馈的内容

（一）定义

供电能力整改及反馈，是指计划部门依据市场营销部传达给的整改联络单中所列的整改项目及时限要求，制定出整改实施计划，实施完成后将结果传递给市场营销部的工作过程。

（二）工作要求

（1）制定的整改工作计划应有具体的时间安排、整改单位、整改责任人。

（2）整改工作完成后，应及时将整改结果报市场营销部审核。

（三）工作内容

（1）责任部门按照整改联络单的要求逐项执行整改，如遇整改不能及时完成的应说明原因并制定相应的措施和方案，并及时传递给市场营销部。

（2）责任部门对存在问题应进行原因分析、总结并制定相应的防范措施。

（3）责任部门完成整改任务后，如实填写《整改联络单》，并报部门负责人审批，通过后及时将《整改联络单》传递给市场营销部。

二、供电可靠性整改及反馈的内容

（一）定义

供电可靠性整改及反馈，是指生产设备部门依据市场营销部传达给的整改联络单中所列的整改项目及时限要求，制定出整改实施计划，实施完成后将结果传递给市场营销部的工作过程。

（二）工作要求

（1）责任部门整改工作计划应有具体的时间安排、整改单位、整改责任人。

（2）整改工作完成后，应及时将整改结果报市场营销部审核。

（三）工作内容

（1）责任部门按照整改联络单的要求逐项执行整改，如遇整改不能及时完成的应说明原因并制定相应的措施和方案，并及时传递给市场营销部。

（2）责任部门对存在问题应进行原因分析、总结并制定相应的防范措施。

（3）责任部门完成整改任务后，如实填写《整改联络单》，并报部门负责人审批，通过后及时将《整改联络单》传递给市场营销部。

三、反馈情况汇总

(一)定义

反馈情况汇总,是指整改情况反馈后,将反馈情况汇总传递给营销业务相关专责的过程。

(二)工作要求

反馈情况汇总人员应按要求及时将反馈整改情况汇总并传递给营销业务相关专责审核。

(三)工作内容

(1)反馈情况汇总应及时,反馈的整改数量应与整改联络单中需实施整改的问题数量相同。

(2)每项需实施整改的问题应有问题原因进行分析、整改情况、相应的防范措施,未能完成整改的项目也应有原因说明。

(3)反馈情况汇总后应及时将汇总结果传递给营销业务相关专责进行审核。

四、反馈情况审核

(一)定义

反馈情况审核,是指营销业务相关专责对责任部门反馈的《整改联络单》完成情况进行审核的过程。

(二)工作要求

营销业务专责应在规定时限内完成《整改联络单》完成情况的审核。

(三)工作内容

(1)营销业务专责应对《整改联络单》中所列整改内容进行仔细审核,重点审核各项整改问题的原因分析是否全面、整改情况是否完成、相应的防范措施是否到位。

(2)营销业务专责审核完后,应填写审核意见,审核通过的转入"归档",审批未通过的应注明原因及意见并回退至"整改归口部门"进行整改。

五、归档

(一)定义

归档,是指稽查中心质量评价专责将质量评估结果、记录、报告、过程资料信息等实施审核归档的过程。

(二)工作要求

质量评价专责须在营销服务工作质量评估报告发布后和反馈情况审核通过后的 3 个工作日内完成对质量评估结果、记录、报告、资料信息等进行审核归档。

(三)工作内容

(1)质量评价专责核对收到的记录、报告、整改联络单、整改结果、反馈情况等资料审核确认无误后,在营销管理系统中进行归档。

(2)归档内容包括质量评估工作报告、整改联络单、整改结果、反馈情况资料、质量评估工作的电子、纸质、音像、视频等材料。

第十三章

管 理 线 损 稽 查

一、管理线损概述

管理线损，主要针对 10kV 及以下电网线损管理工作，具体是指从线损指标下达到线损考核为止的全过程管理，包括：线损指标下达、线损率统计、线损监测分析、线损异常处理、管理线损分析报告编制、线损考核等。

管理线损，主要涉及：分线分台区线损指标管理、线损统计、分线线损监测及分析、分台区线损监测及分析、线损异常处理、线损报告编制、线损考核和线变和变户关系核查 8 个业务流程。

管理线损稽查以降损增效和促进营销基础管理规范化为目的，充分发挥分级管理控制的作用，坚持统一领导、分级管理、责任到人、考核到人的原则，实现全方位、全过程的闭环管理，最终实现"管理线损最小"的管理目标。

（一）定义

1. 线损

电网经营企业在电能传输过程中所发生的全部电能损耗，是电力网综合电能损耗的统称，包括技术线损和管理线损。

2. 管理线损

电能在电网传输过程中，由于计量、抄表、窃电及其他人为因素造成的电能损失。

3. 线损率

电网经营企业在电力传输过程中的损耗电量占供电量的比率。

4. 分压管理

对所管辖电网按不同电压等级进行线损统计、分析及考核的管理方式。

5. 分区管理

对所管辖电网按供电区域划分为若干个行政管理单位（部门）进行线损统计、分析及考核的管理方式。

6. 分线管理

对所管辖电网中各电压等级主设备（线路、变压器）的单个元件电能损耗进行统计、分析及考核的管理方式。

7. 分台区管理

对所管辖电网中各个公用配电变压器（以下简称"台区"）的供电区域电能损耗进行统计、分析及考核的管理方式。

8. 线损两个比对

采用专用变压器客户线损精确比对、公用变压器客户线损趋势分析的方式，对分线、分台区线损指标完成情况，与计划、同期及理论线损值进行比较分析，查找线损异常原因。

9. 环网线路间转供电量

环网线路在环网开关闭合期间相互转供电所产生的电量。

10. 跨区域线路分摊电量

为了确保分区线损率统计准确，将跨越多个供电营业区域的线路总电量分摊至相应供电营业区域的电量。

11. 分线（分台区）异常率

统计周期内线损异常的线路（台区）数量占本周期内应纳入线损比对线路（台区）总数的百分比。

12. 异常处理完成率

在考核周期内应完成归档（或提出降损需求）的异常处理流程数量占本考核周期内启动流程数量的百分比。

（二）总体结构

管理线损稽查总体结构见图 13-1。

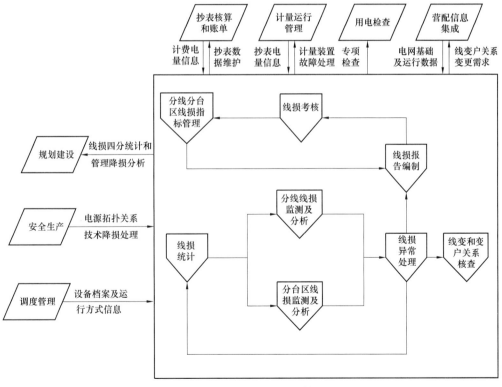

图 13-1　管理线损稽查总体结构

管理线损稽查，主要涉及：分线分台区线损指标管理、线损统计、分线线损监测及分析、分台区线损监测及分析、线损异常处理、线损报告编制、线损考核和线变和变户关系核查 8 个业务流程。

1. 管理线损与其他业务存在的关联关系

(1) 从"抄表核算和账单"获取用户的计费电量信息，并提出抄表区段及抄表计划维护、冲正退补的线损异常处理需求。

(2) 从"计量运行管理"获取各类计量点自动抄表电量信息及管理线损监测的相关数据，统计线损供售电量，并提出计量装置故障处理的线损异常处理需求。

(3) 向"用电检查"提出针对用户现场计量装置核查和违约用电、窃电等情况的专项检查需求。

(4) 从"营配信息集成"获取电网基础和运行数据，并提出线变户关系变更需求。

2. 管理线损与外部业务应用存在的关联关系

(1) 向规划建设部门，报送线损四分统计和管理降损分析，提出节能环保规划工作方案的反馈意见。

(2) 向生产管理部门，提出电源拓扑关系维护、技术降损处理需求。

(3) 从调度管理部门，获取配网线路名称及开关编号、运行方式和调度操作等信息，辅助处理环网线路转供电量和跨区域线路分摊电量。

二、管理线损监测

管理线损监测是按照分级管理、分级控制的原则分解及下达管理线损指标；按照线损供售电量同期原则常态化开展线损"两个比对"工作；按照定量分析与定性分析相结合以定量分析为主原则分析线损异常原因并制定整改措施的过程。

(一) 管理要点

以降低分线分台区线损异常率为目标，常态化开展线损"两个比对"异常监测工作，强化分线分台区线损监测工作的规范化、流程化、信息化，通过科学制定线路、台区线损比对阀值，坚持定量分析与定性分析相结合、以定量分析为主的原则逐层开展线损异常原因分析，做好线损异常原因归类，明确异常处理责任专业（部门），实现责任逐级传递，力争分线、分台区线损异常率控制在5%以内，最终提升管理线损精益化水平。

(二) 工作要求

(1) 指标实行分级管理、分级控制的原则。

(2) 各级单位应参考上年线损理论计算结果和历史线损统计数据制定线损率指标。

(3) 10kV及以下线损指标包括：10kV线损指标、10kV线路线损指标、0.4kV线损指标、0.4kV台区线损指标，分线异常率指标，分台区异常率指标。

(三) 工作内容

(1) 分线分台区线损指标管理，主要内容包括指标计划从地市单位至基层供电单位的分解、调整、审批、下发，并将10kV及以下线损指标分解到线路和台区等业务。

(2) 跨供电区域的10kV线路由其上级供电单位确定其责任下属基层单位，并由该基层单位下达线路的考核指标和落实线路责任人。

(3) 线损指标计划的编制还需考虑如下影响因素：

1) 前三年线损指标完成情况；

2) 降损措施的影响；

3）负荷增减和用电结构变化；

4）电力系统的运行方式、潮流分布；

5）新建工程投产和更换系统主元件的影响和电力网结构的变化；

6）其他。

（4）各级单位负责向下一级单位下达的线损指标如下：

1）地市单位负责下达：下属供电单位 10kV 线路线损率、0.4kV 台区线损率；下属供电单位分线异常率、分台区异常率。

2）区县供电局负责下达：各供电所 10kV 线路线损率、0.4kV 台区线损率；各供电所分线异常率、分台区异常率。

3）供电所负责下达：各责任人 10kV 线路线损率、各 0.4kV 台区线损率。各责任人分线异常率、分台区异常率。

（5）分解指标公式为：上年线损理论计算结果×系数×权重＋上年线损率×权重＋上上年线损率×权重。相应的系数及权重由地市及以上单位统一发布。

（四）业务流程图

管理线损监测业务流程可参考图 13-2。

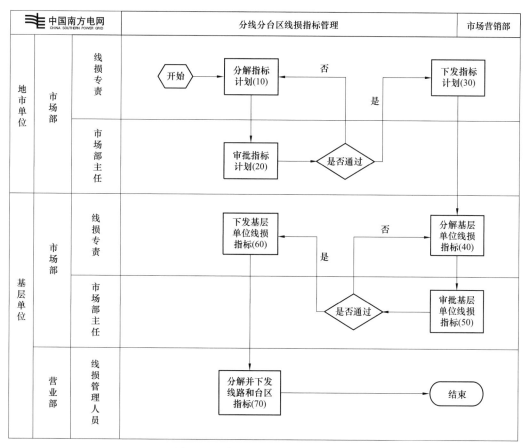

图 13-2　管理线损监测业务流程图

三、管理线损计划指标分解、审批、下发

（一）定义

（1）分解指标计划，是指各地市单位线损专责根据省公司下达的综合线损指标确定本单位 10kV 及以下线损指标，并分解至下属基层单位的过程。

（2）审批指标计划，是指各地市单位市场部主任审批线损分解指标的过程。

（3）下发指标计划，是指将经过审批后的线损分解指标以文件和信息系统的形式下发至下属基层单位的过程。

（二）工作要求

（1）线损指标应尽量采用客观数据，采用科学严谨的方法合理分解，防止出现线损指标编制方法不科学造成的分解指标失真。

（2）指标分解应综合考虑下属基层单位历史三年线损电量及指标完成情况、负荷增减和用电结构变化情况、电力网结构变化情况、上年线损理论计算结果等因素。

（3）分解指标计划经过市场部主任审批后一般不予调整，除非因政府政策和社会经济环境等原因导致用电结构发生较大变化，使线损指标无法完成时才予调整。

（三）工作内容

（1）各地市单位线损专责在收到省公司下达的综合线损指标后，应将综合线损指标进行分解，形成各下属基层单位 10kV 线损指标、0.4kV 线损指标、分线异常率指标、分台区异常率指标，并编制《线损指标分解表》初稿。

（2）《线损指标分解表》应包括：单位、分解线损指标、上年线损指标及实际完成值、上年供（售）电量、本年供（售）电量预测值及增长率、线损理论计算结果、分线异常率指标、分台区异常率指标等，并能清晰展示分解指标的计算过程，便于后续讨论审批工作的开展。

（3）编制《线损指标分解表》初稿形成后报地市单位市场部主任审批。

（4）地市单位市场部主任对线损专责提交的分解指标计划进行完善、审批。

（5）编制《线损考核分解指标下达表》，内容包括：下属基层单位、10kV 线损指标、0.4kV 线损指标、分线异常率、分台区异常率等内容，作为文件附件下发。

（6）将确定的分解指标录入系统并下发，便于线损考核工作能够依托系统实现自动考核，确保考核工作的客观公正。

（7）基层单位线损专责在系统中确认接收后，便不能更改，转入分解下属基层单位线损指标节点。

四、基层单位分解、审批、下发本单位线损指标

（一）定义

（1）分解基层单位线损指标，是指各基层单位将地市单位下达的 10kV 及以下线损指标分解至下属基层单位的过程。

（2）审批基层单位线损指标，是指各基层单位市场部主任审批下属基层单位线损分解指标的过程。

（3）下发基层单位线损指标，是指将经过基层单位营销主管审批后的线损分解指标以

文件和信息系统的形式下发至下属基层单位的过程。

（二）工作要求

（1）线损指标应尽量采用客观数据，采用科学严谨的方法合理分解，防止出现线损指标编制方法不科学造成的分解指标失真。

（2）指标分解应综合考虑下属基层单位三年的历史线损电量及指标完成情况、负荷增减和用电结构变化情况、电力网结构变化情况、上年线损理论计算结果等因素。

（3）分解指标计划经过基层单位营销主管审批后一般不予调整，除非因政府政策和社会经济环境等原因导致用电结构发生较大变化，使线损指标无法完成时才予调整。

（三）工作内容

（1）各基层单位线损专责在收到地市单位下达的 10kV 线损指标和 0.4kV 线损指标后，应将上述线损指标分解成各下属基层单位的 10kV 线损指标、0.4kV 线损指标、分线异常率指标、分台区异常率指标，并编制《线损指标分解表》初稿。

（2）《线损指标分解表》应包括：单位、分解线损指标、上年线损指标及实际完成值、三年的历史线损电量、上年供（售）电量、本年供（售）电量预测值及增长率、线损理论计算结果、分线异常率指标、分台区异常率指标等，并能清晰展示分解指标的计算过程，便于后续讨论审批工作的开展。

（3）编制《线损指标分解表》初稿形成后报营销主管审批。

（4）基层单位营销主管对线损工作小组提交的分解指标计划进行完善、审批。

（5）基层单位营销主管对《线损指标分解表》的客观性、合理性等方面提出意见。如需修改则退回至基层单位线损专责重新分解下属基层单位的线损指标；如不需修改则交给线损专责下发下属基层单位线损指标。

（6）编制《线损考核分解指标下达表》，内容包括：下属基层单位、10kV 线损指标、0.4kV 线损指标、分线异常率指标、分台区异常率指标等内容，作为文件附件下发。

（7）将确定的分解指标录入系统并下发，便于线损考核工作能够依托系统实现自动考核，确保考核工作的客观公正。

（8）基层单位线损管理人员在系统中确认接收后，便不能更改。

五、分解并下发线路和台区指标

（一）定义

分解并下发线路和台区指标，是指各基层单位线损管理人员将上级下达的 10kV 及以下线损指标分解成各 10kV 线路线损指标和各 0.4kV 台区线损指标的过程。

（二）工作要求

（1）线损指标应尽量采用客观数据，采用科学严谨的方法合理分解，防止出现线损指标编制方法不科学造成的分解指标失真。

（2）指标计划公布后原则上本年度内不予调整。

（3）指标分解应综合考虑线路或台区三年的历史线损电量及指标完成情况、负荷增减和用电结构变化情况、电网结构变化情况、上年线损理论计算结果等因素。

（4）建议分解指标按公式在营销系统中实现自动分解下达。

（三）工作内容

（1）编制《线路和台区考核指标下达表》，内容包括：单位、变电站、线路名称、台区名称、考核指标、责任人、考核开始日期、考核截止日期、分线异常率、分台区异常率、备注等内容。

（2）各基层单位线损管理人员在收到上级下达的线路和台区考核指标后，应将该指标分解成各 10kV 线路线损指标、各 0.4kV 台区线损指标、分线异常率、分台区异常率，并落实线路责任人和台区责任人。

（3）各基层单位线损管理人员将确定的分解指标在系统中录入，便于线损考核工作能够依托系统实现自动考核，确保考核工作的客观公正。

六、线损统计

（一）定义

线损统计，是指根据管理线损涉及范围，从地市单位至基层单位 10kV 及以下线损报表逐级统计的过程。

（二）工作要求

（1）线损统计原则：

1）线损供售电量同期原则。

2）按月度进行线损报表统计，实行单双月抄表的台区应按照抄表周期统计。

3）计算标准统一原则。

（2）各类报表的统计和填报要求数据真实、格式规范统一、完整及时，不得人为调整造成线损率失真。

（3）线损统计是在电量电费统计结果的基础上进行的数据统计计算，线损统计必须在电量电费数据统计完成后方能实施，全局线损供售电量统计结果应与电量电费统计结果保持一致，同时为核查电量电费数据提供支持。

（4）对于跨供电区域的 10kV 线路线损统计，由其上级供电单位在统计前处理并审核跨区域线路分摊电量，确保分区线损统计数据准确。在统计线路线损过程中，相应基层单位可将其管辖的线路分段作为单条线路纳入《线路线损报表》统计。

（5）10kV 线路关口计量点计量装置的供售电关系、基本档案、表码及电量由计量专业部门负责日常管理和维护。

（三）工作内容

线损统计，主要内容包括审核跨区域线路环网电量、统计 10kV 线路和 0.4kV 台区供售电量、统计基层单位线损报表等业务。

（四）业务流程图

线损统计业务流程可参考图 13-3。

七、审核跨区域线路环网电量及其他

（一）定义

审核跨区域线路环网电量及其他，是指基层单位（地市单位）处理并审核环网线路转

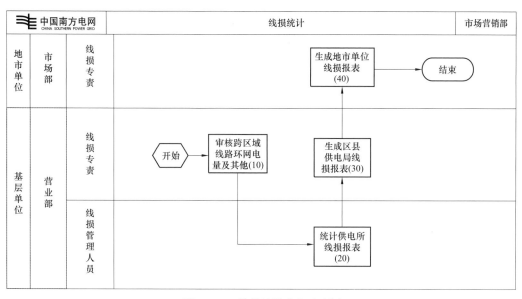

图 13-3　线损统计业务流程图

供电量、跨供电区域线路分摊电量、变电站旁路代供电量等数据的过程。

（二）工作要求

（1）有跨区域线路的基层单位在进行线损统计之前，必须先进行电量分摊，确保各供电所分区、10kV 线路线损统计准确。

（2）跨区域线路电量分摊和环网线路转供电量移交应利用系统实现，防止基层单位为了完成线损考核指标而人为调整电量数据。

（3）跨区域或者环网线路应在线路的基本档案信息中设立跨区域标志或环网标志。

（三）工作内容

（1）基层单位完成抄表数获取和验证后，将跨区域线路和环网线路供售电量汇总并编制《跨区域及环网线路电量分摊表》，由上级单位（地市单位）组织处理电量分摊工作。

（2）《跨区域及环网线路电量分摊表》主要包括：单位、线路名称、原始供电量、原始售电量、原始线损率、分摊后供电量、分摊后售电量、分摊后线损率、环网分摊电量等内容，且能清晰展示计算过程。

（3）跨区域电量分摊方法采用供电量分摊法。供电量分摊法，是指根据各基层单位所采集的售电量占线路总售电量的比例，将跨区域线路供电量进行分摊的方法；以单条线路为例，基层单位 A 分摊后供电量＝线路总供电量×（基层单位 A 采集售电量/线路总售电量），其他基层单位以此类推。本方法适用于跨区域线路分段结算点没有安装计量表计的地区。

（4）对于具有营配信息集成平台条件的环网线路，建议由营配信息集成平台提供环网操作信息，系统自动计算环网电量；对于不具备条件的环网线路，手工录入环网操作信息，系统自动计算环网电量。跨区域线路由系统根据供电线路跨区域标志自动分摊供电量。

（5）跨区域线路电量分摊以 10kV 线路为基本单位；若存在多条跨区域供电线路者，

则各基层单位跨区域分摊总电量应等于相关线路分摊电量之和。

（6）其他内容审核还包括：变电站旁路代供电量等。

（7）本节点结束后，方可统计线路供售电量数据。

八、统计供电所线损报表

（一）定义

统计供电所线损报表，是指在完成各 10kV 线路和各 0.4kV 台区供售电量数据发行后，由基层单位线损管理人员统计生成线损报表的过程。

（二）工作要求

（1）基层单位线损管理人员应于电费发行后 1 天内开始统计，并于应收账务确定后锁定线损报表统计结果。

（2）当月未统计的线路和台区由系统定时预统计，且仅触发一次。

（3）对于结构复杂、开环点多或当月运行方式有改变的 10kV 环网线路，允许线路之间进行转供电量移交或者合并统计，使线损率统计能尽量反映线损实际水平。

（4）对于通过低压联络开关进行合并供电的不同台区，允许将供售电量合并统计。

（5）合理安排供售电量抄表例日，并严格按照抄表例日进行抄表，不得随意变更，尽量减小供售电量不同期导致的线损率波动。

（三）工作内容

（1）统计生成供电所线损报表，在各线路或台区供售电量发行后由系统定时预统计，对于线损异常的线路和台区，系统应自动向线路和台区责任人发送线损异常信息；在电费电量数据变更后可以手动触发，再次统计。

（2）供电所线损报表包括：供电所的《台区线损统计表》《线路线损统计表》《分区线损统计表》《10kV 及以下分压线损统计表》。

（3）基层单位的《台区线损统计表》主要内容包括：单位、变电站、线路名称、台区名称、台区编号、本月供电量、本月售电量、本月线损率、本月同比线损率，累计供电量、累计售电量、累计线损率、累计同比线损率、统计时间、统计方式、台区责任人等《台区线损统计信息》的数据项。

（4）基层单位的《线路线损统计表》主要内容包括：单位、变电站、线路编号、线路名称、本月供电量、本月售电量、本月专变售电量、本月线损率、本月同比线损率，累计供电量、累计售电量、累计专变售电量、累计线损率、累计同比线损率、统计时间、统计方式、线路责任人等"线路线损统计信息"的数据项。

（5）基层单位的《分区线损统计表》主要内容包括：单位、本月供电量、本月供电量同比、年累计供电量、年累计供电量同比、本月售电量、本月售电量同比、年累计售电量、年累计售电量同比、本月线损率、本月线损率同比、年累计线损率、年累计线损率同比等"分区线损统计信息"的数据项。

（6）基层单位的《10kV 及以下分压线损统计表》主要内容包括：单位、电压等级、输入电量、输出电量、损失电量、各电压等级损耗所占比例、线损率、线损率同比、无损电量、有损线损率、有损线损率同比等"10kV 及以下分压线损统计信息"的数据项。

（7）分台区线损统计计算方法。

1）单台变压器（见图 13-4）：

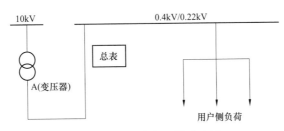

图 13-4　单台变压器示意图

低压台区线损率＝（A 正向－∑用户侧电量）/A 正向×100%

2）两台变压器低压侧环网（见图 13-5）：

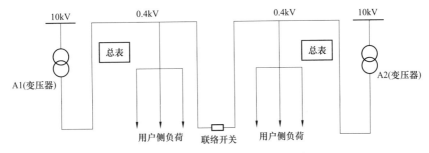

图 13-5　两台变压器低压侧环网示意图

A1 台区和 A2 台区的总线损率＝（A1 正向＋A2 正向－∑A1 用户侧电量－
∑A2 用户侧电量）/（A1 正向＋A2 正向）×100%

两台及以上变压器低压侧并联，或低压联络开关并联运行的，可将所有并联运行变压器视为一个台区单元统计线损率。

3）对于有统一高压计量的多台配电变压器及其台区，在满足供售电量同一天抄表的条件下，可以视为一个台区单元统计线损率。

（8）10kV 线路线损统计的计算方法。

1）单放射线路（见图 13-6）：

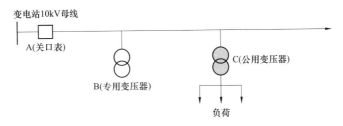

图 13-6　单放射线路示意图

线路总线损率＝（A 正向－∑终端用户侧电量）/A 正向×100%
线路 10kV 线损率＝（A 正向－∑配变总表电量）/A 正向×100%

2）单放射线路（含小水电）（见图13-7）：

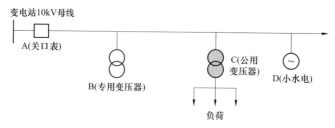

图13-7　单放射线路（含小水电）示意图

线路总线损率＝（A正向－A反向＋D正向－D反向－
∑终端用户侧电量）/（A正向＋D正向）×100%

线路10kV线损率＝（A正向－A反向＋D正向－D反向－
∑配变总表电量）/（A正向＋D正向）×100%

3）环网线路（见图13-8）：

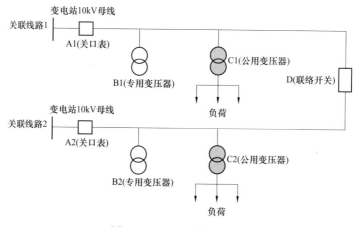

图13-8　环网线路示意图

a. 适于大面积线路负荷转接、环网方式变更频繁及长时间永久性变更。

关联线路1和关联线路2的总线损率＝（A1正向＋A2正向－∑终端用户侧电量）/
（A1正向＋A2正向）×100%

关联线路1和关联线路2的10kV线损率＝（A1正向＋A2正向－∑配变总表电量）/
（A1正向＋A2正向）×100%

（注：对环网联络开关处未装设双向计量表计的，可按本方式将关联线路1和线路2的线损率合并计算，对环网联络开关处已装设双向计量表计的，可按正常方式分开计算，以下同。）

b. 适于环网方式变更造成用户短时转移至其他线路供电的情况。

如：关联线路2负荷转关联线路1供电。

转电台区终端用户侧调整电量＝［（转电结束时间－转电开始时间）/当月总运行时间］×
∑转电台区终端用户侧电量之和

$$转电台区总表调整电量＝[(转电结束时间－转电开始时间)/当月总运行时间]\times$$
$$\sum 转电台区总表电量$$

$$关联线路1终端用户侧调整后电量＝关联线路1终端用户侧调整前电量＋$$
$$转电台区终端用户侧调整电量$$

$$关联线路2终端用户侧调整后电量＝关联线路2终端用户侧调整前电量－$$
$$转电台区终端用户侧调整电量$$

$$关联线路1总线损率＝(A1正向－关联线路1终端用户侧调整后电量)/A1正向\times100\%$$
$$关联线路2总线损率＝(A2正向－关联线路2终端用户侧调整后电量)/A2正向\times100\%$$

$$关联线路1(10kV)线损率＝(A1正向－关联线路1台区总表电量－$$
$$转电台区总表调整电量)/A1正向\times100\%$$

$$关联线路2(10kV)线损率＝(A2正向－关联线路2台区总供电量＋$$
$$转电台区总表调整电量)/A2正向\times100\%$$

（9）分区线损统计计算方法。

$$线损率＝(供电量－售电量)/供电量\times100\%$$

$$供电量＝本企业统一核算发电厂上网电量＋本企业购入电量＋电网输入电量－电网输出电量$$
$$售电量＝所有用户的抄见电量$$

电网输入电量，主要是高于本供电区域管理的电压等级的电网输入电量。

电网输出电量，指各供电企业从本企业供电区域向外部电网输出的电量。

（10）各营业区域的 10kV 及以下分压线损统计计算方法。

1）10kV 线损率。

$$供电量＝所有变电站10kV馈线供电量$$

$$售电量＝所有台区总表电量之和＋所有专用变压器总表电量＋所有趸售用户结算售电量$$
$$线损率＝(供电量－售电量)/供电量\times100\%$$

2）0.4kV 线损率。

$$供电量＝所有台区总表电量$$
$$售电量＝所有0.4kV及以下用户结算售电量$$
$$线损率＝(供电量－售电量)/供电量\times100\%$$

3）10kV 及以下配网线损率。

$$供电量＝所有变电站10kV馈线供电量$$
$$售电量＝所有10kV及以下用户结算售电量＋所有趸售用户结算售电量$$
$$线损率＝(供电量－售电量)/供电量\times100\%$$

九、生成各供电单位线损报表

（一）定义

生成各供电单位线损报表，是指各供电单位线损专责在收到本单位及基层单位的线损报表后，汇总并编制地市单位线损报表的过程。

（二）工作要求

各供电单位线损专责应于每月应收账务确定后锁定地市单位线损报表统计结果。

（三）工作内容

（1）各供电单位线损报表包括：本单位及基层单位的《台区线损统计表》《线路线损统计表》《分区线损统计表》《10kV 及以下分压线损统计表》等。

（2）以表单、表格、图形等多种方式，实现在信息系统中对全局、全省、全网 10kV 及以下线损指标完成情况的统计和直观展示的功能，内容包括：月度及年累计的总供电量、总售电量、综合损耗电量、综合线损率、综合线损率指标、10kV 输入电量、10kV 输出电量、10kV 损耗电量、占综合损耗电量比例、10kV 线损率、10kV 线损率指标、0.4kV 输入电量、0.4kV 输出电量、0.4kV 损耗电量、占综合损耗电量比例、0.4kV 线损率、0.4kV 线损率指标；10kV 线路数量、超标线路数量、线路异常率（按月度统计）；0.4kV 台区数量、超标台区数量、台区异常率（按台区的抄表周期统计）。

十、分线线损监测及分析

（一）定义

分线线损监测及分析包括动态监测及分析和月度监测及分析两种工作模式。动态监测及分析，是指基于计量自动化系统数据，通过营销系统对 10kV 线路线损进行统计、动态监测、分析，使线损异常风险管控前移，及早控制月度异常率的过程。月度监测及分析，是指对月度线损率异常的 10kV 线路进行定性定量分析并制定具体处理措施的过程。

（二）工作要求

（1）分析原则：定量分析与定性分析相结合，以定量分析为主。

（2）应建立分线线损异常分析时限监控机制，控制分析流程总时限。

（3）选择合理（以月度供售电量对应为原则）的统计口径。

（4）分线线损异常分析内容应包括：指标完成情况、统计线损率与计划指标、上期和同期数据的比较、线损波动原因、需要采取的处理措施等。

（5）定量分析必须有充分依据，且定量应有详细计算过程，并在异常原因描述中予以说明。

（6）处理措施必须明确责任班组（部门）、具体处理事项。

（7）稽查中心负责分线动态监测工作，按日跟踪线损异常情况，按周向基层单位发布异常工单，并对基层单位异常分析、处理结果进行跟踪、稽查，按月向地市单位市场部门提交线损监测分析报告。

（8）动态监测及分析线损数据应从计量自动化系统获取表计电量及线路线损相关数据，在营销系统开展监测及分析工作；月度监测及分析线损数据从营销系统的电量电费库中获取，并在营销系统中开展监测及分析工作。

（9）动态监测及分析其他要求：

1）跨区域供电、环网的 10kV 线路等情况的转供电量，可根据营销系统中的组合关系进行合并计算，辅助分线动态监测统计。

2）开展动态监测及分析的线路应以各条分线、各分台区线损指标为基础，按照合理的规则统一设置线损动态监测及分析的异常阀值，建议公式为：

分线（分台区）线损指标×系数

系数由地市及以上单位统一发布。

（10）通过信息系统对异常分析结果进行分类统计。信息系统应对动态监测和月度监测触发的异常分析工单进行区分，并分别统计动态监测异常率及月度线损异常率。

（三）工作内容

（1）月度监测及分析流程，主要包括：筛选异常并下发任务、异常原因分析、制定处理措施并上报审批、各级审批并提出指导意见、确定最终处理措施、归档等环节。动态监测及分析流程，鉴于分析处理的时效性要求，流程包括：筛选异常并下发任务、异常原因分析、制定处理措施、措施初审、归档等环节。

（2）对于配变终端、负控终端覆盖率达到100%的线路，应在营销系统开展线损率动态监测，对于未能采集到数据的终端应能列明清单。对于未达到100%的线路，应在营销系统开展月度线损监测，并列明未覆盖终端的清单。

（3）动态监测其他内容：

1）计量自动化系统提供的动态监测线损数据主要是指相应表计、终端的日电量及线路线损相关数据。

2）对分线线损有关的供电量、售电量、专变电量、台区电量、线损率等数据及计量装置运行状态、线变、变户等信息进行动态监测。

3）各级线损管理人员可查询所有10kV线路动态监测线损数据。营销系统可根据设定动态监测阀值筛选异常线路，并按照异常等级评定原则进行评级。

4）根据异常等级确认动态监测异常发布清单，并启动分线异常监测及分析流程。同一线路在上次异常分析处理流程未归档期间，不必重复启动异常分析处理流程。

5）统计异常10kV线路的线损总体情况，包括线路条数、正常条数、异常条数、异常比例等。

6）查询并导出"线路动态监测信息"，包括：时段、线路编号、线路名称、供电量、售电量、专变电量、专变比例、线损率、月线损率、线损指标、转供电量、环网组号、异常日次数、异常等级等。

7）查询并导出线路异常表单《线损率异常线路用户电量波动明细表》《线损率异常线路档案对比表》《线损率异常线路终端监测表》《10kV线路月线损率对比表》。

8）针对一条线路可查看变电站、线路名称以及本月的日线损率明细、本年各月营销系统和计量系统线损率对比明细。

9）异常等级评定原则：异常等级划分为五级。其中：

$$异常评分值＝日异常比例因子×权重＋月异常比例因子×权重＋供电量比例因子×权重＋损失电量比例因子×权重＋新装专变容量比例因子×权重$$

各因子的权重和动态监测发布的最低异常等级由地市及以上单位统一发布。每周应对所有10kV线路评定一次异常等级。

异常评分表见表13-1，异常评级表见表13-2。

表 13-1 异 常 评 分 表

序号	一	二	三	四	五
影响因子	日异常比例	月异常比例	供电量比例	损失电量比例	新装专变容量比例
因子分值	$A1 = 100 \times B1/C1$	$A2 = 100 \times B2/C2$	$A3 = 100 \times B3/C3$	$A4 = 100 \times B4/C4$	$A5 = 100 \times B5/C5$
权重值	D1	D2	D3	D4	D5
说明	B1：统计周期内的日异常次数；C1：统计周期天数	B2：近3个周期异常次数；C2：取3	B3：某异常线路上周供电量；C3：基层单位所有异常线路上周供电量最大值	B4：某异常线路上周线损电量；C4：所有异常线路上周线损电量最大值	B5：近6个月专变新装变压器总容量；C5：当前线路下变压器总装机容量

表 13-2 异 常 评 级 表

序号	异常等级	异常评分值	序号	异常等级	异常评分值
1	一级异常	0<异常评分值≤20	4	四级异常	60<异常评分值≤80
2	二级异常	20<异常评分值≤40	5	五级异常	80<异常评分值≤100
3	三级异常	40<异常评分值≤60			

（四）业务流程图

分线线损监测及分析业务流程可参考图 13-9。

十一、异常筛选并下发任务

（一）定义

异常筛选并下发任务，是指在动态监测和月度监测过程中，通过线损异常认定条件筛选出线损率异常的线路，并向线路责任人下发线损异常分析任务的过程。

（二）工作要求

（1）月度监测及分析应在线损统计报表完成后1个工作日内，将线损异常分析任务下发到线路责任人。

（2）动态监测及分析应根据每周监测情况，在下周第1个工作日内向线路责任人发布异常工单，并对异常分析、处理结果进行跟踪、稽查。

（3）动态监测及分析异常筛选原则：按照地市及以上单位统一发布的异常等级要求，每周对动态监测异常线路进行筛选、发布。

（4）异常线路的认定条件：

1）线损率超过线损异常阀值。

2）新增线路线损异常认定条件：城网 10kV 线损率大于 5%，农网 10kV 线损率大于 7%。

（三）工作内容

（1）动态监测及分析内容：

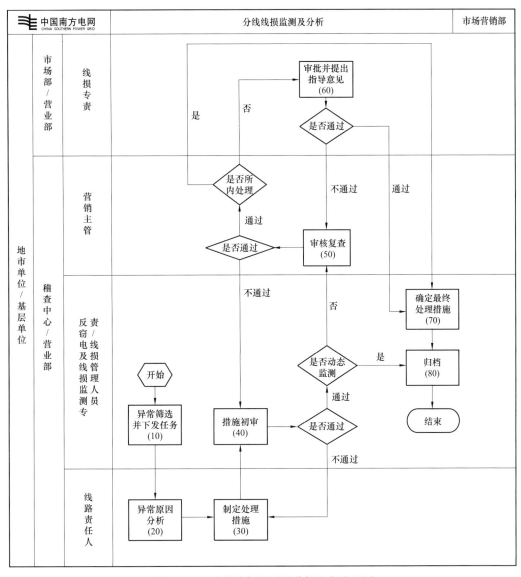

图 13-9　分线线损监测及分析业务流程图

1）通过系统自动生成线路异常监测信息。异常监测信息应包括：单位、时段、线路条数、正常条数、异常条数、异常比例、线路编号、线路名称、供电量、售电量、专变电量、专变比例、线损率、月线损率、线损指标、转供电量、环网组号、异常日次数、变电站、本周期线路异常次数、变压器编号、变压器名称、变压器容量、综合倍率、本周期电量、上周期电量、周期电量波动率、计量点编号、终端资产编号、终端离线次数、失流次数、失压次数、异常等级等"线路动态监测信息"的数据项。

2）根据系统生成的异常监测线路信息，自动生成异常清单并完成异常等级评分评级，稽查中心按照地市及以上单位统一发布的异常等级，对周监测到的异常线路进行筛选，确定最终异常线路清单并下发线损异常分析任务。

（2）月度监测及分析内容：

通过系统自动筛选后生成当月《10kV 异常线路统计表》。《10kV 异常线路统计表》应列出当期线损率、线损指标、前两期线损率、线路责任人、线路名称、线路编号、变电站等"线路异常信息"的数据项。

（3）系统根据动态监测和月度监测异常线路，自动生成《分线线损监测及分析工作单》下发到线路责任人，同时向线路责任人发送信息，信息内容应包括：线路名称、当期线损率、线损指标等。《分线线损监测及分析工作单》内容包含：当期线损率、线损指标、前两期线损率、线路责任人、线路名称、线路编号、变电站、相关线路基本情况等"线路异常信息"的数据项。动态监测异常工单由稽查中心发布，月度监测异常工单由基层单位线损管理人员发布。

十二、异常原因分析

（一）定义

异常原因分析，是指对线损异常的线路进行定性定量分析的过程。

（二）工作要求

（1）收到《分线线损监测及分析工作单》后 5 个工作日内完成异常原因分析。

（2）线路责任人必须对线损异常线路进行原因分析。异常定性必须经过核实方可确定，将导致线损异常的因素作为定性的依据。

（3）对连续两期线损异常的线路，基层单位线损管理人员应组织相关人员协助线路责任人分析异常原因。

（4）对连续三期线损异常的线路，基层单位营销主管应组织相关专业人员协助线路责任人分析异常原因。

（三）工作内容

（1）线路责任人对异常线路进行定性定量分析：

1）导致线损异常的主要原因：抄表数据错误、抄表时间变动、窃电或违约用电电量追补、客户计量 TA 饱和、谐波用户干扰、计量装置故障、供售端计量装置误差、客户计量电能表属淘汰产品、电量差错追补、高供低计用户收变损、基础档案错误、计量档案错误、公变变损大、供电半径过长或线径小、三相负荷不平衡、无功补偿不足、负荷率低设备损耗占比大、历史线变对应关系错误、历史变户对应关系错误、未更新负荷割接资料、环网转供电、小水电过网因素、数据采集问题、终端通信问题、信息系统故障。

2）对于抄表数据错误、窃电或违约用电电量追补、计量装置故障、电量差错追补、高供低计用户收变损、计量档案错误、历史线变对应关系错误、历史变户对应关系错误、未更新负荷割接资料、环网转供电、小水电过网因素等能够确定电量数据的原因造成的线损异常类型，必须进行定量分析，定量分析必须有充分依据，且定量应有详细计算过程，并在异常原因描述中予以说明。

（2）异常原因分 6 个一级分类，每个一级分类中包括若干个二级分类。

1）抄核收原因：抄表数据错误、抄表时间变动、电量差错追补、高供低计用户收变损。

2）用电检查原因：窃电或违约用电及追补。

3）计量管理原因：客户计量 TA 饱和、计量装置故障、计量档案错误、供售端计量精度误差、客户电能表属淘汰产品、数据采集问题、终端通信问题。

4）生产运行原因：谐波用户干扰、公变变损大、供电半径过长或线径小、三相负荷不平衡、无功补偿不足、负荷率低设备损耗占比大。

5）基础资料原因：基础档案错误、历史线变对应关系错误、历史变户对应关系错误、未更新负荷割接资料。

6）信息系统原因：环网转供电或组合台区电量计算错误、小水电过网因素、信息系统故障。

（3）线路责任人将分析结果填写到《分线线损监测及分析工作单》中。对于谐波用户干扰、基础档案错误、计量档案错误、客户电能表属淘汰产品、三相负荷不平衡等原因导致的线损异常，必须说明客户、表计、线路运行的具体情况。

（4）具备营配信息集成平台条件时，从营配信息集成平台获取设备基础信息、配网运行方式变更信息、线变变更信息、配网设备变动等，从营销系统获取抄表时间变动信息、计量装置变更信息、电量退补信息、变损电量信息，从计量自动化系统获取三相电流电压信息及三相负荷不平衡信息，辅助线损异常分析。

（5）查询汇总《10kV 线路用户历史月份电量表》《10kV 线路历史月份供售损表》《线损率异常线路用户电量波动明细表》《线损率异常线路档案对比表》《线损率异常线路终端监测表》《10kV 线路月线损率对比表》。

十三、制定处理措施

（一）定义

制定处理措施，是指根据异常分析结果，制定可消除异常因素措施的过程。

（二）工作要求

（1）处理措施必须明确处理部门和处理的具体事项。

（2）如处理措施中有技术降损处理需求，必须详细填报《技术降损需求表》。

（三）工作内容

（1）线路责任人按时将处理措施填写到《分线线损监测及分析工作单》中，处理措施主要内容包括：处理班组（部门）、具体措施内容。如有技术降损处理需求，则同时向上级上报《技术降损需求表》。《技术降损需求表》主要包括：变电站、线路（台区）名称、本期线损分析结果、本期处理措施、处理责任班组（部门）等数据项。

（2）处理责任部门按专业划分：用电检查专业负责窃电或违约用电处理；计量专业负责计量装置故障、客户电能表属淘汰产品、计量档案错误处理；抄核收专业负责抄表数据错误、抄表时间变动、电量差错追补处理；营配信息集成管理人员负责基础档案错误处理、历史线变对应关系错误、历史变户对应关系错误；配网运维班负责未更新负荷割接资料、供电半径过长或线径小、三相负荷不平衡处理；其他的原因由相关班组（部门）负责处理。

十四、措施初审、审核复查、确定最终处理措施、归档

（一）定义

（1）措施初审，是指基层单位线损管理人员对线路责任人提交的异常原因分析结果及

相应处理措施进行初步审查的过程。

（2）审核复查，是指基层单位营销主管对线损管理人员提交的处理措施进行审核的过程。

（3）审批并提出指导意见，是指地市单位（基层单位）线损专责对基层单位营销主管提交的线损异常处理措施进行审核并提出指导意见的过程。

（4）确定最终处理措施，是指基层单位线损管理人员接收到地市单位（基层单位）线损专责或基层单位营销主管反馈的指导意见后，制定最终可执行的处理措施的过程。

（5）归档，是指基层单位线损管理人员对线路线损异常分析全过程相关资料信息进行整理、保存的过程。

（二）工作要求

（1）接收到《分线线损监测及分析工作单》后1个工作日内完成初审。

（2）接收到《分线线损监测及分析工作单》1个工作日内完成审核复查。

（3）如审核不通过必须明确指出原因，提出指导性意见。

（4）接收到《分线线损监测及分析工作单》后1个工作日内完成审批工作。

（5）接收到《分线线损监测及分析工作单》后1个工作日内确定最终处理措施。

（6）最终处理措施必须明确责任班组（部门）和具体的处理事项。

（三）工作内容

（1）对线路责任人上报的《分线线损监测及分析工作单》《技术降损需求表》的异常信息和数据进行审核。

（2）核查异常原因分析结果是否准确、数据是否真实、采取措施是否得当。

（3）如不符合要求，则返回线路责任人重新制定措施；如符合要求，则提交上级审核复查。

（4）审核线损管理人员上报的《分线线损监测及分析工作单》《技术降损需求表》，主要审核处理措施、处理班组（部门）。

（5）如审核不通过，将指导意见反馈线损管理人员，并发送信息给线损管理人员；如审核通过，属于本单位内处理的，转线损管理人员制定最终处理措施；属于跨部门的，上报地市单位（基层单位）线损专责审批。

（6）对基层单位营销主管上报的《分线线损监测及分析工作单》《技术降损需求表》进行审核，主要审核处理措施、处理部门。

（7）如审核不通过，将意见反馈到基层单位营销主管，并发送信息给基层单位营销主管和线损管理人员；如审核通过，将审批结果和指导意见反馈到基层单位线损管理人员。

（8）接收到《分线线损监测及分析工作单》后确定最终处理措施，主要内容包括整理各级审批结果，根据指导意见修正处理措施。

（9）将最终处理措施填写到《分线线损监测及分析工作单》中。

（10）基层单位线损管理人员对已完成的进行异常原因分析并制定处理措施，完成技术降损需求的初审、审核、审批，以及对最终确定的处理措施的全部信息进行整理和保存。

十五、分台区线损监测及分析

（一）定义

分台区线损监测及分析，包括动态监测及分析和月度监测及分析两种工作模式。动态监测及分析，是指基于计量自动化系统数据，通过营销系统对 0.4kV 台区线损进行统计、动态监测、分析，使线损异常风险管控前移，及早控制月度异常率的过程。月度监测及分析，是指对月度线损率异常的 0.4kV 台区进行定性定量分析并制定具体处理措施的过程。

（二）工作要求

（1）分析原则：定量分析与定性分析相结合，以定量分析为主。

（2）应建立台区线损异常分析时限监控机制，控制分析流程总时限。

（3）异常分析内容应包括指标完成情况、统计线损与计划指标、上期和同期数据的比较分析、线损波动原因分析、需要采取的处理措施等。

（4）定量分析必须有充分依据，且定量应有详细计算过程，并在异常原因描述中予以说明。

（5）处理措施必须明确责任班组（部门）、具体处理事项。

（6）稽查中心负责分台区动态监测工作，按日跟踪线损异常情况，按周向基层单位发布异常工单，并对基层单位异常分析、处理结果进行跟踪、稽查，按月向地市单位市场部门提交线损监测分析报告。

（7）动态监测及分析线损数据应从计量自动化系统获取表计电量及台区线损相关数据，在营销系统开展监测及分析工作；月度监测及分析线损数据从营销系统的电量电费库中获取，并在营销系统中开展监测及分析工作。

（8）动态监测及分析其他要求：

1）跨区域供电或并联运行的 0.4kV 台区等情况的转供电量，可根据营销系统中的组合关系进行合并计算，辅助分区动态监测统计。

2）开展动态监测及分析的台区应以各分台区线损指标为基础，按照合理的规则统一设置线损动态监测及分析的异常阀值，建议公式为：分台区线损指标×系数，系数由地市及以上单位统一发布。

（9）通过信息系统对异常分析结果进行分类统计。信息系统应对动态监测和月度监测触发的异常分析工单进行区分，并分别统计动态监测异常率及月度线损异常率。

（三）工作内容

（1）月度监测及分析流程，主要包括：筛选异常并下发任务、异常原因分析、制定处理措施并上报审批、各级审批并提出指导意见、确定最终处理措施、归档等环节。动态监测及分析流程，鉴于分析处理的时效性要求，流程包括筛选异常并下发任务、异常原因分析、制定处理措施、措施初审、归档等环节。

（2）对于已配置配变终端且低压集抄覆盖率达到 100% 的台区，应在营销系统开展线损率动态监测，对于未能采集到数据的表计应能列明清单。对于未达到 100% 的台区，应在营销系统开展月度线损监测，并列明未覆盖终端的清单。

（3）动态监测其他内容：

1）计量自动化系统提供的动态监测线损数据主要是指相应表计、终端的日电量及台区线损相关数据。

2）对分台区线损有关的供电量、售电量、线损率等数据及计量装置运行状态、变户等信息进行动态监测。

3）各级线损管理人员可查询所有 0.4kV 台区动态监测线损数据。营销系统可根据设定动态监测阀值筛选异常台区，并按照异常等级评定原则进行评级。

4）根据异常等级确认动态监测异常发布清单，并启动分台区异常监测及分析流程。同一台区在上次异常分析处理流程未归档期间，不必重复启动异常分析处理流程。

5）统计异常 0.4kV 台区的线损总体情况，包括台区个数、正常个数、异常个数、异常比例等。

6）查询并导出"台区动态监测信息"，包括：时段、台区编号、台区名称、供电量、售电量、线损率、月线损率、线损指标、异常日次数、异常等级等。

7）查询并导出台区异常表单《线损率异常台区用户电量波动明细表》《线损率异常台区档案对比表》《线损率异常台区终端监测表》《0.4kV 台区月线损率对比表》。

8）针对一个台区可查看变电站、线路名称、台区名称以及本月的日线损率明细、本年各月营销系统和计量系统线损率对比明细。

9）异常等级评定原则：异常等级划分为五级。其中：

$$异常评分值＝日异常比例因子×权重＋抄表周期异常比例因子×权重＋供电量比例因子×权重＋损失电量比例因子×权重＋新装低压三相客户容量比例因子×权重$$

各因子的权重和动态监测发布的最低异常等级由地市及以上单位统一发布。每周应对所有 0.4kV 台区评定一次异常等级。

异常评分表见表 13-3，异常评级表见表 13-4。

表 13-3　　　　　　　　　　　异 常 评 分 表

序号	一	二	三	四	五
影响因子	日异常比例	抄表周期异常比例	供电量比例	损失电量比例	新装低压三相客户容量比例
因子分值	$A1=100×B1/C1$	$A2=100×B2/C2$	$A3=100×B3/C3$	$A4=100×B4/C4$	$A5=100×B5/C5$
权重值	D1	D2	D3	D4	D5
说明	B1：统计周期内的日异常次数；C1：统计周期天数	B2：近 3 个周期异常次数；C2：取 3	B3：某异常台区上周供电量；C3：基层单位所有异常台区上周供电量最大值	B4：某异常台区上周线损电量；C4：所有异常台区上周线损电量最大值	B5：近 6 个月低压三相客户新装总容量；C5：当前台区下变压器的总容量

表 13-4　　　　　　　　　　　异 常 评 级 表

序号	异常等级	异常评分值	序号	异常等级	异常评分值
1	一级异常	0<异常评分值≤20	4	四级异常	60<异常评分值≤80
2	二级异常	20<异常评分值≤40	5	五级异常	80<异常评分值≤100
3	三级异常	40<异常评分值≤60			

（四）业务流程图

分台区线损监测及分析业务流程可参考图 13-10。

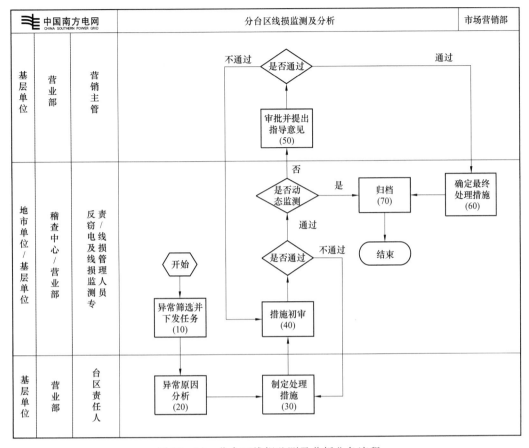

图 13-10 分台区线损监测及分析业务流程

十六、异常筛选并下发任务

(一) 定义

异常筛选并下发任务，是指在动态监测和月度监测过程中，通过线损异常认定条件筛选出线损率异常的台区，并向台区责任人下发线损异常分析任务的过程。

(二) 工作要求

(1) 月度监测及分析在线损统计报表完成后 1 个工作日内，将线损异常分析任务下发到台区责任人。

(2) 动态监测及分析应根据每周监测情况，在下周第 1 个工作日内向台区责任人发布异常工单，并对异常分析、处理结果进行跟踪、稽查。

(3) 动态监测及分析异常筛选原则：按照地市及以上单位统一发布的异常等级要求，每周对动态监测异常台区进行筛选、发布。

(4) 异常台区的认定条件。

1) 线损率超过线损异常阀值。

2) 新增台区线损异常认定条件：城网低压台区线损率大于 8%，农网低压台区线损率大于 11%。

（三）工作内容

（1）动态监测及分析内容：

1）通过系统自动生成台区异常监测信息。异常监测信息应包括：单位、时段、台区个数、正常个数、异常个数、异常比例、台区编号、台区名称、供电量、售电量、线损率、月线损率、线损指标、异常日次数、线路名称、线路编号、本周期台区异常次数、变压器编号、变压器名称、变压器容量、综合倍率、本周期电量、上周期电量、周期电量波动率、计量点编号、终端资产编号、终端离线次数、失流次数、失压次数、异常等级等"台区动态监测信息"的数据项。

2）根据系统生成的异常监测台区信息，自动生成异常清单并完成异常等级评分评级，稽查中心按照地市及以上单位统一发布的异常等级，对周监测到的异常台区进行筛选，确定最终异常台区清单并下发线损异常分析任务。

（2）月度监测及分析内容：

通过系统自动筛选后生成当月《0.4kV异常台区统计表》。其内容应包括：当期线损率、线损指标、前两期线损率、台区责任人、台区名称、台区编号、所属线路名称、线路编号等"台区异常信息"的数据项。

（3）系统根据动态监测和月度监测异常台区，自动生成的《分台区线损监测及分析工作单》下发到台区责任人，同时向台区责任人发送信息，信息内容应包括：台区名称、当期线损率、线损指标等。《分台区线损监测及分析工作单》内容包含：当期线损率、线损指标、前两期线损率、台区责任人、台区名称、台区编号、所属线路名称、线路编号等"台区异常信息"的数据项。动态监测异常工单由稽查中心发布，月度监测异常工单由基层单位线损管理人员发布。

十七、异常原因分析

（一）定义

异常原因分析，是指对线损异常的台区进行定性定量分析的过程。

（二）工作要求

（1）收到《分台区线损监测及分析工作单》后5个工作日内完成异常原因分析。

（2）台区责任人必须对线损异常台区进行原因分析。异常定性必须经过核实方可确定，把导致线损异常的因素作为定性的依据。

（3）对连续两期线损异常的台区，基层单位线损管理人员应组织相关人员协助台区责任人分析异常原因。

（4）对连续三期线损异常的台区，基层单位营销主管应组织相关专业人员协助台区责任人分析异常原因。

（三）工作内容

（1）台区责任人对异常台区进行定性定量分析。

1）导致线损异常的主要原因有：抄表数据错误、抄表时间变动、窃电或违约用电电量追补、客户计量TA饱和、谐波用户干扰、计量装置故障、客户电能表属淘汰产品、电量差错追补、基础档案错误、计量档案错误、供电半径过长或线径小、三相负荷不平衡、无功补偿不足、负荷率低设备损耗占比大、历史变户对应关系错误、未更新负荷割接资料、组合台区电量计算错误、数据采集问题、终端通信问题、信息系统故障。

2）对于抄表数据错误、窃电或违约用电电量追补、计量装置故障、电量差错追补、计量档案错误、历史变户对应关系错误、未更新负荷割接资料、组合台区电量计算错误等能够确定电量数据原因造成的线损异常，必须进行定量分析，定量分析必须有充分依据，并在异常原因描述中予以说明。

（2）异常原因分 6 个一级分类，每个一级分类中包括若干个二级分类。

1）抄核收原因：抄表数据错误、抄表时间变动、电量差错追补。

2）用电检查原因：窃电或违约用电及追补。

3）计量管理原因：用户 TA 饱和、计量装置故障、计量档案错误、供售端计量精度误差、客户计量表计残旧、数据采集问题、终端通信问题。

4）生产运行原因：谐波用户干扰、供电半径过长或线径小、三相负荷不平衡、无功补偿不足、负荷率低设备损耗占比大。

5）基础资料原因：基础档案错误、历史变户对应关系错误、未更新负荷割接资料。

6）信息系统原因：组合台区电量计算错误、信息系统故障。

（3）台区责任人将分析结果填写到《分台区线损监测及分析工作单》中。对于谐波用户干扰、基础档案错误、客户电能表属淘汰产品、三相负荷不平衡等原因导致的线损异常，必须说明客户、表计、台区运行的具体情况。

（4）具备营配信息集成平台条件时，从营配信息集成平台获取设备基础信息、变户变更信息、配网设备变动信息，从营销系统获取计量装置变更信息、电量退补信息、功率因数信息，从计量自动化系统获取三相电流电压信息及三相负荷不平衡信息，辅助线损异常分析。

（5）查询汇总《0.4kV 台区用户历史月份电量表》《0.4kV 台区历史月份供售损表》《线损率异常台区用户电量波动明细表》《线损率异常台区档案对比表》《线损率异常台区终端监测表》《0.4kV 台区月线损率对比表》。

十八、制定处理措施

（一）定义

制定处理措施，是指根据异常分析结果，制定可消除异常因素措施的过程。

（二）工作要求

（1）处理措施必须明确处理部门和处理的具体事项。

（2）如处理措施中有技术降损处理需求，必须详细填报《技术降损需求表》。

（三）工作内容

（1）台区责任人按时将处理措施填写到《分台区线损监测及分析工作单》中，处理措施主要内容包括：处理班组（部门）、具体措施内容。如有技术降损处理需求，则同时向供电所线损管理人员上报《技术降损需求表》。《技术降损需求表》主要包括：变电站、线路（台区）名称、本期线损分析结果、本期处理措施、责任班组（部门）等数据项。

（2）处理责任部门按专业划分：用电检查专业负责窃电或违约用电处理；计量专业负

责计量装置故障、客户电能表属淘汰产品、计量档案错误处理；抄核收专业负责抄表数据错误、抄表时间变动、电量差错追补处理；营配信息集成管理人员负责基础档案错误、历史变户对应关系错误处理；配网运行管理部门负责未更新负荷割接资料、供电半径过长或线径小、三相负荷不平衡处理；其他的原因由相关班组（部门）负责处理。

十九、措施初审、审批并提出指导意见、确定最终处理措施、归档

（一）定义

（1）措施初审，是指基层单位线损管理人员对台区责任人提交的异常原因分析结果及相应处理措施进行初步审查的过程。

（2）审批并提出指导意见，是指基层单位营销主管对线损管理人员提交的线损异常处理措施进行审批并提出指导意见的过程。

（3）确定最终处理措施，是指基层单位线损管理人员接收到营销主管反馈的指导意见后制定最终可执行的处理措施的过程。

（二）工作要求

（1）接收到《分台区线损监测及分析工作单》后1个工作日内完成初审。

（2）接收到《分台区线损监测及分析工作单》1个工作日内完成审批工作。

（3）如审核不通过应明确原因，提出指导性意见。

（4）接收到《分台区线损监测及分析工作单》后1个工作日内确定最终处理措施。

（5）最终处理措施必须明确责任班组（部门）和具体的处理事项。

（6）归档，是指基层单位线损管理人员对台区线损异常分析全过程相关资料信息进行整理、保存的过程。

（三）工作内容

（1）对台区责任人上报的《分台区线损监测及分析工作单》《技术降损需求表》的异常信息和数据进行审核，核对表单中的"台区异常信息"数据。

（2）核查异常原因分析结果是否准确，数据是否真实，采取措施是否得当。

（3）如不符合要求，则返回台区责任人重新制定措施；如符合要求，则提交上级审核复查。

（4）对线损管理人员上报的《分台区线损监测及分析工作单》《技术降损需求表》进行审核，主要审核处理措施、处理班组（部门）。

（5）如审批不通过，将意见反馈线损管理人员重新制定处理措施，并发送信息给线损管理人员；如审批通过，将审批结果和指导意见反馈到线损管理人员确定最终处理措施。

（6）整理审批结果，根据指导意见修正处理措施。

（7）将最终处理措施填写到《分台区线损监测及分析工作单》中。

（8）基层单位线损管理人员对已完成的异常原因分析、制定措施及技术降损需求的初审、审批、确定最终处理措施的全部信息进行整理和保存。

二十、管理线损异常处理

管理线损异常处理是明确异常原因责任主体，先处理管理线损措施，后处理技术线损

措施，重点落实并跟踪抄核收、用检、计量、基础档案、技术降损等线损异常处理措施和效果；按照分级管理、逐级考核的原则，对责任单位及个人的指标完成情况和工作质量进行考核评价；按照数据真实、格式规范、完整及时的原则编制报送管理线损分析报告的过程。

（一）定义

线损异常处理，是指根据 10kV 线路、0.4kV 台区线损监测及分析结果，明确处理责任班组（部门）、责任人及处理期限，落实处理措施并跟踪效果的过程。

（二）管理要点

以提高分线分台区线损异常处理完成率为目标，常态化开展线损"两个比对"异常处理工作，强化分线分台区线损异常处理工作的规范化、流程化、信息化，通过分级管理、逐级考核，将分线分台区线损处理责任落实到人，跟进处理措施落实情况，并进行效果评价，形成线损异常处理成效跟踪考核机制，力争分线分台区线损异常处理完成率保持在95％以上，最大限度减少管理线损电量损失。

（三）工作要求

（1）线损异常处理必须按闭环管理原则进行，确定责任部门和责任人，落实处理措施并跟踪处理效果。

（2）各项处理工作原则上要求在 30 天内完成，超过 30 天的应经上级部门批准。对涉及设备更换、线路改造等繁杂项目工作，处理期限可适当放宽。

（3）建立线损异常限时处理监控机制。

（4）对管理线损监测触发的线损异常处理流程，反馈时限不应超过各专业相应业务规定的处理时限。

（5）定期对线损异常分析处理工作的完成情况进行统计、公布。

（四）工作内容

（1）线损异常处理，主要内容包括线损异常处理任务启动、落实营销处理措施、线损处理效果跟踪、提出技术降损需求、归档等流程节点。

（2）线损管理人员定期统计异常线路和台区的月度线损异常处理完成率及动态监测异常处理完成率。

$$线损异常处理完成率＝\frac{考核周期内完成归档或已提出降损需求的异常处理流程数量（处理时限在考核周期内）}{考核周期内启动的异常处理流程数量（处理时限在考核周期内）}×100\%$$

（3）线损管理人员定期统计线损异常处理各节点的超时情况。

（五）业务流程图

管理线损异常处理业务流程可参考图 13 - 11。

二十一、线损异常处理任务启动、处理措施落实及效果跟踪

（一）定义

（1）线损异常处理任务启动，是指供电所线损管理人员根据线路、台区对应的责任人，将异常处理流程下达给线路、台区责任人，并确定处理期限的过程。

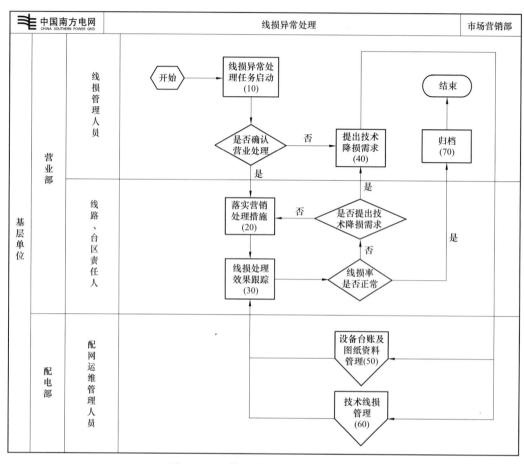

图 13-11　管理线损异常处理流程图

（2）处理措施落实，是指线路、台区责任人通过本环节触发抄核收、计量、用检等营销线内部专业流程，并跟进处理效果的过程。

（3）线损处理效果跟踪，是指线路、台区责任人对营销及技术线损异常处理措施的落实情况、线损动态监测结果进行跟踪的过程。

（二）工作要求

（1）严格按照工作职责划分，把异常处理工作任务分解到线路、台区责任人。

（2）各项处理工作原则上要求在 30 天内完成，对涉及设备更换、线路改造等繁杂项目工作，处理期限可视实际情况适当放宽。

（3）线路、台区责任人依据线损异常原因分类触发相关专业流程，具体如下：

1）初判为抄表数据错误等原因造成的线损异常，触发抄核收专业的冲正退补流程。

2）初判为抄表时间不同步等原因造成的线损异常，触发抄核收专业的抄表区段及抄表计划管理流程。

3）初判为窃电、违约用电、客户谐波等原因造成的线损异常，触发用电检查专业的专项检查流程。

4）初判为客户侧表计或终端故障、残旧等原因造成的线损异常，触发计量专业的客户侧电能计量装置故障处理流程或计量专业的计量自动化终端故障处理流程。

5）初判为线路关口表计故障等原因造成的线损异常，触发计量专业的厂站侧电能计量装置故障处理流程。

6）初判为台区总表或配变终端故障等原因造成的线损异常，触发计量专业的公变侧电能计量装置故障处理流程或计量自动化终端故障处理流程。

（4）相关专业应在规定的期限内落实处理措施，因客观原因未能在期限内完成处理任务的，可提出延期申请，由营销主管批准并调整异常处理期限。

（5）跟踪人员应对照异常处理措施的落实情况逐项进行检查，并判别处理后线损动态监测结果是否正常。

（三）工作内容

（1）根据10kV线路或0.4kV台区异常定性原因，分别启动线损异常处理流程。

（2）由供电所线损管理人员根据本期的"线路异常信息""台区异常信息"，在系统内确定线路、台区责任人及异常处理期限，创建"线路线损异常处理信息""台区线损异常处理信息"数据项，包括任务下达时间、处理期限、是否技术降损需求等。

（3）线路、台区责任人根据"线路异常信息""台区异常信息"落实处理措施，包括抄核收人员处理电量退补、用电检查人员检查客户计量装置的异动情况及查处窃电行为、计量人员更换故障计量装置等工作，创建"线路线损异常处理信息""台区线损异常处理信息"数据项，包括开始处理时间、完成处理时间、处理详细情况、上传附件等。

（4）线损异常处理责任班组（部门）负责人完成相应专业流程后，通知相关线路、台区责任人验收。

（5）线路、台区责任人填写《线损异常闭环处理跟踪表》。《线损异常闭环处理跟踪表》主要包括：变电站、线路（台区）名称、本期处理措施、处理详细情况、开始处理时间、完成处理时间等内容。

（6）线路或台区责任人采取系统核对、现场检查的方式对线损异常处理措施落实情况进行跟踪，并在《线损异常闭环处理跟踪表》中填写意见，线损动态监测结果不正常时要求处理责任人重新处理，对线损异常处理措施进行全过程跟踪，创建"线路线损异常处理信息""台区线损异常处理信息"数据项，包括评价方式、评价时间、评价结果、评价依据、处理后的线损率、是否在期限内完成等。

（7）《线损异常闭环处理跟踪表》主要包括：变电站、线路（台区）名称、本期处理措施、评价时间、评价结果、评价依据等内容。

二十二、提出技术降损需求、设备台账及图纸资料管理、技术线损管理及归档

（一）定义

（1）提出技术降损需求，是指线损管理人员通过系统或书面将技术降损需求提交技术降损管理部门的过程。

（2）归档，是指线损管理人员将线损异常处理流程相关资料及数据信息进行整理、保存的过程。

（二）工作要求

（1）见安全生产业务域的设备台账及图纸资料管理业务事项。

（2）见安全生产业务域的技术线损管理业务事项。

（3）过程性纸质资料应由专人整理、保管，存档期限为1年。

（三）工作内容

（1）供电所线损管理人员根据"线路异常信息""台区异常信息"，通过系统或书面向技术降损管理部门提交《技术降损需求表》。技术降损管理部门在30天内反馈意见。

（2）供电所线损管理人员每月向技术降损管理部门发送《技术降损需求表》，提出技术降损需求及建议。《技术降损需求表》主要包括：变电站、线路（台区）名称、本期线损分析结果、本期处理措施、责任部门、技术降损需求、处理结果等内容。

（3）供电所线损管理人员定期统计《技术降损需求汇总表》，并提交配网管理部门进行处理。《技术降损需求汇总表》主要包括：变电站、线路（台区）名称、技术降损需求、需求提出时间、技术降损部门反馈意见等内容。

（4）技术降损需求主要是指由于供电半径过长或线径小、公变变损大、无功补偿不足、三相负荷不平衡、电网拓扑关系不正确等原因造成的线损异常，应及时向配网运维班提出技术降损需求，由配网运维班对口设备部开展技术线损管理和设备台账及图纸资料管理工作。

（5）供电所线损管理人员在完成异常处理效果评价后，对"线路线损异常处理信息""台区线损异常处理信息"，《线损异常闭环处理跟踪表》《技术降损需求表》等数据信息及相关资料进行整理、保存。

二十三、线损报告编制

（一）定义

线损报告编制，是指根据管理线损涉及范围，从地市单位至基层单位10kV及以下管理线损分析报告逐级编制、上报的过程。

（二）工作要求

（1）线损报告填报要求数据真实、格式规范统一、完整及时，不得人为调整造成线损率失真。

（2）各级单位应在规定的时间内完成并上报月度管理线损分析报告，当线损出现重大异常事件时应进行专题分析。

（三）工作内容

线损报告编制，主要内容包括汇总异常分析及处理资料、召开线损分析例会、编写和上报各级线损报告等业务。

（四）业务流程图

线损报告编制业务流程可参考图13-12。

二十四、异常分析及处理结果资料汇总

（一）定义

异常分析及处理结果资料汇总，是指基层单位线损管理人员在线损异常处理流程归档后，将线路和台区线损分析结果、处理措施、处理详细情况等信息收集汇总的过程。

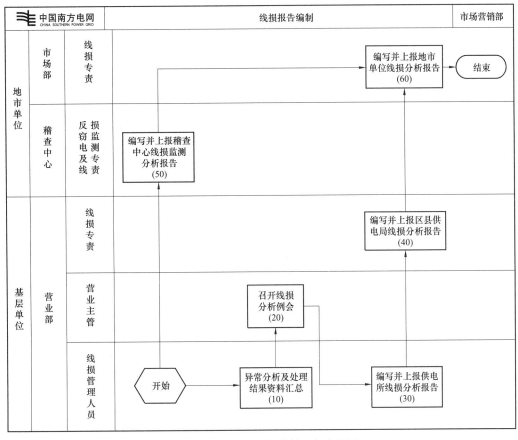

图 13-12 线损报告编制业务流程图

（二）工作要求

异常分析及处理结果资料汇总应在线损异常处理流程归档后开始，并在线损分析例会召开之前完成。

（三）工作内容

（1）异常分析及处理结果资料由基层单位线损管理人员采用系统自动收集汇总。

（2）线路和台区异常分析及处理结果资料包括：《线路异常信息》《台区异常信息》《线路线损异常处理信息》《台区线损异常处理信息》《线损率异常线路用户电量波动明细表》《线损率异常线路档案对比表》《线损率异常线路终端监测表》《10kV 线路月线损率对比表》《0.4kV 台区月线损率对比表》《线损率异常台区电量波动明细表》《线损率异常台区档案对比表》《线损率异常台区终端监测表》等。

（3）《线路异常信息》主要包括：当期线损率、线路责任人、线路名称、线路编号、变电站、线损异常原因分类、本期线损分析结果、本期处理措施、技术降损需求等内容。

（4）《台区异常信息》主要包括：当期线损率、台区责任人、台区名称、台区编号、变电站、线路名称、线损异常原因分类、本期线损分析结果、本期处理措施、技术降损需求等内容。

（5）《线路线损异常处理信息》主要包括：任务下达时间、责任班组、班组长、处理期限、处理责任人、开始处理时间、完成处理时间、处理详细情况、上传附件、评价方式、评价依据、评价结果、评价时间、是否在期限内完成、处理后的线损率等内容。

（6）《台区线损异常处理信息》主要包括：任务下达时间、责任班组、班组长、处理期限、处理责任人、开始处理时间、完成处理时间、处理详细情况、上传附件、评价方式、评价依据、评价结果、评价时间、是否在期限内完成、处理后的线损率等。

（7）异常分析及处理结果资料汇总后报给基层单位营销主管审核，为召开线损分析例会做准备。

二十五、召开线损分析例会

（一）定义

召开线损分析例会，是指基层单位营销主管组织相关工作人员，定期召开线损分析例会，对线路和台区线损分析结果、处理措施、处理详细情况进行跟踪反馈的过程。

（二）工作要求

（1）线损分析例会由基层单位营销主管组织，每月召开一次。

（2）会议参加人员包括：基层单位分管所长、基层单位营销主管、线损管理人员、线路责任人、台区责任人及其他相关专业的工作人员等。

（三）工作内容

（1）基层单位营销主管应在收到异常分析及处理结果资料后组织召开线损分析例会。

（2）线损分析例会的内容包括：分析线损指标完成情况，对重点异常线路和台区的线损分析结果、处理措施、处理详细情况进行跟踪反馈，评价线损工作质量和成效，协调解决工作中存在的问题，制定下月线损工作目标和计划。

（3）线损分析例会应有会议纪要存档。

（4）相关人员在线损分析例会中讨论的最终结果，作为编制基层单位管理线损分析报告的依据。

二十六、编写并上报各供电单位线损分析报告

（一）定义

（1）编写并上报供电所线损分析报告，是指各供电所线损管理人员依据线损分析例会讨论的最终结果，汇总编写管理线损分析报告并上报的过程。

（2）编写并上报区县供电单位线损分析报告，是指区县供电单位线损专责在收到各下属基层单位的管理线损分析报告后，汇总分析并编制基层单位管理线损分析报告并上报的过程。

（3）编写并上报稽查中心线损监测分析报告，是指稽查中心汇总基层单位日线损率分线分台区异常指标完成情况、日线损异常监测分析处理效果，分析并编制稽查中心线损监测分析报告并上报的过程。

（4）编写并上报地市供电单位线损分析报告，是指地市单位线损专责在收到各区县供电单位的管理线损分析报告后，汇总分析并编制地市单位管理线损分析报告并上报的过程。

（二）工作要求

（1）管理线损分析报告参照南方电网公司线损分析报告模板进行编制，并在系统内固化。

（2）各基层单位应在月末前完成并上报月度管理线损分析报告，当线损出现重大异常事件时应进行专题分析。

（3）反窃电及线损监测专责要每周汇总基层单位日线损率分线分台区线损异常分析处理情况。

（4）反窃电及线损监测专责每月初汇总并上报线损监测分析报告，当出现重大线损异常时，应在发出异常处理单后 1 个工作日向市场部书面报告。

（5）地市单位线损专责应在每月初完成并上报月度管理线损分析报告，当线损出现重大异常事件时应进行专题分析。

（三）工作内容

（1）管理线损分析报告的内容应包括：线损指标完成情况、线损分析、管理线损统计数据、线损工作总结和下一步工作计划五大部分。其中线损分析应包括：线损波动的原因分析，与线损计划指标、去年同期线损率的比较分析，10kV 线路、0.4kV 台区线损指标完成情况，异常分析与处理情况等。

（2）管理线损分析报告所需表单及其数据由系统自动生成，相关表单包括：《10kV 及以下分压线损统计表》《分区线损统计表》《线路线损统计表》《台区线损统计表》等，文字分析内容由各基层单位线损管理人员编写录入。

（3）基层单位线损管理人员完成管理线损分析报告后，提交营销主管审核，然后上报至上级单位线损管理人员汇总。

（4）稽查中心线损监测分析报告的内容，主要针对日线损率监测处理情况进行报告，包括：分线分台区线损异常率指标完成情况，异常处理工单发出的数量，汇总基层单位的异常线路和台区线损分析情况、处理措施落实情况和线损异常处理完成率，评价基层单位线损异常分析处理工作的质量和成效，制定下月线损稽查工作计划等。

（5）报告所需表单及其数据由系统自动生成，相关表单包括：《分线分台区动态监测处理汇总表》等，线损异常分析质量和处理成效等文字内容，由反窃电及线损监测专责编写录入。

（6）地市单位线损专责完成地市单位管理线损分析报告后，提交领导审核上报。

二十七、线损考核

（一）定义

线损考核，是指对被考核单位及个人的指标完成情况和工作质量进行评价，并执行考核措施的过程。

（二）工作要求

（1）线损考核工作应按照分级管理、逐级考核的原则，落实分线、分台区线损管理责任，最终考核到人。

（2）线损考核应包括指标考核及工作质量考核。

（3）各地市单位根据实际情况制定线损考核方案，明确各项指标考核得分的计算方法，在系统固化后实现考核得分自动统计。

（4）线损考核周期由各地市单位确定。

（三）工作内容

（1）线损考核，主要内容包括确定基层单位、线路及台区责任人的考核结果、审核发布考核结果等流程节点。

（2）指标考核包括 10kV 线损指标、10kV 线路线损指标、0.4kV 线损指标、0.4kV 台区线损指标的考核；工作质量考核主要指分线异常率指标，分台区异常率指标、线损异常处理完成率的考核，各地市单位可根据实际情况增加线损异常率等其他考核内容。

（3）各级单位对被考核单位的线损指标完成情况及工作质量进行评价，并确定考核结果，由相应单位的市场部审核、发布。

（四）业务流程图

线损考核业务流程可参考图 13 - 13。

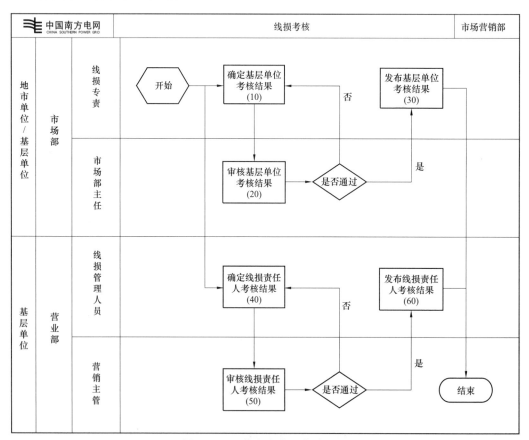

图 13 - 13　线损考核业务流程图

二十八、确定、审核、发布基层单位考核结果

（一）定义

（1）确定基层单位考核结果，是指地市单位（基层单位）线损专责对下属基层单位的

线损指标完成情况及工作质量进行评价，并确定考核结果的过程。

（2）审核基层单位考核结果，是指地市单位（基层单位）市场部主任对下属基层单位线损考核结果进行审核的过程。

（3）发布基层单位考核结果，是指地市单位（基层单位）线损专责对下属基层单位线损考核结果进行公布的过程。

（二）工作要求

（1）地市单位（基层单位）市场部在考核周期期满的次月审核线损考核结果。

（2）地市单位（基层单位）线损专责在考核周期期满的次月发布线损考核结果。

（三）工作内容

（1）地市单位（基层单位）线损专责统计《区县供电局（供电营业所）线损考核表》，通过评价基层单位 10kV 线损指标、0.4kV 线损指标的完成情况及线损异常处理完成率，确定线损考核结果。《区县供电局（供电营业所）线损考核表》主要包括考核开始日期、考核截止日期、考核对象、考核指标、指标实绩、指标同期值、考核得分等内容。

（2）地市单位（基层单位）线损专责在考核周期期满的次月对基层单位考核结果进行预公布，收集反馈意见。

（3）地市单位（基层单位）线损专责在规定期限内向市场部主任提交《区县供电局（供电营业所）线损考核表》。

（4）地市单位（基层单位）市场部收集下属基层单位对考核结果的意见，审核《区县供电局（供电营业所）线损考核表》。

（5）地市单位（基层单位）线损专责发布《区县供电局（供电营业所）线损考核表》。

二十九、确定、审核、发布线损责任人考核结果

（一）定义

（1）确定线损责任人考核结果，是指基层单位线损管理人员对各线路、台区线损责任人线损指标完成情况进行评价，并确定考核结果的过程。

（2）审核线损责任人考核结果，是指基层单位营销主管对线路、台区责任人的考核结果进行审核的过程。

（3）发布线损责任人考核结果，是指基层单位线损管理人员对线路、台区责任人的考核结果进行公布的过程。

（二）工作要求

（1）基层单位在考核周期期满的次月审核线损责任人考核结果。

（2）基层单位线损管理人员在考核周期期满的次月发布线损责任人考核结果。

（三）工作内容

（1）基层单位线损管理人员统计《线路、台区责任人线损考核表》，通过评价线路、台区责任人线损指标的完成情况，确定线损考核结果。《线路、台区责任人线损考核表》主要包括：考核开始日期、考核截止日期、考核对象、考核指标、指标实绩、同期值、考核结果、备注等内容。

（2）基层单位线损管理人员在考核周期期满的次月对线路、台区责任人考核结果进行

预公布，收集反馈意见，并根据实际情况确定是否需要调整考核结果。

（3）基层单位收集线路、台区责任人对考核结果的意见，审核《线路、台区责任人线损考核表》。

（4）基层单位线损管理人员发布《线路、台区责任人线损考核表》。

三十、线变和变户关系核查

（一）定义

线变和变户关系核查，是指因基础档案错误、历史线变对应关系错误、历史变户对应关系错误等原因，导致信息系统中 10kV 线路与变压器、变压器与用户对应关系与现场不符，经核实后提出修改维护需求的过程。

（二）工作要求

（1）线变和变户关系变更资料应包括：《新建改建设备投运通知单》《配网改造运行方式调整通知单》等。

（2）线变和变户关系变更资料来源：配网运行管理班组（部门）。

（3）基层单位线损管理人员在异常处理工作中发现历史线变、变户对应关系错误，应先通知线路、台区责任人进行核实，之后由营配信息管理人员进行修改。不得擅自修改档案。

（4）线变和变户关系核查的各项工作应严格执行《中国南方电网线损四分管理标准》中线损四分管理基础资料管理条款规定的工作时限。

（5）线路、台区责任人应认真审核变更资料的正确性，确保变更资料与运行现场一致。

（三）工作内容

线变和变户关系核查，主要内容包括：获取线变户关系变更资料、核查资料、填写传递线变户关系变更表、归档等流程节点。

（四）业务流程图

线变和变户关系核查业务流程可参考图 13 - 14。

三十一、获取线变户关系变更资料、核查资料、填写传递线变户关系变更表及归档

（一）定义

（1）获取线变户关系变更资料，是指基层单位线损管理人员从配网运行管理班组（部门）获取线变和变户关系变更资料的过程。

（2）核查资料，是指线路、台区责任人核实线变和变户关系变更资料与现场是否一致，以及判断是否需要更改的过程。

（3）填写传递线变户关系变更表，是指线路、台区责任人根据正确的线变和变户关系变更资料，填写并传递线变和变户关系变更表的过程。

（4）归档，是指基层单位线损管理人员将线变和变户关系变更资料进行整理、保存的过程。

（二）工作要求

（1）基层单位线损管理人员应在获取线变和变户关系变更资料后的 1 个工作日内把变更资料传递至线路、台区责任人。

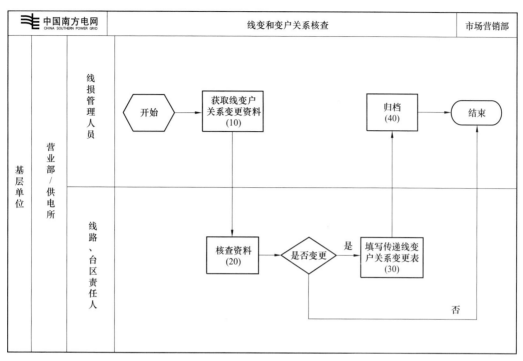

图 13-14 线变和变户关系核查业务流程

（2）线路、台区责任人应在收到线变和变户关系变更资料后的 2 个工作日内完成核查。

（3）基层单位线路、台区责任人应在变更资料审核后的 1 个工作日内，填写《线变和变户关系变更表》并传递至营配信息集成管理人员，通过电子化移交流程进行更改。

（4）新投公变、线路，由基层单位规建部门发起非营销电子化移交流程。新投专变，由基层单位业扩班组发起营销电子化移交流程。用户计量变更，由各级计量专业管理人员发起营销电子化移交流程。低压用户线变和户变关系变更的，由基层单位供电所发起低压电子化移交流程。

（5）线变和变户关系变更资料应由专人整理、保管，资料存档期限为 1 年。

（三）工作内容

（1）基层单位线损管理人员定期从配网运行管理、调度等部门获取《新建改建设备投运通知单》《配网改造运行方式调整通知单》等资料。

（2）基层单位线损管理人员向线路、台区责任人传递线变和变户关系变更资料。

（3）线路、台区责任人核对《新建改建设备投运通知单》《配网改造运行方式调整通知单》等资料与现场是否一致，并判断是否需要变更系统档案，如不需要变更则结束流程。

（4）线路、台区责任人填写《线变和变户关系变更表》，并传递至营配信息集成管理人员通过电子化移交流程进行更改。《线变和变户关系变更表》包括：所属变电站、线路名称、台区名称、用户编号、用户名称、电能表表号、审核意见等内容。

（5）基层单位线损管理人员对《新建改建设备投运通知单》《配网改造运行方式调整通知单》《线变和变户关系变更表》等资料进行整理、保存。

第十四章

其他稽查管理

第一节　营销稽查人员资格管理

对营销稽查人员的基本信息及培训取证过程进行管理，重点应加强对营销稽查人员的培训、取证及证照管理。

一、定义

营销稽查人员资格管理，是指对营销稽查人员的基本信息及培训取证过程进行管理的工作。

二、管理要点

申请营销稽查资格者应从事电力营销工作三年及以上，或具有电气专业专科及以上文化程度，才可向本单位的市场营销部门提出申请，经审核同意后，报名参加省公司组织的资格审核和考试，考试合格后发给相应的《营销稽查证》，在岗的营销稽查人员应至少每一年接受一次专门培训；营销稽查人员从事稽查工作必须持有《营销稽查证》，执行稽查工作时应携带《营销稽查证》。

三、工作要求

营销稽查人员的资质信息应通过营销系统管理实现，发生变更时，应及时更新。

四、工作内容

（1）申请营销稽查资格者应从事电力营销工作三年及以上，或具有电气专业专科及以上文化程度。申请营销稽查资格者应当提供下列材料：

1）申请书；

2）身份证复印件；

3）1寸免冠正面彩色近照两张；

4）学历证书复印件；

5）专业技术资格证书复印件。

（2）符合条件的电力营销人员，可向本单位的市场营销部门提出申请，经审核同意后，报名参加各子公司组织的资格审核和考试。考试合格后发给相应的《营销稽查证》，认可相应资格。

1)《营销稽查证》由省级公司市场营销部统一组织、培训、考核、发证。

2) 参加营销稽查资格证考试的人员，考试成绩合格的，才能颁发《营销稽查证》。

(3) 聘任为营销稽查职务的人员，应具备下列条件：

1) 作风正派、坚持原则、遵纪守法、秉公执法、廉洁奉公。

2) 熟悉电力法律、法规、政策、供用电规章制度及其他相关法律法规知识。

3) 具有一定的电力营销业务知识、电气技术知识、财务知识、计算机操作能力。

(4) 营销稽查证书管理：

1) 营销稽查证书由各子公司市场营销部统一监制、发放和管理。

2)《营销稽查证》有效期三年，仅限本人使用。

3)《营销稽查证》到期前 6 个月，由本人提出申请，单位统一汇总报发证机构复核并更换。

4)《营销稽查证》遗失，由本人提出申请，单位证明，并上报发证机构申请补发。

5) 过期的《营销稽查证》，由本单位负责收回，交发证单位销毁。

(5) 各单位应加强对营销稽查人员的管理和培训。在营销稽查岗位工作、具备营销稽查资格的人员应至少每一年接受一次专门培训。

(6) 营销稽查人员如有工作失职（渎职）或违规、违纪行为的，依据省级公司有关规定的相关条款进行处分，并上报发证单位备案，情节严重的，撤销其《营销稽查证》。

(7) 营销稽查人员从事稽查工作必须持有《营销稽查证》，执行稽查工作时应携带《营销稽查证》。

(8) 登记营销稽查人员的基本信息及资质信息，包括：姓名、性别、出生年月、工作单位、工作部门、参加稽查工作时间、学历、专业、职称、技能等级、岗位、是否在岗、稽查证编号、证书有效日期、发证单位、发证时间等。

五、业务流程图

营销稽查人员资格管理业务流程可参考图 14-1。

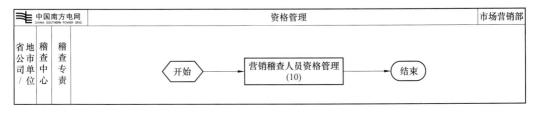

图 14-1　营销稽查人员资格管理业务流程图

第二节　营销稽查分析

通过对常态稽查、在线稽查、专项稽查的稽查结果进行统计汇总，形成相关的统计报表和分析结果的过程，重点是对问题样本数、问题样本率及对比、营销差错的统计分析。

一、营销稽查分析的内容

（一）定义

统计与分析，是指对常态稽查、在线稽查、专项稽查的稽查结果进行统计汇总，形成相关的统计报表和结果分析的过程。

（二）管理要点

根据在线稽查、常态稽查、专项稽查的结果进行准确统计汇总，对结果进行共性和个性的提炼分析，并且审核人员应在规定的时间内完成统计报表和分析结果的审核。

（三）工作要求

根据在线稽查、常态稽查、专项稽查的结果进行准确统计汇总，对结果进行提炼分析。

（四）工作内容

统计与分析主要内容包括：汇总与分析、审核上报。

（五）业务流程图

营销稽查统计与分析业务流程可参考图 14 - 2。

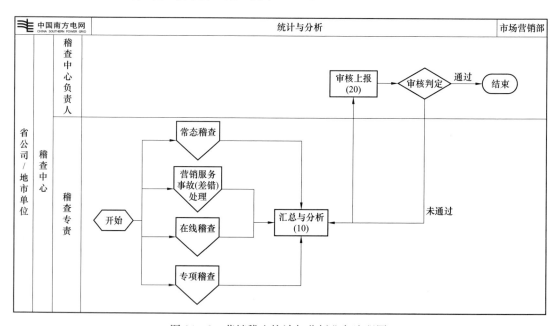

图 14 - 2　营销稽查统计与分析业务流程图

二、汇总分析

（一）定义

各单位对本单位的在线稽查、常态稽查、专项稽查、营销差错的业务数量、样本数量、问题样本等的处理结果进行汇总统计，形成相关的统计报表和结果分析的过程。

（二）工作要求

根据在线稽查、常态稽查、专项稽查的结果进行准确统计汇总，对结果进行提炼分析。

（三）工作内容

（1）稽查人员对本单位的营销稽查结果进行汇总，形成报表。报表数据通过时间、单位、业务分类（客户服务管理、业扩报装、抄表核算和账单、客户停电管理、计量资产管理、计量运行管理、管理线损、用电检查、其他）等维度查询统计。通过对常态稽查、在线稽查、专项稽查相关数据（营销差错业务数量、样本数量、抽样比率、营销稽查样本检查完成率、问题样本、营销稽查样本合格率、整改数量、未整改数量、整改率、未整改原因等）进行汇总分析，形成分析结果。

（2）主要统计数据。

1）计划稽查样本数量：按稽查管理办法和稽查样本抽样方法产生各项业务的样本数量。

2）实际稽查样本数量：在计划稽查样本中实际完成稽查的样本数量。

3）问题样本数量：在实际稽查样本数量中存在问题的样本数量。

4）整改反馈单数量：被稽查单位接到《营销稽查整改通知及反馈单》整改内容和时限要求完成整改工作的反馈单的数量。

5）计划稽查抽查率＝（计划稽查样本数量/业务数量）×100％。

6）营销稽查样本检查完成率＝（实际完成稽查的样本数/同期应稽查的样本数）×100％。

7）营销稽查样本合格率＝（检查合格的样本数/实际完成检查的样本数）×100％。

8）稽查整改反馈率＝（整改反馈单数/整改通知单数）×100％。

9）营销差错整改完成率＝（实际整改的营销差错数量/营销稽查通知整改的差错数量）×100％。

三、审核上报

（一）定义

审核上报，是指审核人员对营销稽查的统计报表和分析结果进行审核并上报。

（二）工作要求

审核人员应在规定的时间内完成统计报表和分析结果的审核。

（三）工作内容

（1）审核人员对营销稽查统计报表和分析结果进行审核，重点审核统计数据及分析的准确性。

（2）审核人员填写审核意见，若审核通过则上报上级单位，若审核不通过应注明审核意见并转回至"汇总与分析"进行修改。

第三节　营销作业风险管理

在营销活动过程中，为防止由于企业内外环境变化、导致营销活动受阻、失败或达不到预期营销目标，以及在营销业务活动中发生营销安全事件给企业带来经济损失，针对可能发生的风险采取防范措施的过程。重点应做好营销风险的识别、分析、评价，以及在营销内、外环境条件发生变化时，对营销作业风险管理工作进行回顾和完善，建立营销作业风险管理的持续改进机制，并将风险控制措施融入日常工作中，形成日常业务规范。

（一）定义

营销作业风险管理，指企业在营销过程中，为防止由于企业内外环境变化、导致营销活动受阻、失败或达不到预期营销目标，以及在营销业务活动中发生营销安全事件给企业带来经济损失，所采取防范措施的过程。

（二）管理要点

营销作业风险管理的内容应覆盖营销业务工作所有的流程节点，并包括营销业务流程节点所涉及的法律风险，各地市单位和基层单位应依据营销风险评价技术标准，开展风险评估工作，建立健全本单位的营销风险库，并应逐步将风险控制措施融入日常工作中，形成日常业务规范；省公司在汇总、完善各地市供电局营销风险库的基础上，建立省公司营销风险库；省公司、地市单位每年第一季度依据营销风险和控制策略，制定年度营销风险控制措施计划，以确保风险处于可控、受控的状态；省公司在制订或调整市场营销战略，或进行重大管理决策前，应开展专项营销风险分析评估，为战略制订和管理决策提供支持。

（三）工作要求

（1）地市单位应依据营销风险评价技术标准，开展风险评估工作，建立健全本单位的营销风险库。

（2）省公司在汇总、完善各地市单位营销风险库的基础上，建立省公司营销风险库。

（3）省公司、地市单位每年第一季度编制营销风险分析报告，对风险严重性进行总体评价。

（4）省公司、地市单位应对识别出的营销风险，每年第一季度制订年度营销风险控制策略。风险控制策略应按照：消除→规避→降低→承受的次序，优先选择高可靠性的控制策略，或采取综合性策略。

（5）省公司、地市单位每年第一季度依据营销风险和控制策略，制定年度营销风险控制措施计划，以确保风险处于可控、受控的状态。

（6）省公司在制订或调整市场营销战略，或进行重大管理决策前，应开展专项营销风险分析评估，为战略制订和管理决策提供支持。

（7）省公司、地市单位应逐步将风险控制措施融入日常工作中，形成日常业务规范。

（8）营销作业风险管理的内容应覆盖营销业务工作所有的流程节点，并包括营销业务流程节点所涉及的法律风险。

（四）工作内容

（1）风险识别时，主要考虑人的失误、制度及流程的缺陷、技术及标准的缺陷、设备及工具的缺陷、法规政策的影响、自然因素的影响、相关方的影响等因素。

（2）营销风险分析时，应综合考虑营销事件风险概率和营销事件风险后果两个方面的因素。

（3）营销风险评价时，根据风险概率和风险后果的分析结果，对风险进行量化。

（4）在营销内、外环境条件发生变化时，应及时对营销作业风险管理工作进行回顾和完善，建立营销作业风险管理的持续改进机制。

（5）在制订或调整市场营销战略，或进行重大管理决策前，应开展专项营销风险分析评估，为战略制订和管理决策提供支持。

（6）各单位应逐步将风险控制措施融入日常工作中，形成日常业务规范。

（五）业务流程图

营销作业风险管理业务流程可参考图 14-3。

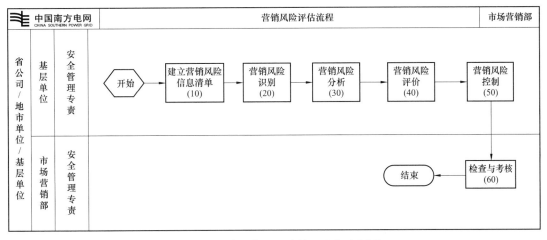

图 14-3　营销作业风险管理业务流程图

第十五章

电力营销相关法律法规

指导电力营销稽查工作常用的法律法规有：《中华人民共和国刑法》《中华人民共和国电力法》《中华人民共和国计量法》《电力供应与使用条例》《供电营业规则》《用电检查管理办法》《电力设施保护条例》《居民用户家用电器损坏处理办法》《最高人民法院关于人身触电伤亡事故的处理意见》等。

第一节　业扩报装相关法律法规

一、《中华人民共和国电力法》

第二十六条　供电营业区内的供电营业机构，对本营业区内的用户有按照国家规定供电的义务；不得违反国家规定对其营业区内申请用电的单位和个人拒绝供电。

申请新装用电、临时用电、增加用电容量、变更用电和终止用电，应当依照规定的程序办理手续。供电企业应当在其营业场所公告用电的程序、制度和收费标准，并提供用户须知资料。

第三十一条　用户应当安装用电计量装置。用户使用的电力电量，以计量检定机构依法认可的用电计量装置的记录为准。

用户受电装置的设计、施工安装和运行管理，应当符合国家标准或者电力行业标准。

第四十二条　用户用电增容收费标准，由国务院物价行政主管部门会同国务院电力管理部门制定。

二、《电力供应与使用条例》

第二十一条　因抢险救灾需要紧急供电时，供电企业必须尽速安排供电。所需工程费用和应付电费由有关地方人民政府有关部门从抢险救灾经费中支出，但是抗旱用电应当由用户交付电费。

第二十三条　申请新装用电、临时用电、增加用电容量、变更用电和终止用电，均应当到当地供电企业办理手续，并按照国家有关规定交付费用；供电企业没有不予供电的合理理由的，应当供电。供电企业应当在其营业场所公告用电的程序、制度和收费标准。

第二十四条　供电企业应当按照国家标准或者电力行业标准参与用户受送电装置设计图纸的审核，对用户受送电装置隐蔽工程的施工过程实施监督，并在该受送电装置工程竣工后进行检验；检验合格的，方可投入使用。

三、《供电营业规则》

第十六条 任何单位或个人需新装用电或增加用电容量、变更用电都必须按本规则规定，事先到供电企业用电营业场所提出申请，办理手续。

供电企业应在用电营业场所公告办理各项用电业务的程序、制度和收费标准。

第十七条 供电企业的用电营业机构统一归口办理用户的用电申请和报装接电工作，包括用电申请书的发放及审核、供电条件勘查、供电方案确定及批复、有关费用收取、受电工程设计的审核、施工中间检查、竣工检验、供用电合同（协议）签约、装表接电等项业务。

第十八条 用户申请新装或增加用电时，应向供电企业提供用电工程项目批准的文件及有关的用电资料，包括用电地点、电力用途、用电性质、用电设备清单、用电负荷、保安电力、用电规划等，并依照供电企业规定的格式如实填写用电申请书及办理所需手续。

新建受电工程项目在立项阶段，用户应与供电企业联系，就工程供电的可能性、用电容量和供电条件等达成意向性协议，方可定址，确定项目。

未按前款规定办理的，供电企业有权拒绝受理其用电申请。

如因供电企业供电能力不足或政府规定限制的用电项目，供电企业可通知用户暂缓办理。

第十九条 供电企业对已受理的用电申请，应尽快确定供电方案，在下列期限内正式书面通知用户：居民用户最长不超过 5 天；低压电力用户最长不超过 10 天；高压单电源用户最长不超过 1 个月；高压双电源用户最长不超过 2 个月。若不能如期确定供电方案时，供电企业应向用户说明原因。用户对供电企业答复的供电方案有不同意见时，应在 1 个月内提出意见，双方可再行协商确定。用户应根据确定的供电方案进行受电工程设计。

第二十一条 供电方案的有效期，是指从供电方案正式通知书发出之日起至缴纳供电贴费并受电工程开工日为止。高压供电方案的有效期为 1 年，低压供电方案的有效期为 3 个月，逾期注销。

用户遇有特殊情况，需延长供电方案有效期的，应在有效期到期前十天向供电企业提出申请，供电企业应视情况予以办理延长手续。但延长时间不得超过前款规定期限。

第二十二条 有下列情况之一者，为变更用电。用户需变更用电时，应事先提出申请，并携带有关证明文件，到供电企业用电营业场所办理手续，变更《供用电合同》：

（1）减少合同约定的用电容量（简称减容）。

（2）暂时停止全部或部分受电设备的用电（简称暂停）。

（3）临时更换大容量变压器（简称暂换）。

（4）迁移受电装置用电地址（简称迁址）。

（5）移动用电计量装置安装位置（简称移表）。

（6）暂时停止用电并拆表（简称暂拆）。

（7）改变用户的名称（简称更名或过户）。

（8）一户分列为两户及以上的用户（简称分户）。

（9）两户及以上用户合并为一户（简称并户）。

（10）合同到期终止用电（简称销户）。

（11）改变供电电压等级（简称改压）。

（12）改变用电类别（简称改类）。

第二十三条 用户减容，须在 5 天前向供电企业提出申请。供电企业应按下列规定办理：

（1）减容必须是整台或整组变压器的停止或更换小容量变压器用电。供电企业在受理之日后，根据用户申请减容的日期对设备进行加封。从加封之日起，按原计费方式减收其相应容量的基本电费。但用户申明为永久性减容的或从加封之日起期满 2 年又不办理恢复用电手续的，其减容后的容量已达不到实施两部制电价规定容量标准时，应改为单一制电价计费。

（2）减少用电容量的期限，应根据用户所提出的申请确定，但最短期限不得少于 6 个月，最长期限不得超过 2 年。

（3）在减容期限内，供电企业应保留用户减少容量的使用权。用户要求恢复用电，不再交付供电贴费；超过减容期限要求恢复用电时，应按新装或增容手续办理。

（4）在减容期限内要求恢复用电时，应在 5 天前向供电企业办理恢复用电手续，基本电费从启封之日起计收。

（5）减容期满后的用户以及新装、增容用户，2 年内不得申办减容或暂停。如确需继续办理减容或暂停的，减少或暂停部分容量的基本电费应按 50% 计算收取。

第二十四条 用户暂停，须在 5 天前向供电企业提出申请。供电企业应按下列规定办理：

（1）用户在每一日历年内，可申请全部（含不通过受电变压器的高压电动机）或部分用电容量的暂时停止用电 2 次，每次不得少于 15 天，一年累计暂停时间不得超过 6 个月。季节性用电或国家另有规定的用户，累计暂停时间可以另议。

（2）按变压器容量计收基本电费的用户，暂停用电必须是整台或整组变压器停止运行。供电企业在受理暂停申请后，根据用户申请暂停的日期对暂停设备加封。从加封之日起，按原计费方式减收其相应容量的基本电费。

（3）暂停期满或每一日历年内累计暂停用电时间超过 6 个月者，不论用户是否申请恢复用电，供电企业须从期满之日起，按合同约定的容量计收其基本电费。

（4）在暂停期限内，用户申请恢复暂停用电容量用电时，须在预定恢复日前 5 天向供电企业提出申请。暂停时间少于 15 天者，暂停期间基本电费照收。

（5）按最大需量计收基本电费的用户，申请暂停用电必须是全部容量（含不通过受电变压器的高压电动机）的暂停，并遵守本条 1～4 项的有关规定。

第二十五条 用户暂换（因受电变压器故障而无相同容量变压器替代，需要临时更换大容量变压器），须在更换前向供电企业提出申请。供电企业应按下列规定办理：

（1）必须在原受电地点内整台的暂换受电变压器。

（2）暂换变压器的使用时间，10kV 及以下的不得超过 2 个月，35kV 及以上的不得超过 3 个月。逾期不办理手续的，供电企业可中止供电。

（3）暂换的变压器经检验合格后才能投入运行。

（4）暂换变压器增加的容量不收取供电贴费，但对两部制电价用户须在暂换之日起，按替换后的变压器容量计收基本电费。

第二十六条　用户迁址，须在 5 天前向供电企业提出申请。供电企业应按下列规定办理：

（1）原址按终止用电办理，供电企业予以销户。新址用电优先受理。

（2）迁移后的新址不在原供电点供电的，新址用电按新装用电办理。

（3）迁移后的新址在原供电点供电的，且新址用电容量不超过原址容量，新址用电不再收取供电贴费。新址用电引起的工程费用由用户负担。

（4）迁移后的新址仍在原供电点，但新址用电容量超过原址用电容量的，超过部分按增容办理。

（5）自迁移用电地址而用电者，除按本规则第一百条第 5 项处理外，自迁新址不论是否引起供电点变动，一律按新装用电办理。

第二十七条　用户移表（因修缮房屋或其他原因需要移动用电计量装置安装位置），须向供电企业提出申请。供电企业应按下列规定办理：

（1）在用电地址、用电容量、用电类别、供电点等不变情况下，可办理移表手续。

（2）移表所需的费用由用户负担。

（3）用户不论何种原因，不得自行移动表位，否则，可按本规则第一百条第 5 项处理。

第二十八条　用户暂拆（因修缮房屋等原因需要暂时停止用电并拆表），应持有相关证明向供电企业提出申请。供电企业应按下列规定办理：

（1）用户办理暂拆手续后，供电企业应在 5 天内执行暂拆。

（2）暂拆时间最长不得超过 6 个月。暂拆期间，供电企业保留该用户原容量的使用权。

（3）暂拆原因消除，用户要求复装接电时，须向供电企业办理复装接电手续并按规定交付费用。上述手续完成后，供电企业应在 5 天内为该用户复装接电。

（4）超过暂拆规定时间要求复装接电者，按新装手续办理。

第二十九条　用户更名或过户（依法变更用户名称或居民用户房屋变更户主），应持有关证明向供电企业提出申请。供电企业应按下列规定办理：

（1）在用电地址、用电容量、用电类别不变条件下，允许办理更名或过户。

（2）原用户应与供电企业结清债务，才能解除原供用电关系。

（3）不申请办理过户手续而私自过户者，新用户应承担原用户所负债务。经供电企业检查发现用户私自过户时，供电企业应通知该户补办手续，必要时可中止供电。

第三十条　用户分户，应持有关证明向供电企业提出申请。供电企业应按下列规定办理：

（1）在用电地址、供电点、用电容量不变，且其受电装置具备分装的条件时，允许办理分户。

（2）在原用户与供电企业结清债务的情况下，再办理分户手续。

（3）分立后的新用户应与供电企业重新建立供用电关系。

（4）原用户的用电容量由分户者自行协商分割，需要增容者，分户后另行向供电企业办理增容手续。

（5）分户引起的工程费用由分户者负担。

（6）分户后受电装置应经供电企业检验合格，由供电企业分别装表计费。

第三十一条 用户并户，应持有关证明向供电企业提出申请，供电企业应按下列规定办理：

（1）在同一供电点，同一用电地址的相邻 2 个及以上用户允许办理并户。

（2）原用户应在并户前向供电企业结清债务。

（3）新用户用电容量不得超过并户前各户容量之总和。

（4）并户引起的工程费用由并户者负担。

（5）并户的受电装置应经检验合格，由供电企业重新装表计费。

第三十二条 用户销户，须向供电企业提出申请。供电企业应按下列规定办理：

（1）销户必须停止全部用电容量的使用。

（2）用户已向供电企业结清电费。

（3）查验用电计量装置完好性后，拆除接户线和用电计量装置。

（4）用户持供电企业出具的凭证，领还电能表保证金与电费保证金。

办完上述事宜，即解除供用电关系。

第三十三条 用户连续 6 个月不用电，也不申请办理暂停用电手续者，供电企业须以销户终止其用电。用户需再用电时，按新装用电办理。

第三十四条 用户改压（因用户原因需要在原址改变供电电压等级），应向供电企业提出申请。供电企业应按下列规定办理：

（1）改为高一等级电压供电，且容量不变者，免收其供电贴费。超过原容量者，超过部分按增容手续办理。

（2）改为低一等级电压供电时，改压后的容量不大于原容量者，应收取两级电压供电贴费标准差额的供电贴费。超过原容量者，超过部分按增容手续办理。

（3）改压引起的工程费用由用户负担。

由于供电企业的原因引起用户供电电压等级变化的，改压引起的用户外部工程费用由供电企业负担。

第三十五条 用户改类，须向供电企业提出申请，供电企业应按下列规定办理：

（1）在同一受电装置内，电力用途发生变化而引起用电电价类别改变时，允许办理改类手续。

（2）擅自改变用电类别，应按本规则第一百条第 1 项处理。

第三十六条 用户依法破产时，供电企业应按下列规定办理：

（1）供电企业应予销户，终止供电。

（2）在破产用户原址上用电的，按新装用电办理。

（3）从破产用户分离出去的新用户，必须在偿清原破产用户电费和其他债务后，方可办理变更用电手续，否则，供电企业可按违约用电处理。

第二节　供用电合同相关法律法规

一、《中华人民共和国电力法》

第二十七条　电力供应与使用双方应当根据平等自愿、协商一致的原则，按照国务院制定的电力供应与使用办法签订供用电合同，确定双方的权利和义务。

第五十九条　电力企业或者用户违反供用电合同，给对方造成损失的，应当依法承担赔偿责任。电力企业违反本法第二十八条、第二十九条一款的规定，未保证供电质量或者未事先通知用户中断供电，给用户造成损失的，应当依法承担赔偿责任。

二、《电力供应与使用条例》

第六条　供电企业和用户应当根据平等自愿、协商一致的原则签订供用电合同。

第三十二条　供电企业和用户应当在供电前根据用户需要和供电企业的供电能力签订供用电合同。

第三十三条　供用电合同应当具备以下条款：

（1）供电方式、供电质量和供电时间。

（2）用电容量和用电地址、用电性质。

（3）计量方式和电价、电费结算方式。

（4）供用电设施维护责任的划分。

（5）合同的有效期限。

（6）违约责任。

（7）双方共同认为应当约定的其他条款。

第三十四条　供电企业应当按照合同约定的数量、质量、时间、方式，合理调度和安全供电。用户应当按照合同约定的数量、条件用电，交付电费和国家规定的其他费用。

第三十五条　供用电合同的变更或者解除，应当依照有关法律、行政法规和本条例的规定办理。

第四十二条　供电企业或者用户违反供用电合同，给对方造成损失的，应当依法承担赔偿责任。

三、《供电营业规则》

第九十二条　供电企业和用户应当在正式供电前，根据用户用电需求和供电企业的供电能力以及办理用电申请时双方已认可或协商一致的下列文件，签订供用电合同：

（1）用户的用电申请报告或用电申请书。

（2）新建项目立项前双方签订的供电意向性协议。

（3）供电企业批复的供电方案。

（4）用户受电装置施工竣工检验报告。

（5）用电计量装置安装完工报告。

（6）供电设施运行维护管理协议。

（7）其他双方事先约定的有关文件。

对用电量大的用户或供电有特殊要求的用户，在签订供用电合同时，可单独签订电费结算协议和电力调度协议等。

第九十三条 供用电合同应采用书面形式。经双方协商同意的有关修改合同的文书、电报、电传和图表也是合同的组成部分。

供用电合同书面形式可分为标准格式和非标准格式两类。标准格式合同适用于供电方式简单、一般性用电需求的用户；非标准格式合同适用于供用电方式特殊的用户。

省电网经营企业可根据用电类别、用电容量、电压等级的不同，分类制定出适应不同类型用户需要的标准格式的供用电合同。

第九十四条 供用电合同的变更或者解除，必须依法进行。有下列情形之一的，允许变更或解除供用电合同：

（1）当事人双方经过协商同意，并且不因此损害国家利益和扰乱供用电秩序。

（2）由于供电能力的变化或国家对电力供应与使用管理的政策调整，使订立供用电合同时的依据被修改或取消。

（3）当事人一方依照法律程序确定确实无法履行合同。

（4）由于不可抗力或一方当事人虽无过失，但无法防止的外因，致使合同无法履行。

第九十五条 供用双方在合同中订有电力运行事故责任条款的，按下列规定办理：

（1）由于供电企业电力运行事故造成用户停电的，供电企业应按用户在停电时间内可能用电量的电度电费的 5 倍（单一制电价为 4 倍）给予赔偿。用户在停电时间内可能用电量，按照停电前用户正常用电月份或正常用电一定天数内的每小时平均用电量乘以停电小时求得。

（2）由于用户的责任造成供电企业对外停电，用户应按供电企业对外停电时间少供电量，乘以上月份供电企业平均售电单价给予赔偿。因用户过错造成其他用户损害的，受害用户要求赔偿时，该用户应当依法承担赔偿责任。虽因用户过错，但由于供电企业责任而使事故扩大造成其他用户损害，该用户不承担事故扩大部分的赔偿责任。

（3）对停电责任的分析和停电时间及少供电量的计算，均按供电企业的事故记录及《电业生产事故调查规程》办理。停电时间不足 1h 按 1h 计算，超过 1h 按实际时间计算。

（4）本条所指的电度电费按国家规定的目录电价计算。

第九十六条 供用电双方在合同中订有电压质量责任条款的，按下列规定办理：

（1）用户用电功率因数达到规定标准，而供电电压超出本规则规定的变动幅度，给用户造成损失的，供电企业应按用户每月在电压不合格的累计时间内所用的电量，乘以用户当月用电的平均电价的 20% 给予赔偿。

（2）用户用电的功率因数未达到规定标准或其他用户原因引起的电压质量不合格的，供电企业不负赔偿责任。

（3）电压变动超出允许变动幅度的时间，以用户自备并经供电企业认可的电压自动记录仪表的记录为准，如用户未装此项仪表，则以供电企业的电压记录为准。

第九十七条　供用电双方在合同中订有频率质量责任条款的，按下列规定办理：

（1）供电频率超出允许偏差，给用户造成损失的，供电企业应按用户每月在频率不合格的累计时间内所用的电量，乘以当月用电的平均电价的 20％给予赔偿。

（2）频率变动超出允许偏差的时间，以用户自备并经供电企业认可的频率自动记录仪表的记录为准，如用户未装此项仪表，则以供电企业的频率记录为准。

第九十八条　用户在供电企业规定的期限内未缴清电费时，应承担电费滞纳的违约责任。电费违约金从逾期之日起计算至缴纳日止。每日电费违约金按下列规定计算：

（1）居民用户每日按欠费总额的 1‰计算。

（2）其他用户：

1）当年欠费部分，每日按欠费总额的 2‰计算；

2）跨年度欠费部分，每日按欠费总额的 3‰计算。

电费违约金收取总额按日累加计收，总额不足 1 元者按 1 元收取。

第九十九条　因电力运行事故引起城乡居民用户家用电器损坏的，供电企业应按《居民用户家用电器损坏处理办法》进行处理。

第一百条　危害供用电安全、扰乱正常供用电秩序的行为，属于违约用电行为。供电企业对查获的违约用电行为应及时予以制止。有下列违约用电行为者，应承担其相应的违约责任：

（1）在电价低的供电线路上，擅自接用电价高的用电设备或私自改变用电类别的，应按实际使用日期补交其差额电费，并承担 2 倍差额电费的违约使用电费。使用起讫日期难以确定的，实际使用时间按 3 个月计算。

（2）私自超过合同约定的容量用电的，除应拆除私增容设备外，属于两部制电价的用户，应补交私增设备容量使用月数的基本电费，并承担 3 倍私增容量基本电费的违约使用电费；其他用户应承担私增容量每千瓦（千伏安）50 元的违约使用电费。如用户要求继续使用者，按新装增容办理手续。

（3）擅自超过计划分配的用电指标的，应承担高峰超用电力每次每千瓦 1 元和超用电量与现行电价电费 5 倍的违约使用电费。

（4）擅自使用已在供电企业办理暂停手续的电力设备或启用供电企业封存的电力设备的，应停用违约使用的设备。属于两部制电价的用户，应补交擅自使用或启用封存设备容量和使用月数的基本电费，并承担 2 倍补交基本电费的违约使用电费；其他用户应承担擅自使用或启用封存设备容量每次每千瓦（千伏安）30 元的违约使用电费。启用属于私增容被封存的设备的，违约使用者还应承担本条第 2 项规定的违约责任。

（5）私自迁移、更动和擅自操作供电企业的用电计量装置、电力负荷管理装置、供电设施以及约定由供电企业调度的用户受电设备者，属于居民用户的，应承担每次 500 元的违约使用电费；属于其他用户的，应承担每次 5000 元的违约使用电费。

（6）未经供电企业同意，擅自引入（供出）电源或将备用电源和其他电源私自并网的，除当即拆除接线外，应承担其引入（供出）或并网电源容量每千瓦（千伏安）500 元的违约使用电费。

第三节 供电质量相关法律法规

一、《中华人民共和国电力法》

第二十八条 供电企业应当保证供给用户的供电质量符合国家标准。对公用供电设施引起的供电质量问题，应当及时处理。用户对供电质量有特殊要求的，供电企业应当根据其必要性和电网的可能，提供相应的电力。

第二十九条 供电企业在发电、供电系统正常的情况下，应当连续向用户供电，不得中断。因供电设施检修、依法限电或者用户违法用电等原因，需要中断供电时，供电企业应当按照国家有关规定事先通知用户。用户对供电企业中断供电有异议的，可以向电力管理部门投诉；受理投诉的电力管理部门应当依法处理。

第六十四条 违反本法第二十六条、第二十九条规定，拒绝供电或者中断供电的，由电力管理部门责令改正，给予警告；情节严重的，对有关主管人员和直接责任人员给予行政处分。

二、《电力供应与使用条例》

第十九条 用户受电端的供电质量应当符合国家标准或者电力行业标准。

第二十二条 用户对供电质量有特殊要求的，供电企业应当根据其必要性和电网的可能，提供相应的电力。

第二十八条 除本条例另有规定外，在发电、供电系统正常运行的情况下，供电企业应当连续向用户供电；因故需要停止供电时，应当按照下列要求事先通知用户或者进行公告：

（1）因供电设施计划检修需要停电时，供电企业应当提前7天通知用户或者进行公告。

（2）因供电设施临时检修需要停止供电时，供电企业应当提前24小时通知重要用户。

（3）因发电、供电系统发生故障需要停电、限电时，供电企业应当按照事先确定的限电序位进行停电或者限电。引起停电或者限电的原因消除后，供电企业应当尽快恢复供电。

第四十三条 因电力运行事故给用户或者第三人造成损害的，供电企业应当依法承担赔偿责任。因用户或者第三人的过错给供电企业或者其他用户造成损害的，该用户或者第三人应当依法承担赔偿责任。

三、《供电营业规则》

第五十二条 供电企业和用户都应加强供电和用电的运行管理，切实执行国家和电力行业制订的有关安全供用电的规程制度。用户执行其上级主管机关颁发的电气规程制度，除特殊专用的设备外，如与电力行业标准或规定有矛盾时，应以国家和电力行业标准或规定为准。供电企业和用户在必要时应制订本单位的现场规程。

第五十三条 在电力系统正常状况下，供电频率的允许偏差为：

（1）电网装机容量在 300 万 kW 及以上的，为 ±0.2Hz；

（2）电网装机容量在 300 万 kW 以下的，为 ±0.5Hz。

在电力系统非正常状况下，供电频率允许偏差不应超过 ±1.0Hz。

第五十四条 在电力系统正常状况下，供电企业供到用户受电端的供电电压允许偏差为：

（1）35kV 及以上电压供电，电压正、负偏差绝对值之和不超过额定值的 10%。

（2）10kV 及以下三相供电的，为额定值的 ±7%。

（3）220kV 单相供电的，为额定值的 +7%～-10%。在电力系统非正常状况下，用户受电端的电压最大允许偏差不应超过额定值的 ±10%。

用户用电功率因数达不到本规则第四十一条规定的，其受电端的电压偏差不受此限制。

第五十五条 电网公共连接点电压正弦波畸变率和用户注入电网的谐波电流不得超过国家标准 GB/T 14549—1993 的规定。用户的非线性阻抗特性的用电设备接入电网运行所注入电网的谐波电流和引起公共连接点电压正弦波畸变率超过标准时，用户必须采取措施予以消除。否则，供电企业可中止对其供电。

第五十六条 用户的冲击负荷、波动负荷、非对称负荷对供电质量产生影响或对安全运行构成干扰和妨碍时，用户必须采取措施予以消除。如不采取措施或采取措施不力，达不到国家标准 GB 12326—2008 规定的要求时，供电企业可中止对其供电。

第五十七条 供电企业应不断改善供电可靠性，减少设备检修和电力系统事故对用户的停电次数及每次停电持续时间。供用电设备计划检修应做到统一安排。供用电设备计划检修时，对 35kV 及以上电压供电的用户的停电次数，每年不应超过 1 次；对 10kV 供电的用户，每年不应超过 3 次。

第五十八条 供电企业和用户应共同加强对电能质量的管理。因电能质量某项指标不合格而引起责任纠纷时，不合格的质量责任由电力管理部门认定的电能质量技术检测机构负责技术仲裁。

第五十九条 供电企业和用户的供用电设备计划检修应相互配合，尽量做到统一检修。用电负荷较大，开停对电网有影响的设备，其停开时间，用户应提前与供电企业联系。遇有紧急检修需停电时，供电企业应按规定提前通知重要用户，用户应予以配合；事故断电，应尽速修复。

第六十条 供电企业应根据电力系统情况和电力负荷的重要性，编制事故限电序位方案，并报电力管理部门审批或备案后执行。

第六十七条 除因故中止供电外，供电企业需对用户停止供电时，应按下列程序办理停电手续：

（1）应将停电的用户、原因、时间报本单位负责人批准。批准权限和程序由省电网经营企业制定。

（2）在停电前 3～7 天内，将停电通知书送达用户，对重要用户的停电，应将停电通知书报送同级电力管理部门。

（3）在停电前 30 分钟，将停电时间再通知用户一次，方可在通知规定时间实施停电。

第六十八条 因故需要中止供电时，供电企业应按下列要求事先通知用户或进行公告：

（1）因供电设施计划检修需要停电时，应提前 7 天通知用户或进行公告。

（2）因供电设施临时检修需要停止供电时，应当提前 24h 通知重要用户或进行公告。

（3）发供电系统发生故障需要停电、限电或者计划限、停电时，供电企业应按确定的限电序位进行停电或限电。但限电序位应事前公告用户。

第四节　电价与电费管理相关法律法规

一、《中华人民共和国电力法》

第三十五条 本法所称电价，是指电力生产企业的上网电价、电网间的互供电价、电网销售电价。电价实行统一政策，统一定价原则，分级管理。

第三十六条 制定电价，应当合理补偿成本，合理确定收益，依法计入税金，坚持公平负担，促进电力建设。

第三十七条 上网电价实行同网同质同价。具体办法和实施步骤由国务院规定。电力生产企业有特殊情况需另行制定上网电价的，具体办法由国务院规定。

第三十八条 跨省、自治区、直辖市电网和省级电网内的上网电价，由电力生产企业和电网经营企业协商提出方案，报国务院物价行政主管部门核准。

地方投资的电力生产企业所生产的电力，属于在省内各地区形成独立电网的或者自发自用的，其电价可以由省、自治区、直辖市人民政府管理。

第三十九条 跨省、自治区、直辖市电网和独立电网之间、省级电网和独立电网之间的互供电价，由双方协商提出方案，报国务院物价行政主管部门或者其授权的部门核准。

独立电网与独立电网之间的互供电价，由双方协商提出方案，报有管理权的物价行政主管部门核准。

第四十条 跨省、自治区、直辖市电网和省级电网的销售电价，由电网经营企业提出方案，报国务院物价行政主管部门或者其授权的部门核准。

第四十一条 国家实行分类电价和分时电价。分类标准和分时办法由国务院确定。对同一电网内的同一电压等级、同一用电类别的用户，执行相同的电价标准。

第四十二条 用户用电增容收费标准，由国务院物价行政主管部门会同国务院电力管理部门制定。

第四十三条 任何单位不得超越电价管理权限制定电价。供电企业不得擅自变更电价。

第四十四条 禁止任何单位和个人在电费中加收其他费用；但是，法律、行政法规另有规定的，按照规定执行。

地方集资办电在电费中加收费用的，由省、自治区、直辖市人民政府依照国务院有关规定制定办法。

第四十五条　电价的管理办法，由国务院依照本法的规定制定。

二、《电力供应与使用条例》

第二十五条　供电企业应当按照国家有关规定实行分类电价、分时电价。

第二十七条　供电企业应当按照国家核准的电价和用电计量装置的记录，向用户计收电费。用户应当按照国家批准的电价，并按照规定的期限、方式或者合同约定的办法，交付电费。

第三十九条　违反本条例第二十七条规定，逾期未交付电费的，供电企业可以从逾期之日起，每日按照电费总额的 1‰～3‰ 加收违约金，具体比例由供用电双方在供用电合同中约定；自逾期之日起计算超过 30 日，经催交仍未交付电费的，供电企业可以按照国家规定的程序停止供电。

三、《供电营业规则》

第八十二条　供电企业应当按国家批准的电价，依据用电计量装置的记录计算电费，按期向用户收取或通知用户按期交纳电费。供电企业可根据具体情况，确定向用户收取电费的方式。

用户应按供电企业规定的期限和交费方式交清电费，不得拖延或拒交电费。

用户应按国家规定向供电企业存出电费保证金。

第八十三条　供电企业应在规定的日期抄录计费电能表读数。

由于用户的原因未能如期抄录计费电能表读数时，可通知用户待期补抄或暂按前次用电量计收电费，待下次抄表时一并结清。因用户原因连续 6 个月不能如期抄到计费电能表读数时，供电企业应通知该用户得终止供电。

第八十四条　基本电费以月计算，但新装、增容、变更与终止用电当月的基本电费，可按实用天数（日用电不足 24h 的，按 1 天计算）每日按全月基本电费 1/30 计算。事故停电、检修停电、计划限电不扣减基本电费。

第八十五条　以变压器容量计算基本电费的用户，其备用的变压器（含高压电动机），属冷备用状态并经供电企业加封的，不收基本电费；属热备用状态的或未经加封的，不论使用与否都计收基本电费。用户专门为调整用电功率因数的设备，如电容器、调相机等，不计收基本电费。在受电装置一次侧装有连锁装置互为备用的变压器（含高压电动机），按可能同时使用的变压器（含高压电动机）容量之和的最大值计算其基本电费。

对月用电量较大的用户，供电企业可按用户月电费确定每月分若干次收费，并于抄表后结清当月电费。收费次数由供电企业与用户协商确定，一般每月不少于 3 次。对于银行划拨电费的，供电企业、用户、银行三方应签订电费划拨和结清的协议书。供用双方改变开户银行或账号时，应及时通知对方。

第八十七条　临时用电用户未装用电计量装置的，供电企业应根据其用电容量，按双方约定的每日使用时数和使用期限预收全部电费。用电终止时，如实际使用时间不足约定期限 1/2 的，可退还预收电费的 1/2；超过约定期限 1/2 的，预收电费不退；到约定期限时，得终止供电。

第八十八条 供电企业依法对用户终止供电时，用户必须结清全部电费和与供电企业相关的其他债务。否则，供电企业有权依法追缴。

第五节　电能计量相关法律法规

一、《中华人民共和国电力法》

第三十条 因抢险救灾需要紧急供电时，供电企业必须尽速安排供电，所需供电工程费用和应付电费依照国家有关规定执行。

第三十一条 用户应当安装用电计量装置。用户使用的电力电量，以计量检定机构依法认可的用电计量装置的记录为准。用户受电装置的设计、施工安装和运行管理，应当符合国家标准或者电力行业标准。

第三十三条 供电企业应当按照国家核准的电价和用电计量装置的记录，向用户计收电费。

供电企业查电人员和抄表收费人员进入用户，进行用电安全检查或者抄表收费时，应当出示有关证件。

用户应当按照国家核准的电价和用电计量装置的记录，按时交纳电费；对供电企业查电人员和抄表收费人员依法履行职责，应当提供方便。

第六十六条 违反本法第三十三条、第四十三条、第四十四条规定，未按照国家核准的电价和用电计量装置的记录向用户计收电费、超越权限制定电价或者在电费中加收其他费用的，由物价行政主管部门给予警告，责令返还违法收取的费用，可以并处违法收取费用五倍以下的罚款；情节严重的，对有关主管人员和直接责任人员给予行政处分。

二、《电力供应与使用条例》

第二十六条 用户应当安装用电计量装置。用户使用的电力、电量，以计量检定机构依法认可的用电计量装置的记录为准。用电计量装置，应当安装在供电设施与受电设施的产权分界处。安装在用户处的用电计量装置，由用户负责保护。

第二十七条 供电企业应当按照国家核准的电价和用电计量装置的记录，向用户计收电费。用户应当按照国家批准的电价，并按照规定的期限、方式或者合同约定的办法，交付电费。

三、《供电营业规则》

第七十条 供电企业应在用户每一个受电点内按不同电价类别，分别安装用电计量装置。每个受电点作为用户的一个计费单位。用户为满足内部核算的需要，可自行在其内部装设考核能耗用的电能表，但该表所示读数不得作为供电企业计费依据。

第七十一条 在用户受电点内难以按电价类别分别装设用电计量装置时，可装设总的用电计量装置，然后按其不同电价类别的用电设备容量的比例或实际可能的用电量，确定不同电价类别用电量的比例或定量进行分算，分别计价。供电企业每年至少对上述比例或定量核定一次，用户不得拒绝。

　　第七十二条　用电计量装置包括计费电能表（有功、无功电能表及最大需量表）和电压、电流互感器及二次连接线导线。计费电能表及附件的购置、安装、移动、更换、校验、拆除、加封、启封及表计接线等，均由供电企业负责办理，用户应提供工作上的方便。

　　高压用户的成套设备中装有自备电能表及附件时，经供电企业检验合格、加封并移交供电企业维护管理的，可作为计费电能表。用户销户时，供电企业应将该设备交还用户。

　　供电企业在新装、换装及现场校验后应对用电计量装置加封，并请用户在工作凭证上签章。

　　第七十三条　对 10kV 及以下电压供电的用户，应配置专用的电能计量柜（箱）；对 35kV 及以上电压供电的用户，应有专用的电流互感器二次线圈和专用的电压互感器二次连接线，并不得与保护、测量回路共用。电压互感器专用回路的电压降不得超过允许值。超过允许值时，应予以改造或采取必要的技术措施予以更正。

　　第七十四条　用电计量装置原则上应装在供电设施的产权分界处。如产权分界处不适宜装表的，对专线供电的高压用户，可在供电变压器出口装表计量；对公用线路供电的高压用户，可在用户受电装置的低压侧计量。当用电计量装置不安装在产权分界处时，线路与变压器损耗的有功与无功电量均须由产权所有者负担。在计算用户基本电费（按最大需量计收时）、电度电费及功率因数调整电费时，应将上述损耗电量计算在内。

　　第七十五条　城镇居民用电一般应实行一户一表。因特殊原因不能实行一户一表计费时，供电企业可根据其容量按公安门牌或楼门单元、楼层安装共用的计费电能表，居民用户不得拒绝合用。共用计费电能表内的各用户，可自行装设分户电能表，自行分算电费，供电企业在技术上予以指导。

　　第七十六条　临时用电的用户，应安装用电计量装置。对不具备安装条件的，可按其用电容量、使用时间、规定的电价计收电费。

　　第七十七条　计费电能表装设后，用户应妥为保护，不应在表前堆放影响抄表或计量准确及安全的物品。如发生计费电能表丢失、损坏或过负荷烧坏等情况，用户应及时告知供电企业，以便供电企业采取措施。如因供电企业责任或不可抗力致使计费电能表出现或发生故障的，供电企业应负责换表，不收费用；其他原因引起的，用户应负担赔偿费或修理费。

　　第七十九条　供电企业必须按规定的周期校验、轮换计费电能表，并对计费电能表进行不定期检查。发现计量失常时，应查明原因。用户认为供电企业装设的计费电能表不准时，有权向供电企业提出校验申请，在用户交付验表费后，供电企业应在 7 天内检验，并将检验结果通知用户。如计费电能表的误差在允许范围内，验表费不退；如计费电能表的误差超出允许范围时，除退还验表费外，并应按本规则第八十条规定退补电费。用户对检验结果有异议时，可向供电企业上级计量检定机构申请检定。用户在申请验表期间，其电费仍应按期交纳，验表结果确认后，再行退补电费。

第八十条 由于计费计量的互感器、电能表的误差及其连接线电压降超出允许范围或其他非人为原因致使计量记录不准时，供电企业应按下列规定退补相应电量的电费：

（1）互感器或电能表误差超出允许范围时，以"0"误差为基准，按验证后的误差值退补电量。退补时间从上次校验或换装后投入之日起至误差更正之日止的 1/2 时间计算。

（2）连接线的电压降超出允许范围时，以允许电压降为基准，按验证后实际值与允许值之差补收电量。补收时间从连接线投入或负荷增加之日起至电压降更正之日止。

（3）其他非人为原因致使计量记录不准时，以用户正常月份的用电量为基准，退补电量，退补时间按抄表记录确定。

退补期间，用户先按抄见电量如期交纳电费，误差确定后，再行退补。

第八十一条 用电计量装置接线错误、保险熔断、倍率不符等原因，使电能计量或计算出现差错时，供电企业应按下列规定退补相应电量的电费：

（1）计费计量装置接线错误的，以其实际记录的电量为基数，按正确与错误接线的差额率退补电量，退补时间从上次校验或换装投入之日起至接线错误更正之日止。

（2）电压互感器保险熔断的，按规定计算方法计算值补收相应电量的电费；无法计算的，以用户正常月份用电量为基准，按正常月与故障月的差额补收相应电量的电费，补收时间按抄表记录或按失压自动记录仪记录确定。

（3）计算电量的倍率或铭牌倍率与实际不符的，以实际倍率为基准，按正确与错误倍率的差值退补电量，退补时间以抄表记录为准确定。退补电量未正式确定前，用户应先按正常月用电量交付电费。

第八十三条 供电企业应在规定的日期抄录计费电能表读数。

由于用户的原因未能如期抄录计费电能表读数时，可通知用户待期补抄或暂按前次用电量计收电费，待下次超表时一并结清。因用户原因连续 6 个月不能如期抄到计费电能表读数时，供电企业应通知用户的终止供电。

四、《中华人民共和国计量法》

第二十三条 未取得《制造计量器具许可证》《修理计量器具许可证》制造或者修理计量器具的，责令停止生产、停止营业，没收违法所得，可以并处罚款。

第二十四条 制造、销售未经考核合格的计量器具新产品的，责令停止制造、销售该种新产品，没收违法所得，可以并处罚款。

第二十五条 制造、修理、销售的计量器具不合格的，没收违法所得，可以并处罚款。

第二十六条 属于强制检定范围的计量器具，未按照规定申请检定或者检定不合格继续使用的，责令停止使用，可以并处罚款。

第二十七条 使用不合格的计量器具或者破坏计量器具准确度，给国家和消费者造成损失的、责令赔偿损失，没收计量器具和违法所得，可以并处罚款。

第二十八条 制造、销售、使用以欺骗消费者为目的的计量器具的，没收计量器具和违法所得，处以罚款；情节严重的，并对个人或者单位直接责任人员按诈骗罪或者投机倒把罪追究刑事责任。

第二十九条 违反本法规定，制造、修理、销售的计量器具不合格，造成人身伤亡或者重大财产损失的，比照《刑法》第一百八十六条的规定，对个人或者单位直接责任人员追究刑事责任。

第三十条 计量监督人员违法失职，情节严重的，依照《刑法》有关规定追究刑事责任；情节轻微的；给予行政处分。

第三十一条 本法规定的行政处罚，由县级以上地方人民政府计量行政部门决定。本法第二十七条规定的行政处罚，也可以由工商行政管理部门决定。

第三十二条 当事人对行政处罚决定不服的，可以在接到处罚通知之日起 15 日内向人民法院起诉；对罚款、没收违法所得的行政处罚决定期满不起诉又不履行的，由作出行政处罚决定的机关申请人民法院强制执行。

第六节 用电检查相关法律法规

一、《中华人民共和国刑法》

第一百五十一条 盗窃、诈骗、抢夺公私财物数额较大的，处 5 年以下有期徒刑、拘役或管制。

第一百五十二条 惯窃、惯骗或者盗窃、诈骗、抢夺公私财物数额巨大的，处 5 年以上 10 年以下有期徒刑；情节特别严重的，处 10 年以上有期徒刑或者无期徒刑，可以并处没收财产。

二、《中华人民共和国电力法》

第三十二条 用户用电不得危害供电、用电安全和扰乱供电、用电秩序。对危害供电、用电安全和扰乱供电、用电秩序的供电企业有权制止。

第三十三条 供电企业应当按照国家核准的电价和用电计量装置的记录，向用户计收电费。供电企业查电人员和抄表收费人员进入用户，进行用电安全检查或者抄收费时，应当出示有关证件。用户应当按照国家核准的电价和用电计量装置的记录，按时交纳电费对供电人员和抄表收费人员依法履行职责，应当提供方便。

第六十五条 违反本法第三十二条规定，危害供电、用电安全或者扰乱供电、用电秩序的，由电力管理部门责令改正，给予警告；情节严重或者拒绝改正的，可以中止供电，可以并处 5 万元以下的罚款。

第七十条 有下列行为之一，应当给予治安管理处罚的，由公安机关依照治安管理处罚条例的有关规定给予处罚，构成犯罪的，依法追究刑事责任：

(1) 阻碍电力建设或者电力设施抢修，致使电力建设或者电力设施抢修不能正常进行的。

(2) 扰乱电力生产企业、变电站、电力调度机构和供电企业的秩序，致使生产、工作和营业不能正常进行的。

（3）殴打、公然侮辱履行职务的查电人员或者抄表收费人员的。

（4）拒绝、阻碍电力监督检查人员依法执行职务的。

第七十一条 盗窃电能的，由电力管理部门责令停止违法行为，追缴电费并处应交电费五倍以下的罚款；构成犯罪的，依照刑法第一百五十一条或第一百五十二条的规定追究刑事责任。

第七十四条 电力企业职工违反规章制度、违章调度或者不服从调度指令，造成重大事故的，比照刑法第一百一十四条的规定追究刑事责任。

电力企业职工故意延误电力设施抢修或者抢险救灾供电，造成严重后果的，比照刑法第一百一十四条的规定追究刑事责任。

电力企业的管理人员和查电人员、抄表收费人员勒索用户、以电谋私，构成犯罪的，依法追究责任；尚不构成犯罪的，依法给予行政处分。

三、《电力供应与使用条例》

第三十条 用户不得有下列危害供电、用电安全，扰乱正常供电、用电秩序的行为：

（1）擅自改变用电类别。

（2）擅自超过合同约定的容量用电。

（3）擅自超过计划分配的用电指标。

（4）擅自使用已经在供电企业办理暂停使用手续的电力设备，或者擅自启用已经被供电企业查封的电力设备。

（5）擅自迁移、更动或者擅自操作供电企业的用电计时装置、电力负荷控制装置、供电设施以及约定由供电企业调度的用户受电设备。

（6）未经供电企业许可，擅自引入、供出电源或者将自备电源擅自并网。

第三十一条 禁止窃电行为。窃电行为包括：

（1）在供电企业的供电设施上，擅自接线用电。

（2）绕越供电企业的用电计量装置用电。

（3）伪造或者开启法定或授权的计时检定机构加封的用电计量装置封印用电。

（4）故意损坏供电企业用电计量装置。

（5）故意使供电企业的用电计量装置不准或者失效。

（6）采用其他方法窃电。

第四十条 违反本条例第三十条规定，违章用电的，供电企业可以根据违章事实和造成的后果追缴电费；情节严重的，可以按照国务院规定的程序停止供电。

第四十一条 违反本条例第三十一条规定，盗窃电能的，由电力管理部门责令停止违法行为，追缴电费并处应交电费5倍以下的罚款；构成犯罪的，依法追究刑事责任。

第四十四条 供电企业职工违反规章制度造成供电故障的，或者滥用职权、利用职务之便谋取私利的，依法给予行政处分；构成犯罪的，依法追究刑事责任。

四、《供电营业规则》

第六十一条 用户应定期进行电气设备和保护装置的检查、检修和试验，消除设备隐患，预防电气设备事故和误动作发生。

用户电气设备危及人身和运行安全时，应立即检修。

多路电源供电的用户应加装连锁装置，或按照供用电双方签订的协议进行调度操作。

第六十二条　用户发生下列用电事故，应及时向供电企业报告：

（1）人身触电死亡。

（2）导致电力系统停电。

（3）专线跳闸或全厂停电。

（4）电气火灾。

（5）重要或大型电气设备损坏。

（6）停电期间向电力系统送电。

供电企业接到用户上述事故报告，应派员赴现场调查，在 7 天内协助用户提出事故调查报告。

第六十三条　用户受电装置应当与电力系统的继电保护方式相互配合，并按照电力行业有关标准或规程进行整定和检验。由供电企业整定、加封的继电保护装置及其二次回路和供电企业规定的继电保护整定值，用户不得擅自变动。

第六十四条　承装、承修、承试受电工程的单位，必须经过电力管理部门审核合格，并取得电力管理部门颁发的《承装（修）电力设施许可证》。

在用户受电装置上作业的电工，应经过电工专业技能的培训，必须取得电力管理部门颁发的《电工进网作业许可证》，方准上岗作业。

第六十五条　供电企业和用户都应经常开展安全用电宣传教育，普及安全用电常识。

第六十六条　在发供电系统正常情况下，供电企业应连续向用户供应电力。但是，有下列情形之一的，须经批准方可中止供电：

（1）对危害供电安全的，扰乱用电秩序的，拒绝检查者。

（2）拖欠电费经通知催交仍不交者。

（3）受电装置经检验不合格，在指定期间未改善者。

（4）用户注入电网的谐波电流超过标准，以及冲击负荷、非对称负荷等对电能质量产生干扰与妨碍，在规定限期内不采取措施者。

（5）拒不在限期内拆除私用增用电容量者。

（6）拒不在期限内交付违约用电引起的费用者。

（7）违反安全用电、计划用电有关规定，拒不改正者。

（8）私自向外转供电力者。

有下列情形之一的，不经批准即可中止供电，但事后应报告本单位负责人：

（1）不可抗力和紧急避险。

（2）确有窃电行为。

第六十七条　除因故中止供电外，供电企业需要对用户停止供电时，应按下列程序办理停电手续：

（1）应将停电的用户、原因、时间报本单位负责人批准。批准权限和程序由省电网经营企业指定。

（2）在停电前 3～7 天内，将停电通知书送达用户，对重要用户的停电，应将停电通知书送同级电力管理部门。

（3）在停电前 30 分钟，将停电时间通知用户一次，方可在通知规定时间实施停电。

第六十八条　因故需要中止供电时，供电企业应按下列要求事先通知用户或进行公告：

（1）因供电设施计划检修需要停电时，应提前 7 天通知用户或进行公告。

（2）因供电设施临时检修需要停止供电时，应当提前 24 小时通知重要用户或进行公告。

（3）发供电系统发生故障需要停电、限电或者计划限、停电时，供电企业应按确定的限电序位进行停电或限电。但限电序位应事先公告用户。

第六十九条　引起停电或限电消除后，供电企业应在 3 日内恢复供电。不能在 3 日内恢复供电的，供电企业就向用户说明原因。

第一百零二条　供电企业对查获的窃电者，应予以制止，并可当场中止供电。窃电者应对所窃电量补交电费，并承担补交电费 3 倍的违约使用电费。拒绝承担窃电责任的，供电企业应报请电力管理部门依法处理。窃电数额较大或情节严重的，供电企业应提请司法机关依法追究刑事责任。

第一百零三条　窃电量按下列方法确定：

在供电企业的供电设施上，擅自接线用电的，所窃电量按私接设备容量（kVA 视同 kW）乘以实际使用时间计算确定。

其他行为窃电的，所窃电量按计费电能表标定电流值（对装有限流器的，按限流器整定电流值）所指的容量（kVA 视同 kW）乘以实际窃用的时间计算确定。

窃电时间无法查明时，窃电日数至少以 180 天计算，每日窃电时间：电力用户按 12 小时计算；照明用户按 6 小时计算。

第一百零四条　因违约用电或窃电造成供电企业的供电设施损坏的，责任者必须承担供电设施的修复费用或进行赔偿。因违约用电或窃电导致他人财产、人身安全受到侵害的，受害人有权要求违约用电或窃电者停止侵害，赔偿损失。供电企业应予协助。

第一百零五条　供电企业对检举、查获窃电或违约用电的有关人员应给予奖励。奖励办法由省电网经营企业规定。

五、《用电检查管理办法》

第三条　用电检查工作必须以事实为依据，以国家有关电力供应与使用的法规、方针、政策，以及国家和电力行业的标准为准则，对用户的电力使用进行检查。

供电企业应按照规定对本供电营业区内的用户进行用电检查，用户应当接受检查并为供电企业的用电检查提供方便。用电检查的内容是：

（1）用户执行国家有关电力供应与使用的法规、方针、政策、标准、规章制度情况。

（2）用户受（送）电装置工程施工质量检验。

（3）用户受（送）电装置中电气设备运行安全状况。

（4）用户保安电源和非电性质的保安措施。

（5）用户反事故措施。

（6）用户进网作业电工的资格、进网作业安全状况及作业安全保障措施。

（7）用户执行计划用电、节约用电情况。

（8）用电计量装置、电力负荷控制装置、继电保护和自动装置、调度通信等安全运行状况。

（9）供用电合同及有关协议履行的情况。

（10）受电端电能质量状况。

（11）违章用电和窃电行为。

（12）并网电源、自备电源并网安全状况。

第五条　用电检查的主要范围是用户受电装置，但被检查的用户有下列情况之一者，检查的范围可延伸至相应目标所在处：

（1）有多类电价的。

（2）有自备电源设备（包括自备发电厂）的。

（3）有二次变压配电的。

（4）有违章现象需延伸检查的。

（5）有影响电能质量的用电设备的。

（6）发生影响电力系统事故需作调查的。

（7）用户要求帮助检查的。

（8）法律规定的其他用电检查。

第六条　用户对其设备的安全负责。用电检查人员不承担因被检查设备不安全引起的任何直接损坏或损害的赔偿责任。

第七条　用电检查应按省电网统一组织实施，分级管理的原则，并接受电力管理部门的监督管理。

第八条　各跨省电网、省级电网和独立电网的电网经营企业，在其用电管理部门应配备专职人员，负责网内用电检查工作。其职责是：

（1）负责受理网内供电企业用电检查人员的资格申请、业务培训、资格考核和发证工作。

（2）依据国家有关规定，制定并颁发网内用电检查管理的规章制度。

（3）督促检查供电企业依法开展用电检查工作。

（4）负责网内用电检查的日常管理和协调工作。

第九条　供电企业在用电管理部门配备合格的用电检查人员和必要的装备，依照本办法规定开展用电检查工作。其职责是：

（1）宣传贯彻国家有关电力供应与使用的法律、法规、方针、政策以及国家和电力行业标准、管理制度。

（2）负责并组织实施下列工作：

1）负责用户受（送）电装置工程电气图纸和有关资料的审查；

2）负责用户进网作业电工培训、考核并统一报送电力管理部门审核、发证等事宜；

3）负责对承装、承修、承试电力工程单位的资质考核，并统一报送电力管理部门审核、发证；

4）负责节约用电措施的推广应用；

5）负责安全用电知识宣传和普及教育工作；

6）参与对用户重大电气事故的调查；

7）组织并网电源的并网安全检查和并网许可工作。

（3）根据实际需要，按本办法第四条规定的内容定期或不定期地对用户的安全用电、节约用电、计划用电状况进行监督检查。

第十条 根据用电检查工作需要，用电检查职务序列为一级用电检查员、二级用电检查员、三级用电检查员。

第十一条 对用电检查人员的资格实行考核认定。用电检查资格分为：一级用电检查资格、二级用电检查资格、三级用电检查资格三类。

第十二条 申请一级用电检查资格者，应已取得电气专业高级工程师或工程师、高级技师资格；或者具有电气大专以上文化程度，并在用电岗位上连续工作 5 年以上；或者取得二级用电检查资格后，在用电检查岗位工作 5 年以上者。

申请二级用电检查资格者，应已取得电气专业工程师、助理工程师、技师资格；或者具有电气专业中专以上文化程度，并在用电岗位连续工作 3 年以上；或者取得三级用电检查资格后，在用电检查岗位工作 3 年以上者。

申请三级用电检查资格者，应已取得电气专业助理工程师、技术员资格；或者具有电气专业中专以上文化程度，并在用电岗位工作 1 年以上；或者已在用电检查岗位连续工作 5 年以上者。

第十三条 用电检查资格由跨省电网经营企业或省级电网经营企业组织统一考试，合格后发给相应的《用电检查资格证书》。《用电检查资格证书》由国务院电力管理部门统一监制。

第十四条 聘任为用电检查职务的人员，应具备下列条件：

（1）作风正派，办事公道，廉洁奉公。

（2）已取得相应的用电检查资格。聘为一级用电检查员者，应具有一级用电检查资格；聘为二级用电检查员者，应具有二级以上用电检查资格；聘为三级用电检查员者，应具有三级及以上用电检查资格。

（3）经过法律知识培训，熟悉与供用电业务有关的法律、法规、方针、政策、技术标准以及供用电管理规章制度。

第十五条 三级用电检查员仅能担任 0.4kV 及以下电压受电的用户的用电检查工作。二级用电检查员能担任 10kV 及以下电压供电用户的用电检查工作。一级用电检查员能担任 220kV 及以下电压供电用户的用电检查工作。

第十六条 供电企业用电检查人员实施现场检查时，用电检查员的人数不得少于两人。

第十七条 执行用电检查任务前，用电检查人员应按规定填写《用电检查工作单》，经审核批准后，方能赴用户执行查电任务。查电工作终结后，用电检查人员应将《用电检查工作单》交回存档。《用电检查工作单》内容应包括：用户单位名称、用电检查人员姓名、检查项目及内容、检查日期、检查结果，以及用户代表签字等栏目。

第十八条　用电检查人员在执行查电任务时，应向被检查的用户出示《用电检查证》，用户不得拒绝检查，并应派员随同配合检查。

第十九条　经现场检查确认用户的设备状况、电工作业行为、运行管理等方面有不符合安全规定的，或者在电力使用上有明显违反国家有关规定的，用电检查人员应开具《用电检查结果通知书》或《违章用电、窃电通知书》一式两份，一份送达用户并由用户代表签收，一份存档备查。

第二十条　现场检查确认有危害供用电安全或扰乱供用电秩序行为的，用电检查人员应按下列规定，在现场予以制止。拒绝接受供电企业按规定处理的，可按国家规定的程序停止供电，并请求电力管理部门依法处理，或向司法机关起诉，依法追究其法律责任。

（1）在电价低的供电线路上，擅自接用电价高的用电设备或擅自改变用电类别用电的，应责成用户拆除擅自接用的用电设备或改正其用电类别，停止侵害，并按规定追收其差额电费和加收电费。

（2）擅自超过注册或合同约定的容量用电的，应责成用户拆除或封存私增电力设备，停止侵害，并按规定追收基本电费和加收电费。

（3）超过计划分配的电力、电量指标用电的，应责成其停止超用，按国家有关规定限制其所用电力，并扣还其超用电量或按规定加收电费。

（4）擅自使用已在供电企业办理暂停使用手续的电力设备或启用已被供电企业封存的电力设备的，应再次封存该电力设备，制止其使用，并按规定追收基本电费和加收电费。

（5）擅自迁移、更动或操作供用电企业用电计量装置、电力负荷控制装置、供电设施，以及合同（协议）约定由供电企业调度范围的用户受电设备的，应责成其改正，并按规定加收电费。

（6）未经供电企业许可，擅自引入（或供出）电源或者将自备电源擅自并网的，应责成用户当即拆除接线，停止侵害，并按规定加收电费。

第二十一条　现场检查确认有窃电行为的，用电检查人员应当场予以中止供电，制止其侵害，并按规定追补电费和加收电费。拒绝接受处理的，应报请电力管理部门依法给予行政处罚；情节严重，违反治安管理处罚规定，由公安机关依法予以治安处罚；构成犯罪的，由司法机关依法追究刑事责任。

第二十二条　用电检查人员应认真履行用电检查职责，赴用户执行用电检查任务时，应随身携带《用电检查证》，并按《用电检查工作单》规定项目和内容进行检查。

第二十三条　用电检查人员在执行用电检查任务时，应遵守用户的保卫保密规定，不得在检查现场替代用户进行电工作业。

第二十四条　用电检查人员必须遵纪守法，依法检查，廉洁奉公，不徇私舞弊，不以电谋私。违反本条规定者，依据有关规定给予经济的、行政的处分；构成犯罪的，依法追究其刑事责任。

第七节　需求侧管理相关法律法规

一、《中华人民共和国电力法》

第二十二条　国家提倡电力生产企业与电网、电网与电网并网运行。具有独立法人资格的电力生产企业要求将生产的电力并网运行的，电网经营企业应当接受。并网运行必须符合国家标准或者电力行业标准。并网双方应当按照统一调度、分级管理和平等互利、协商一致的原则，签订并网协议，确定双方的权利和义务；并网双方达不成协议的，由省级以上电力管理部门协调决定。

第二十四条　国家对电力供应和使用，实行安全用电、节约用电、计划用电的管理原则。

电力供应与使用办法由国务院依照本法的规定制定。

第三十四条　供电企业和用户应当遵守国家有关规定，采取有效措施，做好安全用电、节约用电和计划用电工作。

二、《电力供应与使用条例》

第五条　国家对电力供应和使用实行安全用电、节约用电、计划用电的管理原则。供电企业和用户应当遵守国家有关规定，采取有效措施，做好安全用电、节约用电、计划用电工作。

第十条　并网运行的电力生产企业按照并网协议运行后，送入电网的电力、电量由供电营业机构统一经销。

第二十九条　县级以上人民政府电力管理部门应当遵照国家产业政策，按照统筹兼顾、保证重点、择优供应的原则，做好计划用电工作。供电企业和用户应当制订节约用电计划，推广和采用节约用电的新技术、新材料、新工艺、新设备，降低电能消耗。供电企业和用户应当采用先进技术、采取科学管理措施，安全供电、用电，避免发生事故，维护公共安全。

三、《供电营业规则》

第八十九条　在供电营业区内建设的各类发电厂，未经许可，不得从事电力供应与电能经销业务。并网运行的发电厂，应在发电厂建设项目立项前，与并网的电网经营企业联系，就并网容量、发电时间、上网电价、上网电量等达成电量购销意向性协议。

第九十条　电网经营企业与并网发电厂应根据国家法律、行政法规和有关规定，签订并网协议，并在并网发电前签订并网电量购销合同。合同应当具备下列条款：

(1) 并网方式、电能质量和发电时间。

(2) 并网发电容量、年发电利用小时和年上网电量。

(3) 计量方式和上网电价、电费结算方式。

(4) 电网提供的备用容量及计费标准。

（5）合同的有效期限。

（6）违约责任。

（7）双方认为必须规定的其他事宜。

第九十一条　用户自各电厂应自发自供厂区内的用电，不得将自备电厂的电力向厂区外供电。自发自用有余的电量可与供电企业签订电量购销合同。

自备电厂如需伸入或跨越供电企业所属的供电营业区供电的，应经省电网经营企业同意。

第八节　供电设施相关法律法规

一、《中华人民共和国刑法》

第一百零九条　破坏电力、煤气或者其他易燃易爆设备，危害公共安全，尚未造成严重后果的，处 3 年以上 10 年以下有期徒刑。

第一百一十条　破坏交通工具、交通设备、电力煤气设备、易燃易爆设备造成严重后果的，处十年以上有期徒刑、无期徒刑或死刑。

过失犯前款罪的，处 7 年以下有期徒刑或拘役。

二、《中华人民共和国电力法》

第四条　电力设施受国家保护。禁止任何单位和个人危害电力设施安全或者非法侵占、使用电能。

第五十二条　任何单位和个人不得危害发电设施、变电设施和电力线路设施及其有关辅助设施。在电力设施周围进行爆破及其他可能危及电力设施安全的作业的，应当按照国务院有关电力设施保护的规定，经批准并采取确保电力设施安全的措施后，方可进行作业。

第五十三条　电力管理部门应当按照国务院有关电力设施保护的规定，对电力设施保护区设立标志。

任何单位和个人不得在依法划定的电力设施保护区内修建可能危及电力设施安全的建筑物、构筑物，不得种植可能危及电力设施安全的植物，不得堆放可能危及电力设施安全的物品。

在依法划定电力设施保护区前已经种植的植物妨碍电力设施安全的，应当修剪或者砍伐。

第五十四条　任何单位和个人需要在依法划定的电力设施保护区内进行可能危及电力设施安全的作业时，应当经电力管理部门批准并采取安全措施后，方可进行作业。

第六十八条　违反本法第五十二条第二款和第五十四条规定，未经批准或者未采取安全措施在电力设施周围或者在依法划定的电力设施保护区内进行作业，危及电力设施安全的，由电力管理部门责令停止作业、恢复原状并赔偿损失。

第六十九条　违反本法第五十三条规定，在依法划定的电力设施保护区内修建建筑物、构筑物或者种植植物、堆放物品，危及电力设施安全的，由当地人民政府责令强制拆除、砍伐或者清除。

第七十条　有下列行为之一，应当给予治安管理处罚的，由公安机关依照治安管理处罚条例的有关规定予以处罚；构成犯罪的，依法追究刑事责任：

（1）阻碍电力建设或者电力设施抢修，致使电力建设或者电力设施抢修不能正常进行的。

（2）扰乱电力生产企业、变电站、电力调度机构和供电企业的秩序，致使生产、工作和营业不能正常进行的。

（3）殴打、公然侮辱履行职务的查电人员或者抄表收费人员的。

（4）拒绝、阻碍电力监督检查人员依法执行职务的。

三、《电力供应与使用条例》

第十二条　县级以上各级人民政府应当将城乡电网的建设与改造规划，纳入城市建设和乡村建设的总体规划。各级电力管理部门应当会同有关行政主管部门和电网经营企业做好城乡电网建设和改造的规划。供电企业应当按照规划做好供电设施建设和运行管理工作。

第十三条　地方各级人民政府应当按照城市建设和乡村建设的总体规划统筹安排城乡供电线路走廊、电缆通道、区域变电所、区域配电所和营业网点的用地。

供电企业可以按照国家有关规定在规划的线路走廊、电缆通道、区域变电站、区域配电所和营业网点的用地上，架线、敷设电缆和建设公用供电设施。

第十五条　供电设施、受电设施的设计、施工、试验和运行，应当符合国家标准或者电力行业标准。

第十六条　供电企业和用户对供电设施、受电设施进行建设和维护时，作业区域内的有关单位和个人应当给予协助，提供方便；因作业对建筑物或者农作物造成损坏的，应当依照有关法律、行政法规的规定负责修复或者给予合理的补偿。

第十七条　公用供电设施建成投产后，由供电单位统一维护管理。经电力管理部门批准，供电企业可以使用、改造、扩建该供电设施。

共用供电设施的维护管理，由产权单位协商确定，产权单位可自行维护管理，也可以委托供电企业维护管理。

用户专用的供电设施建成投产后，由用户维护管理或者委托供电企业维护管理。

第十八条　因建设需要，必须对已建成的供电设施进行迁移。改造或者采取防护措施时，建设单位应当事先与该供电设施管理单位协商，所需工程费用由建设单位负担。

四、《供电营业规则》

第四十六条　用户独资、合资或集资建设的输电、变电、配电等供电设施建成后，其运行维护管理按以下规定确定：

（1）属于公用性质或占用公用线路规划走廊的，由供电企业统一管理。供电企业应在交接前，与用户协商，就供电设施运行维护管理达成协议。对统一运行维护管理的公用供电设施，供电企业应保留原所有者在上述协议中确认的容量。

（2）属于用户专用性质，但不在公用变电站内的供电设施，由用户运行维护管理。如用户运行维护管理确有困难，可与供电企业协商，就委托供电企业代为运行维护管理有关事项签订协议。

（3）属于用户共用性质的供电设施，由拥有产权的用户共同运行维护管理。如用户共同运行维护管理确有困难，可与供电企业协商，就委托供电企业代为运行维护管理有关事项签订协议。

（4）在公用变电站内由用户投资建设的供电设备，如变压器、通信设备、断路器、隔离开关等，由供电企业统一经营管理。建成投运前，双方应就运行维护、检修、备品备件等项事宜签订交接协议。

（5）属于临时用电等其他性质的供电设施，原则上由产权所有者运行维护管理，或由双方协商确定，并签订协议。

第四十七条　供电设施的运行维护管理范围，按产权归属确定。责任分界点按下列各项确定：

（1）公用低压线路供电的，以供电接户线用户端最后支持物为分界点，支持物属供电企业。

（2）10kV及以下公用高压线路供电的，以用户厂界外或配电室前的第一断路器或第一支持物为分界点，第一断路器或第一支持物属供电企业。

（3）35kV及以上公用高压线路供电的，以用户厂界外或用户变电站外第一基电杆为分界点。第一基电杆属供电企业。

（4）采用电缆供电的，本着便于维护管理的原则，分界点由供电企业与用户协商确定。

（5）产权属于用户且由用户运行维护的线路，以公用线路分支杆或专用线路接引的公用变电站外第一基电杆为分界点，专用线路第一基电杆属用户。

（6）在电气上的具体分界点，由供用双方协商确定。

第四十八条　供电企业和用户分工维护管理的供电和受电设备，除另有约定者外，未经管辖单位同意，对方不得操作或更动；如因紧急事故必须操作或更动者，事后应迅速通知管辖单位。

第四十九条　由于工程施工或线路维护上的需要，供电企业须在用户处进行凿墙、挖沟、掘坑、巡线等作业时，用户应给予方便，供电企业工作人员应遵守用户的有关安全保卫制度。用户到供电企业维护的设备区作业时，应征得供电企业同意，并在供电企业人员监护下进行工作。作业完工后，双方均应及时予以修复。

第五十条　因建设引起建筑物、构筑物与供电设施相互妨碍，需要迁移供电设施或采取防护措施时，应按建设先后的原则，确定其担负的责任。如供电设施建设在先，建筑物、构筑物建设在后，由后续建设单位负担供电设施迁移、防护所需的费用；如建筑物、构筑物的建设在先，供电设施建设在后，由供电设施建设单位负担建筑物、构筑物的迁移所需的费用；不能确定建设的先后者，由双方协商解决。供电企业需要迁移用户或其他供电企业的设施时，也按上述原则办理。城乡建设与改造需迁移供电设施时，供电企业和用户都应积极配合，迁移所需的材料和费用，应在城乡建设与改造投资中解决。

第五十一条　在供电设施上发生事故引起的法律责任，按供电设施产权归属确定。产权归属于谁，谁就承担其拥有的供电设施上发生事故引起的法律责任。但产权所有者不承担受害者因违反安全或其他规章制度，擅自进入供电设施非安全区域内而发生事故引起的法律责任，以及在委托维护的供电设施上，因代理方维护不当所发生事故引起的法律责任。

五、《电力设施保护条例》

第十一条　县以上地方各级电力主管部门应采取以下措施，保护电力设施：

（1）在必要的架空电力线路保护区的区界上，应设立标志牌，并标明保护区的宽度和保护规定。

（2）在架空电力线路导线跨越重要公路和航道的区段，应设立标志牌，并标明导线距穿越物体之间的安全距离。

（3）地下电缆铺设后，应设立永久性标志，并将地下电缆所在位置书面通知有关部门。

（4）水底电缆敷设后，应设立永久性标志，并将水底电缆所在位置书面通知有关部门。

第十二条　任何单位或个人在电力设施周围进行爆破作业，必须按照国家有关规定，确保电力设施的安全。

第十三条　任何单位或个人不得从事下列危害发电厂、变电站设施的行为：

（1）闯入厂、所内扰乱生产和工作秩序，移动、损害标志物。

（2）危及输水、排灰管道（沟）的安全运行。

（3）影响专用铁路、公路、桥梁、码头的使用。

（4）在用于水力发电的水库内，进入距水工建筑物300m区域内炸鱼、捕鱼、游泳、划船及其他危及水工建筑物安全的行为。

第十四条　任何单位或个人，不得从事下列危害电力线路设施的行为：

（1）向电力线路设施射击。

（2）向导线抛掷物体。

（3）在架空电力线路导线两侧各300m的区域内放风筝。

（4）擅自在导线上接用电器设备。

（5）擅自攀登杆塔或在杆塔上架设电力线、通信线、广播线，安装广播喇叭。

（6）利用杆塔、拉线作起重牵引地锚。

（7）在杆塔、拉线上拴牲畜、悬挂物体、攀附农作物。

（8）在杆塔、拉线基础的规定范围内取土、打桩、钻探、开挖或倾倒酸、碱、盐及其他有害化学物品。

（9）在杆塔内（不含杆塔与杆塔之间）或杆塔与拉线之间修筑道路。

（10）拆卸杆塔或拉线上的器材，移动、损坏永久性标志或标志牌。

第十五条　任何单位或个人在架空电力线路保护区内，必须遵守下列规定：

（1）不得堆放谷物、草料、垃圾、矿渣、易燃物、易爆物及其他影响安全供电的物品。

（2）不得烧窑、烧荒。

（3）不得兴建建筑物。

（4）不得种植竹子。

（5）经当地电力主管部门同意，可以保留或种植自然生长最终高度与导线之间符合安全距离的树木。

第十六条　任何单位或个人在电力电缆线路保护区内，必须遵守下列规定：

（1）不得在地下电缆保护区内堆放垃圾、矿渣、易燃物、易爆物，倾倒酸、碱、盐及其他有害化学物品，兴建建筑物或种植树木、竹子。

（2）不得在海底电缆保护区内抛锚、拖锚。

（3）不得在江河电缆保护区内抛锚、拖锚、炸鱼、挖沙。

第十七条　任何单位或个人必须经县级以上地方电力主管部门批准，并采取安全措施后，方可进行下列作业或活动：

（1）在架空电力线路保护区内进行农田水利基本建设工程及打桩、钻探、开挖等作业。

（2）起重机械的任何部位进入架空电力线路保护区进行施工。

（3）小于导线距穿越物体之间的安全距离，通过架空电力线路保护区。

（4）在电力电缆线路保护区内进行作业。

第十八条　任何单位或个人不得从事下列危害电力设施建设的行为：

（1）非法侵占电力设施建设项目依法征用的土地。

（2）涂改、移动、损害、拔除电力设施建设的测量标桩和标记。

（3）破坏、封堵施工道路，截断施工水源或电源。

第十九条　经县级以上地方物资、商业管理部门会同工商行政管理部门、公安部门批准的商业企业可以在批准的范围内查验证明、登记收购电力设施器材。任何单位出售电力设施器材，必须持有本单位证明；任何个人出售电力设施器材，必须持有所在单位或所在居民委员会、村民委员会出具的证明，到规定的商业企业出售。任何单位或个人不得非法出售、收购电力设施器材。

第二十条　电力主管部门专用架空通信线路、通信电缆线路设施及其附属设施的保护，按照国家有关规定执行。

第九节　电力运行事故相关法律法规

一、《中华人民共和国刑法》

第一百一十四条　工厂、矿山、林场、建筑企业或者其他企业、事业单位的职工，由于不服管理、违反规章制度，或者强令工人违章冒险作业，因而发生重大伤亡事故或者造成严重后果的，处 3 年以下有期徒刑或拘役；情节特别恶劣的处 3 年以上 7 年以下有期徒刑。

二、《中华人民共和国电力法》

第六十条 因电力运行事故给用户或者第三人造成损害的，电力企业应当依法承担赔偿责任。电力运行事故由下列原因之一造成的，电力企业不承担赔偿责任：

（1）不可抗力。

（2）用户自身的过错。

因用户或者第三人的过错给电力企业或者其他用户造成损害的，该用户或者第三人应当依法承担赔偿责任。

第七十四条 电力企业职工违反规章制度、违章调度或者不服从调度指令，造成重大事故的，比照刑法第一百一十四条的规定追究刑事责任。电力企业职工故意延误电力设施抢修或者抢险救灾供电，造成严重后果的，比照刑法第一百一十四条的规定追究刑事责任。

电力企业的管理人员和查电人员、抄表收费人员勒索用户、以电谋私，构成犯罪的，依法追究刑事责任；尚不构成犯罪的，依法给予行政处分。

三、《电力供应与使用条例》

第二十八条 除本条例另有规定外，在发电、供电系统正常运行的情况下，供电企业应当连续向用户供电；因故需要停止供电时，应当按照下列要求事先通知用户或者进行公告：

（1）因供电设施计划检修需要停电时，供电企业应当提前7天通知用户或者进行公告。

（2）因供电设施临时检修需要停止供电时，供电企业应当提前24小时通知重要用户。

（3）因发电、供电系统发生故障需要停电、限电时，供电企业应当按照事先确定的限电序位进行停电或者限电。引起停电或者限电的原因消除后，供电企业应当尽快恢复供电。

第四十三条 因电力运行事故给用户或者第三人造成损害的，供电企业应当依法承担赔偿责任。因用户或者第三人的过错给供电企业或者其他用户造成损害的，该用户或者第三人应当依法承担赔偿责任。

第四十四条 供电企业职工违反规章制度造成供电事故的，或者滥用职权、利用职务之便谋取私利的，依法给予行政处分；构成犯罪的，依法追究刑事责任。

四、《供电营业规则》

第九十五条 供用双方在合同中订有电力运行事故责任条款的，按下列规定办理：

（1）由于供电企业电力运行事故造成用户停电的，供电企业应按用户在停电时间内可能用电量的电度电费的5倍（单一制电价为4倍）给予赔偿。用户在停电时间内可能用电量，按照停电前用户正常用电月份或正常用电一定天数内的每小时平均用电量乘以停电小时求得。

（2）由于用户的责任造成供电企业对外停电，用户应按供电企业对外停电时间少供电量，乘以上月份供电企业平均售电单价给予赔偿。

因用户过错造成其他用户损害的，受害用户要求赔偿时，该用户应当依法承担赔偿责任。

虽因用户过错，但由于供电企业责任而使事故扩大造成其他用户损害的，该用户不承担事故扩大部分的赔偿责任。

（3）对停电责任的分析和停电时间及少供电量的计算，均按供电企业的事故记录及《电业生产事故调查规程》办理。停电时间不足 1 小时按 1 小时计算，超过 1 小时按实际时间计算。

（4）本条所指的电度电费按国家规定的目录电价计算。

第九十九条　因电力运行事故引起城乡居民用户家用电器损坏的，供电企业应按《居民用户家用电器损坏处理办法》进行处理。

五、《居民用户家用电器损坏处理办法》

第二条　本办法适用于由供电企业以 220/380V 电压供电的居民用户，因发生电力运行事故导致电能质量劣化，引起居民用户家用电器损坏时的索赔处理。

第三条　本办法所称的电力运行事故，是指在供电企业负责运行维护的 220/380V 供电线路或设备上因供电企业的责任发生的下列事件：

（1）在 220/380V 供电线路上，发生相线与零线接错或三相相序接反。

（2）在 220/380V 供电线路上，发生零线断线。

（3）在 220/380V 供电线路上，发生相线与零线互碰。

（4）同杆架设或交叉跨越时，供电企业的高电压线路导线掉落到 220/380V 线路上或供电企业高电压线路对 220/380V 线路放电。

第四条　由于第三条列举的原因出现若干户家用电器同时损坏时，居民用户应及时向当地供电企业投诉，并保持家用电器损坏原状。供电企业在接到居民用户家用电器损坏投诉后，应在 24 小时内派员赴现场进行调查、核实。

第五条　属于本办法第三条所列事件引起家用电器损坏的，供电企业应会同居委会（村委会）或其他有关部门，共同对受害居民用户损坏的家用电器名称、型号、数量、使用年月、损坏现象等进行登记和取证。登记笔录材料应由受害居民用户签字确认，作为理赔处理的依据。

第六条　供电企业如能提供证明，居民用户家用电器的损坏是不可抗力、第三人责任、受害者自身过错或产品质量事故等原因引起，并经县级以上电力管理部门核实无误，供电企业不承担赔偿责任。

第七条　从家用电器损坏之日起 7 日内，受害居民用户未向供电企业投诉并提出索赔要求的，即视为受害者已自动放弃索赔权。超过 7 日的，供电企业不再负责其赔偿。

第八条　损坏的家用电器经供电企业指定的或双方认可的检修单位检定，认为可以修复的，按本办法第九条规定处理；认为不可修复的，按本办法第十条规定处理。

第九条　对损坏家用电器的修复，供电企业承担被损坏元件的修复责任。修复时应尽可能以原型号、规格的新元件修复；无原型号规格的新元件可供修复时，可采用相同功能的新元件替代。修复所发生的元件购置费、检测费、修理费均由供电企业负担。

不属于责任损坏或未损坏的元件，受害居民用户也要求更换时，所发生的元件购置费与修理费应由提出要求者负担。

第十条　对不可修复的家用电器，其购买时间在 6 个月及以内的，按原购货发票价，供电企业全额予以赔偿；购置时间在 6 个月以上的，按原购货发票价，并按本规定第十二条规定的使用寿命折旧后的余额予以赔偿。使用年限已超过本规定第十二条规定仍在使用的，或者折旧后的差额低于原价 10% 的，按原价的 10% 予以赔偿。使用时间以发货票开具的日期为准开始计算。

对无法提供购货发票的，应由受害居民用户负责举证，经供电企业核查无误后，以证明出具的购置日期时的国家定价为准，按前款规定清偿。

以外币购置的家用电器，按购置时国家外汇牌价折人民币计算其购置价，以人民币进行清偿。清偿后，损坏的家用电器归属供电企业所有。

第十一条 在理赔处理中，供电企业与受害居民用户因赔偿问题达不成协议的，由县级以上电力管理部门调解，调解不成的，可向司法机关申请裁定。

第十二条 各类家用电器的平均使用年限如下：

（1）电子类：如电视机、音响、录像机、充电器等，使用寿命为 10 年。

（2）电机类：如电冰箱、空调器、洗衣机、电风扇、吸尘器等，使用寿命为 12 年。

（3）电阻电热类：如电饭煲、电热水器、电茶壶、电炒锅等，使用寿命为 5 年。

（4）电光源类：白炽灯、气体放电灯、调光灯等，使用寿命为 2 年。

第十三条 供电企业对居民用户家用电器损坏所支付的修理费用或赔偿费，由供电生产成本中列支。

第十四条 第三人责任致使居民用户家用电器损坏的，供电企业应协助受害居民用户向第三人索赔，并可比照本办法进行处理。

第十节　触电伤亡事故处理相关法律法规

一、《中华人民共和国刑法》

第一百一十四条 工厂、矿山、林场、建筑企业或者其他企业、事业单位的职工，由于不服管理、违反规章制度，或者强令工人违章冒险作业，因而发生重大伤亡事故或者造成严重后果的，处 3 年以下有期徒刑或拘役；情节特别恶劣的处 3 年以上 7 年以下有期徒刑。

二、《供电营业规则》

第六十第二条 用户发生下列用电事故，应及时向供电企业报告：

（1）人身触电死亡。

（2）导致电力系统停电。

（3）专线掉闸或全厂停电。

（4）电气火灾。

（5）重要或大型电气设备损坏。

（6）停电期间向电力系统倒送电。

供电企业接到用户上述事故报告后，应派员赴现场调查，在 7 天内协助用户提出事故调查报告。

三、《最高人民法院关于人身触电伤亡事故的处理意见》

第一条　民法通则第一百二十三条所规定的"高压"包括 1kV 及其以上电压等级的高压电；1kV 以下电压等级为非高压电。

第二条　因高压电造成人身损害的案件，由电力设施产权人依照民法通则第一百二十三条的规定承担民事责任。但对因高压电引起的人身损害是由多个原因造成的，按照致害人的行为与损害结果之间的原因力确定各自的责任。致害人的行为是损害后果发生的主要原因，应当承担主要责任；致害人的行为是损害后果发生的非主要原因，应当承担相应的责任。

第三条　因高压电造成他人人身损害有下列情形之一的，电力设施产权人不承担民事责任：

（1）不可抗力。

（2）受害人以触电方式自杀、自伤。

（3）受害人盗窃电能，盗窃、破坏电力设施或者因其他犯罪行为而引起触电事故。

（4）受害人在电力设施保护区从事法律、行政法规所禁止的行为。

第四条　因触电引起的人身损害赔偿范围，包括：

（1）医疗费：指医院对因触电造成伤害的当事人进行治疗所收取的费用。医疗费应根据治疗医院诊断证明、处方和医药费、住院费的单据确定。医疗费还应当包括继续治疗费和其他器官功能训练费以及适当的整容费。继续治疗费既可根据案情一次性判决，也可根据治疗需要确定赔偿标准。费用的计算参照公费医疗的标准。当事人选择的意愿应当是依法成立的、具有相应治疗能力的医院、卫生院、急救站等医疗机构。当事人应当根据受损害的状况和治疗需要就近选择治疗医院。

（2）误工费：有固定收入的，按实际减少的收入计算。没有固定收入或者无收入的，按事故发生地上年度职工平均年工资标准计算。误工时间可以按照医疗机构的证明或者法医鉴定确定；依此无法确定的，可以根据受害人的实际损害程度和恢复状况等确定。

（3）住院伙食补助费和营养费：住院伙食补助费应当根据受害人住院或者在外地接受治疗期间的时间，参照事故发生地国家机关一般工作人员的出差伙食补助标准计算。人民法院应当根据受害人的伤残情况、治疗医院的意见决定是否赔营养费及其数额。

（4）护理费：受害人住院期间，护理人员有收入的，按照误工费的规定计算；无收入的，按照事故发生地平均生活费计算。也可参照护工市场价格计算。受害人出院后，如果需要护理的，凭治疗医院证明，按照伤残等级规定。残疾用具费应一并考虑。

（5）残疾人生活补助费：根据丧失劳动能力的程度或伤残等级，按照事故发生地平均生活费计算。自定残之月起，赔偿 20 年。但 50 周岁以上的，年龄每增加 1 岁减少 1 年，最低不少于 10 年；70 周岁以上的，按 5 年计算。

（6）残疾用具费：受害残疾人因日常生活或辅助生产劳动需要必须配置假肢、代步车等辅助器具的，凭医院证明按照国产普通型器具的费用计算。

（7）丧葬费：国家或者地方有关机关有规定的，依该规定；没有规定的，按照办理丧葬实际支出的合理费用计算。

（8）死亡补偿费：按照当地平均生活费计算，补偿 20 年。对 70 周岁以上的，年龄每增加 1 岁少计 1 年，但补偿年限最低不少于 10 年。

（9）被抚养人生活费：以死者生前或者残者丧失劳动能力前实际抚养的、没有其他生活来源的人为限，按当地居民基本生活费标准计算。被抚养人不满 18 周岁的，但 50 周岁以上的，年龄每增加 1 岁抚养费少计 1 年，但计算生活费的年限最低不少于 15 年；被抚养人 70 周岁以上的，抚养费只计 5 年。

（10）交通费：是指救治触电受害人必需的合理交通费用，包括必须转院治疗所必需的交通费。

（11）住宿费：是指救治触电受害人因客观原因不能住院也不能住在家里确需就地住宿的费用，其数额参照事故发生地国家机关一般工作人员的出差住宿标准计算。

当事人的亲友参加处理触电事故所需交通费、误工费、住宿费、伙食补助费，参照第一款的有关规定计算，但计算费用的人数不超过 3 人。

第五条 依照前条规定计算的各种费用，凡实际发生和受害人急需的，应当一次性支付；其他费用，可以根据数额大小、受害人需求程度、当事人的履行能力等因素确定支付时间的方式。如果采用定期金赔偿方式，应当确定每期的赔偿并要求责任人提供适当的担保。

第六条 因非高压电造成的人身损害赔偿可以参照第四条和第五条的规定处理。

附　　录

附录一　营销稽查工单

稽查工单号：

营销稽查通知单

××××单位：

　　根据工作安排，我中心拟于年月日对你单位××××、××××、××××营销业务工作开展检查，请做好相关工作配合及资料准备。

稽查单位（盖章）：

年　月　日

附录二 营销稽查整改通知单

营销稽查整改通知单

编号：

被稽查单位		稽查时间	
稽查内容			
发现存在问题（由稽查员填写）			（签字）：　年　月　日
处理意见建议（由稽查员填写）			（签字）：　年　月　日
签收人			（签字）：　年　月　日
稽查单位意见			被稽查单位盖章 年　月　日

附录三 营销稽查整改情况反馈单

营销稽查整改情况反馈单

被稽查单位		整改通知单编号	
纠正情况 或采取措 施说明			
被稽查单位 负责人意见		（签字）： 　　年　月　日	被稽查单位盖章 　　年　月　日

附录四 营销稽查现场工作记录单

稽查单编号：			稽查时间：	
被稽查单位：				

稽查样本内容							
序号	户号	客户名称	业务类别	业务名称	稽查项目	用电类别	检查情况记录

稽查单位： （盖章）	稽查人员签名：	被稽查单位： （盖章）	被稽查单位人员签名：

附录五 营销稽查整改及反馈单

营销稽查整改通知及反馈单

整改单编号：

被稽查单位			稽查时间			
稽查内容	稽查项目（客户名称）	档案号：	户名：			
			地址：			
	稽查内容					
发现存在问题						
处理意见建议						
差错定性						
稽查单位意见						
	稽查人员：	录入时间：				
纠正情况或采取措施说明	原因分析（需对发现问题逐一分析）					
	采取措施及整改结果					
	完成整改时间		操作人员：		录入时间：	
	经济损失（元）	差错电量（kWh）	差错金额（元）	影响范围	影响级别	客户服务
被稽查单位主管意见						
	操作人员：	录入时间：				
被稽查单位负责人意见						
	操作人员：	录入时间：				
稽查人员审核意见						
	操作人员：	录入时间：				

本表一式两份：一份为稽查单位存档，一份为被稽查单位存档。

附录六 营 销 稽 查 季 报

营 销 稽 查 季 报

填报单位：   年季度

分类项目		业扩报装		抄核收		计量管理		用电检查		客户服务		其他		合计	
		本季度	累计	本季度	累计	本季度	累计	本季度	累计	本季度	累计	本季度	累计	本季度	累计
业务数量（个）															
计划稽查样本数量（个）															
计划稽查抽查率（%）															
实际稽查样本数量（个）															
稽查样本实查率（%）															
存在问题样本数量（个）															
样本差错率（%）															
其中:	轻微差错数（个）														
	一般差错	数量（个）													
		追补金额（万元）													
		退还金额（万元）													
	较大差错	数量（个）													
		追补金额（万元）													
		退还金额（万元）													
	重大差错	数量（个）													
		追补金额（万元）													
		退还金额（万元）													
	特大差错	数量（个）													
		追补金额（万元）													
		退还金额（万元）													
整改通知单	整改通知单数（单）														
	整改反馈单数（单）														
	稽查整改完成率（%）														

注　计划稽查样本数量：按稽查管理办法和稽查样本抽样方法产生各项业务的样本数量。

实际稽查样本数量：在计划稽查样本中实际完成稽查的样本数量。

计划稽查抽查率＝(计划稽查样本数量/业务数量)×100%

稽查样本实查率＝(实际稽查样本数量/计划稽查样本数量)×100%

样本差错率＝(存在问题样本数量/实际稽查样本数量)×100%

整改反馈单数：被稽查单位接到《营销稽查整改通知单》后，按照整改内容和时限要求完成整改工作的反馈单的数量。

稽查整改完成率＝(整改反馈单数/整改通知单数)×100%

附录七　用电报装业务办理告知书

尊敬的客户：

您好！

欢迎您办理用电报装业务，我们将为您提供全过程服务，也诚邀您对我们的服务工作进行监督。为更好地为您服务，维护您的合法权益，确保业扩报装工作顺利进行和正式接电后的用电安全，现将用电报装业务办理的相关事项告知如下：

一、我们可以为您办理新装用电、减容、暂停、暂换、暂拆、迁址、移表、改压、改类、分户、并户、过户或更名、销户、基本信息变更等业务。

二、办理流程

新装用电业务：用电申请提交→现场勘查→供电方案确定及答复→受电工程设计文件送审→工程施工→隐蔽工程中间检查→受电工程竣工检验→签订供用电合同→装表接电。其他业务的办理流程请咨询工作人员。

三、业务办理承诺时限：为了让您更快的用上电，云南电网公司在服务承诺中对新装用电相关环节的办理时限做出以下承诺，目前云南电网正在开展居民"一日通"工程，争取一个工作日内完成零散居民用电报装业务，你可咨询工作人员做进一步了解。

序号	业务类别	业务办理时限（工作日）			
		高压双电源	高压单电源	低压	居民
1	用电申请提交→供电方案答复	30	15	7	3
2	设计审核申请提交→审核结果通知	15		5	—
3	中间检查申请提交→检查结果通知	5		3	—
4	竣工报验申请提交→组织竣工检验	5		3	—
5	竣工检验合格→送电	7		5	3

您可通过供电营业厅、网上营业厅、95598、自助服务终端等渠道提交用电申请和查询业务办理进度。

四、请在用电申请时提交以下资料：

（一）容量在 315kVA 及以上的客户：政府部门立项（核准、备案）批复文件、用地批复、环保许可等资料；企业法人营业执照、组织机构代码证、委托代理人办理业务证明、法定代表人或委托代理人居民身份证及复印件、事业单位法人证书；地理位置图和用电区域平面图以及用电地址物业权属证明材料；建筑总平面图、近期及远期用电容量、用电设备明细表、用电性质及保安电源容量或多电源需求情况；用电工程计划开工、竣工时间和计划生产用电时间；属煤矿和非煤矿山的客户，还需提供"五证"（采矿许可证、煤炭生产许可证、安全生产许可证、矿长安全生产许可资格证、矿长资格证）；属易燃易爆化工项目的客户，应提供危险品安全生产、运输许可证；采石场（矿）客户，应提供地州（市）级及以上安监局审查批准的采石场（矿）开采方案或初步设计文件、采矿许可证、安全生产许可证、爆炸物品使用许可证。

（二）容量在 315kVA 以下供电电压为 10（6）kV 的客户：除政府立项批复、用地批复、环保许可等资料可视情况而定外，其余所需资料同容量在 315kVA 及以上大客户需提供的申请材料。

（三）由 380V 或 220V 电压等级供电的非居民客户：用电地址物业权属证明材料；营业执照或组织机构代码证复印件；属于租赁房屋的应提供租赁协议、租赁方身份证及复印件。

（四）由 380V 或 220V 电压等级供电的居民客户：用电地址物业权属证明材料，申请人居民身份证原件及复印件，经办人居民身份证原件及复印件、委托书。

（五）新建住宅小区：《建设工程规划许可证》《建设工程施工许可证》以及小区立项批复、用地批复；企业法人营业执照、组织机构代码证、委托代理人办理业务证明、法定代表人或委托代理人居民身份证（复印件留存）；规划红线图，建筑总平面图、用电负荷特性说明、用电设备明细表、近期及远期用电容量。

（六）如您对供电质量有特殊要求或者您的用电设备中有非线性负荷设备，请在办理用电申请时一并提交相关负荷清单。

五、为防止非法"电托"介入，损害您的权益，在首次申请办理业务时，须由当事人到场办理。

六、正式受理您的用电申请后，我们将按照预约的时间到用电现场勘查供电条件，经过技术经济比较并与客户充分协商后确定供电方案，在承诺时限内向您提供供电方案书面答复意见。如不能供电的，我们将书面向您说明原因（有县级及以上供电单位分管营销领导签字同意），并在供电条件具备时及时通知您，希望您能够理解。

七、如果您属于政府有关部门确定的重要电力用户行业范围，您的供电电源配置需满足有关规定，同时应配置自备应急电源，并加强安全使用管理。

八、有受电工程的业扩项目，需要业主委托有资质的单位开展受电工程设计、施工，您有权自主选择具备相关业务资质的电力设计、施工、设备材料供应企业，任何供电单位和个人都无权指定设计、施工、设备材料供应企业。同时，请配合我们做好如下工作：受电工程设计、施工单位的资质审核；工程设计图纸的审查，隐蔽工程中间检查和工程竣工检验。请您提供设计、施工单位的资质证明，及时将设计图纸送审，严格按照审核合格后的图纸进行施工，及时联系我们开展中间检查和工程竣工检验，并按照我们工作人员提出的意见进行整改。

九、您可到建设主管部门网站 www. mohurd. gov. cn 或 www. ynjst. gov. cn 及各地建设主管部门网站查询、选择具备资质的设计单位；施工单位可到电力监管部门网站 www. nea. gov. cn 或 http：//ynb. nea. gov. cn/进行查询和选择；设备材料供应单位可到国家质量监督检验检疫总局网站 www. aqsiq. gov. cn 或各地政府有关资质认证机构进行查询和选择。

十、非居民客户受电工程设计文件送审资料包括：

（一）220V 或 380V 低压供电的客户，报送的资料包括负荷组成和用电设备清单。

（二）高压供电的客户送审资料包括：

1. 设计单位资质证书。

2. 受电工程设计及说明书。

3. 负荷组成、分布图、负荷性质。

4. 影响电能质量的用电设备清单。

5. 一次受电设备主要技术参数明细表。

6. 主要电气设备清单、生产工艺、允许中断供电时间及保安电源配置。

7. 高压受电装置一、二次接线图与平面布置图。

8. 用电功率因数计算和无功补偿方式及容量。

9. 过电压保护、继电保护和电能计量装置的方式。

10. 隐蔽工程设计资料及接地装置图。

11. 线路设备的杆型图及地理位置接线图。

12. 产生和消除谐波的技术措施和资料。

13. 自备电源配置、容量及接线方式。

十一、非居民客户受电工程中间检查送审资料包括:

1. 中间检查申请表。

2. 用电业务办理授权书。

3. 工程概况说明或工程内容明细表。

4. 工程设计图。

5. 设计变更证明文件。

6. 施工、试验单位委托书。

7. 施工及试验单位资质证明。

8. 施工单位隐蔽工程施工记录、自检报告。

9. 建设单位(监理单位)隐蔽工程验收报告。

10. 接地电阻试验报告。

11. 供电企业认为必要的其他资料或记录。

十二、非居民客户受电工程竣工报验资料包括:

1. 竣工检验申请表。

2. 用电业务办理授权书。

3. 工程概况说明或工程内容明细表。

4. 工程竣工图。

5. 设计变更证明文件。

6. 施工、试验单位委托书。

7. 施工及试验单位资质证明。

8. 施工单位工程施工记录、自检报告。

9. 建设单位(监理单位)工程验收报告。

10. 电气设备交接试验报告。

11. 成套设备的型式试验报告。

12. 产品合格证、出厂试验报告、使用说明书。

13. 缺陷整改记录。

14. 安全工器具清单及试验报告。

15. 电气运行管理的有关规定和制度。

16. 运行人员值班电工名单及进网作业资格。

17. 供电企业认为必要的其他资料或记录。

十三、在受电工程检验合格后，我们将根据国家有关法律法规以及您的用电需求、供电方案，与您协商供用电合同有关条款，在协商一致后签订《供用电合同》及相关协议，《供用电合同》签订后，我们将尽快安排为您供电。

十四、在办电过程中，我们将严格按照国家有关规定及各级价格主管部门批准的收费项目和收费标准收取业务费用。

十五、云南电网公司严禁工作人员索要和收取红包，也诚邀您协助我们对工作人员服务工作进行监督，如对我们的服务有不满意或我们的工作人员有利用工作便利牟取不正当利益行为，请拨打 95598、0871-63174126 或向 yndwjcb@yn.csg.cn、nfdwjcb@csg.cn 发邮件投诉举报，也可向电力监管机构 12398 监督电话投诉举报。

十六、我们将严格按照国家和南方电网公司有关供电服务规定要求，竭诚为您提供热情周到的服务。

云南电网公司

附录八　装表接电及资料归档工作规范

1. 正式接电前，完成接电条件审核，并对全部电气设备做外观检查，确认已拆除所有临时电源，并对二次回路进行联动试验。接电条件包括：启动送电方案已审定，新建的供电工程已验收合格，客户的受电工程已竣工检验合格，《供用电合同》及相关协议已签订，业务相关费用已结清，电能计量装置、用电信息采集终端已安装检验合格，客户电气人员具备上岗资质、客户安全措施已齐备等。

2. 接电后应检查采集终端、电能计量装置运行是否正常，并会同客户现场抄录电能表示数，记录送电时间、变压器启用时间及相关情况。

3. 装表接电完成后，应及时收集、整理并核对归档信息和报装资料，建立健全客户档案。归档资料清单应包括：

环节	名　　　称	低压	高压
受理申请	用电申请表	√	√
	经办人身份证复印件和法人委托书原件（或法人代表身份证复印件）	√	√
	营业执照（或组织机构代码证）复印件	△	√
	企业法人身份证复印件（个人电力客户身份证复印件）	△	√
	房产证复印件（或相关法律文书）	√	√
	建筑总平面图、用电设备明细表、近期及远期用电容量	√	√
	政府主管部门立项或批复文件；高耗能等特殊行业客户，须提供环境评估报告、生产许可证等	△	√
供电方案	现场勘查工作单	√	√
	供电方案审批单和答复单	√	√
受电工程设计审查	设计资质证书复印件	√	√
	受电工程图纸审核申请书	√	√
	受电工程设计审核结果通知单	√	√
	经审核合格的图纸、设备清册一套	√	√
受电工程中间检查及竣工验收	承装（修、试）电力设施许可证复印件	√	√
	受电工程中间检查申请书	√	√
	受电工程中间检查结果通知单	√	√
	受电工程竣工验收申请书	√	√
	报竣工资料（包含竣工图纸、电气设备出厂合格证书、电气设备交接试验记录、电子化移交资料）	√	√
	受电工程竣工验收记录	√	√
	受电工程竣工检查结果通知单	√	√
	计量装置安装工作单和接电工作单	√	√
送电	供用电合同及相关协议	√	√

说明： 标注√必需存档；标注△视情况存档。

4.归档纸质资料应保留原件，确不能保留原件的，保留与原件核对无误的复印件。《供用电合同》及相关协议必须保留原件。客户档案资料，纸质原件由营销部门完整保留一套；同时将纸质原件资料按规定的格式及要求进行扫描，并上传至客户档案管理子系统。

参 考 文 献

［1］ 广东省电机工程学会. 电力营销稽查岗位培训教材. 北京：中国电力出版社，2010 年 9 月.

［2］ 广东电网公司教育培训评价中心. 电力营销稽查（第二版）. 广东新网电文化传播有限公司.

［3］ 江西省电力公司市场营销部. 电力营销稽查. 北京：中国电力出版社，2008 年 10 月.

［4］ 宋志华. 电网企业内部审计实务. 北京：中国电力出版社，2011 年 7 月.